十二年國教新課綱
與教育行動研究

蔡清田　著

五南圖書出版公司 印行

推薦序一

　　我國 2019 年 8 月 1 日新學年度正式實施「十二年國民基本教育」新課程綱要的教育行動研究。1940 年代，Kurt Lewin 及 Stephen M. Corey 等人倡導「行動研究」迄今已 80 年。過去教育的實證研究通常由教育學者負責，採用較大的樣本，從事較嚴謹的程序進行研究，期望所得結果能夠大量推論。這類的研究不易協助教育現場的教師解決日常面臨的問題。因此，行動研究應事實的需要而受到重視。行動研究是一種研究的方法，強調研究的實務層面，較少涉及理論依據。自從 1996 年 Ortrun Zuber-Skerritt 主編《行動研究的新方向》（*New directions in action research*）出版之後，行動研究的理論探討，普受關注。期望行動研究，經由理論與實踐的辯證，而更趨理想。

　　本書作者中正大學蔡清田教授在英國東英格蘭大學教育應用研究中心（University of East Anglia, Centre for Applied Research in Education）獲得哲學博士學位。此一研究機構以研究課程發展及師資培育為主，甚具學術聲望，而其採用的研究方法常為行動研究。該中心 John Elliott 是一位研究行動研究並將其應用在實際研究的著名專家，有關行動研究的著作甚豐。蔡教授直接受到 John Elliott 的教導，並常將行動研究應用到其探討的主題上，得到相當豐碩的研究成果。蔡教授十二年國民基本教育與教育行動研究的理論實務兼備，特別是本書「第貳篇教育行動研究的歷程與程序」的論述內容中，指出 PPCIER 教育行動研究循環歷程模式的主要歷程六大步驟，分別是提出教育行動研究問題與省思、規劃教育行動研究方案與省思、協同合作教育行動研究與省思、實施監控教育行動研究與省思、評鑑回饋教育行動研究與省思、呈現教育行動研究報告與省思，明確指出教育行動研究歷程步驟並提出許多教育行動研究實例，可提供教育實務工作者進行教育行動研究之參考。

　　我國師資培育機構及學校教師十分重視教育的行動研究。教師不但是教學者，而且更是研究者，透過研究能更專業的處理面臨的教育問題。相信本書的出版，能對教師及未來教師的專業發展做出一定程度貢獻。本人

與蔡教授相識多年，本書完成，我先睹為快且學習良多，因此不敢獨享，希望與教育同道共享。

國立中正大學教育學院榮譽教授 黃光雄

2021 年 1 月

推薦序二

　　《十二年國教新課綱與教育行動研究》一書，具有理論探究與實務應用的重要性，作者蔡清田教授在本書「第壹篇教育行動研究的理論與實際」的論述內容中，先導入行動研究的意義特徵，適切對行動研究進行相關文獻探討，再深入剖析行動研究的目的與功能、條件與限制、教育行動研究的主要歷程與程序原理。其次，在本書「第貳篇教育行動研究的歷程與程序」的論述內容中，作者明確的述明教育行動研究的六個步驟，分別是關注分析教育行動研究問題、規劃教育行動研究方案、協同合作進行教育行動研究、實施監控教育行動研究、評鑑回饋教育行動研究、呈現教育行動研究報告，特別是本書「第參篇教育行動研究的配套措施與時代意義」的論述內容中，指出教育行動研究的配套措施與行動綱領，透過教育行動研究因應我國 2019 年 8 月 1 日新學年度正式實施「十二年國民基本教育」新課程綱要的教育行動研究，論述條理分明，由此可見本書作者掌握了教育行動研究的重要精髓，明確將教育行動研究歷程系統化為三階段六步驟：（一）「行動『前』的研究」：1.Problem 提出教育行動研究問題與省思，2.Project 規劃教育行動研究方案與省思；（二）「行動『中』的研究」：3.Collaboration 協同合作教育行動研究與省思，4.Implementation 實施監控教育行動研究與省思；與（三）「行動『後』的研究」：5.Evaluation 評鑑回饋教育行動研究與省思，6.Report 呈現教育行動研究報告與省思。

　　本書先以圖表簡述此一 PPCIER 教育行動研究循環歷程模式的主要歷程，再具體分為系列的各章節詳述教育行動研究的理念與實踐，並提出許多教育行動研究實例，可提供教育實務工作者進行教育行動研究之參考，故值得推薦出版。

國立暨南國際大學特聘教授 吳明烈
2021 年 1 月

自 序

　　我國於 2019 年 8 月 1 日新學年度正式實施「十二年國民基本教育」新課程綱要，指引學校進行「核心素養」學校本位課程發展，教師進行「核心素養」的課程與教學，特別重視「教育行動研究」，期望透過教育實際問題探討，研析解決策略，其目標在透過教育行動研究發展實用的教學策略與示例，及時解決相關問題，以提升新課程效果，並提升教師「教育行動研究」之專業素養，因應十二年國教新課綱核心素養改革的需要。

　　在「十二年國民基本教育」新課綱的時代趨勢下，本書是「升級版」的教育行動研究新書，特別提供十二年國教新課綱核心素養的教育行動研究實例，並將教育行動研究歷程系統化為三階段：「行動『前』的研究」、「行動『中』的研究」、「行動『後』的研究」，以及六步驟：（一）Problem 提出教育行動研究問題與省思；（二）Project 規劃教育行動研究方案與省思；（三）Collaboration 協同合作教育行動研究與省思；（四）Implementation 實施監控教育行動研究與省思；（五）Evaluation 評鑑回饋教育行動研究與省思；（六）Report 呈現教育行動研究報告與省思。本書先以圖 1-3 簡述此一 PPCIER 教育行動研究「簡單模式」，繼而以圖 2-1 說明教育行動研究的實踐省思與實務行動之間的「互動關係模式」，再以圖 5-1PPCIER 教育行動研究「循環歷程模式」及表 5-1 PPCIER 教育行動研究歷程的步驟，闡述此一 PPCIER 教育行動研究「循環歷程模式」的主要歷程與程序原理及教育行動實踐，之後再具體分為系列的各章節詳述教育行動研究的理念與實例，可提供進行十二年國教新課綱教育行動研究之參考。特別是本書依序是第一章緒論、第二章教育行動研究的理論與實務、第三章教育行動研究的目的與功能、第四章教育行動研究的條件與限制、第五章教育行動研究的主要歷程與程序原理、第六章提出教育行動研究問題與省思、第七章規劃教育行動研究方案與省思、第八章協同合作教育行動研究與省思、第九章實施監控教育行動研究與省思、第十章評鑑回饋教育行動研究與省思、第十一章呈現教育行動研究報告與省思、第十二章教育行動研究的配套措施與行動綱領、第十三章透過教育行動研究邁向成功實施十二年國民基本教育課程改革，強調十二年國

民基本教育課程改革與教育行動研究的時代意義，闡述十二年國民基本教育學校課程改革行動研究的主要程序步驟，透過教育行動研究邁向成功實施十二年國民基本教育核心素養課程改革。這些章節皆可作為因應新時代十二年國民基本教育改革之行政革新及課程教學創新之具體參考。

蔡清田 謹識於國立中正大學教育學院

2021 年 1 月 1 日

目　錄

推薦序一（國立中正大學教育學院榮譽教授黃光雄）　i

推薦序二（國立暨南國際大學特聘教授吳明烈）　iii

自序　v

第壹篇　教育行動研究的理論與實踐／1

第一章　緒論 ……………………………………………………… 3
▶ 第一節　十二年國民基本教育新課綱的核心素養／4
▶ 第二節　教育行動研究的意義／18
▶ 第三節　教育行動研究的特徵／26
▶ 第四節　十二年國民基本教育新課綱的行動研究／38

第二章　教育行動研究的理論與實務 ……………………… 65
▶ 第一節　教育行動研究的發展演變／65
▶ 第二節　教育行動研究的理論基礎／73
▶ 第三節　教育行動研究的應用領域／79

第三章　教育行動研究的目的與功能 ……………………… 97
▶ 第一節　教育行動研究的目的／97
▶ 第二節　教育行動研究的功能／105

第四章　教育行動研究的條件與限制 ……………………… 113
▶ 第一節　教育行動研究的條件／115
▶ 第二節　教育行動研究的限制／120

第五章　教育行動研究的主要歷程與程序原理 …………125
▶ 第一節　教育行動研究的主要歷程／126
▶ 第二節　教育行動研究的重要課題／144
▶ 第三節　教育行動研究的程序原理／153
▶ 第四節　教育行動研究的研究倫理／161

第貳篇　教育行動研究的歷程與程序 / 167

第六章　提出教育行動研究問題與省思 ···················· 169
▶ 第一節　教育行動研究的問題確認 / 170
▶ 第二節　教育行動研究的問題分析 / 194

第七章　規劃教育行動研究方案與省思 ···················· 207
▶ 第一節　規劃教育行動研究計畫 / 208
▶ 第二節　研擬教育行動研究策略 / 226
▶ 第三節　設計教育行動研究步驟 / 236

第八章　協同合作教育行動研究與省思 ···················· 247
▶ 第一節　尋求教育行動研究的合作夥伴 / 248
▶ 第二節　尋求教育行動研究的批判諍友 / 259
▶ 第三節　增進教育行動研究的人際關係 / 262

第九章　實施監控教育行動研究與省思 ···················· 267
▶ 第一節　執行教育行動方案實施監控 / 268
▶ 第二節　進行教育行動研究證據蒐集 / 278

第十章　評鑑回饋教育行動研究與省思 ···················· 307
▶ 第一節　進行教育行動研究評鑑回饋省思 / 309
▶ 第二節　確定教育行動研究效度與再關注 / 318

第十一章　呈現教育行動研究報告與省思 ···················· 333
▶ 第一節　撰寫教育行動研究報告 / 336
▶ 第二節　公開教育行動研究報告 / 343

第參篇　教育行動研究的配套措施與時代意義 / 349

第十二章　教育行動研究的配套措施與行動綱領 ……………… 351
▶ 第一節　教育行動研究的配套措施 / 351
▶ 第二節　教育行動研究的行動綱領 / 359

第十三章　透過教育行動研究邁向成功實施十二年國民基本
教育課程改革 …………………………………… 369
▶ 第一節　十二年國民基本教育課程改革與教育行動研究的時代意義 / 369
▶ 第二節　透過教育行動研究進行十二年國民基本教育的課程改革 / 382
▶ 第三節　十二年國民基本教育學校課程改革教育行動研究主要程序
步驟 / 404
▶ 第四節　行動研究實踐「教育實務工作者即教育行動研究者」願景 / 414

參考文獻 / 419

索　　引 / 439

第　**壹**　篇

教育行動研究的理論與實踐

第一章　緒　論

苟日新，日日新，又日新，

沒有行動的研究，是空洞的理想；沒有研究的行動，是盲目的行動；

透過教育行動研究，可以因應十二年國教新課綱改革。

「苟日新，日日新，又日新」，我國於 2019 年 8 月 1 日的 108 新學年度正式實施「十二年國民基本教育」（簡稱十二年國教）新課程綱要（簡稱新課綱或 108 新課綱），指引學校進行「核心素養」學校本位課程發展（蔡清田，2019），教師進行「核心素養」的課程與教學（蔡清田，2020），十二年國教新課綱的 DNA，是一個核心的三面九項核心素養，透過教育行動研究，可因應十二年國教新課綱改革的學校教育課程發展與教學創新問題，因此特別鼓勵學校結合「教育行動研究」，期望透過教育實際問題探討，研究分析解決策略，其目標在透過教育行動研究發展實用的教學策略與示例，並提升教師「教育行動研究」之專業素養，及時解決相關問題，以提升新課綱課程改革效果，因應十二年國教新課綱核心素養改革的需要。在「十二年國民基本教育」新課綱的時代趨勢下，本書《十二年國教新課綱與教育行動研究》是「升級版」的教育行動研究新書，特別提供十二年國教新課綱核心素養的教育行動研究實例，將教育行動研究歷程系統化為三階段六步驟並分章詳細加以論述，以利邁向成功實施十二年國教核心素養課程改革，有效呼應我國社會對「終身學習的教師圖像」之期待的理想願景。首先本書第一章緒論主要分為四節，包括第一節十二年國民基本教育新課綱的核心素養、第二節教育行動研究的意義、第三節教育行動研究的特徵、第四節十二年國民基本教育新課綱的行動研究，以下分節說明如次：

第一節 十二年國民基本教育新課綱的核心素養

　　「十二年國民基本教育」新課程綱要的 DNA，是一個核心的三面九項「核心素養」，我國自 1968 年迄今，歷經三波重要的基礎教育改革，第一波「九年國民義務教育改革」，重視學科知識；第二波是「國民中小學九年一貫課程改革」強調基本能力；「十二年國民基本教育」是第三波的課程改革（黃光雄、蔡清田，2017；蔡清田，2017），公布《十二年國民基本教育課程發展建議書》（國家教育研究院，2014a）、《十二年國民基本教育課程發展指引》（國家教育研究院，2014b）、《十二年國民基本教育課程綱要總綱》（教育部，2014），強調培養「終身學習者」為核心統整知識、能力與態度的「核心素養」（蔡清田，2018），延續並擴展「九年國民義務教育」，強調學科知識與「國民中小學九年一貫課程改革」培養基本能力之成效，成為「十二年國民基本教育」課程改革之「核心」（蔡清田，2019），亦即因應社會生活需要的「素養」之概念與時俱進，隨著人類社會文明演進而改變不斷再概念化（reconceptualization），已由過去強調讀書識字的知識（knowledge）之「素養 1.0」，進化到重視做事技術能力（skill）的「素養 2.0」，再進化為用心的態度（attitude）之「素養 3.0」，並再升級為統整上述知識、能力、態度的 ASK「素養 4.0」，亦即如圖 1-1 素養的理論構念之意涵所示「素養 4.0」＝（知識＋能力）^{態度}（蔡清田，2019）。

　　同樣地，「核心素養」的概念也是與時俱進，歷經不斷升級進化再概念化，由培養學科知識之「核心素養 1.0」（蔡清田，2011），進化到重視基本能力的「核心素養 2.0」（蔡清田，2012），再進化到重視態度情意之「核心素養 3.0」（蔡清田，2014），並再升級為統整學科知識、基本能力、態度情意的「核心素養 4.0」，包括 core competence, key competencies, literacy, ability, knowledge, skill, capacity, proficiency, attitude, responsibility, value, character, competence（素養的總稱）/ competency（單項的素養）/competencies（多項的素養）等概念（蔡清田，2018），亦即因應後現代化「工業 4.0」人工智慧（artificial intelligence）的資訊科技優質社會生活所需的「核心素養 4.0」＝（學科

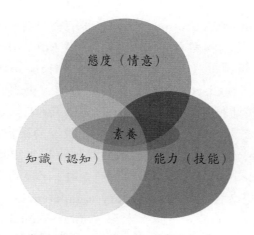

◆ 圖 1-1　素養的理論構念之意涵

知識＋基本能力）[態度情意]（蔡清田，2020），引導學生成為具備「核心素養 4.0」的現代智慧人而不是遠古的山頂洞人。

「核心素養」受到「聯合國教育科學文化組織」（United Nations Educational, Scientific and Cultural Organization，簡稱 UNESCO）、「經濟合作開發組織」（Organisation for Economic Co-operation and Development，簡稱 OECD）、「歐洲聯盟」（European Union，簡稱 EU）等國際組織的許多國家地區高度關注（UNESCO, 2003; EU, 2005; OECD, 2005），皆強調有必要透過「核心素養」的課程設計，重視能因應現在社會生活與未來挑戰的身心素質與自我精進、系統思考，並提出解決方案、規劃執行與創新應變、學會傾聽溝通表達、積極認真的熱忱態度、贏得支持與人團隊合作的正向人際關係等終身學習的核心素養（黃光雄、蔡清田，2017），學習解決我們現在從未想過的問題，準備從事現在尚未存在的未來工作，以因應未來社會情境的需要（蔡清田，2018）。

例如美國配合「經濟合作開發組織」跨國研究進行《素養的界定與選擇》（Definition and Selection of Competencies: Theoretical and Conceptual Foundations，簡稱 DeSeCo），提出溝通與資訊處理、規劃與管理、系統導向、社會素養與團隊合作、公民素養、價值導向、自主行動者等核心素養（Colby, 2017; Rychen & Salganik, 2003）。美國教育部

（U.S. Department of Education）、國家研究委員會（National Research Council, NRC）及全國教育協會（National Education Association）與著名跨國公司如蘋果（Apple）、微軟（Microsoft）、戴爾（Dell Computer）、思科（Cisco Systems）等大公司，更組成產官學界合作組織創辦「新世紀技能夥伴聯盟」（Partnership for 21st century skills，簡稱 P21），發表《二十一世紀技能、教育和競爭力報告》（21st Century Skills, Education, and Competitiveness），將學生須具備之「二十一世紀技能」（21st century skills），整合於 K-12 年級的學校教育內容，命名為「二十一世紀素養」（21st century competencies），涵蓋認知素養（cognitive competencies）、個人素養（intrapersonal competencies）、人際素養（interpersonal competencies）等三大範疇（NRC, 2011; 2012），其後更強調透過《二十一世紀學習框架》（Framework for 21st Century Learning）（Partnership for 21st Century Skills, 2019），規劃培育二十一世紀人才所需的學習與創新技能／素養（learning & innovation skills）、生活與職業技能／素養（life & career skills）、資訊媒體與技術技能／素養（information, media & technology skills）等技術能力架構（Manalo, 2020），特別是包括當代社會「優質生活」所需的創新創造（creativity）、團隊合作（collaboration）、溝通互動（communication）、批判思維（critical thinking）等 4C 核心素養（蔡清田，2019）。

在國際教育改革潮流驅動之下，我國急起直追於 2014 年 8 月 1 日實施「十二年國民基本教育」，2014 年 11 月 28 日公布《十二年國民基本教育課程綱要總綱》，以「自發」、「互動」及「共好」為基本理念，以「成就每一個孩子 —— 適性揚才、終身學習」為願景（教育部，2014；國家教育研究院，2014a、2014b），而一個核心的三面九項「核心素養」，正是「十二年國民基本教育」新課程綱要的關鍵 DNA（蔡清田，2014）。教育部「高級中等以下學校課程審議會」於 2019 年 6 月 22 日下午完成歷經兩年六個月又二十九天的所有《十二年國民基本教育課程綱要》相關審議（蔡清田，2018），並於同年 108 新學年度 8 月 1 日正式實施「十二年國民基本教育」新課程綱要，因此通稱「108 新課綱」，指引學校進行「核心素養」學校本位課程發展（蔡清田，2019），教師

進行核心素養的課程與教學（蔡清田，2020），引導學生學習現在及未來社會生活所需的「核心素養」（UNESCO, 2003; EU, 2005; OECD, 2005）；一方面協助個人發展獲得「優質生活」，另一方面促進社會發展協助人類因應「優質社會」的生活挑戰，呼應「經濟合作開發組織」的「邁向 2030 年教育與技能的未來」計畫，指出邁向 2030 年的學習架構，強調核心素養是能統整「知識」、「能力」、「態度」等教育要素之「行動實踐智慧」（蔡清田，2018），承諾協助每一位學習者發展成為同時具備知識、能力、態度的「全人」（whole person），並建構關於個人、群體與全球人類生活的幸福感（well-being），形塑一個「優質社會」的共同美好未來（楊俊鴻，2018；蔡清田，2019；OECD, 2018）。

　　值得注意的是，教育部在此同一時期強調教師專業素養的重要性，因此於 2016 年公布「標準論」之《中華民國教師專業標準指引》提出我國教師專業標準，包含教育專業、學科教學、教學設計、教學實施、學習評量、班級經營、學生輔導、專業成長、專業責任及協作領導等面向十項標準內涵，專業知能訂有兩項標準、專業實踐訂有五項標準、專業態度訂有三項標準；而且教育部更於 2018 年公布「素養論」之《中華民國教師專業素養指引——師資職前教育階段暨師資職前教育課程基準》五大素養的「**了解教育發展的理念與實務**」、「**規劃適切的課程、教學及多元評量**」、「**建立正向學習環境並適性輔導**」、「**了解並尊重學習者的發展與學習需求**」及「**認同並實踐教師專業倫理**」。為更進一步導引教師專業發展，教育部緊接著在 2019 年 2 月 22 日公布「終身學習論」之「終身學習的教師圖像」，指出教師面對社會、經濟和科技的變革，必須不斷地充實新知，強化專業知能，才能有效勝任其教學工作，因而教師成為一位「終身學習者」，實有其時代和教育的必要性。這是教育部為回應社會對培育「終身學習教師」的期待，以教師圖像作為教師專業發展的藍圖，教師應以終身學習為核心，具備「教育愛」，持續成長的「專業力」，以及擁有面對新時代挑戰的「未來力」；並在「教育愛」、「專業力」、「未來力」三個向度下，持續精進熱忱與關懷、倫理與責任、多元與尊重、專業與實踐、溝通與合作、探究與批判思考、創新與挑戰、文化與美感、跨域與國際視野等九項核心內涵，促進專業成長，提升專業知能，展開積極的專業行動，幫助學生有效學習，培養學生具備未來社會所需知識、能力

與態度的「核心素養」，更進一步地呼應了「十二年國民基本教育」新課程綱要，以「終身學習者」為一個核心的三面九項「核心素養」之教育改革。

由上可見，在「聯合國教育科學文化組織」、「經濟合作開發組織」、「歐洲聯盟」等國際組織強調「核心素養」，以及我國「十二年國民基本教育」新課程綱要改革與提升教師專業素養的脈絡情境之下，帶動了「教育行動研究」的新趨勢。尤其是，「十二年國民基本教育」以「自發、互動、共好」為理念，為落實「十二年國民基本教育」課程改革的理想願景與目標，以「核心素養」作為課程發展之主軸（教育部，2014；國家教育研究院，2014a、2014b）。「核心素養」是指一個人為適應現在生活及面對未來挑戰，所應具備的知識、能力與態度。「核心素養」強調學習不宜以學科知識及技能為限，而應關注學習與生活的結合，透過實踐力行而彰顯學習者的全人發展。核心素養的表述可彰顯學習者的主體性，關照學習者可整合運用於「生活情境」，強調其在生活中能夠實踐力行的特質。因此，學校教育的相關人員可以針對《十二年國民基本教育課程發展建議書》（國家教育研究院，2014a）、《十二年國民基本教育課程發展指引》（國家教育研究院，2014b）、《十二年國民基本教育課程綱要總綱》（教育部，2014）及「十二年國民基本教育」各領域課程綱要的核心素養、學校本位課程發展、領域學習課程、彈性學習課程、跨領域課程、學習重點的學習內容與學習表現、議題融入、課程規劃、課程統整設計、協同教學、學習評量、課程實施、課程評鑑等進行「行動研究」（action research）。特別是，我國「十二年國民基本教育」108 新課綱的 DNA，是一個核心的三面九項「核心素養」，包括以「終身學習者」為核心的「自主行動」、「溝通互動」、「社會參與」等「自動會」三面向，以及「身心素質與自我精進」、「系統思考與解決問題」、「規劃執行與創新應變」、「符號運用與溝通表達」、「科技資訊與媒體素養」、「藝術涵養與美感素養」、「道德實踐與公民意識」、「人際關係與團隊合作」、「多元文化與國際理解」九項目，如圖 1-2 核心素養的滾動圓輪意象所示（教育部，2014）。

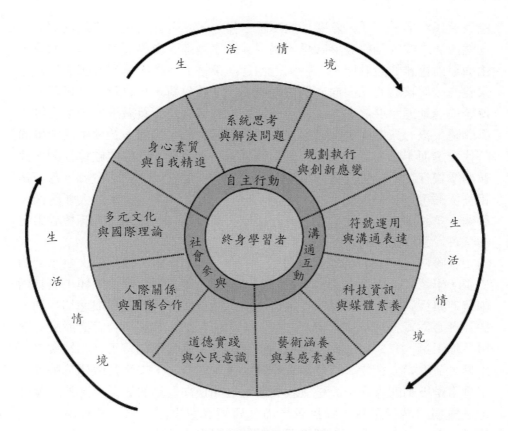

◆ 圖 1-2　核心素養的滾動圓輪意象

　　「核心素養」的意涵，係指國民必須因應生活情境所需要的知識、能力與態度，需要透過後天學習在不同教育階段中進行長期培養，以解決生活情境中所面臨的問題，並能與時俱進，形成核心素養的「滾動圓輪」（wheel）或「滾動飛輪」（flywheel）意象（蔡清田，2014），因應生活情境快速變遷，不斷滾動前進，強調「核心素養」必須因應生活情境所需，且須歷經長期教育培養，並重視與外在社會及自然環境等生活情境之互動關係，顯示核心素養的動態發展理念，詮釋了核心素養的一個核心理念與三維架構及九個主軸間的動態關係，以及「身心素質與自我精進」、「系統思考與解決問題」、「規劃執行與創新應變」、「符號運用與溝通表達」、「科技資訊與媒體素養」、「藝術涵養與美感素養」、「道德實

踐與公民意識」、「人際關係與團隊合作」、「多元文化與國際理解」等九軸內涵之間的動態發展關係，展現其循序漸進、由易而難、由近而遠、由簡單而複雜的設計原則，特別是透過「滾輪」意象，呈現我國國民核心素養的一個核心的三面向九個主軸內涵。「**苟日新，日日新，又日新**」的持續前進動態發展之理念，能延伸推展成具層次感、寬廣度的統整思維，彰顯國民核心素養的動態發展性及創新價值意涵，能隨著社會生活情境的時代變遷而不斷發展與不斷滾動向前邁進，而且圖 1-2 中的虛線強調彼此並非單獨存在而是可交互作用、相互滲透、彼此互動之動態發展，甚至是相互依賴可以部分重疊交織，呼應了自發、互動與共生共榮的人類圖像，彰顯了多元面向、多元功能、多元場域、高階複雜、長期培育等核心素養的特質（蔡清田，2020）。

我國核心素養的具體意涵如下：（一）自主行動：強調個人為學習的主體，學習者應能選擇適當學習方式，進行系統思考以解決問題，並具備創造力與行動力。學習者在社會情境中，能自我管理，並採取適切行動，提升身心素質，裨益自我精進。（二）溝通互動：強調學習者應能廣泛運用各種工具，有效與他人及環境互動。這些工具包括物質工具和社會文化工具，前者如人造物、科技與資訊等，後者如語言、文字及數學符號等。工具不是被動的媒介，而是人我與環境之間正向互動的管道。此外，藝術也是重要的溝通工具，國民應具備藝術涵養與生活美感，並善用這些工具。（三）社會參與：強調學習者在彼此緊密連結的地球村中，需要學習處理社會的多元性，以參與行動與他人建立適切的合作模式與人際關係。每個人都需要以參與方式培養和他人或群體互動的素養，以提升人類整體生活品質。社會參與既是一種社會素養，也是一種公民意識（國家教育研究院，2014a、2014b；洪詠善、范信賢，2015）。

「十二年國民基本教育」課程改革之「核心素養」，乃是呼應「聯合國教育科學文化組織」、「經濟合作開發組織」及「歐洲聯盟」等國際組織對「核心素養」的界定，是指國民能在現代社會中扮演積極公民角色所需具備的核心素養，呼應了《十二年國民基本教育課程綱要總綱》的「自發」、「互動」、「共好」之「自動好」理念的全人圖像，彰顯國民教育可以引導國民的全人發展，強調以人為本的「終身學習者」為核心，包括「自主行動」、「溝通互動」、「社會參與」等「自動會」三面，以及

「身心素質與自我精進」、「系統思考與解決問題」、「規劃執行與創新應變」、「符號運用與溝通表達」、「科技資訊與媒體素養」、「藝術涵養與美感素養」、「道德實踐與公民意識」、「人際關係與團隊合作」、「多元文化與國際理解」九項（國家教育研究院，2014a、2014b；洪詠善、范信賢，2015；楊俊鴻，2018；方德隆，2020；林永豐，2020），此即一個核心的三面九項「核心素養」的「三維論」與「九軸論」（蔡清田，2014），學生學習核心素養，能在不同教育階段學習解決生活問題，因應生活情境快速變遷而與時俱進成為終身學習者。核心素養強調教育功能，可彌補十大基本能力的涵蓋範疇不全、區隔不清，以及缺漏重要生活議題，如「道德實踐與公民意識」、「科技資訊與媒體素養」及「藝術涵養與美感素養」等，可因應現在及未來社會之需要，重視在學習過程中促進個體全人的發展及終身學習的培養（蔡清田，2016）。「以核心素養為導向的課程改革」，可透過課程綱要的「核心素養」、「教育階段核心素養」、「領域／科目核心素養」及「領域／科目學習重點」轉化落實於課程實施，確保每一個接受十二年國民基本教育的學生都具備基本且共同的核心素養（蔡清田，2018）。

　　「十二年國民基本教育」課程改革的重要特色：是「以核心素養為導向的課程改革」，「十二年國民基本教育」課程改革培養的「核心素養」，係指現代與未來國民透過新課程習得面對現在與未來生活挑戰，所應具備的知識、能力與態度，這些具有國際化的「核心素養」，延續了我國過去課程綱要的「基本能力」、「核心能力」與「學科知識」，但涵蓋更寬廣和豐富的教育內涵，說明了《十二年國民基本教育課程綱要總綱》的「核心素養」強調學習不宜以學科知識及技能為限，而應關注學習與生活的結合，透過實踐力行而彰顯學習者的全人發展（教育部，2014）。特別是「核心素養」的表述可彰顯學習者的主體性，關照學習者可整合運用於「生活情境」，強調其在生活中能夠實踐力行的特質。

　　特別是《十二年國民基本教育課程綱要總綱》以「成就每一個孩子——適性揚才、終身學習」為願景，兼顧個別特殊需求、尊重多元文化與族群差異、關懷弱勢群體，以開展生命主體為起點，透過適性教育，激發學生生命的喜悅與生活的自信，提升學生學習的渴望與創新的勇氣，善盡國民責任並展現共生智慧，成為具有社會適應力與應變力的終身學習

者，期使個體與群體的生活和生命更為美好。因此，各校應以《十二年國民基本教育課程綱要總綱》的課程理念與目標，發展學校理想願景及學生圖像，規劃學校本位課程，落實核心素養的課程與教學，俾能落實《十二年國民基本教育課程綱要總綱》「成就每一個孩子——適性揚才、終身學習」的願景。「十二年國民基本教育」課程改革之各領域／科目課程綱要的研修，需依據教育部審議通過的《十二年國民基本教育課程綱要總綱》，並參照《十二年國民基本教育課程發展指引》，考量領域／科目的理念與目標，結合或呼應核心素養具體內涵，以發展及訂定「各領域／科目核心素養」及「各領域／科目學習重點」，落實《十二年國民基本教育課程綱要總綱》的理念及內涵。各校宜參考進行「核心素養」的學校本位課程發展與課程統整設計「行動研究」，將過去的學校本位課程發展，升級成為「核心素養」導向的學校本位課程發展，並將過去的課程統整設計，升級成為「核心素養」導向的課程統整設計，更強調核心素養的課程統整設計，呼應以學習者為主體的課程改革。

「核心素養」是指一個人為適應現在生活及面對未來挑戰，所應具備的知識、能力與態度。在「十二年國民基本教育」課程發展與設計上，不同於國民中小學九年一貫課程以能力指標為主，「十二年國民基本教育」新課程綱要則以「核心素養」作為課程發展與設計的主軸（教育部，2014）。「核心素養」的課程發展設計與教學方案示例需參照「十二年國民基本教育」新課程綱要的「核心素養」與「學習重點」，由「學習表現」和「學習內容」交織為「學習目標」，據以設計學習情境引起學習動機、發展教學活動、安排學習方法及策略、規劃表現任務等，並輔以適切的評量，進行教學、學習、評量的統整設計（蔡清田，2020）。

尤其是面對後現代「工業4.0」資訊科技社會的來臨，學校必須評估課程發展現況，引導學生學習因應現在及未來「優質社會」生活所需「核心素養」（蔡清田、陳伯璋、陳延興、林永豐、盧美貴、李文富、方德隆、陳聖謨、楊俊鴻、高新建、李懿芳、范信賢，2013）。因此，我國政府、師資培育大學、各級學校教師宜同舟共濟合力進行十二年國民基本教育的「核心素養」課程改革，透過學校課程規劃，並經由各領域／科目課程設計與實施，培養具有核心素養之健全公民（蔡清田，2020）。「十二年國民基本教育」新課程綱要的專業授權之下（蔡清田，2018），

中小學學校教師得參與學校課程發展委員會、教師可以結合社區資源與教師專業等，發展出落實學校教育理想願景的學校本位課程，包括國中小彈性學習課程、高中校訂課程等，特別是包括分析學校教育情境規劃「部定課程」與「校訂課程」的學校整體課程、設計實施各領域科目課程與跨領域／科目的統整主題／專題／議題等，教師可主動參與教學研究會、學習共同體等教師專業社群，透過共同備課、公開授課、觀課與議課、教材研發，以及發展實作性、探究性、專題性等課程教學之專業素養，教師可參加相關專業研習或進修課程以獲得專長認證（蔡清田，2019），甚至透過行動研究扮演「教師即研究者」的專業角色等（黃光雄、蔡清田，2017；蔡清田，2019），運用多元的方法進行核心素養的課程與教學（蔡清田，2020），以提升學生核心素養的學習成效。

學校教育人員可以透過學校層級學校本位課程之發展，於建構學校願景及學生圖像、研訂校本課程發展之課程目標、發展各年級課程模組等歷程，均可結合一個核心的三面九項核心素養進行校本課程發展。特別是依據《十二年國民基本教育課程綱要總綱》有關學校開設彈性學習課程之規定：「彈性學習課程由學校自行規劃辦理全校性、全年級或班群學習活動，提升學生學習興趣並鼓勵適性發展，落實學校本位及特色課程……」。因此，學校宜妥適規劃結合教育相關各項政策宣導活動之方式進行彈性學習課程（教育部，2014）。是以「課程發展委員會」可以透過行動研究，進行審查全校各年級的課程計畫，以確保教育品質，考量學校條件、社區特性、家長期望、學生需要等因素，結合全體教師和社區資源，發展學校本位課程，並審慎規劃全校總體課程方案和班級教學方案，訂定學年課程實施計畫，尤其可以透過行動研究進行：（一）分析情境；（二）擬定目標；（三）設計課程方案；（四）詮釋和實施；（五）檢查、評估、回饋及重新建構等要項（蔡清田，2019；Skilbeck, 1984），將學校課程發展置於社會文化架構當中，藉由提供學生了解社會文化價值的機會，改良及轉變學生經驗（黃光雄、蔡清田，2017）。

其次，教師可以透過領域科目或跨領域的課程設計行動研究，特別是教師在設計各領域／科目或跨領域教案時，均可依據課程目標結合適當的核心素養及學習重點進行課程發展設計行動研究。特別是「十二年國民基本教育」課程改革強調「核心素養」的「學校本位課程發展」與「課程統

整設計」，將過去的學校本位課程發展升級轉型成為「核心素養」導向的學校本位課程發展（林信志、李文富、許凱威，2019），並將過去的課程統整設計升級轉型成為「核心素養」導向的課程統整設計，強調核心素養的課程統整設計及學習內容與學習表現，呼應以學習者為主體的課程改革（教育部，2014；國家教育研究院，2014a、2014b；蔡清田，2014；洪詠善、范信賢，2015），這也是十二年國教課程改革需要留意教師的準備度與意見反應之處（王令宜、吳清山，2019），並在課程實施過程中需要特別留意尋覓教師聲音（白亦方，2019）。特別是《十二年國民基本教育課程綱要總綱》強調「核心素養」導向的課程、教學、學習及評量，從學校課程規劃與課程統整設計到教師教學實施及學習評量的方式，都是為了落實「十二年國民基本教育」課程改革的「核心素養」。特別是《十二年國民基本教育課程綱要總綱》明確指出要透過學校課程發展委員會的組織與運作，持續精進「核心素養」的學校本位課程發展與課程統整設計，培養學生的「核心素養」，營造以學習者為中心的新學習風貌，永續經營「核心素養」的學校本位課程發展與課程統整設計（黃光雄、蔡清田，2017；林永豐，2020）。

　　教育部（2014）在《十二年國民基本教育課程綱要總綱》實施要點，更明確指出教師宜配合平日教學，進行創新教學實驗或「行動研究」（action research），公開分享與交流等多元專業發展活動方式，以不斷提升自身專業知能與學生學習成效，其所需之經費與相關協助，各該主管機關應予支持。甚至，早在 1999 年 7 月 28 日公布《國民教育階段九年一貫課程試辦要點》，就特別重視行動研究，以提升新課程試辦效果，及時解決相關問題，鼓勵學校結合「教育行動研究」，同步進行研究工作，期望透過實際問題探討，研析解決策略，增進實施新課程的能力。「行動研究」是基於解決問題或獲得資訊以改善實務情境為目的而採取行動所進行的「研究」。

　　「行動研究」是單一或多個團體或個人，基於解決問題或獲得資訊以熟悉當地的實務情境之目的，所進行的研究。一般而言，涉入行動研究者欲解決某種日常生活中立即的問題或困難的問題（difficulty），諸如減少學生長期缺席或惡意破壞公物的事件、激勵缺乏學習興趣的學生、找出適當教材教法以改善數學的教學成效。學校中有許多問題適合採用行動研

究。譬如說，哪一種教學法最適合哪一類型的學生？教師如何鼓勵學生思考重要問題？教學內容、策略和學習活動如何因應學生的年齡、性別、種族、學習能力而改變，以促進學習效率（Olson & Ramirez, 2020）？教材應如何呈現讓學生獲得最多的理解？諮商輔導人員能做什麼？教師和行政人員能做些什麼以增進學校教育中學生的學習興趣？其他的教育專業人員能做些什麼？教室中的教師、輔導諮商人員和行政人員可以藉由參與行動研究，對以上的重要問題提出一些解答。這些研究由於以個別的方式實施，其可推論性（generalizability）具有嚴格的限制（Fraenkel & Wallen, 2003）。

　　然而，在不同學校裡的教師可以在他們個別的班級教室探究相似的問題，因此可以適度地參考其他教師同儕的研究，並且扮演「教師即研究者」的專業角色（黃光雄、蔡清田，2017；蔡清田，2013；Stenhouse, 1975），將教室當成是可以和學生及其他相關教育人員共同進行「行動研究」的研究室（Elliott, 1992; McKernan, 1996; Connelly & Clandinin, 1990），可能因此創造出一個有待考驗的研究假設（hypotheses）之行動研究理念（Carr & Kemmis, 1986; Kemmis & McTaggart, 1982; McKernan, 2008），並透過實際教育行動以改善實務工作或改善實務工作情境，不僅可以促進中小學教育人員的專業發展（林鋒錡，2010；林吟徽，2009；洪英，2002；馬雅娟，2019；黃珊珊，2019；黃琪鈞，2020；鄧宛廷，2020；蘇家慧，2019；鄭永泰，2019；張美慧，2004；張玲華，2010；張馨祺，2019；許予薰，2004；陳宜楓，2010；陳樹叢，2003；陳品含，2020；高于涵，2020；雲大維，2006；劉安祝，2008；劉保祿，2007；劉明琇，2007；劉麗吟，2009；楊孟勳，2010；鍾嘉芬，2010；簡玉婷，2018；蔡芳柔，2010；蔡麗華，2004；蔡慧琦，2004；蔡玉珊，2020；蔡清田，2020），更可促進教育人員透過「教育行動研究」改善教學實踐（方德隆，2020；王令宜、吳清山，2019；王文科，1995；王秀槐，1983；白亦方，2019；吳明清，1991；林素卿，1999；林珮璇，2012；周淑卿、陳美如、李怡穎、林永豐、吳璧純、張景媛、范信賢，2018；黃光雄、蔡清田，1999；黃政傑，1999；陳伯璋，1988a、1988b；陳惠邦，1998；張芬芬、謝金枝，2019；歐用生，1996b、1999a；甄曉蘭，1995；蔡清田，1999a；Blasco, 2019），協助

教師升級轉型為十二年國教新課綱的「教師即研究者」，並成為學生學習歷程的「助學者即生命貴人」與培育人才的專家。

在「十二年國民基本教育」新課綱核心素養的課程改革時代趨勢脈絡下，本書《十二年國教新課綱與教育行動研究》將「教育行動研究」的歷程，加以明確化與系統化為三階段的「行動『前』的研究」、「行動『中』的研究」、「行動『後』的研究」，以及六步驟的（一）Problem 提出教育行動研究問題與省思；（二）Project 規劃教育行動研究方案與省思；（三）Collaboration 協同合作教育行動研究與省思；（四）Implementation 實施監控教育行動研究與省思；（五）Evaluation 評鑑回饋教育行動研究與省思；（六）Report 呈現教育行動研究報告與省思。此一教育行動研究的「Problem 問題、Project 方案、Collaboration 合作、Implementation 實施、Evaluation 評鑑、Report 報告」的教育行動研究循環歷程模式，簡稱 PPCIER 教育行動研究「簡單模式」，如圖 1-3 所示。教育行動研究的「行動」至少包括「P 提出教育行動研究問題」（簡稱提出問題或問題）、「P 規劃教育行動研究方案」（簡稱研擬方案或方案）、「C 協同合作教育行動研究」（簡稱尋求合作或合作）、「I 實施監控教育行動研究」（簡稱執行實施或實施）、「E 評鑑回饋教育行動研究」（簡稱評鑑回饋或評鑑）與「R 呈現教育行動研究報告」（簡稱呈現報告或報告）等六種不同的實務「行動」，並同時結合下述教育行動研究的六個「行動」之「研究」反省思考，而成為教育行動研究整體歷程的六個步驟。本書「第二章教育行動研究的理論與實務」的圖 2-1 會闡述這個PPCIER 教育行動研究的實踐省思與實務行動之間的「互動關係模式」，此一教育行動研究的行動研究省思模式，可以說明執行教育實務的「行動」與進行「研究」是教育行動研究的一體之兩面，而且可以彰顯教育行動研究的目的與功能、教育行動研究的條件與限制；而本書的「第五章教育行動研究的主要歷程與程序原理」圖 5-1 PPCIER 教育行動研究「循環歷程模式」，會進一步說明這個三階段六步驟 PPCIER 教育行動研究循環歷程模式的特色。

特別是，本書第二篇「教育行動研究的歷程與程序」，將會進一步分章闡述三階段六步驟的 PPCIER 教育行動研究簡單模式，以及教育行動研究的歷程的程序原則，特別重視教育行動研究者「自我的反身性」（self-

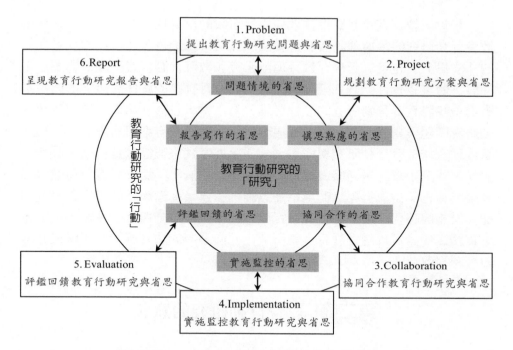

◆ 圖 1-3　PPCIER 教育行動研究「簡單模式」

reflexivity）的「省思」（reflection）（Archer, 2007; Argyris, Putnam, & Smith, 1990; Ashmore, 1989; Atweh, Kemmis, & Weeks, 1998; Bartlett & Suber, 1987; Bourdieu & Wacquant, 1992; Carr & Kemmis, 1986; Cohen & Manion, 1980; Corey, 1953; Elliott, 1991; Hopkins, 1985; Hustler, Cassidy, & Cuff, 1986; Kincheloe, 1991; Lewin, 1948; McKernan, 1991; McNiff, 1995; McNiff, Lomax, & Whitehead, 1996; Newman, 1999; O'Hanlon, 1996; Schön, 1983, 1987; Stenhouse, 1975; Walker, 1985; Winter, 1995; Woolgar, 1988），可避免以理論壓迫實務的「單面向」思考，有助於消除教育學術霸權體系理論及實踐的不平等關係，以強調教育理論與實踐的「雙面向」之平等互惠正向回饋，可透過教育行動研究整合教育理論研究與實踐研究，如同「系統思考解決問題」的核心素養，可以因應並解決當前「十二年國民基本教育」新課綱核心素養課程改革時代趨勢脈絡下的教育問題。

　　是以，教育實務者應批判地運用「自我的反身性」的「省思」，參與教育行動研究的學術理論與教育實踐的探討；特別是，「自我的反身性」的「省思」，也可以延伸至教育理論研究和教育行動實踐的關係問題上之探討，體現教育行動研究者的研究倫理與教育實踐的責任意識。因此，本書進一步將教育行動研究的歷程詳細分為六章，包括「第六章提出教育行動研究問題與省思」、「第七章規劃教育行動研究方案與省思」、「第八章協同合作教育行動研究與省思」、「第九章實施監控教育行動研究與省思」、「第十章評鑑回饋教育行動研究與省思」、「第十一章呈現教育行動研究報告與省思」等六個專章加以詳細論述；進而說明教育行動研究的配套措施與時代意義，闡述教育行動研究的配套措施與行動綱領，指出教育實務工作者可以透過教育行動研究，共同**邁向成功實施**十二年國民基本教育課程**改革**。

第二節　教育行動研究的意義

　　「苟日新，日日新，又日新」，「沒有行動（action）的研究（research），是空洞的理想；沒有研究的行動，是盲目的行動」。一般人往往認為「研究」是大學教授或學者專家的專利工作，而「行動」則是實務工作者的職責。特別是傳統的研究，大都以學者專家為研究主體人員，而研究的目的，多在建立普遍的原理原則或可以進一步類化的理論知識。然而，傳統的研究結果，總是無法直接應用於解決實務工作情境所產生的問題，因為理論與實務之間，往往存在著不可避免的差距（Atweh, Kemmis, & Weeks, 1998）。換言之，傳統理論往往無法適當地說明或解決實務工作情境當中的實際問題現象（Mills, 1959），而實際工作情境當中的實務，也往往未能完全用來考驗和修正理論。因此，「行動研究」（action research）乃因應而生（Mills, 2000; Stringer, 1999）。

　　「行動研究」透過「行動」與「研究」結合為一（蔡清田，1999a），企圖縮短理論與實務的差距（蔡清田，2004a、2004b）。「行動研究」強調實務工作者的實際行動與研究的結合（王文科，2011；吳明清，1991；陳伯璋，1988a；陳惠邦，1998；黃政傑，1999；歐用生，

1999a；Atweh, Kemmis, & Weeks, 1998; Carr & Kemmis, 1986; Elliott, 1998; McNiff, 1995; Winter, 1995），鼓勵實務工作者採取質疑探究和批判的態度（McKernan, 1996; Noffke & Stevenson, 1995），因此，在「十二年國民基本教育」課程改革浪潮下，便有許多「教師即研究者」（teacher as researcher）（黃光雄、蔡清田，2017），甚至「教師研究者」（teacher researcher）（蔡清田，2005、2006），或「教育實務人員即研究者」（educational practitioner as researcher），甚至「教育實務研究者」（educational practitioner researcher）（蔡清田，2007、2008），在實務行動過程中進行「省思」（Schön, 1983, 1987），以改進實務工作（McNiff, Lomax, & Whitehead, 1996; O'Hanlon, 1996），增進對實務工作的理解（夏林清與中華民國基層教師協會，1997; Altrichter, Posch, & Somekh, 1993; Mills, 2000; Stringer, 2004），並改善實務工作情境，進而從事論文寫作（林鋒錡，2010；林吟徽，2009；洪英，2002；張美慧，2004；張玲華，2010；許予薰，2004；陳宜楓，2010；陳樹叢，2003；雲大維，2006；劉安祝，2008；劉保祿，2007；劉明琇，2007；劉麗吟，2009；楊孟勳，2010；蔡芳柔，2010；蔡麗華，2004；蔡慧琦，2004；鍾嘉芬，2010；簡玉婷，2018；馬雅娟，2019；張馨祺，2019；鄭永泰，2019；蘇家慧，2019；鄭永泰，2019；黃珊珊，2019；高于涵，2020；黃琪鈞，2020；鄧宛廷，2020；蔡玉珊，2020；蔡清田，2010）。由於行動研究有如此妙用，但是真正理解的人太少，誤會不解的人太多，因此，本節首先描述研究的類型，進而說明「行動」與「研究」的概念，指出行動研究的「行動」意涵，進而闡明行動研究的意義。

一／研究的類型

就研究的實用程度而言，可將研究區分為「基礎研究」（basic research）、「應用研究」（applied research）、「行動研究」（action research）等三種不同的研究類型（蔡清田，1999a；Tyler, 1984; Stringer, 1999）。「基礎研究」是指研究人員希望自己的研究發現，能夠合乎自己或專門研究領域學者的興趣，而所進行的理論研究，其目的在於求知，與理論化發展有密切關聯。「應用研究」是指研究發展人員希望自己的研究

發現，能引起雇主、一般社會大眾與顧客之濃厚興趣的一種研究。「行動研究」則是進一步利用「應用研究」之研究結果，透過實際行動，嘗試解決工作實務情境中所發生的實際問題。由於「行動研究」強調立即應用，不同於「基礎研究」或「應用研究」，因此有些社會科學家便將「行動研究」自「應用研究」之領域當中加以區分出來（Stenhouse, 1985: 56）。換言之，為了縮短「實務」與「理論」彼此之間的差距，或減少「行動」與「研究」之間的差異，便產生一種讓實務工作者和研究者合而為一的研究，這種類型的研究稱為行動研究。

　　嚴格說來，「行動研究」只是一種與「基礎研究」及「應用研究」並列的研究類型之一（陳伯璋，1988a；黃政傑，1999）；換言之，行動研究是一種研究類型，是一種研究的態度，可以混合應用質的研究方法與量的研究方法（Johnson & Christensen, 2020），而不是一種特定的研究方法技術。然而，置身於變化迅速、重視專業的現代化社會，如何改善實務工作品質以求進步，乃成為各行各業的實務工作者之迫切需求，而且設法運用專業理論輔助專業實務工作的運作，逐漸蔚成一股風潮。是以，「行動研究」的實踐理念便應運而生（Winter, 1995: 3）。

二／行動與研究

　　「研究」是一種系統化的行動，以發現一套有組織的知識體系。但是，行動需要研究，因為今日的最佳實務行動，卻不一定是明日的最佳實務行動，也不見得適用於各種情境，但是透過研究，可以指出相關因素，以便了解說明現象，而且研究的發現，可作為繼續探究的指引（黃光雄、蔡清田，2017）。行動研究的重要價值就在於一般人可能聽了會忘記，看了會知道，做了會了解，所以要行動，為了行動而研究，是以，研究的目的在於求知，發現真相，以增進對現象的了解，以建立理論、模式或行動方案。因此，研究可以提供概念、動態模式與通則，以協助研究人員理解實務工作歷程，並作為進一步設計教育改革方案與實施課程革新方案之參考依據（Tyler, 1966: 31）。

　　行動研究就是要將「行動」（action）與「研究」（research）兩者合而為一。由實務工作者在實際工作情境當中，根據自己實務行動上所遭

遇到的實際問題進行研究，研擬解決問題的途徑策略方法，並透過實際行動付諸實施執行，進而加以評鑑反省回饋修正，以解決實際問題。因此，行動研究顧名思義就是將「行動」和「研究」結合起來（黃政傑，1999：351）。同時行動研究重視「系統化的探究方式」也是使行動研究不只是行動，而且能稱為研究的原因。

　　行動研究重視實務問題，但是，行動研究不只注意實務問題的解決，不只重視行動能力的培養，同時更重視批判反省思考能力的培養，以增進實務工作者的實踐智慧，企圖建立實務的理論與理論的實踐，努力縮短實務與理論之間的差距，減少行動與研究之間的差異（改自 McNiff, Lomax, & Whitehead, 1996）。因此，如果要了解行動研究，可以從行動與研究相關字眼，來加以分析，如表 1-1。

◆ 表 1-1 「行動」與「研究」的相關字

「行動」（action）相關字	「研究」（research）相關字
實作行動	進行探究
介入參與	冷眼旁觀
意圖強烈	謹慎細心
承諾投入	紀律嚴謹
激發動機	探究證據
熱忱感性	系統理性

　　行動研究，涉及實務行動的理念與實踐。一方面實務工作者的表象行動背後，應有其理想層面的願景意涵與理念主張，實務工作應該有理想願景與行動理念的指引，根據某種理想願景或行動理念，透過實際的行動，改進實務工作並改善其工作情境；另一方面行動研究理論也應有實際行動經驗的實務基礎，透過實務工作，實踐理想願景與行動理念，並且透過實際的行動與研究，結合理論與實際。

三／行動研究的「行動」

行動研究所指的「行動」是什麼呢？是指哪一種行動？行動研究的行動，是指「反省的實務工作者」的行動（Schön, 1983）。如同 Carr 與 Kemmis（1986）所強調行動研究中的行動，應是一種審慎且經過計畫方才施行之「策略性行動」（strategic action），並且可以透過後續之反省研究加以調整其行動（Carr, 1995; Elliott, 1997）。是以行動研究的行動，可能包括診斷問題、選擇方案、尋求合作、執行實施與評鑑反應等五種不同的實務行動。這是理性的行動歷程（Argyris, 1989），也是透過實務行動的改變，提升專業學習結果的歷程（Argyris & Schön, 1974）。行動研究的行動，更是一種提升專業效能的實務理論（Argyris & Schön, 1974），涉及行動科學（action science）（Argyris, Putnam, & Smith, 1990）與行動理論（theories of action）（Argyris & Schön, 1974）。行動參與者竭盡所能地嘗試求知，追求好奇與探索。如果這種行動是一種有系統、有策略的探索，才能被稱為「研究」。

澳洲學者甘美思（Stephen Kemmis）與馬塔葛（Robin McTaggart）也指出行動研究是將行動與研究連結的方法，行動是試圖將理念視為增進知識的方法（Kemmis & McTaggart, 1982）。此定義強調了行動的重要性，而且主張透過實際行動可以推動研究，實務工作是引起研究動機的力量，而且行動研究者具有實行的傾向，總是很樂於從行動中進行研究。另外，英國行動研究的推動者艾略特（John Elliott），指出行動研究旨在增進實務的相關經驗，其所強調的行動研究重點也在於行動（Elliott, 1991）。簡言之，行動研究所指的「行動」是一種有意圖的行動（intentional action），也是一種有訊息情報資料作為依據的明智行動（informed action），更是一種具有專業承諾的行動（committed action）。

（一）有意圖的行動

行動研究的行動，是一種有意圖的行動，旨在改進實務工作與改善實務工作情境，其主要的行動包括計畫的擬定與實施、行動的監控、評鑑反省與回饋修正等，都是行動研究過程中的重要行動。這些有意圖的行動，

都是行動研究過程當中的相關重要行動事件。行動研究者可以將這些行動事件，整理融入整個規劃的行動研究循環當中（O'Hanlon, 1996），因此，行動研究者不僅要重視過程，而且也要重視結果。因為行動研究的行動，是一種有意圖的行動，這些意圖是為了要促進實務的改善（Griffiths, 1990）。

（二）有訊息情報資料作為依據的明智行動

行動研究的行動，不僅是一種有意圖的行動，也是一種有訊息情報資料作為依據的聰明睿智行動。換言之，行動研究的行動，是指系統地蒐集計畫情報的擬定與實施、行動的監控、評鑑等相關資訊，以作為明智行動的知識基礎依據，進而了解實務工作者本身的行動與動機，甚至對實務工作者本身所發現的研究結果進行批評，並且公開實務工作者本身的知識觀點，甚至要廣泛接觸其他人所進行的研究發現結果，以獲得各種訊息情報資料與明智行動觀點（McNiff, Lomax, & Whitehead, 1996: 18），以作為進行行動研究的參考依據。

（三）專業承諾的行動

行動研究的行動，不僅是一種有意圖的行動，且是一種具有訊息情報資料作為依據的明智行動，更是一種具有專業承諾的行動。一個成功的行動研究，必須具有專業承諾；換言之，行動研究者，必須將自己的專業價值觀點融入行動研究當中（McNiff, Lomax, & Whitehead, 1996: 18）。行動研究具備了強烈的專業行動因素，因為實務工作者本身的行動研究不是為其他人設計的，而是針對自己專業上的需要而進行研究。因此，行動研究者在進行行動之前，需要先探究實務工作者本身對行動的動機與價值，才能協助實務工作者一方面清楚地了解到自己行動的動力來源，另一方面系統地進行研究，並將實務工作者本身的研究公開化，以便接受批評，以降低實務工作者本身的個人本位主義與偏見，透過專業承諾，改進實務工作與改善實務工作情境（Kincheloe, 1991; O'Hanlon, 1996）。

四／行動研究的意義

行動研究的意義，可以從實務觀點、實務省思觀點、專業觀點與專業團體觀點加以說明。

從實務觀點而言，由於行動研究，係由實務工作者針對實際工作情境，採取具體行動並且進行研究，以改進其實務工作與工作情境，因此，行動研究又稱之為「實務工作者所進行的行動研究」（practitioner action-research），亦即，行動研究是由實務工作者本身發動進行，努力完成與專業工作有關的實務改進，並促成專業理解的加深加廣與專業發展。是以，行動研究不只是專業理想的一部分，更是專業工作理念的具體表現，而不是專業工作的附加物。但是，實務工作者可能受到其實務工作行動之情境脈絡的束縛，而未能清楚地看清其實務行動之原貌及可能潛伏於其中的問題，甚至有意或無意的受到某種不合理性的意識型態所制約而不自知（Carr, 1995: 32），因此實務工作者有必要透過「實務省思」觀點以精進其實務工作的行動。

從「實務省思」觀點而言，行動研究鼓勵實務工作者，從實際的工作情境當中，進行「省思」（reflection）的「慎思熟慮構想」（deliberation）的「反省及思考」（Argyris, Putnam, & Smith, 1990; Atweh, Kemmis, & Weeks, 1998; Carr & Kemmis, 1986; Cohen & Manion, 1980; Corey, 1953; Elliott, 1991; Hopkins,1985; Hustler, Cassidy, & Cuff, 1986; Kincheloe,1991; Lewin, 1948; McKernan, 1991; McNiff, 1995; Newman, 1999; Schön, 1991; Schwab, 1971; Stenhouse, 1975; Walker, 1985; Winter, 1995），簡稱「省思」（或「反思」）（Carr & Kemmis, 1986），然而，行動研究，不只是一種由實務工作者在實際工作情境中進行的自我「反省思考」與自我探究的過程，行動研究更是一種實務工作者的行動反省思考與省思後再「行動」的實踐系統研究知識能力態度之素養，探討實務工作情境所發生的實際問題，執行經過規劃的行動方案，並且持續改進實務行動，監控並評鑑行動的實施歷程與結果，以改進實際工作情境或實務行動（蔡清田，2016；Marsh, 1992）。換言之，行動研究係指在社會情境之下，進行實務工作的實際參與者，為了改善其實務行動的合理性及其對實務行動的了解，而從事的自我反省思考探求。是以，

「反省思考」可說是教育行動研究不可或缺之核心（王文科，1995；吳明清，1991；李祖壽，1974；黃光雄、蔡清田，1999；黃政傑，1999；陳伯璋，1988a、1988b；陳惠邦，1998；歐用生，1996b、1999a；甄曉蘭，1995；蔡清田，1999a）。甚至，「省思」不只是教育行動研究之核心，也可以作為教育行動研究之切入點，如果實務工作者未能透過「省思」探索其所遭遇的問題而忙於盲目行動，則可能會有「忙、盲、茫」導致事倍功半或欲速則不達的弄巧成拙之負面影響。就此而言，「行動前的省思」、「行動中的省思」與「行動後的省思」等階段的行動研究之「反省思考」的慎思熟慮構想之行動實踐甚為重要（蔡清田，2016）。

　　特別是，行動研究是包括了「行動前的研究」、「行動中的研究」與「行動後的研究」等一系列的行動與研究（蔡清田，2004a、2004b）。換言之，行動研究宜涵蓋「對行動的省思」（reflection-on-action）以及「對行動中的省思之省思」（reflection on reflection-in-action）之理念（Schön, 1983），亦即，行動研究者宜進行「對實務行動的省思研究」及「對實務行動中的省思之省思研究」。「對實務行動的省思研究」係指在實務行動暫告一段落之後實施「行動後的研究」，可讓實務工作者暫時脫離實務工作行動之情境脈絡的束縛，從而更為清楚地看清其實務行動之原貌及可能潛伏於其中的問題。「對實務行動中的省思之省思研究」，乃是針對實務工作者「先前的省思行動」「再加以省思研究」，因為「先前的省思行動」可能被當時情境脈絡中的某種潛伏之價值觀與沉澱的意識型態所侷限（Newman, 1999）。綜上所述，實務工作者可透過行動前、行動中或行動後的省思研究，進行實務工作的省思，特別是透過「行動『前』的研究」、「行動『中』的研究」、「行動『後』的研究」等繼續循環不已的開展過程（蔡清田，2004a、2004b、2016），這種開展過程可以進一步地加以明確化與系統化為三階段六步驟，第一階段**「行動『前』的研究」**：（一）Problem 提出教育行動研究問題與省思、（二）Project 規劃教育行動研究方案與省思；第二階段**「行動『中』的研究」**：（三）Collaboration 協同合作教育行動研究與省思、（四）Implementation 實施監控教育行動研究與省思；與第三階段**「行動『後』的研究」**：（五）Evaluation 評鑑回饋與省思、（六）Report 呈現教育行動研究報告與省思之「問題（problem）、方案（project）、合作

（collaboration）、實施（implementation）、評鑑（evaluation）、報告
（report）」教育行動研究循環歷程模式，簡稱 PPCIER 教育行動研究循
環歷程模式，本書「第五章教育行動研究的主要歷程與程序原理」會進一
步闡述，可以協助實務工作者以獲得生命經驗之省思回顧，而更深入的探
索其實務行動與相關理論之可能內涵，進而解決其所遭遇的問題或改善其
實務工作情境或獲得專業發展。

　　從專業觀點而言，行動研究的意義，簡單地說，可視為從一種專業的
行動觀點出發，透過一種有意圖的行動、有訊息資料作為依據的行動與具
有專業承諾的行動，進行社會實際工作情境的研究，並透過此種實務工作
情境的研究，以增進專業實務行動的品質。換言之，行動研究不只是一種
將系統的探究，加以公開化的歷程，行動研究更是一種具有充分的適當知
識資訊為依據的行動，同時行動研究也是一種有意圖的研究與付諸實際行
動的行動，並且是一種具有專業價值目的的研究（Bassey, 1995）。

　　更進一步地，從專業團體觀點而言，行動研究企圖支持實務工作者
及其所屬的專業團體，能夠有效地因應實務工作當中的挑戰，並且以一種
反省思考的方式，以創新改革方式因應實際工作情境（夏林清與中華民國
基層教師協會，1997：199）。這也難怪國內學者李祖壽先生洞察機先地
指出，行動研究是現代教育研究的方法之一，也是任何領域謀求革新的方
法之一：行動研究也是一種團體法，注重團體歷程、團體活動（李祖壽，
1974）。行動研究的意義特別重視行動，尤其強調實務工作人員一面行
動、一面研究，從行動中尋找問題、發現問題，更從行動中解決問題，證
驗真理，謀求進步。

第三節 教育行動研究的特徵

　　行動研究主要包括了「診斷」和「治療」兩個部分。診斷包括了分
析問題和建立假設，治療則是包括了考驗假設和解決問題。行動研究不
只是在「干預」「現實世界」，同時更應該注意到干預「現實世界」後的
效果（黃政傑，1999：351）。一方面要了解問題的所在之處，另一方面
要提出解決問題的方法，並加以實施與評鑑。要尋找問題的所在，則需要

確定研究的目標，擬定詳細的研究計畫，仔細的搜尋有關的資料，並加以分析，指出有關的解決辦法。但是要指出有關的解決辦法之前，除了要依據研究發現外，尚應考慮到情境和對象的種種特色，以便能對症下藥。許多的基礎研究，常止於發現理論知識的階段；許多的應用研究，常止於解決辦法之實務經驗。行動研究則是將研究的結果及其進一步所擬定的行動方案，應用在特定的工作情境中，並進行實施監控與評鑑。本節旨在說明行動研究與其他研究的相似性和不同點，並闡述行動研究過程的主要特徵。

一／行動研究與其他研究的相似性和不同點

　　不同的研究人員可以利用各種不同的方法，進行研究，雖然某些方法在特定的脈絡之下，會特別適用於某種特定的實務工作情境。然而，在許多不同研究類型當中的某些方法過程，具有共同的特徵。例如行動研究與其他研究類型便有相似與不同之處，說明如次。

（一）行動研究與其他研究類型的相似之處

　　通常研究的重點在於探究或找尋過去所不知道的知識，因此，一般而言，通常研究有助於促成知識的特徵，研究所促成的知識主要是增進對事件、事物與過程的了解，包括描述、解釋、詮釋、價值方向（Bassey, 1995）。特別是研究不僅可以引導知識，可以提供證據支持這些知識，也可以使探究過程清楚地浮現知識，更可以將現有的知識與新知識連結起來。在這個研究觀念下，行動研究也具有其他研究類型的相似特徵，行動研究也能促成知識的發展。

（二）行動研究與其他研究類型的不同之處

　　學者曾經區分理論研究、價值研究、行動研究三者的差異，指出理論研究對事件的描述與詮釋時，不作任何個人的意見，而價值研究則會加入個人的價值判斷。至於行動研究則希望將事件的描述、詮釋，以及解釋做得更適合於特定實務工作情境（Bassey, 1995）。特別是行動研究與傳統

的基礎研究之間，確實具有差異，詳如表 1-2 說明。

◆表 1-2　基礎研究與行動研究之不同處（改自王文科，1995：31；陳伯璋，
　　　　　1988a：140）

範圍	基礎研究	行動研究
1.所需的訓練	研究者可能在測量、統計等研究方法方面，需要接受廣泛的訓練。許多領域的研究，由於缺乏這些方面的訓練，以致其科學理論基礎稍嫌脆弱。	通常行動研究不需特別嚴格的訓練，不一定需要高級統計和艱深的量化方法訓練。由於外來的學者專家比實務工作者接受更多的訓練，因此，即使實務工作者本身的研究技巧稍嫌不足，仍可在外來的學者專家顧問協助下進行行動研究。
2.目的	獲得的知識，可普遍應用於廣大的母群體，旨在發展和考驗理論。	獲致的知識，能直接應用於特定的實務工作情境，如學校情境，而且可提供參與研究者獲得在職訓練。
3.研究問題的探求	研究者藉著各種方法界定問題，但研究者通常不直接涉入其中的研究問題。	研究者所認定的問題是實際情境中，足以引起研究者的困擾，或是影響其工作效率的問題。
4.假設	發展極特定的假設，可運用操作型定義界定，且可進行考驗。	解決實際問題的特別說明，常被視同於研究假設，理想上，行動研究假設必須相當嚴謹，可以接受考驗。
5.文獻探討	通常需對直接的資料做廣泛的閱讀，並賦予研究人員充分了解該研究領域現有的知識現況，獲得他人所已經累積的知識。	研究者閱覽一般可用的相關資料，俾對研究的領域有一般的了解。通常並不嚴格要求實務工作者一定要對直接資料，作完整而無遺漏的深入探究與討論。
6.抽樣	研究者試圖從研究母群體中，獲取隨機或是不偏頗的樣本。	實務工作者如教育行政人員或是學校教師，通常以該實務工作情境當中的師生或自己本身，作為受試者。

（續）

範圍	基礎研究	行動研究
7.實驗設計	於展開研究之前，進行詳細的規劃設計，重點在於維持提供比較用的條件，減低錯誤與偏見，並控制不相關的變項。	開始研究前，依一般方式規劃程序。在研究期間進行介入，以了解此種革新是否可改進實務工作情境，較少關注實驗條件控制或錯誤防範。由於研究者過於投入研究情境，可能出現立場偏見。
8.測量	選取最有效的測量工具，評鑑可用的評量工具，並在進行研究之前，將這些測量工具先作預試工作。	測量工具的評鑑較不嚴謹，參與者缺乏使用與評鑑教育測量工具的相關訓練，但可以透過顧問諮詢的協助，進行測量與評鑑。
9.資料分析	由於結果概括是研究目的之一，故要求複雜的分析，強調統計的顯著性。	通常進行簡單分析，強調實用的顯著性，而非統計的顯著性。重視參與者提供的資料與建議意見。
10.結果應用	研究結果應可普遍應用，但許多研究發現卻無法直接應用於教育實際。研究者與實務工作者間的經驗差異，產生嚴重溝通問題。	發現結果，可立即應用於參與研究者的實務工作情境，並經常可導致持久性的改良。但是，結果的應用，很少超過參與研究者本身所能控制的範圍領域。

　　歸納而言，行動研究與其他研究類型，至少具有研究目的、研究對象與過程結果不同之處。

1. 研究目的不同

　　根據過去的研究傳統，研究人員可以預測未來的結果，並透過操作、改變變項來控制結果，而且如果要判斷某項研究品質的好壞，則如果採用不同的方法，卻能比別人獲得更令人滿意的結果，甚至類推到其他的情境，則此種研究方法，顯然優於其他研究方法。然而，這種傳統的研究規準，不一定適用於行動研究類型。行動研究強調真實性（authenticity）與績效責任（accountability）的重要性勝於可複製性（replicability）及可遷移性（transferability）（王文科，1998：438）。行動研究的目的是要改進實務工作情境，並且增進專業理解，而不在於預測；而且行動研究

的目的在於專業理解與行動解放，而不在於權威控制。

2. 研究對象不同

　　傳統的研究，以別人為研究對象，但是，行動研究通常不以他人為研究對象，對可能以實務工作者自己本身作為研究對象，協助自己了解自己的實務工作，並透過具體行動與適當的行動方案，改善實務工作者自己置身所處的社會情境條件。值得注意的是，行動研究者提供其個人親身經歷的真實事件，舉出增進自己專業理解與改進實務工作的真實事件。行動研究者強調這些真實的專業發展故事之共同分享，不是競爭，而是互相合作，此種集體分享的學習，可以經由個別事件的經驗智慧之累積，建構集體的知識（collective knowledge）（McNiff, Lomax, & Whitehead, 1996: 106）。

3. 過程結果不同

　　行動研究要求研究者親自參與行動，這是行動研究過程本身的一個不可或缺的重要部分，在行動研究的過程中，研究者的實務行動與進行研究，是不可分割的一體兩面，透過行動與研究的結合，行動研究是縮短理論與實際之間差距的溝通橋梁。而且行動研究者可以藉由行動研究的過程及結果，實地考驗某種理論學說的實際可行性。因此，行動研究可以建立縮短理論與實際之間的溝通橋梁。因為在行動當中做研究，可以透過專業判斷，診斷關鍵問題的領域與焦點，並在行動過程中隨時檢驗理論於實際運用上的結果，更可針對問題情境進行診斷分析，決定最適合的解決問題之具體行動方案，並透過蒐集相關資料證據，評鑑其實施行動方案之後的結果，以改進實務工作並改善實務工作情境，進而促成實務工作者的專業發展。可見，行動研究者在改進實務的同時，並可以建立實務工作者實際有用的知識（夏林清與中華民國基層教師協會，1997：8）。

　　總之，行動研究，是一種由實務工作者在社會實務工作情境中所進行的自我反省探究，以解決實務工作情境中特定的實際問題為主要導向（Adlam, 1997: 228）。行動研究關注的焦點著重在實務（focus on practice），大多數的行動研究都是著重在即時的實務問題上。因此，一般人往往認為行動研究的「實用」價值高於理論取向的「基礎研究」（蔡清田，1997e）。

二／行動研究的主要特徵

　　行動研究，關注研究結果的立即性與及時性，強調行動及研究的結合與不斷循環的檢證（陳伯璋，1988a；張世平，1991；歐用生，1996b），以協助實務工作者從實際工作過程中進行學習，關注其實務工作，理解其實務工作的生活世界，並使其實際行動的合理性和公平性有所進步（Carr & Kemmis, 1986）。

　　基本上，行動研究強調透過研究者與研究夥伴的直接面對面接觸，可以幫助研究者理解整個情境。行動研究結合行動與研究，不同於問題解決法，也不同於探究思考法。行動研究要求實務工作者必須隨時檢討實際工作，不斷修正行動研究計畫內容以符合實際情境的需要，這也是行動研究強調「行動」兩字所代表的意義，更是其不同於探究思考之處。行動研究的重點，強調參與研究的實務工作者本身所具有的專業價值，而不只是純粹就方法技術的工具理性考量（Elliott, 1998），而且行動研究必定是以實務工作情境當中的內部人員作為研究的主體，具有改進實務、追求進步的價值等特色，這是一種由實務工作者的觀念立場出發，進而努力研究改進其專業領域的社會行動歷程。因此，行動研究比其他類型的研究，更具有社會過程、參與投入、合作的、解放的、批判的與反省的特徵（歐用生，1999a：5；McNiff, 1995; Winter, 1995）。

　　行動研究，可協助實務工作者在遭遇到問題時或困難的實際情境中，透過研究與行動，嘗試解決問題。在研究過程中，經由不斷地與相關人員相互交流，在研究告一段落，某一問題獲得了解決之後，實務工作人員也同時獲得了研究與解決實務問題的經驗累積，增進本身的專業理解。特別是，行動研究具有三個特性，亦即，參與者參與行動、具有民主價值、能增進社會科學及社會變遷的知識貢獻等特性（Lewin, 1952）。整體而言，行動研究的社會基礎是「參與實務」；行動研究的教育基礎是「改進實務」；其運作需求是「革新實務」。行動研究具有實驗精神，希望能從行動中追求改變，並從改變中追求創造進步，因此行動研究的特點，至少具有以下幾點：（一）行動研究以**實務**問題為主要導向；（二）重視實務工作者的研究**參與**；（三）從事行動研究的人員就是**應用研究結果的人員**；（四）行動研究的情境就是**實務工作情境**；（五）行動研究的過程

強調協同合作；（六）強調解決問題的立即性；（七）行動研究的問題或對象具有情境特定性；（八）行動研究的計畫是屬於發展性的反省彈性計畫；（九）行動研究所獲得的結論只適用於特定實務工作情境的解放，其目的不在於作理論上的一般推論；（十）成果可以是現狀的批判與改進，並促成專業發展（蔡清田，1998b、1999a、2013）。茲分述如次：

（一）行動研究以實務問題為主要導向

由於行動研究關注的焦點在於實務，著重在實務問題上（歐用生，1999a），並不適用於類推到其他研究情境。因此，一般人往往認為教育行動研究的「實用行動」價值高於「理論研究」的價值。

行動研究，發生於實務工作中的實際問題，而不是去迎合或追求流行的理論或學術口號。行動研究最大的特性，就是針對實際工作情境中所發生的問題，以可能解決的問題方法作為變數，並從研究過程中來驗證這些問題解決的效度。行動研究主要的貢獻在於使實際的問題獲得解決，重視實用價值。因此，判斷行動研究是否有價值，是以改進實務工作與改善實際工作情境的條件作為依據。

行動研究與其他研究類型的不同之處，在於行動研究企圖透過實際行動改進實務，並達成與實務工作一致的專業工作價值信念（蔡清田，1998b、1999a）。

（二）重視實務工作者的研究參與

行動研究，重視實務工作者的研究參與，甚至主要的研究者就是實務工作者本身，因此，行動研究是以實務工作者為研究主體，所進行的一種研究類型（蔡清田，1998b、1999a）。行動研究，可以幫助實務工作者在許多不同種類的實際工作環境中，改進實務工作者的專業工作。實務工作者所進行的研究，不僅重視實務工作者的研究參與，更重視這個研究是在實務工作者所進行的實務工作情境中完成（McNiff, Lomax, & Whitehead, 1996: 8）。而且行動研究是藉由實務工作者個人親身經驗的介入，以促成實務工作的改進與實務工作情境的改善，因此，從事行動研究的實務工作者，必須具有改進實務工作情境的行動熱忱與專業承諾。

　　例如在學校所進行的行動研究中，不論是教學、課程、輔導或是行政工作而言，均由學校教育人員本身來進行，學校教育人員本身最清楚教育問題的核心。事實上，學校教師是課程教學的實際運作者，對於課程教學的相關問題、困難以及成效，最為清楚，也應該是最容易著手去解決實際的問題。在這種情況下，身為教育實際工作者的教師，應該扮演研究者的角色，遇到問題時，不是交給外來的學者專家，而是要透過教師自己在教室情境當中進行研究，尋求答案和解決之道（歐用生，1996b：125）。

（三）從事行動研究的人員就是應用研究結果的人員

　　在一般的基礎研究當中，研究人員本身只從事研究的工作，並不直接從事應用研究的結果，而且實務工作人員只負責實際工作的執行，因此研究與應用之間往往是脫節的。然而，實際上，實務工作人員才是真正面對實際問題的人，也只有實際工作人員才負責執行的工作，但是實務工作者卻又不從事研究，使得「研究」與「應用」之間發生脫節的情形。在行動研究當中，實務工作者必須扮演研究者角色，而且由於應用研究成果的人，就是實際的工作者，正好彌補了理論與實務脫節的缺失，進而將研究者與實際應用的實務工作者，兩者結合為一（蔡清田，1998b、1999a）。

（四）行動研究的情境就是實務工作情境

　　行動研究發生在實務工作者置身所在的實際工作情境。換言之，行動研究是以實務情境為依據。一個班級或一群或一位特定對象是行動研究的實務標的。行動研究就是要針對這種實務標的所發生的實務問題從事研究，直接的謀求改善。行動研究工作就在實務的工作情境當中進行，行動研究是在實務工作情境當中所進行的研究，在實際行動當中追求改進實務工作的進步。例如對教師而言，一個班級或整個學校就是一個實驗室，而行動研究就是要針對這個實務工作情境的問題直接謀求改善（蔡清田，1998b、1999a）。甚至，行動研究可以協助實務工作者從束縛自我發展的社會情境結構當中獲得解放，克服情境的限制束縛，有助於結構的再造（歐用生，1999a：6; Elliott, 1998; Giddens, 1984），進而改進其實務工作情境。

（五）行動研究的過程強調協同合作

　　行動研究強調團體成員間彼此的協同（collaboration）與合作（cooperation）進行研究（甄曉蘭，1995；Oja & Smulyan, 1989），這是一種成員間彼此平等的協同合作研究（research with），而不是發號施令的高壓強迫研究（research on）。行動研究更強調共同合作，要達成此目標，需要實際工作者與其他專家或一同在實際工作情境中的成員共同來參與研究。在實務情境中實際進行工作的人，最了解問題的情況，而外來的專家能夠給予專業的支持與客觀的評鑑。行動研究就是由情境內的研究者與情境外的研究者採取一致的行動，分析、研究問題本質，再者擬定系統性的行動計畫方案，最後順利解決問題，讓工作情境更理想、更適合人性的發展。然而，傳統研究方法的觀念認為學者專家才是研究者，並由學者專家在其他人身上做研究，這些專家通常事前都有想要考驗的先前假設，要不然就是對自己的既定目標已有了相當清楚的想法，然後只是利用其他人（別的教師、學生）來印證其預定假設，這種方式用在「人」的探究上是相當危險的。

　　行動研究注重團體成員彼此之間互助與協同合作的夥伴關係（partnership），不只重視實務工作者個人，更從行動觀點重視團體行動與組織學習（Argyris & Schön, 1978; Argyris, 1989）。因此，凡是與工作有關的人員均參與研究，或將專家學者與實際的工作人員結合在一起，形成一個合作的研究團體，這也就是行動研究又被稱為合作行動研究的原因之一（蔡清田，1999a）。行動研究重視社會情境中的實務工作者進行團體反省，因此，行動研究過程中，有時需要仰賴專家的協助，惟專家只是站在諮詢顧問的輔導或指導的協助者角度給予支援及批判。例如在學校中不論是教師或是行政人員雖然都擁有豐富的專業知識，然而對於行動研究的基本理論與操作技巧，可能較為缺乏。因此，在從事行動研究時，如果有專家學者從旁協助指導，則可以避免嘗試錯誤並節省時間與精力。不過，教師仍然是在實務工作情境中主要的研究者，專家只是站在諮詢顧問的地位。

　　成員們分工合作是非常重要的。成員不單彼此分享經驗與教學技巧，也互通教學資源。這樣的分工合作可以幫助各成員在進行各自工作的

同時，亦有能力共同為研究盡一份心力。不過，教師能否與其他研究同仁密切的配合、充分的合作，又是另一項問題了。對教師來說，專家或學者參與行動研究在常理上應該是種助力，但也有很多時候，學者們以學理為基礎而提出建議，因為無法契合實務問題的核心，而形成教師在進行教學與研究時的阻力。這樣的阻力，一定要靠教師和專家經過更多時間的討論、研究，方能將其轉化為助力。溝通與協調的情形，與研究的品質及最後研究的結論有直接的關係。如果教師無法同時兼顧教學與研究，就算最後有結果出來，但其研究結果品質可能不高，應用度不夠，效度也可能尚需進一步的探討。

（六）強調解決問題的立即性

另外與一般基礎研究不同之處，是行動研究的特徵具有高度的實用取向；也就是說，行動研究有高度的實用取向，所重視的是「即時應用」、「實用可行」的結果，其研究結果就是首重即時應用（蔡清田，1998b）。行動研究是一種實用可行的研究類型，是一種由實務工作者共同參與，謀求實務工作情境所發生的問題之解決、評鑑，並導正決定與行動過程的研究。這說明了行動研究對實務工作者而言，是要去探討並改善實際工作情境所發生的問題。因而行動研究的焦點在於強調問題解決的立即性與即時的應用。

行動研究是僅著重在單一、個別的問題，著重在即時應用的實務問題。行動研究的焦點，強調適切的融入脈絡情境當中，首重即時應用，提供改進實際工作與實務工作情境的方法和策略，以便立即解決當前所面臨的實際問題（蔡清田，1999a）。行動研究是針對每一個特殊的情境去提出特別的解決問題的方法，所以行動研究的結果是可以立即運用的，一般的基礎研究由於研究的問題並不是如此的迫切，所以研究的成果常常會束之高閣（黃政傑，1999：352）。

（七）行動研究的問題或對象具有情境特定性

行動研究的問題或對象具有情境特定性，亦即行動研究具有特定的研究問題（a special kind of research question）（蔡清田，1998b）。它的

研究樣本是具有特定限制且不具代表性。例如一個班級、一個年級、一個
學校或性質相近的幾個學校，著眼於特定問題。它對自變項的控制成分較
少，因此行動研究的研究發現在實際的情形中，行動研究的問題對象具有
情境特定性，雖然是有其實用價值，但是無法直接地應用到研究問題或對
象以外的一般教育體系（黃政傑，1999）。

　　因為行動研究具有情境特定性，行動研究並不是要從事大量的研
究，它的樣本是以特定對象為主，不必具有普遍的代表性。每一個行動研
究方案，不管方案規模的大小，都有自己的特點（夏林清與中華民國基層
教師協會，1997：8），例如研究某學校教育的教育實務工作者，不管是
企圖解決學校行政、課程、教學或輔導上的問題時，其研究對象皆以校內
的教育實務工作者為限。甚至，行動研究的重點往往是實務工作者自己的
行動，不是其他人的行動。所以行動研究並不強調它的類推性，它是針對
某項特定的問題去提出解決的方法，所以並不要求普遍的適用於一般的情
況（黃政傑，1999）。因此，行動研究者所面臨的實際問題通常是這樣
的形式：「身為一位實務工作者，我能如何改進……？」

（八）行動研究的計畫是屬於發展性的反省彈性計畫

　　行動研究具有很大的反省彈性空間和適應性，以確保行動研究的繼
續發展。因為行動研究都是針對某一個問題的範圍領域去進行的研究，所
以當發現研究的方法並不適合的話，可以立即的加以改變，以符合實際情
況的需求（黃政傑，1999）。因此，行動研究不一定有特定的方法或固
定的技巧，行動研究在設計及實施計畫時，要保持彈性，隨時依情況做調
整，資料蒐集、整合與分析的階段也能幫助研究者客觀批判和調整計畫內
容的缺失。

　　明確與特定的方法或技巧，並不是行動研究的特色；相反地，行動
研究是一種持續不斷地反省努力。行動研究具有探究省思的精神，不斷
地進行規劃、行動、觀察、反省與再規劃等歷程（Lewin, 1946; Winter,
1995）。在行動研究的過程中可以隨時透過反省討論與分析，不斷地反
省修正研究問題的假設與研究的方法，以適應實際情況的需要，如此，行
動研究即為一個不斷循環檢討、修正、創新的革新行為，時時接收實際情

況的需要與限制，做出最適切的反應與改善。為了發展行動方案與策略，行動研究者必須不斷地努力規劃設計行動方案與實際付諸具體行動，並且實施評鑑反省檢討。反省檢討不僅促成行動研究者的新觀點，也將在行動中不斷促進實務工作者的深度反省與理解（夏林清與中華民國基層教師協會，1997：8）。

（九）行動研究所獲得的結論只適用於特定實務工作情境的解放，其目的不在於作理論上的一般推論

行動研究所關切的是實際情境中的特定問題，同時其研究的樣本也有特定的對象，因此行動研究的特點，是在於其研究的結果只能適用在該特定的情境。行動研究是在特定的情境中發生，其目標具有**解放問題情境的特色**，但由於行動研究的對象是針對某一特定的問題情境，其外在的效度不高，只限於特定實務工作情境的解放，而不能作為問題情況以外的過度推論。因此，行動研究的重點並不在於抽象理論發展，更不在於普遍應用與大量推廣。

事實上，行動研究是為了解決實際工作情境所發生的問題，因此，所獲得的結論只能應用於該實務工作情境的改進參考，不作其他情境的推論（蔡清田，1998b）。行動研究的重點，不在於理論的發展，也不在於普遍的應用，只強調切近情境中的問題。因此，評鑑行動研究的價值，應該側重於實際工作情境的改善程度，而不在於評鑑知識量增加之多寡。行動研究的主要貢獻在於實際問題之解決，而不是要得到嶄新的理論。因此某些行動研究是否具有價值，要看它能將實際情況改進多少而定。

（十）成果可以是現狀的批判與改進，並促成專業發展

行動研究鼓勵實務工作者從事實務工作的研究，從實務工作當中發掘問題，透過批判反省探究，提出解決問題的行動方案，改善實務工作者的工作情境條件，提升其實務工作成效，並提升其反省批判能力。換言之，行動研究能夠提升實務的品質，又能當作實務工作者的一個在職訓練，協助實務工作者發展其專業知識技能。

　　就動機而言，實務工作人員從事行動研究，乃在於本身願意致力於改善實務工作情境的品質，具有解決實際問題的意願，而且每一位行動研究者所從事的都是一項專業發展的研究（research as professional development）（Lomax, 1990）。一個實際情境所發生的問題，藉由行動研究加以妥善解決之後，不僅實務工作現況可以獲得改善，而且實務工作者本身也獲得了相當的經驗，增進專業理解與專業發展。可見，行動研究旨在幫助實務工作者扮演研究者的角色，不僅協助實務工作者獲得處理實務方面的智慧，更可透過研究過程培養其從多方向角度了解實際問題情境的應變能力，因此，行動研究足以促進實務工作者的專業發展。

第四節　十二年國民基本教育新課綱的行動研究

　　「苟日新，日日新，又日新」，十二年國教新課綱的 DNA，是一個核心的三面九項的核心素養，而且沒有行動的研究，是空洞的理想；沒有研究的行動，是盲目的行動。因此透過教育行動研究，可以因應十二年國教新課綱改革。本節十二年國民基本教育新課綱的行動研究，旨在探討說明「十二年國民基本教育」新課綱研修所牽涉到的《十二年國民基本教育課程發展建議書》、《十二年國民基本教育課程發展指引》、《十二年國民基本教育課程綱要總綱》及「十二年國民基本教育」各領域課程綱要的核心素養研究修訂，並前瞻行動研究的趨勢，論述我國核心素養研究及其對行動研究之可能影響。

　　我國國家教育研究院於 2008 年起陸續啟動中小學課程發展基礎性研究，為課程發展奠立研究基礎，並於 2013 年彙整研究成果，完成《十二年國民基本教育課程發展建議書》（國家教育研究院，2014a）與《十二年國民基本教育課程發展指引》（國家教育研究院，2014b）兩份文件，並經國家教育研究院「十二年國民基本教育課程研究發展會」（簡稱課發會）及教育部「高級中等以下學校課程審議會」（簡稱課審會）通過，作為研修《十二年國民基本教育課程綱要總綱》之重要參考依據（教育部，2014）。2014 年 8 月 1 日我國實施「十二年國民基本教育」，2014 年 11 月 28 日公布《十二年國民基本教育課程綱要總綱》，以「自發」、「互

動」及「共好」為基本理念，以「成就每一個孩子——適性揚才、終身學習」為願景（教育部，2014；國家教育研究院，2014a、2014b），教育部「高級中等以下學校課程審議會」於 2019 年 6 月 22 日下午完成歷經二年六個月又二十九天漫長曲折複雜的《十二年國民基本教育課程綱要》相關審議（方德隆，2020；葉興華，2020；陳又慈，2020；薛雅慈，2020），並於 2019 年 8 月 1 日新學年度正式實施「十二年國民基本教育」新課程綱要，指引學校進行課程發展引導學生學習生活所應具備的「核心素養」。

　　《十二年國民基本教育課程綱要總綱》由國家教育研究院、教育部技術及職業教育司進行課程研發，國家教育研究院「十二年國民基本教育課程研究發展會」負責課程研議，教育部「高級中等以下學校課程審議會」負責課程審議，盱衡社會變遷、全球化趨勢，以及未來人才培育需求，持續強化中小學課程之連貫與統整，實踐素養導向之課程與教學，以期落實適性揚才之教育（教育部，2014：1）。就十二年國民基本教育課程綱要研發架構而言，《十二年國民基本教育課程發展建議書》提出十二年國民基本教育課程總綱研修的方向與原則（國家教育研究院，2014a），而《十二年國民基本教育課程發展指引》則以「核心素養」為主軸（國家教育研究院，2014b），進行《十二年國民基本教育課程綱要總綱》及其與領域／科目綱要之間的連貫統整，如圖 1-4 所示（國家教育研究院，2014b：2），各領域／科目的核心素養、學習重點等具體內涵，透過各領域／科目課程綱要研修工作而具體研發。

　　「核心素養」建立在中小學相關課程發展基礎研究之上，包括「聯合國教育科學文化組織」、「經濟合作開發組織」、「歐洲聯盟」等國際組織倡導的「核心素養」之理念，以及國內外相關「核心素養」的課程基礎研究，強調學校教育價值功能，重視透過教育促進個體的全人發展，實施「十二年國民基本教育」課程改革，提升學生「核心素養」（陳伯璋、張新仁、蔡清田、潘慧玲，2007；蔡清田、陳延興、吳明烈、盧美貴、陳聖謨、方德隆、林永豐，2011），就「核心素養」之教育理念而言，「核心素養」是指一個人為適應現在生活及面對未來挑戰，所應具備的知識、能力、態度（教育部，2014；國家教育研究院，2014a、2014b；UNESCO, 2003; OECD, 2005; EC, 2007），是代表社會成員所應具備的

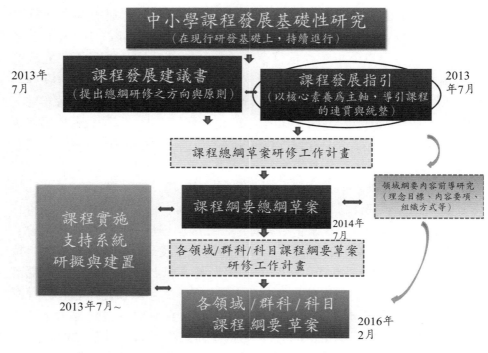

◆ 圖 1-4　十二年國民基本教育課程綱要研發架構

共同素養，具有關鍵的、必要的、重要的特質（洪裕宏、胡志偉、顧忠華、陳伯璋、高湧泉、彭小妍等人，2008；陳伯璋、張新仁、蔡清田、潘慧玲，2007；蔡清田，2012），「核心素養」是公民處於社會需具備之「關鍵的素養」，是個人生活所需之「必要的素養」，更是社會國家發展人力資本所不可或缺的「重要的素養」。「核心素養」之所以受到世界各國重視並將之納入學校教育課程改革，是受到「聯合國教育科學文化組織」、「歐洲聯盟」、「經濟合作開發組織」等影響，這些國際組織均設有專門委員會或專門組織進行研究，研發制定過程相當嚴謹，指出「核心素養」應涵蓋知識、能力與態度三要素，唯有這三要素均能充分展現，較能在實際情境中評估應用，具課程改革參考價值（蔡清田、陳延興、吳明烈、盧美貴、陳聖謨、方德隆、林永豐，2011；蔡清田、洪若烈、陳延興、盧美貴、陳聖謨、方德隆、林永豐、李懿芳，2012；蔡清田、陳伯璋、陳延興、林永豐、盧美貴、李文富、方德隆、陳聖謨、楊俊鴻、高新

建、李懿芳、范信賢，2013），簡要如表 1-3 核心素養與國際組織主要研究對照表（蔡清田，2014）所示。

◆表 1-3　核心素養與國際組織主要研究對照表

相關研究 面向	蔡清田等 （2011） 核心素養	UNESCO （2003）	OECD （2005）	European Commission （2007）
自主行動	身心素質與 自我精進	學會自處 （學會自 我實現）	保護及維護權 利、利益、限制 與需求的能力	
	系統思考與 解決問題	學會改變 學會自處 （學會自 我實現）	管理與解決衝突 的能力 在廣泛脈絡情境 的行動能力	學習如何學習 批判思考 解決問題 風險評估 作決定
	規劃執行與 創新應變	學會改變 學會做事 學會自處 （學會自 我實現）	形成及執行生活 方案與個人計畫 的能力	創造力 創業家精神 主動積極 風險評估 感受管理
溝通互動	符號運用與 溝通表達	學會求知 學會改變	使用語言、符號 與文本互動的能 力	母語溝通 外語溝通 數學能力以及基本科 技能力 學習如何學習 文化表達
	科技資訊與 媒體素養	學會求知 學會改變	使用知識與資訊 互動的能力 使用科技互動的 能力	數位能力
	藝術涵養與 美感素養	學會求知 學會改變		文化表達

（續）

相關研究／面向	蔡清田等（2011）核心素養	UNESCO（2003）	OECD（2005）	European Commission（2007）
社會參與	道德實踐與公民意識	學會共處	保護及維護權利、利益、限制與需求的能力	人際、跨文化與社會能力，以及公民能力
	人際關係與團隊合作	學會共處	與他人建立良好關係的能力 團隊合作能力 管理與解決衝突的能力	人際、跨文化與社會能力，以及公民能力
	多元文化與國際理解	學會共處		文化表達 人際、跨文化與社會能力，以及公民能力

　　上述「聯合國教育科學文化組織」、「歐洲聯盟」、「經濟合作開發組織」等國際組織會員國的先進國家，紛紛推動「核心素養」相關研究的課程改革。特別是「經濟合作開發組織」根據《素養的界定與選擇》之跨國研究，推動「國際學生評量計畫」（Program for International Student Assessment，簡稱 PISA），試圖協助各國學生不僅擁有閱讀、數學、科學等方面的素養，並具有能在複雜社會解決問題的核心素養。

　　我國的「核心素養」建立在中小學相關課程發展基礎研究之上，包括聯合國教育科學文化組織、經濟合作開發組織、歐洲聯盟等國際組織的「核心素養」，以及國內「核心素養」相關研究文獻與政策文件，兼顧接軌國際學術研究與延續本土研究的雙重理論依據，一方面看見世界的「寬」，突破國內研究視野的「框」，另一方面因應國內本土教育之需要，邁向國際學術研究趨勢，促成「核心素養」的國際研究與本土研究的雙重視野交融。特別是「經濟合作開發組織」的「邁向 2030 年教育與技能的未來」計畫，強調核心素養是能統整「知識」、「能力」、「態度」等教育要素之「行動實踐智慧」（蔡清田，2018），承諾協助每一位學習者發展成為「全人」（whole person），並建構關於個人、群體與全球

人類生活的幸福感（well-being），形塑一個「優質社會」的共同美好未來（楊俊鴻，2018；蔡清田，2019；OECD, 2018）。

　　上述「核心素養」的國際組織研究，可作為研擬「核心素養」之參考，但不能一味將國外的研究移植到我國教育情境中，宜研擬出符合我國文化、社會經濟、教育特色的「核心素養」，以作為新課程綱要的課程目標之來源，據此進行課程規劃、教學設計實施，這將可對我國「十二年國民基本教育」課程綱要之擬定與實施，提供適切的理論依據，促使課程改革更具有「合理性」及「正當性」（陳伯璋、張新仁、蔡清田、潘慧玲，2007；蔡清田，2011；蔡清田，2012；蔡清田、陳延興、吳明烈、盧美貴、陳聖謨、方德隆、林永豐，2011；蔡清田、洪若烈、陳延興、盧美貴、陳聖謨、方德隆、林永豐、李懿芳，2012；蔡清田、陳伯璋、陳延興、林永豐、盧美貴、李文富、方德隆、陳聖謨、楊俊鴻、高新建、李懿芳、范信賢，2013）。如圖 1-5「核心素養的理據」所示（蔡清田，2014、2018），透過「核心素養」相關研究文獻理論基礎來源與政策文件資料，兼顧接軌國際學術研究與延續本土研究的雙重理論依據，歸納「核心素養」的自主行動、溝通互動、社會參與之「三維論」，據此開展出「身心素質與自我精進」、「系統思考與解決問題」、「規劃執行與創新應變」、「符號運用與溝通表達」、「科技資訊與媒體素養」、「藝術涵養與美感素養」、「道德實踐與公民意識」、「人際關係與團隊合作」、「多元文化與國際理解」等「九軸論」的內涵，可促進個人發展成功的「優質生活」，更可建構「優質社會」促進「功能健全的社會」（蔡清田，2020）。

　　可見「十二年國民基本教育」具有課程改革的時代意義，學校教師宜在十二年國民基本教育課程改革政策的新時代潮流下，進行教育行動研究，培養因應新時代生活所需的「核心素養」，引導學生習得統整的知識、能力及態度（教育部，2014；洪詠善、范信賢，2015；蔡清田，2016；張芬芬、謝金枝，2019）。以下就「十二年國民基本教育」新課綱核心素養八年研究簡要說明如下，可作為進行「十二年國民基本教育」教育行動研究實踐之參考。作者回顧參與《十二年國民基本教育課程綱要》核心素養研修經驗，探討我國核心素養研究之沿革，如 2005 年《界定與選擇國民核心素養：概念參考架構與理論基礎研究》（洪裕宏、胡

接軌國際學術研究

核心素養的哲學、心理、社會、經濟、人類學等學術理論
世界先進國家強調的核心素養研究
聯合國教育科學文化組織的核心素養相關實證研究
經濟合作開發組織核心素養相關實證研究
歐洲聯盟的核心素養相關實證研究

核心素養的理據

延續臺灣本土研究

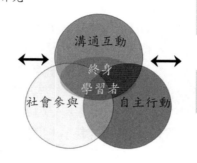

《界定與選擇國民核心素養》
《全方位的國民核心素養之教育研究》
《中小學課程相關之課程、教學、認知發展等學理基礎與理論趨向研究》
《K-12 中小學一貫課程綱要核心素養與各領域連貫體系研究》
《K-12 各教育階段核心素養與各領域課程統整研究》
《十二年國民基本教育課程發展指引草案擬議研究》

◆ 圖 1-5 核心素養的理據

志偉、顧忠華、陳伯璋、高湧泉、彭小妍，2008）、2007 年《全方位的
核心素養之教育研究》（陳伯璋、張新仁、蔡清田、潘慧玲，2007）、
2009 年《中小學課程相關之課程、教學、認知發展等學理基礎與理論趨
向研究》（蔡清田、陳延興、李奉儒、洪志成、鄭勝耀、曾玉村、林永
豐，2009）、2011 年《K-12 中小學一貫課程綱要核心素養與各領域連貫
體系研究》（蔡清田、陳延興、吳明烈、盧美貴、陳聖謨、方德隆、林

永豐，2011）、2012 年《K-12 各教育階段核心素養與各領域課程統整研究》（蔡清田、洪若烈、陳延興、盧美貴、陳聖謨、方德隆、林永豐、李懿芳，2012），以及 2013 年完成的《十二年基本教育課程發展指引草案擬議研究》（蔡清田、陳伯璋、陳延興、林永豐、盧美貴、李文富、方德隆、陳聖謨、楊俊鴻、高新建、李懿芳、范信賢，2013），這些從 2005 年到 2013 年一系列核心素養研究，通稱為我國核心素養「八年研究」（蔡清田，2020），這些臺灣核心素養的八年研究，就如同作者參與我國十二年國教新課綱核心素養的行動研究，茲就「十二年國民基本教育」課程綱要核心素養「八年研究」進行說明。

一／界定與選擇國民核心素養：概念參考架構與理論基礎研究

《界定與選擇國民核心素養：概念參考架構與理論基礎研究》（又簡稱為臺灣 DeSeCo）（洪裕宏、胡志偉、顧忠華、陳伯璋、高湧泉、彭小妍，2008），參考「經濟合作開發組織」（Organisation for Economic Cooperation and Development，簡稱 OECD）進行《素養的界定與選擇》（Definition and Selection of Competencies: Theoretical and Conceptual Foundations，簡稱 DeSeCo）計畫成果的批判分析與修正。

《界定與選擇國民核心素養：概念參考架構與理論基礎研究》整體計畫架構如圖 1-6 所示，整合五個子計畫分別從心理學、社會與歷史、教育、科學、文化與藝術各面向的核心素養研究成果，建立「核心素養」的理論基礎，指出核心素養是「共同的」素養，是所有每一個個人獲得成功生活與功能健全社會的關鍵素養或必要素養，總計畫並從哲學與理論面向探討整體計畫的概念架構與一致性，包括分析素養概念、理想社會的基本假設、成功人生與運作良好的社會內涵與背後假定，用以修正《核心素養的界定與選擇》的結論，建立「核心素養」的理論基礎。

《界定與選擇國民核心素養：概念參考架構與理論基礎研究》，提出「國民核心素養」的架構，界定與選擇國民核心素養的內涵，採用哲學理論面向探討整體研究計畫的概念架構，提出「能使用工具溝通互動」、「能在社會異質團體運作」、「能自主行動」、「展現人類的整體價值並建構文明的能力」四維架構，期待養成「核心素養」，進而實現積極

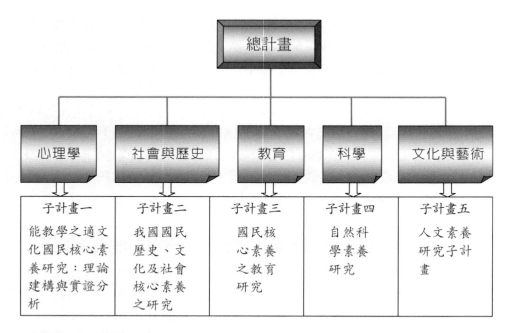

◆ 圖 1-6 《界定與選擇國民核心素養：概念參考架構與理論基礎研究》計畫架構

人生，使社會整體運作更為良好（蔡清田，2012；Rychen & Salganik, 2001）。然而，上述我國「國民核心素養」之架構內涵有四個面向二十八項之多，仍有待進一步加以具體轉化。這說明「經濟合作開發組織」以及西方學者倡導 key competencies/core competence 之理念，相當接近於我國學者倡導「核心素養」之理念，一方面可彰顯「素養」的核心地位，另一方面並可涵蓋「基本能力」、「核心能力」或「關鍵能力」等範疇（洪裕宏，2011；胡志偉、郭建志、程景琳、陳修元，2008；高湧泉、陳竹亭、翁秉仁、黃榮棋、王道還，2008；陳伯璋、張新仁、蔡清田、潘慧玲，2007；彭小妍、王璦玲、戴景賢，2008；顧忠華、吳密察、黃東益，2008）。

　　特別是《界定與選擇國民核心素養：概念參考架構與理論基礎研究》其子計畫由陳伯璋、張新仁、蔡清田、潘慧玲進行《全方位的核心素養之教育研究》所界定的核心素養架構內涵如表 1-4 所示，歸納各國核心素養而精選出未來生活所需的三組核心素養：「能使用工具溝通互動」、「能

在社會異質團體運作」、「能自主行動」。「核心素養」是指一般人民於 18 歲完成中等教育時，能在社會文化脈絡中，積極地回應情境中的要求與挑戰，順利完成生活任務，獲致美好的理想結果之所應具備的素養。上述研究指出，進行「核心素養」之研究已刻不容緩，以便能及時與國際接軌，可透過課程改革培養「核心素養」（陳伯璋、張新仁、蔡清田、潘慧玲，2007）。然而，上述「核心素養」之架構內涵有三面二十項之多，仍有待進一步轉化成為「幼兒教育」、「初等教育」、「前期中等教育」、「後期中等教育」等教育階段之核心素養，以成為十二年國民基本教育課程改革的 DNA 以便進行課程連貫（蔡清田，2012），並成為各領域／科目課程設計的核心要素，進而與各領域／科目課程目標與內容進行水平統整設計，達成課程設計之垂直連貫與水平統整（蔡清田、陳延興、吳明烈、盧美貴、陳聖謨、方德隆、林永豐，2011；蔡清田、陳伯璋、陳延興、林永豐、盧美貴、李文富、方德隆、陳聖謨、楊俊鴻、高新建、李懿芳、范信賢，2013）。

◆ 表 1-4 《全方位的核心素養之教育研究》所界定的核心素養架構內涵

核心素養的三面架構	核心素養的二十項內涵
能自主行動	反省能力 問題解決 創新思考 獨立思考 主動探索與研究 組織與規劃能力 為自己發聲 了解自我
能使用工具溝通互動	閱讀理解 溝通表達 使用科技資訊 學習如何學習 審美能力 數的概念與應用

（續）

核心素養的三面架構	核心素養的二十項內涵
能在社會異質團體運作	團隊合作 處理衝突 多元包容 國際理解 社會參與與責任 尊重與關懷

二／中小學課程相關之課程、教學、認知發展等學理基礎與理論趨向研究

　　《中小學課程相關之課程、教學、認知發展等學理基礎與理論趨向研究》之研究，從 2008 年 6 月到 2009 年 12 月藉由多位課程基礎理論學者，從哲學、教學學理、認知發展、社會變遷、文化研究五個面向切入，研究發現「核心素養」不是先天的遺傳，有別於部分非經學習的先天能力，而是學習者經過後天的教育而學習獲得，是指一個人接受教育後的狀態，是可教的、可學的，且可透過有意的人為教育加以規劃設計與實施，並經由學習者的一段特定時間之學習和累積，可逐漸充實「核心素養」的內涵與提升其水平品質，可透過課程綱要規劃引導學校課程發展與教學設計，協助學生學習獲得因應社會所需核心素養（蔡清田、陳延興、李奉儒、洪志成、鄭勝耀、曾玉村、林永豐，2009），如圖 1-7「中小學課程相關之課程、教學、認知發展等學理基礎與理論趨向研究」的核心素養所示。

　　就核心素養的特質而言，核心素養具有「多元面向」的特質，是建立在後現代社會的哲學理據之上；核心素養具有跨越各種社會場域與學習領域等「多元場域」之廣度，是建立在後現代社會的社會學理據之上；核心素養同時具備促進個人發展與社會發展之「多元功能」，是建立在後現代社會的經濟學理據之上；核心素養牽涉到反省思考的高階心智及複雜性行動學習的「高階複雜」，是建立在後現代社會的心理學理據之上；核心素養必須透過各級教育階段的終身學習之「長期培育」，可作為課程改革的關鍵 DNA（蔡清田，2018）。

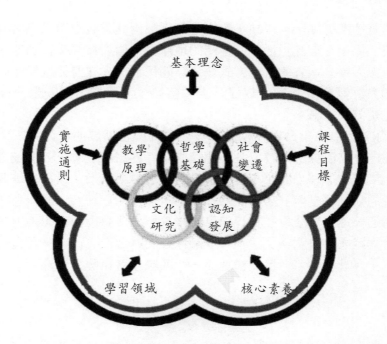

◆ 圖 1-7　中小學課程相關之課程、教學、認知發展等學理基礎與理論趨向研究的核心素養

三／K-12 中小學一貫課程綱要核心素養與各領域連貫體系研究

　　從 2010 年 7 月到 2011 年 6 月的《K-12 中小學一貫課程綱要核心素養與各領域連貫體系研究》，強調以終身學習者為主體核心，進而培養「溝通互動」、「社會參與」、「自主行動」三面向能均衡發展的健全公民，垂直連貫各「教育階段核心素養」。「自主行動」係指在社會情境脈絡中，個體能負責自我生活管理及能進行自主行動選擇，達到身心素質的提升與自我精進。個人為學習的主體，能夠選擇適當的學習途徑，進行系統思考與解決問題，並具備創造能力與積極行動力。「溝通互動」係指強調廣泛地運用工具，有效地與人及環境互動。這些工具包括物質工具和社會文化工具，前者如人造物、科技與資訊，後者如語言、文字及數學符號。工具不只是被動的媒介，同時也是人我與環境之間積極互動的管道。

此外，美感素養亦不可或缺，學生應具備藝術涵養與生活美感素養。「社會參與」係指在彼此生活緊密連結的地球村，個人需要學習處理社會的多元性，與人建立適宜的合作方式與人際關係，個人亦需要發展如何與他人或群體良好互動的素養，以提升人類整體生活素質，這既是一種社會素養，也是公民意識。

《K-12 中小學一貫課程綱要核心素養與各領域連貫體系研究》，是透過國內外文獻探討、經過各教育階段學者專家德懷術研究調查方法界定的核心素養，亦即如圖 1-8 核心素養的範疇內涵所示，以終身學習者為核心素養的「社會參與」、「溝通互動」、「自主行動」三面向之「符號運用與溝通表達」、「科技資訊與媒體素養」、「藝術涵養與美感素養」、「道德實踐與公民意識」、「人際關係與團隊合作」、「多元文化與國際理解」、「身心素質與自我精進」、「系統思考與解決問題」、「規劃執

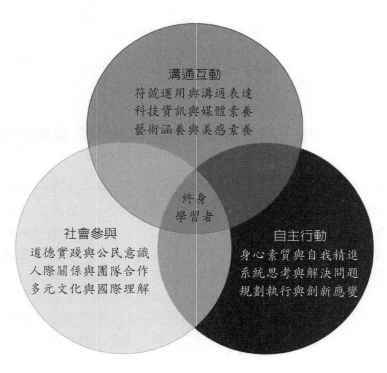

◆ 圖 1-8　核心素養的範疇內涵

行與創新應變」等九項「核心素養」，因應當前社會與未來生活世界所需之核心素養。

　　《K-12 中小學一貫課程綱要核心素養與各領域連貫體系研究》，其研究成果是垂直連貫幼兒園、小學、國中、高級中等教育之「教育階段核心素養」（蔡清田、陳延興、吳明烈、盧美貴、陳聖謨、方德隆、林永豐，2011）。「教育階段核心素養」係指小學、國中、高級中等教育所對應之教育階段的九項核心素養，依各階段的教育特質加以延伸，並加上教育階段別編碼；其中 E 代表 12 歲的小學教育階段、J 代表 15 歲的國中教育階段、U 代表 18 歲的後期中等教育階段，例如 E-A2、J-B3、U-C1 等係指小學、國中與高級中等教育所對應之教育階段的九項核心素養。「教育階段核心素養」，依照個體身心發展階段各有其具體內涵，依序分為國民小學、國民中學及高中教育階段，是以接受基本教育的學生需要透過學校教育循序漸進習得應具備的核心素養，強調培養以人為本的「終身學習者」，建構出國民小學、國民中學及高中職等關鍵「教育階段核心素養」之「階段性」，頗能彰顯發展心理學的「階段發展任務」，能依所欲培養的核心素養，以解決生活情境中所面臨的問題，並能因應生活情境之快速變遷而與時俱進，成為一位終身學習者。

四／K-12 一貫課程綱要各教育階段核心素養與各領域課程統整研究

　　《K-12 一貫課程綱要各教育階段核心素養與各領域課程統整研究》，統整各個教育階段領域／科目課程成為「領域／科目核心素養」（蔡清田、洪若烈、陳延興、盧美貴、陳聖謨、方德隆、林永豐、李懿芳，2012），就「核心素養」與領域／科目的連結方式而言，各教育階段領域／科目的規劃應結合各「教育階段核心素養」及各領域／科目的理念與目標，轉化發展成為「領域／科目核心素養」及學習重點，此乃透過文獻探討、學科領域／科目專家諮詢等方法，建構「領域／科目課程目標」、「領域／科目核心素養」、「領域／科目學習重點」之德懷術問卷，由課程學者及學科領域／科目專家與教育實務工作者共同合作實施三次問卷調查修訂，初步完成各教育階段「領域／科目課程目標」、「領域／

科目核心素養」、「領域／科目學習重點」架構內涵。

特別是「領域／科目課程目標」、「領域／科目核心素養」、「領域／科目學習重點」的課程統整設計，乃採「核心素養」作為十二年國民基本教育課程發展的核心，透過各教育階段核心素養與各領域／科目課程統整，進行領域／科目核心素養的連貫與統整，建構各領域／科目的「課程目標」、「核心素養」及「學習重點」等要素，如圖 1-9 國民核心素養與 K-12 年級各領域／科目課程統整圖（蔡清田、陳延興、盧美貴、方德隆、陳聖謨、林永豐、李懿芳，2012），說明核心素養與各教育階段領域／科目統整關係。

五／十二年基本教育課程發展指引草案擬議研究

《十二年基本教育課程發展指引草案擬議研究》（蔡清田、陳伯璋、陳延興、林永豐、盧美貴、李文富、方德隆、陳聖謨、楊俊鴻、高新建、李懿芳、范信賢，2013），進一步探究核心素養與各教育階段學科領域／科目的關係等（國家教育研究院，2014a），以「核心素養」作為《十二年國民基本教育課程發展指引》的核心（國家教育研究院，2014b），因此被譽為課程改革的關鍵 DNA（蔡清田，2018），可具體轉化成為各學科領域／科目的課程目標、核心素養與學習重點，作為研擬《十二年國民基本教育課程綱要》之指引（蔡清田，2019）。

「核心素養」在《十二年國民基本教育課程綱要總綱》的轉化與發展及各領域／科目課程綱要的關係，如圖 1-10 核心素養在課程綱要的轉化及其與學習重點的對應關係所示（國家教育研究院，2014b：8）。「各領域／科目課程綱要」為落實《十二年國民基本教育課程綱要總綱》的理念及內涵，亦從「實施要點」的課程發展、教材編選、教學實施、教學資源與學習評量等方面，加以規定各領域／科目的課程、教學與評量之實施原則，可供教師教學時參閱。各校宜參考進行「核心素養」的學校本位課程發展與課程統整設計，將過去的學校本位課程發展，升級成為「核心素養」導向的學校本位課程發展，並將過去的課程統整設計，升級成為「核心素養」導向的課程統整設計，更強調核心素養的課程統整設計，呼應以學習者為主體的課程改革（蔡清田，2020）。

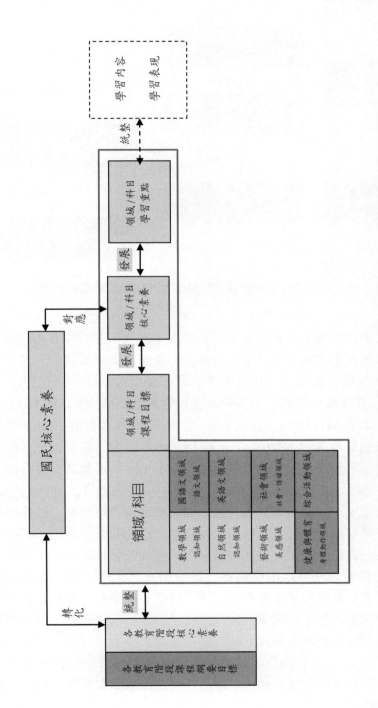

◆ 圖 1-9　國民核心素養與 K-12 年級各領域／科目課程統整圖

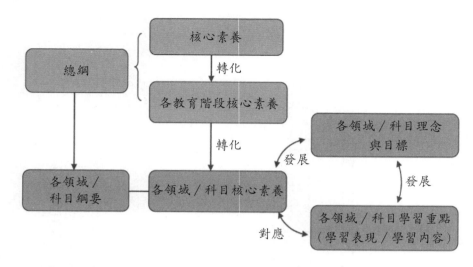

◆ 圖 1-10　核心素養在課程綱要的轉化及其與學習重點的對應關係

　　《十二年國民基本教育課程發展指引草案擬議研究》參考並延續《界定與選擇國民核心素養》、《全方位的核心素養之教育研究》、《中小學課程相關之課程、教學、認知發展等學理基礎與理論趨向研究》、《K-12 中小學一貫課程綱要核心素養與各領域連貫體系研究》、《K-12 各教育階段核心素養與各領域課程統整研究》等中小學課程相關之課程學理基礎（國家教育研究院，2014a），作為《十二年國民基本教育課程發展指引》（國家教育研究院，2014b）與《十二年國民基本教育課程綱要總綱》（教育部，2014）之理論基礎。其次，「核心素養」會因其所適用的環境脈絡情境之不同而有其差異性，因此特別參考現行高中職課程與中小學九年一貫課程現況之分析檢討，並呼應「核心素養」之跨國研究。一方面，「核心素養」能橫跨生活的各種不同多元社會場域，另一方面，個體也可透過參與這些各種不同的多元社會場域之行動，特別是「核心素養」作為《十二年國民基本教育課程發展指引》的核心，是跨越教育階段的「核心素養」，更是跨越學科領域／科目的「核心素養」，可以統整現行《幼兒園教保活動課程暫行大綱》的幼兒六大能力、《中小學九年一貫課程綱要》的十大基本能力、《綜合高級中學課程綱要》的十大基本能力、《高級中學課程綱要》的核心能力、《高級職業學校課程綱要》的核

心能力，並可作為《十二年國民基本教育課程發展指引》（國家教育研究院，2014b）與《十二年國民基本教育課程綱要總綱》（教育部，2014）之基礎，作為研擬總綱課程目標、核心素養，以及規劃各學科領域／科目的課程目標、核心素養與學習重點的重要參考。

六／十二年國民基本教育課程綱要研修

上述臺灣核心素養「八年研究」對當前臺灣推動「十二年國民基本教育課程改革」具有重要影響，特別是教育部門依據學生核心素養「八年研究」的成果，從 2013 年 6 月到 2019 年 6 月進行《十二年國民基本教育課程綱要》研修（國家教育研究院，2014a），2019 年 8 月 1 日起正式全面實施十二年國民基本教育核心素養課程改革，因此先於 2014 年 2 月 17 日發布《十二年國民基本教育課程發展指引》（國家教育研究院，2014b），以學生所需「核心素養」作為十二年國民基本教育課程核心，引導《十二年國民基本教育課程綱要》研發，2014 年 11 月 28 日再公布《十二年國民基本教育課程綱要總綱》（教育部，2014），本於全人教育精神，以「自發」、「互動」及「共好」為理念，以「成就每一個孩子——適性揚才、終身學習」為願景，研訂課程目標結合「核心素養」，並考量各教育階段特性予以達成，指出「核心素養」可作為各學科領域／科目垂直連貫與水平統整課程設計的組織核心，因此被譽為課程改革的關鍵 DNA（蔡清田，2018）。此次「十二年國民基本教育課程改革」進行了小學、國中、高中職等各級學校教育的課程垂直連貫與水平統整，以學生所需的「核心素養」作為十二年國民基本教育課程改革的核心（蔡清田，2019），期望學生能學習獲得生活所需的「核心素養」，並能在社會文化脈絡中，積極的回應情境的要求與挑戰，順利完成生活任務並獲致美好的理想結果之所應具備的知識、能力、態度，合乎教育的認知、技能、情意等價值規範，具有教育價值功能（洪詠善、范信賢，2015；黃光雄、蔡清田，2017）。

「核心素養」能協助師生學習獲得優質生活美好理想結果之所應具備的知識、能力、態度，合乎教育的認知、技能、情意等價值規範，協助個人獲得「成功的個人生活」，合乎哲學、人類學、心理學、經濟學，以及

社會學等學術理論依據,順乎國際化與本土化的研究趨勢。「核心素養」是建立在終身學習的基礎之上,以「終身學習者」為共同核心,更層層外擴形成滾動的圓輪意象,具有後現代社會「變動不居」、「持續前進」動態發展理念,而且個人可透過積極主動的行動並與情境進行互動,重視學習者的主體性,並關照學習者可運用於「生活情境」,強調其在生活中實踐的特質,產生因應與創新具有不斷地開展的積極動力,呼應了自發、互動與共生共榮的人類圖像,尤其是核心素養能培育學生成為終身學習者,可作為各學科領域/科目垂直連貫與水平統整課程設計的組織核心,因此,被譽為課程改革的關鍵 DNA(蔡清田,2020)。

　　「十二年國民基本教育」108 新課綱的 DNA,是一個核心的三面九項「核心素養」,包括以「終身學習者」為核心的「自主行動」、「溝通互動」、「社會參與」等「自動會」三面向,以及「身心素質與自我精進」、「系統思考與解決問題」、「規劃執行與創新應變」、「符號運用與溝通表達」、「科技資訊與媒體素養」、「藝術涵養與美感素養」、「道德實踐與公民意識」、「人際關係與團隊合作」、「多元文化與國際理解」九項目,並可依學生個體身心發展狀況,再具體轉化為各「教育階段核心素養」之具體內涵,如表 1-5《十二年國民基本教育課程綱要總綱》各教育階段核心素養之具體內涵所示(教育部,2014),可分國民小學教育、國民中學教育及高級中等學校教育等三階段說明,期培養學生循序漸進成為均衡發展的現代國民。

　　表 1-5 所述的核心素養,將透過各教育階段、各課程類型的規劃,並結合領域綱要的研修,以落實於課程、教學與評量中(教育部,2014)。各領域/科目的課程綱要研修需參照教育部審議通過的《十二年國民基本教育課程發展指引》,考量領域/科目的理念與目標,結合或呼應核心素養具體內涵,以發展及訂定「各領域/科目之核心素養」及「各領域/科目學習重點」。換言之,「核心素養」轉化為各「教育階段核心素養」後,可與各「學科領域/科目」進行統整課程設計成為「領域/科目核心素養」,可強調該學科領域/科目所強調培養的核心素養內涵,進而引導「領域/科目學習重點」的課程設計。「領域/科目學習重點」是指由該「學科領域/科目」基本理念、課程目標與核心素養具體內涵發展轉化而來的,而且「學習重點」是由「學習內容」與「學習表現」兩個向度相輔

◆表 1-5 《十二年國民基本教育課程綱要總綱》各教育階段核心素養之具體內涵

三個面向	九個項目	項目說明	6-12歲「兒童期」初等教育階段國民小學之具體內涵重點	12-15歲「青少年期」前期中等教育階段國民中學之具體內涵重點	15-18歲「青年期」後期中等教育階段高級中學校之具體內涵重點
		核心素養與各「教育階段核心素養」的整體說明	國民小學階段是奠定「核心素養」的第二個關鍵教育階段，是奠定各項素養基礎的重要階段，學生從生活情境及實作中，陶養學生在自主行動、溝通互動及社會參與等方面應具備的最基本的核心素養。	國民中學階段是培養核心素養的第三個關鍵教育階段，國中學生正值身心發展之青春期，是探索人際互動、自我與人際面臨轉變與調適階段，因此需完整提升各面向的素養，以協助此階段向學生成長發展需要。	高級中等教育階段是培養核心素養的第四個關鍵教育階段，也是十二年國民基本教育的最後一個階段，此階段學生身心漸趨成熟，著重提供學生學習銜接、身心發展及生涯定向所需具備之素養，同時讓此階段學生具備朝向自主學習及終身學習者及世界公民所需的各項核心素養。
A 自主行動	A1 身心素質與自我精進	具備身心健全發展的素質，擁有合宜的人性觀與自我觀，同時透過選擇、分析與運用新知，有效規劃生涯發展，探尋生命意義，並不斷自我精進，追求至善。	E-A1 具備良好的生活習慣，促進身心健全發展，並認識個人特質，發展生命潛能。	J-A1 具備良好的身心發展知能與態度，並展現自我潛能、探索人性、自我價值與生命意義，積極實踐。	U-A1 提升各項身心健全發展素質，發展個人潛能，探索自我觀，肯定自我價值，有效規劃生涯，並透過自我精進，追求至善，超越與福人生。

（續）

一個核心	三個面向	九個項目	項目說明	6-12歲「兒童期」初等教育階段國民小學之具體內涵重點	12-15歲「青少年期」前期中等教育階段國民中學之具體內涵重點	15-18歲「青年期」後期中等教育階段高級中等學校之具體內涵重點
		A2 系統思考與解決問題	具備問題理解、思辨分析、推理批判的系統思考素養，並有效處理及解決人生、生活、生命問題。	E-A2 具備探索問題的思考能力，並透過體驗與實踐處理日常生活問題。	J-A2 具備理解情境全貌，並做獨立思考與分析的知能，運用適當的策略處理與解決生活及生命議題。	U-A2 具備系統思考、分析與探索的素養，深化後設思考，並積極面對挑戰以解決人生的各種問題。
		A3 規劃執行與創新應變	具備規劃及執行計畫的能力，並試探與發展多元專業知能、充實生活經驗，發揮創新精神，以因應社會變遷、增進個人的彈性適應力。	E-A3 具備擬定計畫與實作的能力，並以創新思考方式，因應日常生活情境。	J-A3 具備善用資源以擬定計畫、有效執行，並發揮主動學習與創新求變的素養。	U-A3 具備規劃、實踐與檢討反省的素養，並以創新的態度與作為因應新的情境或問題。
一個核心	B 溝通互動	B1 符號運用與溝通表達	具備理解及使用語言、文字、數理、肢體及藝術等各種符號進行表達、溝通及互動，並能了解與同理他人，應用在日常生活及工作上。	E-B1 具備「聽、說、讀、寫、作」的基本語文素養，並具有基礎數理、肢體及藝術等符號知能，能以同理心應用在生活與人際溝通。	J-B1 具備運用各類符號表達意念的素養，能以同理心與人溝通互動，並理解數理、美學等基本概念，應用於日常生活中。	U-B1 具備掌握各類符號表達的能力，以進行經驗、思想、價值與情意之表達，能以同理心與他人溝通並解決問題。

（續）

一個核心	三個面向	九個項目	項目說明	6-12歲「兒童期」初等教育階段國民小學之具體內涵重點	12-15歲「青少年期」前期中等教育階段國民中學之具體內涵重點	15-18歲「青年期」後期中等教育階段高級中等學校之具體內涵重點
		B2 科技資訊與媒體素養	具備善用科技、資訊與各類媒體之能力，培養相關倫理及媒體識讀的素養，俾能分析、思辨、批判人與科技、資訊及媒體之關係。	E-B2 具備科技與資訊應用的基本素養，並理解各類媒體內容的意義與影響。	J-B2 具備善用科技、資訊與各類媒體以增進學習的素養，並察覺、思辨人與科技、資訊、媒體的互動關係。	U-B2 具備適當運用科技、資訊與各類媒體之素養，進行各類媒體識讀與批判，並能反思科技、資訊與媒體倫理的議題。
		B3 藝術涵養與美感素養	具備藝術感知、創作與鑑賞能力，體會生活之美、透過生活環境中的美感體驗，培養美善的人事物，進行賞析、建構與分享的態度與能力。	E-B3 具備藝術創作與欣賞的基本素養，進行多元感官的開發，培養生活環境中的美感體驗。	J-B3 具備藝術展演的一般知能及表現能力，欣賞各種藝術的風格和價值，並了解美感表現方式，增進生活的豐富性與美感體驗。	U-B3 具備藝術感知、欣賞、創作與鑑賞的能力，體會藝術創作與社會、歷史、文化之間的互動關係，透過生活美學的涵養，對美善的人事物，進行賞析、建構與分享。

（續）

一個核心	三個面向	九個項目	項目說明	6-12歲「兒童期」初等教育階段國民小學之具體內涵重點	12-15歲「青少年期」前期中等教育階段國民中學之具體內涵重點	15-18歲「青年期」後期中等教育階段高級中等學校之具體內涵重點
	C 社會參與	C1 道德實踐與公民意識	具備道德實踐的素養，從個人小我到社會公民，循序漸進，養成社會責任感及公民意識，主動關注公共議題並積極參與社會活動，關懷自然生態與人類永續發展，而展現知善、樂善與行善的品德。	E-C1 具備個人生活道德的知識與是非判斷的能力，理解並遵守社會道德規範，培養公民意識，關懷生態環境。	J-C1 培養道德思辨與實踐能力，具備民主素養、法治觀念與環境意識，並主動參與公益團體活動，關懷生命倫理議題與生態環境。	U-C1 具備對道德課題與公共議題的思考與對話素養，培養良好品德、公民意識與社會責任，主動參與環境保育與社會公益活動。
		C2 人際關係與團隊合作	具備友善的人際情懷及與他人建立良好的互動關係，並發展與人溝通協調、包容異己、社會參與及服務等團隊合作的素養。	E-C2 具備理解他人感受，樂於與人互動，並與團隊成員合作之素養。	J-C2 具備利他與合群的知能與態度，並培育相互合作及與人和諧互動的素養。	U-C2 發展適切的人際互動關係，並展現包容異己、溝通協調及團隊合作的精神與行動。

（續）

一個核心	三個面向	九個項目	項目說明	6-12歲「兒童期」初等教育階段國民小學之具體內涵重點	12-15歲「青少年期」前期中等教育階段國民中學之具體內涵重點	15-18歲「青年期」後期中等教育階段高級中等學校之具體內涵重點
		C3 多元文化與國際理解	具備自我文化認同的信念，並尊重與欣賞多元文化，積極關心全球議題及國際情勢，並能順應時代脈動與社會需要，發展國際理解、多元文化價值觀與世界和平的胸懷。	E-C3 具備理解與關心本土與國際事務的素養，並認識與包容文化的多元性。	J-C3 具備敏察和接納多元文化的涵養，關心本土與國際事務，並尊重與欣賞差異。	U-C3 在堅定自我文化價值的同時，又能尊重、欣賞多元文化，拓展國際視野，並主動關心全球議題或國際情勢，具備國際移動力。

註：上表中、A、B、C代表核心素養「自主行動」、「溝通互動」與「社會參與」等三大面向。國民小學、國民中學、高級中等學校所對應之教育階段的各項核心素養，依各階段的教育特質加以衍生，並加上階段別之編碼：其中E代表國民小學教育階段、J代表國民中學教育階段、U代表高級中等學校教育階段。

相成交織組合而成，透過課程編織統整設計（洪詠善、范信賢，2015），並可強化各學科領域／科目內部的連貫性與統整性及銜接性（教育部，2014；國家教育研究院，2014a；國家教育研究院，2014b；黃光雄、蔡清田，2017；蔡清田，2018、2019）。

　　《十二年國民基本教育課程綱要總綱》之一個核心的三面九項「核心素養」，是同時強調「領域／科目核心素養」與「跨領域／科目」的「核心素養」（蔡清田，2016）。國民所需的「核心素養」，是國民因應現在及未來社會生活情境所需具備的「知識」、「能力」與「態度」之統整，可透過各「領域／科目課程目標」與「領域／科目核心素養」引導各領域／科目「學習重點」的課程發展（蔡清田、陳伯璋、陳延興、林永豐、盧美貴、李文富、方德隆、陳聖謨、楊俊鴻、高新建、李懿芳、范信賢，2013），並透過「學習內容」與「學習表現」，展現各領域／科目「學習重點」課程設計（蔡清田，2018），引導學生學到更為寬廣且能因應社會生活情境所需的「核心素養」。是以教師可針對《十二年國民基本教育課程綱要》的核心素養進行行動研究，如進行特定（國民小學、國民中學、高中職）教育階段核心素養的行動研究、特定學校的核心素養學校本位課程發展行動研究，針對「部定課程」或「校訂課程」的行動研究，針對特定領域／科目課程發展的行動研究、跨領域課程設計的行動研究、特定項目核心素養或特定年級學生教學的備課、觀課、議課等進行行動研究。尤其是「十二年國民基本教育」新課程綱要強調學生獲得適性化學習的規劃（教育部，2014；國家教育研究院，2014a、2014b），包括《十二年國民基本教育課程綱要總綱》重視「校訂課程」的設計，並在「部定課程」中賦予學校因地制宜的空間，如班群教學、適性分組、統整性主題等，配合素養導向教學，有助學生適性學習的發展。考量各教育階段學生的核心素養面向與內涵，教師可因地、因校制宜，設計不同的能力層級，自編或選擇適合學生程度的教材，讓學生得以按其資質、能力、經驗、學習速度、家庭背景、城鄉差距、文化族群（如原住民、新住民）等的差異，獲得適當的啟發及適性化的學習。教師教學應關注學生的學習成效，重視學生是否學會，而非僅以完成其教學進度為目標。對於學習落後的學生，需調整教材教法，進行補救教學；對於學習優異的學生，則提供加深、加廣的進階教材與延伸充實的學習活動，讓不同學習需求的學生都

能獲得適當的啟發及適性化的學習。

　　總之，透過本章緒論第一節十二年國民基本教育新課綱的核心素養、第二節教育行動研究的意義、第三節教育行動研究的特徵、第四節十二年國民基本教育新課綱的行動研究等各節的說明，學校教育相關人員應該可以了解「行動研究」的相關概念，包括研究的類型、行動與研究的關係、行動研究的行動意涵、行動研究的意義，以及行動研究的基本特色，特別是上述臺灣核心素養的八年研究，就如同十二年國民基本教育新課綱核心素養的行動研究，有助於學校教育人員了解「十二年國民基本教育」新課程綱要與教育行動研究的重要關聯，特別是可以協助教師升級轉型為十二年國民基本教育新課綱的「教師即研究者」，並成為學生學習歷程的「助學者即生命貴人」與培育人才的教育專家。因此，學校教育的相關人員可以針對《十二年國民基本教育課程發展建議書》、《十二年國民基本教育課程發展指引》、《十二年國民基本教育課程綱要總綱》及「十二年國民基本教育」各領域課程綱要的核心素養、學校本位課程發展、領域學習課程、彈性學習課程、跨領域課程、學習重點的學習內容與學習表現、議題融入、課程規劃、課程統整設計、協同教學、學習評量、課程實施、課程評鑑等進行「行動研究」，尤其是學校教育相關人員可針對《十二年國民基本教育課程綱要》的核心素養進行行動研究，如進行特定（高中職、國民中學、國民小學）教育階段核心素養的行動研究、特定學校的核心素養學校本位課程發展行動研究，針對「部定課程」或「校訂課程」的行動研究，針對特定領域課程發展的行動研究、跨領域課程設計的行動研究、特定項目核心素養或特定年級學生教學的備課、觀課、議課等進行行動研究，本書稍後各章將逐章加以說明教育行動研究的理念與實際、目的與功能、歷程與步驟等，並且舉出具體實例說明如何透過「教育行動研究」邁向成功實施「十二年國民基本教育」課程改革，展現教師的「專業化」的終身學習歷程，呼應我國社會對「終身學習的教師圖像」之期待的理想願景。特別是沒有實務的理論，是空洞的理念；沒有理論的實務，是盲目的行動。因此，本書下一章，將進一步闡明教育行動研究的理論與實務之間的關係，進而提出**教育行動研究的實踐省思與實務行動之間的「互動關係模式」**。

第二章

教育行動研究的理論與實務

> 沒有實務的理論，是空洞的理念；
> 沒有理論的實務，是盲目的行動。

　　沒有行動的研究，是空洞的理想；沒有研究的行動，是盲目的行動；因此本章「教育行動研究的理論與實務」，更進一步強調指出「沒有實務的理論，是空洞的理念；沒有理論的實務，是盲目的行動」，透過教育行動研究，可以因應十二年國教新課綱改革趨勢。本章的內容主要分為三節，包括第一節教育行動研究的發展演變、第二節教育行動研究的理論基礎、第三節教育行動研究的應用領域，特別探討了在「聯合國教育科學文化組織」、「經濟合作開發組織」、「歐洲聯盟」等國際組織的許多國家地區強調「核心素養」的課程設計，以及我國「十二年國民基本教育」108 新課程綱要改革脈絡情境下，所帶動的「教育行動研究」新趨勢。第一節旨在說明行動研究的主要緣起，以及科學技術形式的行動研究（scientific-technical form of action research）、實務道德形式的行動研究（practical-moral form of action research）與批判解放形式的行動研究（critical-emancipatory form of action research）等形式。第二節旨在說明行動研究的實務反省與批判解放等理論基礎。第三節旨在說明行動研究在「十二年國民基本教育」新課綱改革所帶動的教育行政、課程與教學的教育行動研究應用範圍。

第一節 教育行動研究的發展演變

　　「沒有行動的研究，是空洞的理想；沒有研究的行動，是盲目的行動。」因此，本書並不想要關起門來裝神弄鬼講一些別人聽不懂的話，本

書的「教育行動研究」參酌古今中外的教育行動理念與實務，企圖建立適合臺灣情境的行動研究之理論與實踐，以增進我國教育人員專業素養，增進教師的課程理解、扮演課程發展行動研究者，以進行學校教育的理念與實踐，特別是教育理論來自教育實踐，教育實踐又是考驗與修正教育理論的參考依據，可在教育實踐中不斷完善和發展教育理論的實用性和科學性，特別是「行動研究」的理論與實踐不是深奧難懂的抽象理論，而是必須身體力行的修練，行動研究不只要重視「行動」的「研究」，更重視「研究」的「行動」。是以，本書第一章第一節行動研究的意義指出「行動研究」透過「行動」與「研究」結合為一，「行動研究」強調實務工作者的實際行動與研究的結合，企圖縮短理論與實務的差距，因為「沒有實務的理論，是空洞的理念；沒有理論的實踐，是盲目的行動。」

　　「行動研究」就是「行動」加上「研究」，但這是一個看似簡易的定義，而不是唯一的「行動研究」定義，因為就行動研究歷史而言，「行動研究」經由美國的柯立爾（J. Collier）、李溫（Kurt Lewin）、科雷（Stephen M. Corey）、史點豪思（L. Stenhouse）、艾略特（J. Elliott）、卡爾（W. Carr）、葛蘭迪（S. Grundy）、甘美思（S. Kemmis）、麥克南（J. McKernan）等人共享的基本信念，一致性的「行動研究」這個特定語言，「行動研究」的這種語言能夠被援用來組成某一特定改革背後的不同次級團體的一個聯盟，可以有助於某一種理論取向的團體成員彼此相互辨認（Carr & Kemmis, 1986）；但是，作為行動研究的學習者，我們所看到的可能都是片面的，甚至是盲人摸象，只是有時自知，有時不自知，「行動研究」本身沒有所謂「真的行動研究」或「假的行動研究」，更沒有所謂唯一的「行動研究」理論，而是看我們如何看待「行動研究」的理論取向，因為當「行動研究」只有一個定義時，「行動研究」的定義可能已被當成「理所當然」的一種意識型態（黃光雄、蔡清田，2017），甚至成為錯誤的「意締牢結」或一種急於定於一尊的學術霸權，而有損教育學術研究自由與教育行動研究多元多樣的豐富面貌（Elliott, 1992; McKernan, 2008）。是以本節旨在進一步詳細說明行動研究的緣起，以及科學技術形式的行動研究、實務道德形式的行動研究與批判解放形式的行動研究等形式。

一／教育行動研究的緣起

　　自 1930 年代末，教育學者及社會心理學者，已對「行動研究」發生了濃厚的興趣。1940 年代，經由美國的柯立爾（John Collier）、李溫（Kurt Lewin）、科雷（Stephen M. Corey）等人倡導「行動研究」迄今已八十年。剛開始，行動研究是一種研究的方法，強調研究的實務層面，較少涉及理論依據。在教育方面，行動研究旨在協助教育學者、教育行政人員與學校教育工作者，特別是鼓勵學校教育實務工作者投入教育研究的工作，且把研究方法應用於特定學校或教室情境當中的實際教育問題，以改進學校教育的實務，並將教育研究的功能與教育工作人員的實務工作結合，藉以提升教育的品質，增進教育實務工作者的教育研究技巧、思維習慣、促進教育工作同仁的和睦相處能力，並強化教育專業精神（夏林清與中華民國基層教師協會，1997：224；Kincheloe, 1991）。然而，自從 1996 年 Ortrun Zuber-Skerritt 主編《行動研究的新方向》（*New directions in action research*）出版之後，行動研究的理論探討，普受關注。期望行動研究，經由理論與實踐的辯證，而更趨理想。

　　特別是，我國師資培育機構及學校教師十分重視教育的行動研究。教師不但是教學者，而且更是研究者。透過研究，自己能更專業的處理面臨的教育問題。尤其是教育部於 2016 年公布《中華民國教師專業標準指引》提出我國教師專業標準，2018 年公布《中華民國教師專業素養指引——師資職前教育階段暨師資職前教育課程基準》五大素養的「**了解教育發展的理念與實務**」、「**規劃適切的課程、教學及多元評量**」、「**建立正向學習環境並適性輔導**」、「**了解並尊重學習者的發展與學習需求**」及「**認同並實踐教師專業倫理**」；2019 年 2 月 22 日公布「終身學習的教師圖像」，指出教師面對社會、經濟和科技的變革，必須不斷地充實新知，強化專業知能，才能有效勝任其教學工作，因而教師成為一位「終身學習者」，實有其時代和教育的必要性，促進專業發展，提升專業知能，展開積極的專業行動，幫助學生有效學習，培養學生具備未來社會所需知識、能力與態度的「核心素養」，呼應了「十二年國民基本教育」新課程綱要以「終身學習者」為一個核心的三面九項「核心素養」之教育改革。是以本章也將介紹「十二年國民基本教育」新課程綱要核心素養行動研究的新趨勢，因

應新時代做出新貢獻。

　　「行動研究」經由美國的柯立爾（John Collier）、李溫（Kurt Lewin）、科雷（Stephen M. Corey）的介紹，以及英國課程學者史點豪思（L. Stenhouse）、艾略特（J. Elliott）、卡爾（W. F. Carr）等人的倡導，再經澳洲的葛蘭迪（S. Grundy）、甘美思（S. Kemmis）的推廣，此種研究趨勢在英國、美國與澳洲等地區相當盛行（蔡清田，1997e）。此種研究類型在臺灣地區也經過許多學者撰文介紹（王文科，1995；王秀槐，1983；吳明清，1991；李祖壽，1974；張世平與胡夢鯨，1988；張世平，1991；黃政傑，1999；陳伯璋，1988a、1988b；陳惠邦，1998；陳美如，1995；楊紹旦，1981a、1981b；廖鳳池，1990；歐用生，1996b、1999a；甄曉蘭，1995；蔡清田，1999），逐漸為國內的教育界人士所熟知。

　　行動研究起源於美國，此名詞是由柯立爾（John Collier）在 1945 年所創用，他擔任美國聯邦政府印地安人事務部門主管時，鼓勵工作同仁採取行動研究與局外人士共同合作，以改善美國印地安原住民與非原住民之間關係，此乃行動研究的濫觴（陳梅生，1979）。「行動研究」也可追溯到 1948 年李溫（Kurt Lewin）有關「行動訓練研究」（action-training-research）協助社區工作者，以科學方法研究問題並改進自己的決定及行動，其行動研究乃是透過「實地研究」（field study），將科學研究者與實際工作者之智慧與能力結合在合作事業上（Lewin, 1948）。其後科雷（Stephen M. Corey）開始利用行動研究，以民主方式幫助教師團體改變學校教育，而其「行動研究」乃是由實際工作者根據科學方法來研究自己的問題，以期引導、改正與評鑑其決定及行動的過程（Corey, 1953）。

　　有關行動研究的相關文獻正逐漸地增加當中，隨著研究的數量不斷成長，其定義與特徵也隨之增多。例如李溫（Kurt Lewin）提出的行動研究，具有規劃（planning）、事實搜尋（fact finding）、執行（execution）等觀察反省思考的螺旋循環（spiral cycle）（Lewin, 1948, 1952）。此種行動研究的螺旋循環包括規劃→事實搜尋→執行等名詞來綜括行動研究。他認為行動研究的第一個要點是進行規劃，是從一個大概的初步想法開始，旨在研擬一個特定的目標，並考量這個初步想法的可以運用途徑與方法。因此，對此一初步想法的相關事物，進行詳細的事實觀察是有必要

的。如果第一個步驟已經成功，便必須決定如何透過計畫達成目標，而且
通常計畫經過仔細規劃之後，可能也會修正初步的想法。行動研究的第二
個重點是進行事實的搜尋，此項重點可以藉由觀察評估行動是否能達到期
望的目標，當作計畫的基礎，作為爾後修正整個計畫的基礎，並提供實務
工作者一個實務學習的機會。行動研究的第三個重點便是致力於執行所擬
定的計畫。以攀登玉山為例，此一攀登的目標與途徑，一定要經過各種方
法審慎選定攀登計畫，而且也要經過詳細的偵查結果與不斷評估修訂之
後，才能實際執行攀登任務。因此整個行動研究過程就是規劃計畫、事實
搜尋觀察、修正計畫與實施執行的不斷循環。

　　又如寇恩和曼尼恩（Cohen & Manion, 1980: 174）兩人便將行動研
究界定為：「對現實世界中，運作的小規模干預，並且嚴密監視此項干預
的效果」。所謂「現實的世界」就是指現行實務工作的實際活動，而「小
規模的干預」就是實務工作人員，在經過初步研究後，針對所要研究的問
題，提出解決的行動方案與方法途徑。特別值得稱道的是英國學者史點豪
思（Lawrence Stenhouse），更從教育專業的觀點，指出行動研究在學校
教育情境中的主要目標，在於鼓勵學校教育實務工作者參與實際教育工作
情境，並勉勵教師將自己本身視為研究者（Stenhouse, 1975）。其他的學
者如澳洲學者歐克（Rob Walker）也指出行動研究可以鼓勵教師成為自己
班級情境的研究者（Walker, 1985），改進學校教育品質，並且透過行動
研究提升教師的專業地位。

　　上述有關行動研究的敘述，雖然能夠獲得許多研究者的認同，不過也
有一些不同的觀點。學者們所提出對於行動研究的第一種觀點是，行動研
究是可以用來描述教育實務工作者參與其自身實際工作的一種努力歷程與
結果。就此觀點而言，許多文獻有其不同的定義，如自我反省探究（self-
reflective enquiry）（Kemmis, 1992）、教室研究（classroom research）
（Hopkins, 1985）、教師研究者模式（teacher-researcher model）（歐用
生，1999a），以及行動研究（Hustler, Cassidy, & Cuff, 1986）等。然而，
對行動研究的第二種看法，特別是將行動研究視為改進專業實務工作品質
所設計的專業活動，企圖促成專業工作的系統化。以這個觀點來說，行動
研究特別是指改進實務工作的**方法與技術**，因此行動研究也可以是指統合
行動研究（simultaneous-integrated action research）（王文科，1998）或

合作行動研究（甄曉蘭，1995），特別是實務工作情境中的參與者（例如校長或教師），基於實際問題解決的需要，與專家學者或與學校教育相關的其他成員，如與行政人員、教師、學生共同合作，將問題發展成研究主題，進行有系統的研究，講求實際問題解決的研究方法形式。

二／行動研究的形式

　　行動研究的形式主要包括「科學技術形式」的行動研究（scientific-technical form of action research）、「實務道德形式」的行動研究（practical-moral form of action research）與「批判解放形式」的行動研究（critical-emancipatory form of action research）（歐用生，1999a：1；Carr & Kemmis, 1986; McNiff, 1995）。簡言之，行動研究就是要透過行動來解決問題的一種研究類型，「科學技術形式」、「實務道德形式」、「批判解放形式」這三種行動研究形式都是要來解決實務工作者在實務工作情境上所遭遇到的問題，只是所強調的層面不同。第一種「科學技術形式」行動研究，關注的是找到新的方法來改進實務，是指強調透過一些技術、工具來進行行動研究，希望透過對科學研究方法與技術的掌握來提升實務工作者的能力素養（Fraenkel & Wallen, 2003），但這樣的方法卻是以技術工具為強調重點，較忽略實務工作者本身的教育意圖，形成技術領導實務工作者的一種狀況。第二種「實務道德形式」行動研究，則是改善「科學技術形式」的問題，不僅重視科學技術層面，更兼顧了實務工作者的教育意圖與行動等，如教師的專業自主判斷，這種「實務道德形式」以教師為出發點，讓教師監控自身的實務工作，但這個「實務道德形式」通常較關注在教師自身，比較強調個人實務改善為重點。第三種「批判解放形式」行動研究，則是在「實務道德形式」基礎上，在行動研究過程中，除了「個人層面」自我反省檢討之外，強調更進一步地針對社會制度結構（例如教育制度）等「社會層面」進行「理性批判」的研究，這種強調對社會制度結構的「批判解放形式」，不同於較強調個人為主的「實務道德形式」行動研究。茲詳細分述如次。

（一）科學技術形式的行動研究

　　第一種形式的行動研究，緣起於 1940 年代與 1950 年代，由李溫（K. Lewin）與工作同仁在美國麻省理工學院（Massachusetts Institute of Technology）採用「科學技術形式的行動研究」（McKernan, 1991），其間並由教育實務工作者與課程專家顧問參與其事（Corey, 1953; Taba & Noel, 1992）。此種科學技術形式取向的行動研究，或稱為「科技取向的行動研究」（Fraenkel & Wallen, 2003），也是二次大戰之後的英國「臺維史塔特研究所」（Tavistock Institute），所採用的典型研究類型。這種行動研究形式，早在 1946 年便受到重視與採用（Lippitt & Radke, 1946）。此種行動研究形式，將行動研究視為自我發展的手段，協助實務工作者獲得科學研究方法與技術，成為一位有能力的實務工作者，以改進實務工作（Noffke, 1989），但此種形式並不關心工作的目的與本質。此種形式的行動研究往往受制於技術理性或工具理性（technical-rational）（Elliott, 1992），一味重視控制與預測，忽略社會文化情境脈絡與社會深層結構的影響因素，未能考慮到行動研究的倫理層面（歐用生，1999a：11）。

（二）實務道德形式的行動研究

　　第二種形式的行動研究，肇始於英國第一波的課程發展方案運動之教育革新脈絡情境當中，旨在提升實務工作者對教育目的和教育方法的專業判斷。此種實務道德形式的行動研究，不僅重視實務工作者在科學技術能力方面的增進，更在檢視實務工作者的教育意圖、工作價值與行動（歐用生，1999a：9）。例如「教師即研究者」（teacher as researcher）的行動研究理念，緣起於英國 1960 年代末與 1970 年代初期的英國東英格蘭大學（University of East Anglia）教育應用研究中心（Centre for Applied Research in Education）的史點豪思（Lawrence Stenhouse）、艾略特（John Elliott）與愛德蒙（Clem Adelman）等人所進行的「人文課程方案」（The Humanities Curriculum Project）與「福特教學方案」（Ford Teaching Project）。

　　此種「實務道德形式的行動研究」或「實務取向的行動研究」所

強調的重點不是工具理性，而是實務困境當中的教師專業自律自主判斷
（autonomous judgement of teachers in difficult circumstances）（Elliott
& Adelman, 1973; Elliott, 1998; Stenhouse, 1975）。此種「實務道德形
式的行動研究」乃奠基於西方世界的個人主義實用基礎之上（Carr &
Kemmis, 1986: 203），此種「實務道德形式的行動研究」的理想，乃是
透過發展明智的個人判斷之近程目標，以監督控制自己本身的實務工作。
實際上，「教師即研究者」的推動力，來自於史點豪思等人所倡導的「課
程發展歷程模式」（process model of curriculum development）。而且此
種「實務道德形式的行動研究」與英國教育哲學家皮特思（R. S. Peters）
的程序原理（Peters, 1966, 1967），有著異曲同工之妙，可以增進教
育實務工作者的行動中的省思與行動後的省思（Archer, 2007; Argyris,
Putnam, & Smith, 1990; Atweh, Kemmis, & Weeks, 1998; Carr & Kemmis,
1986; Schön, 1983, 1987）。

（三）批判解放形式的行動研究

「批判解放形式的行動研究」主要源自於澳洲迪今大學（Deakin
University）的研究經驗。甘美思（Stephen Kemmis）與其迪今大學的同
仁，將其早期與英國東英格蘭大學教育應用研究中心史點豪思共事的行動
研究經驗傳播到澳洲，並運用法蘭克福學派（Frankfurt School）社會批
判哲學的意識型態架構，融入其「批判解放形式的行動研究」內涵當中。
「批判解放形式的行動研究」又稱為「批判取向的行動研究」，要求其參
與者採取主動積極的立場，投入努力爭取更理性、公平正義、民主、實踐
的教育型態。實務工作者在「批判解放形式的行動研究」過程當中，乃是
基於批判地自我反省檢討之上，並針對社會制度結構進行理性批判（歐
用生，1999a：10），而採取行動研究，建構合理的工作情境條件。此種
「批判解放形式的行動研究」是以團體為依據（group based），不同於奠
基於個人主義（individualist）之上的「實務道德形式的行動研究」（Carr
& Kemmis, 1986: 203）。特別是「批判解放形式的行動研究」具有解放
（emancipatory）的意圖與歷程，「批判解放形式的行動研究」本身就是
協助實務工作的參與者獲得「授權予能」或「賦權」（empowering）的

解放歷程，因此，「批判解放形式的行動研究」又稱「解放取向的行動研究」（陳惠邦，1999）。

第二節 教育行動研究的理論基礎

本節教育行動研究的理論基礎，主要探討行動研究的兩大理論基礎，包括教育行動研究的實務反省與批判解放等，可以闡論說明執行教育實務的「行動」與進行「研究」是教育行動研究的一體之兩面，茲分述如下。

一／教育行動研究的實務反省

教育行動研究至少包括「Problem 提出教育行動研究問題與省思」（簡稱 P 提出問題或問題）、「Project 規劃教育行動研究方案與省思」（簡稱 P 研擬方案或方案）、「Collaboration 協同合作教育行動研究與省思」（簡稱 C 尋求合作或合作）、「Implementation 實施監控教育行動研究與省思」（簡稱 I 執行實施或實施）、「Evaluation 評鑑回饋教育行動研究與省思」（簡稱 E 評鑑回饋或回饋）與「Report 呈現教育行動研究報告與省思」（簡稱 R 呈現報告或報告）等六種不同的實務行動。上述這些行動區分，可以協助實務工作者辨別行動研究的實務行動之不同層面反省思考模式。

教育行動研究的理論基礎之一，乃是實務工作者根據實務道德與批判解放的「反省理性」（reflective rationality），而不是工具理性（technical rationality）（陳伯璋，1988a；陳惠邦，1998），並且針對實務工作領域所進行反省思考（Archer, 2007; Argyris, Putnam, & Smith, 1990; Ashmore, 1989; Atweh, Kemmis, & Weeks, 1998; Bartlett & Suber, 1987; Bourdieu & Wacquant, 1992; Carr & Kemmis, 1986; Elliott, 1998; Woolgar, 1988）。因為教育現場與影響因素複雜，教育行動研究者集行動者與研究者於一身，因此行動者必須研究反省、覺省與質疑批判及自我省思（Schön, 1983, 1987），除了經常反省照鏡子自我反思，認定了解自

己是誰，教育實務工作的研究省思應包含對教育行動研究的問題困難尋得起點，不斷針對問題情境進行內省、對話、被訪談、審視自己的行動、組織有意識的知識與展開可能的行動策略，並不斷針對解決問題方案進行實踐修正，省思行動研究者的行動歷程步驟的行動修正策略與結果的研究省思，並對行動研究的問題困難情境的再研究省思，以及省思獲得那些專業發展。

具體而言，就實踐省思（practical reflection）的領域而言，行動研究的反省思考簡稱「省思」（reflection），包括下述六種不同的反省思考模式：第一種問題情境的省思，是有關於分析「提出問題」的反省思考；第二種慎思熟慮的省思，是有關於構想「研擬方案」的反省思考；第三種協同合作的省思，是有關於「尋求合作」的協同合作夥伴反省思考；第四種實施監控的省思，是有關於「執行實施」的反省思考；第五種評鑑回饋的省思，是有關於「評鑑回饋」的反省思考，特別是評鑑方案宜密切注意經過實施之後所預期的與未經預期的結果反應之價值高低；第六種報告寫作的省思，是有關於「呈現報告」的反省思考。其間的區分，可由第一章圖 1-3 PPCIER 教育行動研究「簡單模式」轉化，並強調「行動」與「研究」兩者互動關係的圖 2-1 教育行動研究的實踐省思與實務行動之間的「互動關係模式」加以說明。本書第二篇「教育行動研究的歷程與程序」會進一步劃分成為「第六章提出教育行動研究問題與省思」、「第七章規劃教育行動研究方案與省思」、「第八章協同合作教育行動研究與省思」、「第九章實施監控教育行動研究與省思」、「第十章評鑑回饋教育行動研究與省思」、「第十一章呈現教育行動研究報告與省思」等六章加以詳細論述 PPCIER 教育行動研究「循環歷程模式」。

行動研究解釋了某一實際工作發生的內容經過，說明了某一事件的脈絡當中相互關聯的情境因素（Elliott, 1992: 121），並且從情境脈絡當中，可以發現盤根錯節、糾纏不清、彼此關係密切且相輔相成的事件。研究此種實務工作情境當中具有故事情節的事件，有時被稱為一個行動研究的個案。由於行動研究是以改善社會情境中的行動品質之角度，來進行研究的取向（陳惠邦，1999）。因此，行動研究的個案當中的思考模式，是自然主義的（naturalistic）務實情境的實務思考，而不是形而上的（formalistic）的抽象理論思考（Elliott, 1992: 121）。行動研究個案當

中的各種關係是經由具體描述而加以「闡明」（illuminated），而不是形而上地陳述抽象理論與統計關係。行動研究個案提供一種實際情境的實務工作理論，行動研究的個案研究是一種描述、詮釋與實踐實務工作者置身所在的實際工作情境的自然主義的務實情境理論（naturalistic theory）之具體實踐，而不是陳述形而上的抽象形式理論。

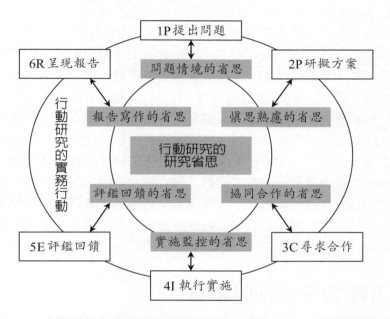

◆ 圖 2-1　教育行動研究的實踐省思與實務行動之間的「互動關係模式」

　　行動研究個案當中的事件，是指人類的實際行動及其行動交互作用的歷程與結果，而不是指純粹受到科學技術法則影響的結果。人類的行動與互動，是經由行動主體對置身所處的實務工作情境條件，而由實務情境當中的實務工作者所努力建構的理念與實際（Winter, 1987）。例如行動者對其情境的理解與信念、行動者的意圖目的與理想、行動者的選擇與決定、行動者所進行的診斷、建立目的的理想與選擇行動歷程當中所認知的某種規範、原理原則與專業價值。行動研究個案當中的故事，如果能參照參與者的主觀意義加以描述，將更能增加其意義的可理解性。這也就是為什麼訪談與參與觀察是行動研究脈絡中的主要研究工具。因此，行動研

究可被定義為「以改善社會品質為觀點的社會情境研究」（Elliott, 1991: 69）。

行動研究是從實際工作情境當中的行動者與其相關的互動人員等觀點來解釋發生了什麼事件，以及此事件的專業意義與價值（Elliott, 1992: 121）。行動研究注重在對具體的實際工作情境條件及其所提出的假設性的理論之合法性，透過具體實際行動，並蒐集證據資料，進行研究判斷。

「理論是概括性的原則提示，實際的情形卻是特殊的個案」（Schwab, 1971），所以實務工作者在實際工作情境中，不能只按照一些學者專家的「原則提示」，就按圖索驥一成不變的執行實務活動。在行動研究中，「理論」的有效性或效度並不是先獨立存在，然後再應用到實施。行動研究中的「理論」是經過實地行動測試考驗之後，才被證明是有效的。換言之，學者專家所提出的理論只是對普遍性的情況而言，但是普遍的情況並不足以代表特定情境、特定對象的特定實務工作情況，所以實務工作者必須透過自己的實際行動，研究解決實際問題的方式。是以實務工作者，如能透過行動研究，以專業角度建構具有實務工作經驗為依據的理論基礎，不僅能幫助其順利推動實務工作，更能協助其獲得專業發展，有助於提升其專業形象。

二／教育行動研究的批判解放

李溫（Kurt Lewin）致力於改善實務工作情境中的關係，他認為行動研究的參與程序，比強迫地硬加在實務工作者身上的結構化過程，更能有效地解決實務工作者所產生的實際問題。行動研究可以轉變實務工作者的實務行動品質，並改進其對實務工作生活的詮釋。行動研究包括「診斷問題」、「選擇方案」與「評鑑反應」的反省思考（Elliott, 1992），而且超越了實務反省評鑑，具有批判省思的價值（陳伯璋，1988a; Archer, 2007; Argyris, Putnam, & Smith, 1990; Atweh, Kemmis, & Weeks, 1998; Carr & Kemmis, 1986; Winter, 1995）。

批判理論重視自我意識的反省與行動（Argyris, Putnam, & Smith, 1990: 73）。行動研究的批判解放理論基礎，主要是引用法蘭克福學派的批判社會哲學之理念，特別是哈伯瑪斯（Habermas）的觀點（Winter,

1987）。此種觀點是以實務工作者立場為依歸，旨在協助實務工作者改進其對實務生活的詮釋與改善實務行動。此種行動研究的批判解放理論基礎，一方面融合了卡爾（Carr）與甘美思（Kemmis）所指出的詮釋學面向（hermeneutic dimension）的觀點，認為學校教育的確會受到外來權力結構的形塑與限制（Carr & Kemmis, 1986），但是行動研究的此種觀點，並不同於結構功能主義者的假定，亦即，行動研究的批判解放形式，並不贊同學校權力組織體系透過成員們對目的與目標的共識，形塑實際行動。相反地，行動研究的批判解放形式，採用了馬克斯主義者（Marxist）的觀點，亦即，社會組織體系的權力，乃源自於階級為依據的利益衝突。社會組織體系本身就是「權力的容器」（power container），透過壓迫結構的運作（operation of oppression structures），解決利益衝突的問題（Giddens, 1984）。因此，一些推動批判解放形式的行動研究者，認為資本主義社會中的學校組織體系，也是壓迫個別行動主體的社會組織體系機制，結合社會部分系統的利益與權力，排斥其他部門，因此，學校組織體系再製了不公平與不平等的社會情境。甚至，學校不僅一方面壓迫特定類別的學生，使部分學生無法接觸並開展其能力的管道，另一方面學校組織體系也壓迫教師，使教師無法從事正義與平等的教育行動（Elliott, 1998: 182）。

　　行動研究的批判解放觀點，主張學校教育實務工作者有能力從學校社會組織體系的結構運作當中，獲得行動的解放。此種行動研究的批判解放之起點步驟，是由學校教育實務工作者，特別是教師本身開始反省檢討並批判其受到社會意識型態結構的形塑與影響之方式，並思考意識型態是否掩飾了其所製造的社會結構屬性，特別是批判檢討意識型態對學校教育生活詮釋方式的影響，使學校教育實務工作者的活動獲得合理解釋。此種批判解放行動研究形式，涉及了學校教育實務工作者反省批判學校課程教學理論與實務行動的社會結構屬性。此種批判啟蒙的過程，進而促使學校教育實務工作者採取策略的政治行動與立場，並以解除社會體系結構的宰制與束縛，作為努力的奮鬥目標，重新建構學校教育組織，使個別的學校教育實務工作者得以免除所有外來不當的非理性與工具理性限制（Habermas, 1984）。

　　進一步地，批判解放形式的行動研究，主張行動研究是一種由下而上

的教育變革，其立論的假設前提，主張組織結構的制度管理者與其受壓迫者之間存在著利益衝突（Giddens, 1984），這也意涵著以學校本位的行動研究，基本上是一種因應行政管理人員與學校教育實務工作者之間衝突的對抗行動，不同於一味追求由上而下之變革途徑（Elliott, 1998）。

在此種理想的學校教育情境當中，學校教育實務工作者的教育實務工作，並不是由權力關係所界定的學校組織社會體系所形塑，因為學校組織是一種維持自由與開放的批判對話情境。此種理性溝通對話的結果，是植基於教育實務的「理性共識」之結果，也是合乎自由平等正義的民主價值。在此種自由開放的理性溝通情境之下，獲得「理性共識」的教育實務，得以在學校組織體系當中運作，而且個別的教育實務工作者也獲得「授權予能」，使得個別的教育實務工作者皆有能力在其學校教育情境當中採取理性行動。

此種理想的學校組織體系，並沒有反對「教師是教室當中的自由行動主體」（teacher as a free agent in the classroom）的理念。在此理想情境當中，學校教育實務工作者得以免除受到外來權力的不合理束縛，學校教育實務工作者能夠自主地決定好的教育實務措施與作為，但是，個別的學校教育實務工作者卻無法單獨孤立地採取此種行動。此種理想情境的先決條件是個別的學校教育實務工作者，必須與其他教育實務工作同仁共同參與理性的「批判溝通對話」（critical discourse），以便形成理性共識（rational consensus）。個別的學校教育實務工作者，不能單獨地根據自己的決定，學校教育實務工作者必須根據集體的共識理解，採取集體行動以改進其教學實務。只有受到啟蒙的教育實務工作者團體，才有力量對抗社會組織結構的宰制與束縛。就此觀點而言，如果認為光憑個別的教育實務工作者的個別努力，便可以單獨地改進學校教育實務工作，則此種觀點將是相當的天真與無知。

根據批判解放的觀點，行動研究是針對學校教育實務進行開放的集體溝通對話（open collaborative discourse）的一種方式，而且藉此「授權予能」的歷程，增進學校教育實務工作者集體改進其教育實務工作。但是，如果此種理想情境的學校組織體系並不被認同，或不存在，則應該如何開展此種理性溝通？有些批判解放形式行動研究的擁護者，主張必須由保護自由開放理性溝通的教育學者介入，並且提供行動研究的批判理論與

實務，協助學校教育實務工作者反省檢討其理解學校教育實務工作的方式途徑，以免受到社會組織制度的不當宰制與束縛扭曲（Elliott, 1998）。

第三節　教育行動研究的應用領域

　　本節旨在說明行動研究在「十二年國民基本教育」新課綱改革所帶動的教育行政、課程與教學的應用範圍。1960 年代，由於英國課程學者史點豪思（Lawrence Stenhouse）以及艾略特（John Elliott）等人的倡導，號召許多具有改革理想的學校教師投入課程改革的行列，盛況空前，例如「人文課程方案」（The Humanities Curriculum Project）（Stenhouse, 1975），以及「福特教學方案」（Ford Teaching Project）（Elliott, 1991）便是兩個著名的教育改革方案。1980 年代「行動研究」更風行到世界各地，如澳洲的葛蘭迪（Shirley Grundy）、甘美思（Stephen Kemmis）、歐萃特（Herbert Altrichter）、包熙（Peter Posch），以及英國的卡爾（Wilfred F. Carr）、宋美（Bridget Somekh）皆熱心於推廣「行動研究」（Altrichter, Posch, & Somekh, 1993; Carr & Kemmis, 1986; Grundy & Kemmis, 1992）。此種研究趨勢在歐美、澳洲、南非等國家地區相當盛行，並在亞洲地區逐漸受到重視。熱心推動行動研究的相關人員並組成「協同行動研究網路」（Collaborative Action Research Network），每年分四期發行「教育行動研究」（Educational Action Research）季刊等國際期刊，定期召開國際學術研討會。例如 1999 年「協同行動研究網路」年度會議便在英國東英格蘭大學（University of East Anglia）教育應用研究中心召開（Centre for Applied Research in Education），探討「以證據本位的實務工作與專業發展」等相關主題。

　　我國 2019 年 8 月 1 日新學年度正式實施「十二年國民基本教育」新課程綱要（蔡清田，2018），指引學校進行「核心素養」學校本位課程發展（蔡清田，2019），教師進行核心素養的課程與教學（蔡清田，2020），引導學生學習現在及未來生活所應具備的「核心素養」。因此，針對《十二年國民基本教育課程發展建議書》、《十二年國民基本教育課程發展指引》、《十二年國民基本教育課程綱要總綱》及「十二年國民基

本教育」各領域課程綱要的核心素養、學校本位課程發展、領域學習課程、彈性學習課程、跨領域課程、學習重點的學習內容與學習表現、議題融入、課程規劃、課程統整設計、協同教學、學習評量、課程實施、課程評鑑等進行「行動研究」，特別受到學校教育相關人員的重視，以下就行動研究在教育領域的應用加以舉例說明。

一／行動研究在教育領域逐漸受到重視

　　由於「行動研究」強調了研究功能與實務工作的行動結合，一方面實務工作者可以透過「行動研究」，將「基礎研究」或「應用研究」的研究結果，落實於特定情境當中，裨益於實際問題的解決；同時，另一方面在行動研究過程當中，實務工作者將其實務工作視為被研究的主題焦點，研究工作與實務工作兩者之間是一體的兩面，皆是「反省的實務工作者」（reflective practitioner）的角色分內工作，可以提升實務工作者的研究能力（蔡清田，1998a；McKernan, 1991; Schön, 1983）。因此，近年來，「行動研究」已逐漸在教育領域受到重視（黃政傑，1999；陳伯璋，1988a；歐用生，1996b；蔡清田，1999a）。

　　行動研究是研究者參與真實事件的運作過程中，系統地蒐集資料，分析問題，提出改革方案，加以實施後，仔細考驗革新的影響。在研究中採取改革行動，在行動中實施研究，非常適合教育實務工作者使用。就教育領域而言，「行動研究」係由實際從事教育工作者，在參與教育實務運作過程當中擔任研究工作，就其所遭遇的教育問題或困難的教育實際情境，透過行動與研究，系統地蒐集資料、分析問題、提出改進方案、付諸實施、仔細反省評鑑其影響並進行回饋，仔細檢驗革新的影響，嘗試解決教育問題（蔡清田，1997e）。換言之，教育的行動研究，是指教育實務工作人員，特別是教育行政人員、學校校長與教師，在實際的教育情境進行研究，並以研究結果為依據，進行教育改革，以提升教育品質（蔡清田，1998b）。

　　教育行動研究是一種研究類型，其研究的主要對象是教育問題，特別是學校教育的問題，其主要的研究人員是教育實務工作者，其主要的研究目的是改進教育的工作情境，企圖使教育實際與教育理論密切結合，並

促成教育實務工作者的專業發展。教育行動研究的焦點在於即時的應用，不在於理論的發展，也不在於普遍的應用，強調實務工作情境中的實際問題。

二／教育行動研究的應用領域

在範圍的界定上，基本研究的範圍是一個普通的問題領域，研究所得的結果可以廣泛應用。然而，行動研究的範圍只是以一個特定的問題領域為限，其結果只限於應用於此種特定情境，而不具有普遍性。行動研究應用在大範圍或小範圍，則端賴研究者個人的解釋。而行動研究的行動，不論是指小範圍或大範圍，不外乎就是人類生活行動的變革。在教育的情境中，適用行動研究的範圍很廣，譬如教育領導與教育行政的問題，各級學校的課程與教學的問題，例如教師如何運用張輝誠老師的「學思達」教學法以引導學生自「學」、閱讀、「思」考、討論、分析、歸納、表「達」、寫作等的閱讀寫作溝通表達核心素養，或運用李崇建老師「薩提爾」（SATIR）的冰山理論，將人際溝通應對姿態分為四種：指責、超理智、討好和打岔，進行教學改革、融入「對話」模式的應對姿態與溝通，和他人產生深刻而良好的溝通互動連結，以及學校內各種有關的問題等，都可以作為教育行動研究的適用範圍或應用領域（歐用生，1999a：1；Somekh, 1989）。特別是舉凡學校行政、課程、教學、學生事務、環境、設備等問題均可採用行動研究以尋找解決辦法（黃政傑，1999：348）。

事實上，行動研究已經和課程改革、學校教學革新、教師專業發展、質的評鑑等結合起來，成為引導學校教育革新的一種途徑（歐用生，1999a：Atweh, Kemmis, & Weeks, 1998; McKernan, 1991; Noffke & Stevenson, 1995）。行動研究，不僅能解決實際的教育問題，並能從研究經驗當中獲益。因此，近年來，行動研究已經逐漸成為教育改革的重要手段之一（Elliott, 1992）。尤其是學校教育的行政管理、課程或教學，都可藉著行動研究尋求改進之道（Hustler, Cassidy, & Cuff, 1986; McNiff, 1993）。

廣義而言，教育行動研究可以適用於教育行政、學校管理、課程研

究發展、教學方法、學習策略、學生的態度與價值、教師專業發展、班級經營等方面（王文科，1995；夏林清與中華民國基層教師協會，1997：415；McNiff, 1995: 1）。特別是行動研究可以有效結合教育實務工作者的進修、研究與教學，有助於改進教學品質，更能鼓勵教育實務工作者採取課程行動研究（McKernan, 1991），提升學校教育品質，協助學校教師獲得教育專業發展（Burgess-Macey & Rose, 1997），建立「教師即研究者」的專業地位（Elliott, 1991; Stenhouse, 1975），進而採取學校本位的在職進修教育（Bridges, 1993: 51; McNiff, 1995: 136）。

總之，教育行動研究的範圍，包括教育行政管理、學校經營措施、課程研究發展、教學方法、學習策略、學生行為改變、學習態度與價值、教師在職進修、教學媒體的製作、設備器材的規劃使用、班級經營等教育實務效能的提升與評鑑程序等（黃政傑，1999：352）。特別是教育行動研究往往強調以學校或教室內亟待改進的實際教學活動為研究內容，以改進教育實務行動為目的。

行動研究關心教育實務工作者經年累月所經常面對的實際問題，而且主張針對行動研究者能力範圍之內所能解決的問題，進行研究。詳而言之，第一方面是「教育行政」的應用，如經營地方政府教育審議會的管理與控制，或提升學校行政效能的具體作法之行動研究。第二方面是「學校課程」研究發展的應用，如資賦優異班的教師在面臨教材不足時，應著手為學生設計適合課程的行動研究。第三方面是「教師教學」的應用，如透過教學行動研究，以發現新的教學法替代傳統的教學法。第四方面是「學生學習」的應用，如透過行動研究，探究所採用統整的學習策略是否優於單一科目的教學，便屬之。第五方面是「態度與價值」的應用範圍，如透過行動研究，矯正學生與生活層面有關的價值系統，藉以鼓勵學生對工作採取較積極的態度。第六方面是教師個人的「在職進修」與「專業發展」的應用，如透過行動研究，改進教學技巧、增進反省分析能力、或是提升自我察覺的能力。茲就行動研究在教育領域的主要應用領域範圍，說明如次：

（一）行動研究在教育行政領域的應用

　　就教育行政與學校管理的領域而言，教育行政層面所要處理的教育行動研究實際問題，是那些經常使教育實務工作者在日常工作中遭受挫折的具體工作事項，特別是可應用行動研究，針對學校資源的管理層級為對象，分析提升學校效能的問題、方案及策略（王如哲，1998、1999）。又如教育行政管理、學校校務整體規劃、教育實務工作者在職進修的設計發展與實施、教務、訓導、輔導或總務等行政管理、教科用書的選擇採用與評鑑、學生輔導計畫的整體規劃與校長角色的轉變等（林明地，1999：141），皆是特別值得教育行政實務工作者設法努力解決之重要問題。

　　值得注意的是，就學校人員所遭遇到的問題性質而言，學校教育工作者所面臨的問題常常是獨特性的，校外的學者專家往往並不能全盤了解實際學校教育問題的所在，而且學校面臨的教育問題常常都是需要及時處理的，所以當校外的學者專家去處理學校問題的時候，常因為不了解問題的本質，而造成無法對症下藥的情況。所以學校教育實際工作者也應該以自己的力量動起來，去解決自己所面臨的問題，才是根本的解決之道（黃政傑，1999：349）。因此，透過行動研究，結合教育實務工作者與學者專家的經驗智慧，可以群策群力解決教育實務問題，進而促成學校發展與組織學習（Argyris & Schön, 1978）。

　　特別是就學校內所進行的行動研究而言，研究焦點大致以學校行政人員、教師、學生三方面為主；改進學校行政實務、改進學校教育實務工作者的研究技巧、培養學校同仁合作的精神與態度，進而改善學生的學習方式、刺激學生的學習動機，提升學校教育品質。例如如何在兩性平權教育、小班教學精神及個別化與適性發展的基礎上，規劃良好的學校教育環境，提供教育機會均等的學習經驗？茲以實例說明行動研究在學校行政管理領域的應用。

1. 私立幼兒園進行食安課程作為行銷策略的行動研究

　　擔任幼兒園執行長的陳建興（2016），為探究幼兒園業者運用行銷觀念與經營績效，並透過行動研究驗證行銷效能解決校園食安問題，便進行私立幼兒園進行食安課程作為行銷策略的行動研究，根據研究目的進行行動研究，其研究結論指出情境分析發現幼兒園所面臨的困境來自於幼教

環境改變的需求；透過行政領導規劃的行動方案策略，達到行政團隊組織效能，提升創造幼兒園差異化的教學特色；因應食安教育實施的行動方案，避開食安危機；評鑑食安教育的行動方案強化教學資源，達到提升幼兒園招生之目的。

2. 國民小學總務主任進行校園改善的行動研究

陳永昇（2011）曾擔任嘉義鄉鎮地區國小總務主任，透過行動研究探討總務主任進行校園改善行動研究之可行性，同時分析總務主任進行校園改善時所遭遇的困境，之後研擬校園改善行動方案，探討校園改善行動方案的實施歷程及評鑑歷程之探究，以達成提升校園安全、塑造優質學習校園的改善目標。該研究的結論如下：透過研究情境的觀察與發現，顯示研究區域中存在許多待改善的危險區域，因此藉由透過校園改善行動方案的實施，提升校園環境的安全，進而形塑優質的學習環境。依據情境分析結果規劃校園改善願景及改善目標，並發展校園改善行動方案，顯示整個校園改善行動方案的規劃與設計歷程是完整，且能達到校園改善目標的；實施校園改善行動方案能增進學校同仁對於學校認同感及提升校園安全感，是具體可行的行動方案；多元的方式進行評鑑，可確保校園改善品質及有效提升校園安全。最後根據研究結論，分別對教育行政單位、總務主任及未來欲進行校園改善行動方案後續之研究提出建議。

3. 國民中學生活教育組長處理偶發衝突事件之行動研究

洪浩宸（2011）曾擔任雲林鄉鎮地區國中學生事務處生活教育組長，在生教組實務的工作上遭遇困境，想要藉由行動研究的過程，有效處理偶發衝突事件，降低偶發衝突事件發生的頻率，且在處理的過程中，獲得學生及家長的認同與理解，可以讓學校、家長、學生都獲得滿意的結果，達成師、親、生三贏的局面，便進行了生教組長處理偶發衝突事件之行動研究，其研究結論包括在情境分析歷程中，研究者所遭遇的困境與省思：研究情境的觀察是行動研究的根基，有助於行動研究的進行、透過研究情境的分析可建構學校之教育願景，規劃、設計適當的行動方案，根據研究者的分析，有助於釐清研究者本身的優劣勢，有助於思考實務工作的核心價值；研擬處理偶發衝突事件之行動方案與省思：研擬方案的過程有助於實務工作與文獻對話，提升教師專業知能、協同夥伴之專業對話，有助於精進行動方案之研擬、回顧自身的經驗，讓行動方案更具可行性；實施偶發

衝突事件處理流程之行動方案與省思：實施歷程有助於與老師培養處理學生衝突事件之默契、凸顯處理偶發衝突事件之關鍵要點，進行省思；經歷過省思，有利於偶發衝突處理機制的再次啟動；評鑑偶發衝突事件處理流程之行動方案實施成效與省思：行動方案是具備可行性的及執行行動方案後對於老師、學生、家長及研究者都是有正面的影響、行動方案的評鑑能提升生教組長的專業發展、家長回饋的機制難以建立，需要從導師與家長的基本關係著手、學生的內心想法難以觀察，需要用長期經營之策略，可經由行動研究，促成學校教育品質提升與協助教育實務工作者獲得專業發展。

4. 一位初任小校教導主任提升學校教師專業發展之行動研究

初任雲林縣一所鄉村小型國民小學教導主任的謝東明（2010），便曾於學校進行「提升教師專業發展」具體策略之行動研究，旨在探究初任教導主任於小校推動本研究所面臨之困境，並透過各項教師進修活動，建立教師積極正向看待教師專業化之態度，進而提升教師在專業領域之發展。該研究進行後有以下幾點結論：(1) 研究場域面臨與教師專業發展議題相關之問題為：教師未重視教育潮流與教師專業發展之議題；缺乏教師同儕專業互享及教學視導之合作學習行為；教學方式僵化與學生關係對立；消極的看待教師專業發展活動；面對教育工作的迷惘及缺乏自信心等，在實施 SWOTA 情境分析後，彰顯出有必要在研究場域中推動教師專業發展行動方案。(2) 研擬教師專業發展教育行動方案之規劃步驟與省思：確定教師專業發展之內涵；形塑教師專業發展願景，研擬方案主軸；規劃進修之具體策略，確立教師發展目標；編排具體策略之計畫表；檢視並修正行動方案且針對研擬教師專業發展行動方案進行省思。(3) 該研究經由邀請學校教師擔任協同合作夥伴，發揮「諍友」功能，提供支援協助，協助行動研究者充分發揮學習能力，同時對於教育行動研究的問題解決策略、步驟及途徑，提出支持性的批判建議與積極的變通思考觀點。(4) 該研究於實施教師專業發展行動方案與省思：實施行動方案之各項準備；運用多元的進修方式；善加利用網路資源；不斷的反省與修正以監控實施成效；持續蒐集資料以獲取回饋；教師專業發展行動方案實施歷程之省思等實施策略。(5) 該研究以評鑑教師專業發展之成效及行動方案評鑑的省思等兩個面向來進行教師專業發展教育行動方案之評鑑。最後根據研究之結論，分

別對教育行政單位、小校、初任之教導主任及欲推動教師專業發展行動方案後續之研究等提出建議。

5. 一位中型小學教務主任課程領導的行動研究

　　曾經擔任嘉義縣一所鄉鎮地區中型小學教務主任的劉麗吟（2010），便進行了課程領導的行動研究，探究綠光國小教務主任課程領導過程中所面臨的問題、行動歷程與解決的策略，並透過行動研究進行課程領導以增進研究者之服務學校綠光國小，在課程發展的現有基礎上有所超越與突破，根據上述的研究目的，運用觀察、訪談及問卷與文件分析等方式進行資料的蒐集與省思，以下乃將本研究之主要發現歸納成結論：(1) 教務主任在課程領導過程中，進行情境分析之問題、行動與省思：教務主任以凝聚共識、資源提供為己任，藉由「各學習領域小組會議」以問卷彙集大家對學校地理環境、學校規模、學校硬體設備、學生素質、家長狀況、教師專業、行政效能及社區資源與參與等層面的覺知並提出行動策略，進而建置空前不絕後的 SWOTA 情境分析表，以為學校課程發展的依據。(2) 教務主任在課程領導過程中，進行願景再現之問題、行動與省思：教務主任必須與內部成員持續性的對話，以檢視、省思等行動來微調並再次重視學校課程願景，依據願景內涵轉化為學校課程目標及行動策略，共同描繪優質教師圖像、理想兒童圖像及卓越家長圖像，進而再現綠光國小學校教育願景。(3) 教務主任在課程領導過程中，進行教師專業發展之問題、行動與省思：運用支持、增權與培力的任務取向規劃研習課程及環境建置，希望能增進專業發展意願較低的教師之企圖心及專業態度，並使積極努力的教師成為向善卓越的種子。(4) 教務主任在課程領導過程中，進行課程設計之問題、行動與省思：教師對課程設計雖然不是很熱情投入，教務主任仍需組織教學團隊，透過溝通、協調、增能、授權的方式來支援教師共同合作設計課程方案，進行專業對話與後續的修正回饋以發展優質課程方案。(5) 教務主任在課程領導過程中，進行課程實施之問題、行動與省思：雖然首次結合互動式電子白板來進行課程教學，但在研究者運用合法性權力要求及協助下，教師都能克服萬難去落實並執行課程，豐富教學內容及人生經驗。(6) 教務主任在課程領導過程中，進行課程評鑑之問題、行動與省思：進行教師、學生及家長評鑑與教科書評鑑，都獲得高評價及高滿意度，不僅從評鑑的過程中，協助教師了解自己的教學、學生的學習狀況

及家長的認同感外，也進而提升學校的競爭力與多元發展的基石。

6. 一所鄉村小學教務組長課程領導之行動研究

　　李旭民（2006）曾擔任雲林縣一所農村小型學校的教務組長，便進行了教務組長的課程領導之行動研究，該研究主要目的是探討教務組長在學校本位課程發展歷程中，所進行的課程領導行動與省思，在課程發展的情境分析、願景建構、方案設計、課程實施與課程評鑑歷程，教務組長採用哪些課程領導行動？遭遇的課程領導與課程發展問題的省思為何？都是本研究所要探究的。藉由本行動研究改進研究者服務學校的課程發展問題，提升學生學習品質，增進教師專業素養，並作為國民小學發展學校本位課程與進行課程領導之參考。

　　該研究以小型學校的鄉村國小為研究場域，進行教務組長的課程領導行動研究，主要蒐集資料為文件資料，輔以研究者的參與觀察、研究札記，經由文件資料分析、課程領導行動與省思，作成研究結論如下：(1) 教務組長的課程領導行動，包含協助校長成立學校課程發展委員會，進行課程發展情境之分析；規劃共同願景、課程目標；成立課程設計小組，設計各課程方案；進行相關教育人員研習，溝通並裝備新課程；評鑑學生學習效果；檢視教師課程方案設計，評鑑整體課程成效。(2) 教務組長的課程領導省思，包含課程發展情境的改變；願景由少數人主導；複製他校學校本位課程；教師的課程銜接；課程實施立場的衝突；課程評鑑尚未發揮改進課程的積極功能。(3) 教務組長課程領導的困境，包含教務組長的權限問題、時間的限制、課程發展專業能力的缺乏。(4) 教務組長課程領導的特色：教務組長在情境分析與願景建構歷程的課程領導行動不明顯，僅扮演協助者的角色，而在方案設計、課程實施與課程評鑑歷程，教務組長成立課程設計小組，依教師專長進行工作分配、規劃課程設計進程、引領同仁討論並協助其解決困難，課程領導行動較明顯。

（二）行動研究在課程領域的應用

　　行動研究已經成為課程研究的一種類型（王文科，1998；歐用生，1999a；蔡清田，2016；McKernan, 1996; Short, 1991a）。特別是臺灣地區自 2014 年公布《十二年國民基本教育課程發展建議書》、《十二年國

民基本教育課程發展指引》、《十二年國民基本教育課程綱要總綱》之後，地方縣市政府教育局、學校校長與各處室主任及組長，面臨必須研究如何進行下列諸多事件，例如如何向學校同仁介紹十二年國民基本教育課程改革的「核心素養學校本位課程發展」與評鑑程序？如何進行課程領導，透過校務會議與課程發展委員會會議，進行學校課程的「部定課程」與「校訂課程」之總體課程計畫規劃？如何組織各領域課程設計小組進行各領域／科目方案的「學習重點」設計？如何進行「學習內容」與「學習表現」之選擇組織？如何協調各領域教師與各年級教師間的分工合作關係？以及如何擬定課程改革的配套措施，設計以學校本位的教師在職進修的教育專業發展？

　　課程的意義，可以從科目、計畫、目標與經驗的觀點，加以了解（黃政傑，1999），更可以從情境的角度來界定課程（黃光雄，1996）。從課程研究的觀點出發，課程的意義可以提供教育實務工作者針對課程問題進行專業討論的起點。課程是經過社會組織的知識（Young, 1998），課程可能是一種提供理想的社會價值、知識、技能與態度的說明書；課程可能是政府指定的「官方知識」（Apple, 1993, 1996），特別是政府規定的正式書面課程計畫文件，如官方正式公布的課程指導綱領，課程也可能是指學校教學的科目與教科書所含的知識內容，或透過各階段學校生活所安排提供的各種不同學生學習經驗；課程可能包含於校長所擬定的學校校務整體計畫當中；課程也可能是存在教師心中理想的班級教學藍圖，或是教師胸中的教室教學企劃書（蔡清田，1992b、1995、1997a、1997b）。同時，課程也是在教育情境當中進行「行動研究」的實驗程序規劃說明書；亦即，課程是一種有待實地考驗的暫時性研究假設，而且置身於教育情境當中的教育實務工作者，可以進行學校層面與教室層次的「課程行動研究」，以教育實務考證課程當中所蘊含的教育理念，並根據學校層次與教室層次「課程行動研究」結果，修正或否證課程中的教育理念。

　　從課程行動研究的觀點而言，課程不只是知識的分配工具，課程更是成為知識的建構、重新建構與解構的工具（McKernan, 1991: 161）。課程並不是一項事前規範教育實務工作者照章執行或依樣畫葫蘆的規定或命令計畫。從教育專業立場觀之，課程即行動研究方案（Elliott, 1998: 39），課程是一種協助教育實務工作者進行教育實驗的架構。行動研究

關心教育實務工作者經年累月所經常面對的實際問題。而且主張針對行動研究者能力範圍之內所能解決的問題，進行研究。茲以行動研究在課程領域的應用實例，加以說明（蔡清田，1999d）。

1. 運用合作學習於高中英文閱讀理解教學之行動研究

　　在臺中市擔任高中英文教師的蔡玉珊（2020），因應「十二年國民基本教育」新課綱的實施，便透過行動研究以「好好高中」二年 A 班學生為合作研究夥伴，運用合作學習於高中英文閱讀理解教學之行動研究，從運用合作學習於高中英文閱讀理解教學的情境分析與省思中，界定英文閱讀理解教學的問題與確認研究方向；從設計運用合作學習於高中英文閱讀理解教學行動方案與省思中，促進教師訂定課程目標、課程規劃設計與修正之專業發展；從實施運用合作學習於高中英文閱讀理解教學行動方案省思中，發現小組合作學習及給予展現平臺，可提升學習興趣和成效；從評鑑運用合作學習於高中英文閱讀理解教學行動方案中，發現對於提升學生閱讀理解學習成就有正面效果，歸納結論並依據研究結果提出具體建議。

2. 資訊融入高一國文教學之行動研究──以歌詞改寫與旅行 MV 製作為例

　　任教於高中的簡玉婷（2016），因應「十二年國民基本教育」課程改革，進行資訊融入高一國文教學之行動研究，以十二年國民基本教育課程綱要與國語文領綱之素養作為旅行文學課程設計的主軸，透過資訊融入國文教學的策略，探討學生從文本閱讀、旅行踏查、歌詞改寫到旅行 MV 製作的學習歷程，分析是否能提升國文學習興趣與學習成效。該研究以幸福高中一年 A 班 39 位學生為研究參與夥伴，實施為期五個月資訊融入高一國文教學。研究者藉由資訊融入高一國文教學，並透過與協同教師及學生訪談、問卷與各方面蒐集的資料進行分析與評鑑，主要結論如下：(1) 透過資訊融入高一國文教學的情境分析與省思中，界定國文教學問題與確認研究方向。(2) 從設計資訊融入高一國文教學行動方案與省思中，促進教師專業發展。(3) 從實施資訊融入高一國文教學行動方案省思中發現：自主探索與小組合作學習可以提升學生學習興趣與學習成效。(4) 從評鑑資訊融入高一國文教學行動方案中發現，對提升學生學習國文興趣與學習成效有明顯的效果。

3. 活化孵化課程之行動研究──以快樂高職畜保科一年級為例

　　任教於高職的簡桂秋（2016），因應「十二年國民基本教育」課程改革，進行快樂高職畜保科一年級活化孵化課程之行動研究，乃藉由行動研究的模式，探討活化孵化課程教學方案的情境分析、教學方案設計、方案實施歷程紀錄與方案評鑑四個執行步驟，並依蒐集的資料做研究省思與教師專業發展，加上研究省思歸納出以下結論：藉由課程教材與情境分析了解孵化課程的問題為教學教材不足、學生學習興趣及學習成效不佳，並協助研擬出以學生自製孵化箱進行孵化的教學方案；與合作夥伴討論活化孵化課程教學方案的規劃，能協助教師掌握以學生為中心的教學原則，並促進教師教學方案規劃的專業發展；活化孵化課程的實施歷程發現，以學生為中心自製孵化箱完成孵化的課程設計難易度合宜，學生能展現創意、解決問題的能力、發揮小組合作的精神與有助於生命教育的啟發；由活化孵化課程教學評鑑中發現學生在學習興趣、孵化專業內容學習及課綱素養的養成上皆有提升。

4. ARCS 動機模式融入國中一年級地理教學之行動研究

　　任教於國民中學的陳郁雯（2018），進行了 ARCS（Attention 注意、Relevance 相關、Confidence 信心、Satisfaction 滿足）的動機模式融入國一地理教學之行動研究，探討將 ARCS 學習動機模式融入國中地理科六週教學之歷程，對國中一年級學生學習地理動機的影響。最後經由整個研究過程的省思，促成自身教學專業發展。該研究透過 ARCS 學習動機量表和觀察、訪談及文件進行資料蒐集，研究結論包括：研究者從教學現場觀察到國中學生學習動機和成就感大幅滑落，故嘗試將 ARCS 動機模式融入國一地理課程中，以提升學生學習動機。另外，本研究採用 SWOTA 情境分析，協助研究者了解教學之優勢條件與不利因素，規劃適切之課程方案來解決教學困境；依據情境分析結果擬定課程方案，將 ARCS 動機模式的四要素融入課程設計，參考協同研究夥伴和學生對於課程的想法，規劃完整課程設計，進而呼應核心素養的教育理念，積極引導學生的學習動機；運用 ARCS 動機模式所擬定的課程方案，並輔以多元教學方法來實施地理教學，並於實施歷程中不斷省思，視教學情境需求進行調整、修正，使教學具有策略性又能保持彈性，激發學生學習動機；學生因地理課程內容豐富有趣，課堂氣氛融洽、師生互動佳，樂於參與教學活動，對於

ARCS 動機模式融入地理教學多持正面肯定，並且能強化其學習動機，增進學習效果，達成提升國一學生學習地理動機之課程目標。

5. 互惠式教學與行動學習提升排球學習成效之行動研究

擔任國中體育科專任教師的周明弘（2018），透過使用「Mosston 互惠式教學卡、行動學習」為教學工具，藉由體育課程實施，依據情境分析探討，並以課程實施過程和結果，提升參與者排球技能正確性與熟練度，藉此提升參與者排球學習效果，並增進研究者課程設計與解決問題之能力，發現研究結論包括由情境分析與省思的過程是能發現教學現場問題與設定教學目標；規劃行動方案是教師專業發展的方式；實施互惠式教學與行動學習是能幫助提升參與者學習成效及教師課程設計的能力；評鑑互惠式教學與行動學習理解參與者學習成效與教師教學成效是可以幫助教師教學專業發展。

6. 國小五年級新手導師班級經營行動研究

鄭永泰（2019）是初任教於臺中市國小的新手級任教師，便採用行動研究進行國小五年級學生班級經營的行動研究，研擬出運用各項班級經營策略來改善新手導師之班級經營。他透過情境分析與省思，班級之各項問題有實施對應之班級經營策略之必要；透過設計新手教師的班級經營與省思中，達成完整的策略規劃與設計歷程的班級經營目標；透過實施新手教師的班級經營與省思中發現，適合的班級經營策略，可提升學生學習興趣與班級凝聚力；透過評鑑新手教師的班級經營中，發現對於改善班級狀況與研究者之班級經營有顯著的正面效果。

7. 國小四年級新手導師班級經營之行動研究——以一位國小代理教師為例

陳品含（2020）是初任教於嘉義市國小的新手級任代理教師，採用行動研究進行國小四年級學生班級經營策略的行動研究。陳老師以 24 位國小四年級學生為研究對象，透過行為改變技術模式、教師效能訓練模式、民主式教學模式與果斷紀律理論等班級經營理論模式，研擬出各項班級經營策略，設計行動方案，藉此改善新手導師整體班級狀況，提升班級經營之效能，並於策略實施後，評鑑其實施成效。研究結論如下：針對班級問題研擬班級經營策略行動方案有其必要性；藉由設計班級經營策略行動方案，規劃完善的班級經營目標；透過班級經營策略行動方案的實施，可提升學生學習成效，改善班級風氣；透過評鑑班級經營策略行動方案，

發現此方案對於改善班級狀況、提升班級經營效能，有其正面效果。

8. 繪本教學對國小一年級學童人際關係影響之行動研究

因應「十二年國民基本教育」課程改革，任教於高雄市的黃琪鈞（2020），藉由繪本教學行動研究以提升國小一年級學童人際關係。依據研究目的與研究問題，透過行動研究方案，進行情境分析、教學方案規劃、實施教學、評鑑學習成效，四個階段的探討分析與省思，歸納研究結論，指出可以透過情境分析，發現學生在人際關係互動上的衝突與困難，因此藉由實施繪本教學來引導一年級學童增進正向的人際互動關係有其必要性；依據實際的教學情境，運用 SWOTA 分析，針對一年級學童在人際關係八個面向，包括：「溝通表達」、「尊重多元」、「協力合作」、「助人為樂」、「同理心」、「包容差異」、「樂於分享」，以及「關心與讚美」，規劃人際關係主題單元課程，進行人際關係行動方案設計；透過繪本教學實施的歷程中，與協同合作教師不斷修正與調整，使課程方案更貼近學生的生活經驗，並在實施歷程與省思中，發現多元化的教學方式不僅提升學生的學習興趣，也間接增進同儕間的互動機會；透過評鑑結果與省思中可以得知，人際關係繪本教學課程方案，有助於改善學生的人際關係。

9. 國小一年級新生繪本教學情緒教育之行動研究

高于涵（2020）擔任國小一年級教師，因應「十二年國民基本教育」新課綱的實施，運用繪本實施情緒教育課程方案，以解決教學實務情境中所發生的困境。根據研究目的提出結論，指出透過情境分析，發現學生缺乏「情緒覺察」、「情緒表達」、「情緒理解」及「情緒調適」等四方面的情緒能力，故有實施情緒教育之必要性。配合 108 新課綱，以「核心素養」作為課程發展的主軸，以「自發、互動、共好」為核心理念，設計出具體可行的情緒教育課程方案；依據繪本教學流程實施情緒教育課程方案，並在教學歷程中持續檢討修正，兼具結構性與彈性的實施歷程深化學生學習；由評鑑結果得知繪本融入情緒教育課程方案，能有效提升學生「情緒覺察」、「情緒表達」、「情緒理解」及「情緒調適」等四方面的情緒能力。

10. 運用繪本實施國小二年級生命教育課程之行動研究

　　鄧宛廷（2020）擔任國小二年級教師，因應「十二年國民基本教育」新課綱的實施，設計運用繪本實施國小二年級生命教育課程之行動研究，對於國小二年級學生學習生命教育之價值觀改變情形，並探討其實施歷程與成效，經過不斷省思與改進，以達建立學生正確及正向生命教育價值觀之目的。鄧老師利用每週兩節、為期八週，共計十六堂，進行教學活動。實施對象為研究者所任教之桃園市八德區森林國民小學（化名）二年可愛班學生（男生 7 人、女生 8 人，共計 15 人）；實施流程為情境分析、課程方案規劃、課程方案設計、課程方案實施、課程方案評鑑等；教學活動期間透過課堂討論、教學省思札記、觀察紀錄、單元學習單、單元回饋單、問卷、訪談等，分析教學成效。研究結論指出：首先透過情境分析發現，學生自我察覺能力有待加強、家庭結構與工作型態影響家長教養態度、學生缺乏同理心與分享的胸襟、珍惜資源與愛護環境的觀念有待加強。其次依據情境分析結果，設計運用繪本實施國小二年級生命教育課程之行動研究，在實施上具有可行性。其三以繪本實施生命教育課程方案，且依據情境採取多元的教學活動，可激發學生學習興趣，並提升學習成效。其四運用繪本實施生命教育課程，能提升學生學習成效及獲得合作夥伴、學生與家長支持。最後，研究者根據研究結論，對於生命教育課程之方案設計與規劃，提出具體建議。

11. 運用幼兒運動遊戲主題課程提升幼兒體適能之行動研究

　　蘇家慧（2019）擔任幼兒園教師，因應幼兒教保活動新課綱的實施，運用「歡喜運動　玩出體力」主題課程提升幼兒體適能之行動研究，記錄教學歷程中幼兒學習表現與成果、協同研究者的觀察回饋，以及研究者於行動歷程中的省思加以統整，並且根據研究目的提出結論，指出透過情境分析「歡喜運動　玩出體力」主題課程活動，發現提供研究者相關體能知識課程以利規劃教學計畫、主題課程融入幼童運動易養成對於幼兒運動能力是有助益的；規劃「歡喜運動　玩出體力」主題課程，能增進幼兒達成身體動作與健康領域的可行性，且明顯看出幼兒的運動能力進步與持久性；實施「歡喜運動　玩出體力」主題課程融入幼兒生活經驗，不僅引發幼兒興趣主動參與運動遊戲，且能控制與協調身體活動的能力；評鑑「歡喜運動　玩出體力」主題課程教學方案，發現幼童體適能測驗有

顯著進步，顯示體能遊戲主題課程實施對於幼兒具有學習成效。

12. 繪本融入幼兒新課綱情緒領域課程之行動研究

黃珊珊（2019）擔任幼兒園教師，因應幼兒教保活動新課綱的實施，以八本情緒主題繪本配合幼兒園新課綱情緒領域之課程目標所進行之行動研究，過程中主要是以繪本融入新課綱情緒領域發展出一套適合幼兒園學生的情緒教育課程，進而探究課程之實施歷程與評鑑實施成效。行動研究之目的為：(1) 了解繪本融入新課綱情緒領域課程之情境分析與省思；(2) 設計繪本融入新課綱情緒領域課程之課程方案與省思；(3) 探討繪本融入新課綱情緒領域課程之實施歷程與省思；(4) 評鑑繪本融入新課綱情緒領域課程之方案成效與省思。本研究主要是以研究者任教陽光國小附設幼兒園太陽班 29 位 3-6 歲幼兒為研究對象，藉由情緒主題繪本融入新課綱情緒領域課程之實施，從教學、教師、家長及幼兒等方面探討幼兒情緒能力之轉變，歸納結論如下：(1) 透過情境分析能確實掌握班級情境問題，提供教師情緒課程之焦點行動，以利規劃教學計畫，協助解決班級問題。(2) 課程規劃能增進教師達成情緒領域課程目標，整體性考量能結合各方面資源深化學生學習。(3) 課程實施能融入幼兒生活經驗，注重施教者良好情緒身教及幼兒個別化適性輔導原則，能提升幼兒情緒運用能力。(4) 從各項評鑑的顯著效果發現課程能增進幼兒在「情緒的覺察與辨識」、「情緒的表達」、「情緒的理解」、「情緒的調節」等四方面情緒能力，顯示情緒領域課程實施對幼兒具有學習成效。

本章就行動研究的發展演變加以說明，並指出行動研究的實務反省與批判解放之理論基礎，作者進而指出行動研究在教育行政、課程領域與教學領域之應用。特別是就臺灣教育而言，因應政府推動「十二年國民基本教育」新課綱改革帶動的教育行政、課程與教學的應用範圍，教育實務工作者必須進行教育行政管理、學校本位經營、學校課程發展與多元的評量方法等各項配套措施，並努力促成教育實務工作者的教育專業發展。這些問題相當具有挑戰性，有待教育工作者運用適當行動策略加以因應。尤其是每個縣市、地方學校、教室班級、學生皆有其獨特的文化背景與教育需求，教育實務工作者必須仔細分析其所面臨的特定情境，而且其所面臨的特定問題，也不可能一次就澈底加以解決或馬上促成進步，需要持續不

斷地評鑑回饋與修正發展。是以，行動研究在此有極大的教育專業發展空間。由於教育實務工作者透過「行動研究」，可以在研究當中採取改革行動，在行動當中實施研究，極適合教育實務工作使用（黃光雄、蔡清田，2017；夏林清與中華民國基層教師協會，1997；陳伯璋，1988a；陳惠邦，1998；黃政傑，1999；歐用生，1996b；甄曉蘭，1995）。因此，作者將在下一章說明教育行動研究的目的與功能。

第三章

教育行動研究的目的與功能

行動研究結合行動與研究，
縮短實務與理論的差距。

　　沒有實務的理論，是空洞的理念；沒有理論的實務，是盲目的行動。因此本章教育行動研究的目的與功能，強調透過行動研究結合行動與研究，縮短實務與理論的差距，是以本章的內容共分為二節，主要包括第一節教育行動研究的目的與第二節教育行動研究的功能。第一節教育行動研究的目的，主要針對教育實務工作者本身而言，第一項是增進教育實務工作者因應解決改善教育實務工作情境問題的能力素養，第二項是增進教育實務工作者的教育專業理解，第三項是協助獲得「教育實務工作者即研究者」的教育專業地位。第二節教育行動研究的功能，主要是針對教育行動研究的應用領域而言，包括提高教育行政效率與學校管理效能、增進教師從事教學革新之能力素養與鼓勵教育實務工作者進行課程行動研究。

第一節 教育行動研究的目的

　　教育行動研究是一種教育革新的手段，結合行動與研究，將變通與革新的方法導入現行教育制度中，試圖進行變革。例如表 3-1 雲林縣林內鄉張雅惠老師設計九芎國小四年級「九芎植物導覽員」主題多學科領域國語文／藝術彈性學習課程「第五節植物導覽美文海報設計教案設計」所示，雲林縣林內鄉九芎國小四年級的張雅惠老師，便在「十二年國民基本教育」新課綱核心素養學校本位課程發展的架構下，以及九芎國小學校同仁的校長、主任及教師同仁與本文作者的協助下，組成「**食在九芎‧創藝采風**」的核心素養課程設計社群，進行「十二年國民基本教育」新課綱核心

素養校訂課程發展的共同備課、觀課、議課，透過教育行動研究進行「農業小達人之戀戀蝶豆花」教案研究、規劃、設計、實施、評鑑回饋修訂及教師專業發展之「核心素養的課程與教學」（蔡清田，2020），說明可以透過「核心素養的 OSCP 教案設計模式」進行行動研究。首先可將國語文 A3、藝術 B3 等多領域的「核心素養」具體轉化為學生「學習目標」（learning objectives，簡稱 O）：「國-E4-A3 運用國語文充實生活經驗，學習以擬人法介紹植物特色的寫作方式，並探索多元知能」、「藝-E4-B3 善用多元感官來創作九芎校園植物導覽海報，感知藝術與生活的關聯，豐富美感經驗」，進而透過「學習情境」（learning situation，簡稱 S）分析設計布置導向「學習目標」的合宜學習情境，導入適當蝶豆花圖片、照片、影片等相關情節以布置有利於學習的情境，引發學習動機；其次核心素養的「教學設計」的「發展活動」，可透過選擇組織「學習重點」的「學習內容」（learning content，簡稱 C）：「國-Be-II-1 在生活應用方面，以日記、海報的格式與寫作方法為主」、「藝-E-II-1 色彩感知、造形與空間的探索」，以發展學習方法及活動策略；最後透過「統整活動」，引導學生活用實踐「學習重點」以展現適當的「學習表現」（learning performance，簡稱 P）：「國-6-II-6 運用改寫、縮寫、擴寫等技巧寫作」，並藉由多元評量方式進行學習評量，透過行動研究可以了解核心素養「學習目標」的達成程度（蔡清田，2020）。

◆ 表 3-1　雲林縣林內鄉張雅惠老師設計九芎國小四年級「九芎植物導覽員」主題多學科領域國語文／藝術彈性學習課程「第五節植物導覽美文海報設計教案設計」

主題名稱	九芎植物導覽員	設計者	四年級教學團隊
課程類別	■統整性探究課程 □社團活動與技藝課程 □特殊需求領域課程 □其他	實施年級	四年級
		實施週次	第 14 週
		教學節數	五節課之第五節
		教材來源	自編

（續）

總綱 核心素養	☐ E-A1	具備良好的生活習慣，促進身心健全發展，並認識個人特質，發展生命潛能。
	☐ E-A2	具備探索問題的思考能力，並透過體驗與實踐處理日常生活問題。
	■ E-A3	具備擬定計畫與實作的能力，並以創新思考方式，因應日常生活情境。
	☐ E-B1	具備「聽、說、讀、寫、作」的基本語文素養，並具有生活所需的基礎數理、肢體及藝術等符號知能，能以同理心應用在生活與人際溝通。
	☐ E-B2	具備科技與資訊應用的基本素養，並理解各類媒體內容的意義與影響。
	■ E-B3	具備藝術創作與欣賞的基本素養，促進多元感官的發展，培養生活環境中的美感體驗。
	☐ E-C1	具備個人生活道德的知識與是非判斷的能力，理解並遵守社會道德規範，培養公民意識，關懷生態環境。
	☐ E-C2	具備理解他人感受，樂於與人互動，並與團隊成員合作之素養。
	☐ E-C3	具備理解與關心本土與國際事務的素養，並認識與包容文化的多元性。
學習目標	國-E4-A3	運用國語文充實生活經驗，學習以擬人法介紹植物特色的寫作方式，並探索多元知能。
	藝-E4-B3	善用多元感官來創作九芎校園植物導覽海報，感知藝術與生活的關聯，豐富美感經驗。
學習表現	國-6-Ⅱ-6	運用改寫、縮寫、擴寫等技巧寫作。
學習內容	國-Be-Ⅱ-1	在生活應用方面，以日記、海報的格式與寫作方法為主。
	藝-E-Ⅱ-1	色彩感知、造形與空間的探索。
融入議題 具體內涵	☐性別平等教育　☐人權教育　　■環境教育　　☐海洋教育 ☐品德教育　　　☐多元文化教育　☐法治教育　　☐科技教育 ☐資訊教育　　　☐能源教育　　☐性侵害防治　☐防災教育 ■閱讀素養　　　☐生命教育　　☐家庭教育 ☐生涯規劃教育　☐原住民教育　☐戶外教育 ☐國際教育　　　☐家暴防治　　☐安全教育	

（續）

教學活動	第五節植物導覽美文海報設計	評量方式
（教學內容）	一、引起動機（5分鐘引起學習目標的動機） 國-E4-A3　運用國語文充實生活經驗，學習以擬人法介紹植物特色的寫作方式，並探索多元知能。 藝-E4-B3　善用多元感官來創作九芎校園植物導覽海報，感知藝術與生活的關聯，豐富美感經驗。 1. 個人分享想要介紹的九芎校園植物。 2. 老師告知本節課要把九芎校園植物設計成海報。 　（使用擬人法介紹植物特性）	專注 聆聽& 認眞 討論
	二、發展活動（20分鐘）（發展學習內容） 國-Be-Ⅱ-1　在生活應用方面，以日記、海報的格式與寫作方法爲主。 藝-E-Ⅱ-1　色彩感知、造形與空間的探索。 九芎校園植物介紹海報製作—— A.使用擬人法介紹校園植物。 B.植物紙藝創作：對於想要介紹的植物特性，以拓印法、紙雕泡棉膠後貼運用表現該植物的特色。	小組 分工 合作 設計 海報
	三、統整活動（15分鐘）（統整學習表現） （國-6-Ⅱ-6　運用改寫、縮寫、擴寫等技巧寫作。） ◆各組學生上臺分享校園植物導覽海報。	分組 上臺 介紹 海報 內容

可見，教育行動研究是一種教育革新的手段，旨在診斷治療特定情境中的教育實務問題，或改善某一特定的教育實際工作情境，縮短教育實務與教育理論的差距（Altrichter, Posch, & Somekh, 1993）。教育行動研究，缺少基礎研究的知識推論與預測控制的功能，但是，教育行動研究卻能提供有異於傳統教育問題解決之另類方法與變通途徑。教育行動研究是改善教育實務與教育理論之間關係的工具，可以縮短教育實際工作和教育學術理論研究間的距離（O'Hanlon, 1996），矯正傳統的基礎研究無法提出明確之解決問題處方的缺點。教育行動研究也是教育實務工作者的在職

進修方式，特別是可以協助教育實務工作者獲得新的知能和方法，增強其解決問題的專業素養，提高其教育專業地位（歐用生，1996b；Cohen & Marion, 1989），是以教師面對社會、經濟和科技的變革，必須透過教育行動研究，不斷地充實新知，強化專業知能，才能有效勝任其教學工作，因而教師成為一位終身學習者，以呼應教育部 2016 年公布《中華民國教師專業標準指引》的教師專業標準，以及 2019 年 2 月 22 日公布「終身學習的教師圖像」，以回應社會對培育終身學習教師的期待。

　　類似地，在西方文獻中，對於行動研究有非常多的定義，其中，最廣為接受的定義是甘美思與卡爾的看法（Carr & Kemmis, 1986），他們指出行動研究是由社會情境（包含教育情境）中的參與者（例如教師、學生與校長等人員）所主導的一種自我反省、探究的方法，意圖在於：(1) 參與者本身的社會與教育實際工作；(2) 參與者對這些實際工作的了解；(3) 這些實際工作的實施情境等三方面的合理性和公平性之改進。這是以批判的社會科學角度去探討行動研究，並討論行動研究在實際教育活動情境當中的問題應用，如班級經營、教室常規問題、課程協商等。希望透過行動研究來結合教育理論和教育實務工作，以提升教育工作品質。

　　教育行動研究的主要目的至少有三項：第一項是增進教育實務工作者因應教育實務工作情境問題的能力，第二項是增進教育實務工作者的教育專業理解，第三項是協助獲得「教育實務工作者即研究者」的教育專業地位。茲分述如次：

一／增進教育實務工作者因應解決改善教育實務工作情境問題的能力素養

　　教育行動研究，是一種透過改變實務行動，以改進教育實務，鼓勵教育實務工作者重視自己的實際工作，反省批判實務工作，並隨時準備進行革新。因此，教育行動研究可以增進教育實務工作者因應解決改善教育實務工作情境問題的能力素養。舉例而言，假如一位教師想了解課堂教學方式是否會影響學生的學習效果，該教師可能以傳統的研究實驗設計方式，將學生區分為進行分組討論教學的實驗組與傳統讀課本或聽課的控制組，然後分組進行不同的教學方式，事後並以統計的方法來考驗兩組的教學成

效之優劣。然而，此種實驗設計與事後統計考驗分析結果，雖然可以發現某一種教學方法優於另一種教學方法，證明某種教學方式是不適切的，但是在此實驗過程當中，部分的學生已經接受不佳的教學方式，此種研究不僅無法彌補在不佳教學方式下的學生，更無法指出哪一種特定類型的學生比較適用哪一種特定的教學方法，因此許多教師並不滿意這種研究方式，也認為此種研究類型並不適用於所有學校教育情境，無法有效解決學校教育的實際問題。因為教育行動研究可以增進教育實務工作者因應解決改善教育實務工作情境問題的能力素養，因此，部分教師便想透過教育行動研究，改進教育實務工作。

例如雲林縣林內鄉九芎國小五年級的林宜蓁老師，在「十二年國民基本教育」新課綱核心素養學校本位課程發展的架構下，進行「食在九芎‧創藝采風」的核心素養課程設計，實施「十二年國民基本教育」新課綱核心素養校訂課程發展的共同備課、觀課、議課，透過教育行動研究進行「農業小達人之戀戀蝶豆花」教案研究、規劃、設計、實施、評鑑回饋修訂及教師專業發展之「核心素養的課程與教學」（蔡清田，2020），以培養「B3 藝術涵養與美感素養」的國小五年級學生「E-B3 具備藝術創作與欣賞的基本素養，促進多元感官的發展，培養生活環境中的美感體驗」的核心素養，並達成「藝-E5-B3-2 能透過蝶豆花飲品創意發想的設計在課堂實作，並藉由蝶豆花茶的色彩變化來豐富美感經驗」的核心素養學習目標，不僅可以協助教育實務工作者獲得新的知能，增強其解決問題的專業素養，提高其教育專業地位（Cohen & Marion, 1989），更可展現其透過教育行動研究，以因應「十二年國民基本教育」新課綱改革的實施，更可以協助教師面對社會、經濟和科技的變革，不斷地充實新知，強化專業知能，有效勝任其教學工作，展現教師成為一位終身學習者，呼應教育部2016 年公布《中華民國教師專業標準指引》提出我國教師專業標準，以及教育部 2019 年 2 月 22 日公布「終身學習的教師圖像」，積極地回應社會對培育終身學習教師的期待。

教育行動研究的目的，在於解決當前的教育實際問題與改進教育實務（歐用生，1999a：7），可將研究的功能與教育的工作加以結合，以了解教育實務工作者進行教育行動研究之前所未知的問題與解決問題的改進之道，藉以提升教育實務工作的素質，協助學生改進學習品質，並改進教

育實務工作者的研究技巧與思維習慣，促進教育實務工作者與工作夥伴和睦相處，並強化教育實務工作者的專業精神。例如認真教學的教師，可能連晚上睡覺作夢，都會想到某一個困難的教學情境未能獲得圓滿的處理，而導致午夜夢迴傷心難過，而無法睡到自然醒。教育行動研究乃是鼓勵教育實務工作者作中學，累積過去經驗，透過教育行動與反省檢討，獲得教育智慧，解決當前實際問題，可以幫助實務工作者減少煩惱擔憂，可以讓實務工作者安然入睡，甚至不會午夜夢迴，因此可以睡到自然醒，可以養足精神以面對實際教育情境，因應教育實際問題，並提升學校教育品質。

　　教育行動研究的結果不是要建立抽象的教育原理原則，而是要將教育原理原則落實在實際的教育工作情境當中。如果教育理論沒有教育實際工作的印證，只是中看不中用的壁花；而教育工作實際缺少教育理論做後盾，也只是少了地基的樓房。要將教育理論與教育實際結合，就少不了教育行動研究這個橋梁。就教育理論和教育實際的關係而言，教育行動研究是必須的橋梁。特別是，教育行動研究，對一個教師而言，是必須的，為什麼呢？因為時代在變，學生也在變，學生想要學的東西，或是應該教給學生的東西也是一直在變，一個資深優良的教師無法有效地根據一份相同的泛黃教材，就能安度終身的教學生涯！不論是教學方法、教材，或是教室管理等一些與教學有關的活動，應該就所面臨的情況加以深入的去作研究。從長遠的角度看來，一位懂得「一面教學，一面研究」的教師，才是一個真正進行終身學習的教育實務工作者，方能獲得「教學相長」之效，否則就有可能流於教書匠之嫌。

二／增進教育實務工作者的教育專業理解

　　教育行動研究的目的，旨在加深教育實務工作者對實務問題的理解，以便針對教育問題進行診斷，進而提出解決問題的教育行動方案，付諸具體實施行動策略與步驟，並且評鑑實務工作的改進程度，進而回饋到教育實務工作情境當中。是以就教育行動研究的貢獻而言，教育行動研究存在一些不可忽視的優點，例如增進教育實務工作者的專業信心，協助教育實務工作者獲得更大的教育專業授權，邀請更多的教育專業人員參與，鼓舞更高的意願參與教育實驗，期許教師虛心檢討並改進教學方法，增加

教育實務工作者對研究過程的了解等（夏林清與中華民國基層教師協會，1997：267；Elliott, 1998; Kincheloe, 1991）。

　　教育行動研究採取的是理解詮釋的立場與積極行動的態度，以處理教育實務工作者在實際情境中所遭遇面對的教育實務問題。此種理解並不意味某種特定的反應，但是卻可以大概指出何種反應是適切的，理解不一定能決定何者是適當的行動，但是，適切的行動必須以理解作為合理的行動依據（Elliott, 1992: 121）。因此，當教育實務工作者未能就教育實務工作獲得深層理解時，則教育實務工作者將暫時無法有效進行改變教育實際情境的行動。

三／協助獲得「教育實務工作者即研究者」的教育專業地位

　　教育行動研究在特定的情境當中，改進教育實務工作，結合教育研究與教育實務工作，增進教育實務工作者處理課程教學等教育實際問題的素養，提升教育實務工作者的服務品質，增強教育實務工作者的教育專業素養，促進教育實務工作者的專業發展（蔡清田，1998b；Kincheloe, 1991; Oja & Smulyan, 1989）。

　　就教育行動研究的實務相容性與未來發展價值而言，教育行動研究必須和學校的教育價值及教育實務工作者的工作條件具有相容性。然而，教育行動研究也能協助這些教育價值具有更進一步的發展，以及改善教育系統中教育實務工作者的實際工作環境（夏林清與中華民國基層教師協會，1997：8）。而且事實上，教育行動研究可以協助教育實務工作者理解自己所面臨的教育實際問題與情境，獲得「教育實務工作者即研究者」的教育專業地位，促成其教育專業發展，特別是有助於學校教師奠定「教師即研究者」的教育專業地位。例如英國有許多學校教師經由教育行動研究的途徑，完成自己的研究論文並在教學崗位上獲得升級。另一方面，對於許多即將步入實際教育情境的師資生而言，可以鼓勵這些準教師關注教育問題領域，勇於面對教育難題，進行情境分析，確定教育問題焦點，學習從事解決教育問題的教育行動研究方案之規劃，研擬具體的行動策略與研究假設，進行實驗、監控管理與細心觀察，繼而小心求證，謹慎解釋與進行批判反省，反省檢討教學實務，以促成教育專業發展。

第二節 教育行動研究的功能

　　就教育實務工作者本身而言，教育行動研究的主要目的至少有三項：第一項是增進教育實務工作者因應解決改善教育實務工作情境問題的能力素養，第二項是增進教育實務工作者的教育專業理解，第三項是協助獲得「教育實務工作者即研究者」的教育專業地位。特別是教育行動研究鼓勵教育實務工作者，從教育實務工作情境當中發掘問題，加以反省、探究，並提出解決問題的行動方案，提升教育實務的工作成效。

　　具體而言，教育行動研究具有幾項重要的功能，例如激發教師的研究動機、改善教師教學態度、改進教師教學方法、發展學生的學習策略、加強教師教室管理、建立考核評鑑程序、提高行政效率和效能、將教育理論應用於實際（Oja & Smulyan, 1989）。分項而言，行動研究的功能包括（黃政傑，1999：355）：（一）解決改善教育實際情境問題：協助解決特定之教育實際問題，例如教室、學校或學區的實務問題。（二）促進教師專業發展：促進教師的在職進修教育，提升其教育和研究有關的知識、技能、方法、態度，並可增進其對自我之認識。（三）促進教育改革：促成教學的革新，由教學策略的試驗，並形成真正的教育變革。（四）結合理論與實務：改進學校教育實務工作人員和教育學術研究人員彼此之溝通，亦即破除實際與理論間的界限。（五）累積教育智慧：由教室及學校教育問題的研究，進而累積教育理論與實務的知識。

　　綜合言之，行動研究活動的功能，旨在促使教育行政人員、學者專家、學校教育行政人員與教師等教育工作者投入教育研究的工作，並將研究方法應用於教育行政管理或特定學校教室情境當中的行政、課程與教學等實際教育問題，以改進學校教育的實務（黃政傑，1999：355）。簡而言之，教育行動研究的功能，至少包括提高教育行政效率與學校管理效能、增進教師從事教學革新之能力素養與鼓勵教育實務工作者進行課程行動研究。茲分述如次：

一／提高教育行政效率與學校管理效能

　　就教育行政而言，教育行動研究可以促進教育行政工作者與其他教育實務工作者之間團結合作的精神和溝通協調的素養，進而促成教育行政的效能與學校管理效率。從批判社會科學（critical social science）的眼光來探討教育行動研究，努力縮短教育理論和教育實際的距離一直是教育研究者努力的方向。由於不希望理論無法說明事實，實務也無法修正理論，因此有了行動研究的誕生。教育行動研究是一個可行性相當高的研究方法，是一種由教育實務工作情境中的參與者共同參與的，講求對工作情境中實際問題解決。值得注意的是，教育行動研究的參與者不僅包括教師，也包括了學生、行政人員，成功的教育行動研究應該能引發更多人來參與行動研究的行列。教育行動研究法和教育的情境是相當的契合的，教育實務工作者若能善用行動研究必能對教育實務工作產生莫大的助益（Carr & Kemmis, 1986）。

　　教育行政管理者可以利用行動研究來緊密結合教育行政理論和學校管理實務，並將其應用在實際的工作情境之中。行動研究不只能解決教育行政問題，並使教育行政理論更為切近教育行政實務，以融合教育行政理論和學校管理實際之間的差距。教育行動研究強調教育行政研究者與學校管理實際工作者的合作，甚至教育行政研究者本身就是學校管理實際工作者，發揮了教育理論應用於實際的功能。

　　教育行動研究可以協助教育情境的教育行政與學校管理實務工作者，養成關注教育行政問題領域，勇於面對教育行政難題，進行實務工作情境分析，確定行政管理問題焦點，從事解決行政管理問題的研究方案之規劃，研擬具體的行動策略與研究假設，進行實驗、監控管理與細心觀察，繼而小心求證，謹慎解釋與進行批判反省，反省檢討教育行政實務，提升行政效率。特別是教育行政人員可以是行動研究的主要參與者，透過教育行動研究，改進教育行政與學校管理實務工作。經由行動研究的過程，不但可以增進教育行政人員與其他教育實務工作者之間的溝通與合作，並且可以使教育行政人員了解實際問題，謀求改進之道。

　　特別是教育行動研究重視實施過程的考核，以及研究成果的評鑑。如果教育行政人員進行教育行政研究，一方面可協助其了解實施的成效，另

一方面則可作必要的修正，使下一階段的研究更臻理想。因此，教育行動研究，有助於教育行政與學校管理的實務工作者建立考核評鑑的制度與程序，以提升其行政管理品質。

二／增進教師從事教學革新之能力素養

　　行動研究的行動，包含了系統組織與組織系統中的所有人，而不只是行政管理者而已，因為任何一個小部分對整個系統都具有影響力，在一個系統組織當中，任何一個層面都有可能被定義為問題的領域。舉例來說，教師可以將一個行動研究的焦點專注在其班級實務的某部分即可。如國中二年級任教的江老師發現其班級學生缺乏學習動機，於是採取了一項行動研究，研擬行動方案讓每個學生都能參與討論，以促進學生的學習意願，並且將此種方式應用到其他的班級，進而使其同事也願意試用此種新的教學方式，提升學生學習興趣。透過這樣一個公開溝通討論的環境互動與回饋，教師團體可以交換意見並不斷學習進行系統化的探究。可見，教育行動研究具有解決教學實務問題的功能（夏林清與中華民國基層教師協會，1997：224）。

　　就教師教學而言，教育行動研究可以激發研究精神、增加教學經驗、增進教學方法、改進班級管理、落實教學理念，甚至，在學生學習方面，可以引發學習動機與興趣、改正學習態度與習慣、增進學習成果。特別是教育行動研究在教師教學領域上的應用，具有激發教師研究動機、改變教師教學態度、改進教師教學方法、發展學生學習策略與加強教師班級經營。

　　就激發教師研究動機而言，教師平常在教學活動中，對於教室班級的各種問題是最清楚的教育實務工作者。如果教師能進行教育行動研究，則能激發其研究動機與對教育問題的關切，使其經由有系統的研究找出問題的癥結，謀求解決的對策。

　　就改變教師教學態度而言，教師長期在某一個教學情境中活動容易造成態度上的僵化與看法上的主觀，這有可能對學生的學習造成不利的影響，應用教育行動研究能使教師以理性客觀的態度來面對教育問題，以改變教師教學態度。特別是教育的行動研究，凸顯了教師反省檢討能力之重

要性，協助教師從教學過程當中獲得學習，從教室教學事件當中學習。

就改進教師教學方法而言，教育行動研究的實施，有助於教師明瞭哪些教學方法在哪些課程中對哪些學生較為有效。換言之，教育行動研究可以協助教師改進教學方法並且給予專業知識合理的解釋，透過這種深度的理解，可以協助教師改進其教學方法。教育行動研究將教育研究的功能與教師的教學工作結合，藉以提升教學的品質，增進教師的教育研究技巧、教學思維習慣、促進教師與教育同仁的和睦相處的能力素養，並強化教師的教育專業精神。就發展學生學習策略而言，藉由參與行動研究，能使教師採同理心的態度，從學生的立場來看其學習歷程，進而協助學生發展出適合的學習策略。

就加強教師班級經營而言，由於教育行動研究能使教師關愛學生、理解學生、熟知教室情境的特性，易於防範特殊問題的發生，進而以合理的規範導引學生的行為，加強教師的教室管理與班級經營。

三／鼓勵教育實務工作者進行課程行動研究

就課程研究而言，教育行動研究可以改進課程實務工作的情境，鼓勵教育實務工作者主動思考，從實務經驗當中建構課程理論，並針對其課程專業的實務知識進行合理評斷。課程研究是指一種對課程現象追求更寬廣、更深層的理解之努力。課程研究可以指出課程改革因素，以便了解並說明課程革新現象，而且課程研究的發現，可以作為繼續探究課程改革的指引。課程設計與課程發展則是在特定的教育情境條件之下，設計發展出一種課程與教學系統，以達成教育目標的一種課程行動。因此，課程研究是課程設計與課程發展的入門，課程研究的貢獻可以解釋課程設計與課程發展等相關課程改革現象，課程研究的貢獻不僅限於解答特定的課程設計問題，而是在於提供課程概念、課程發展的動態模式與課程設計之通則，以協助課程改革人員理解課程設計的理論方法與課程發展的動態歷程，並進而充實課程改革人員規劃、設計、發展與實施課程改革方案之實踐素養。

課程行動研究的功能乃在於協助進行課程設計與課程發展等課程改革的相關工作，使課程改革目標具體明確而清楚，協助學校教師在教室情境

中加以實施並進行實地考驗與評鑑。更進一步地，課程行動研究不僅可以提供課程設計與課程發展之回饋，更可以幫助學校教師在教室情境當中採取課程教學之教室行動，進而改進學校教師的教學實務品質，落實教室層次的課程設計與課程發展。因此，課程研究、課程設計與課程發展並不是一種純粹以求知為目的之教育理論研究方法，更進一步地，課程的行動研究乃是結合了過去各自分立的研究、設計與發展工作，成為改進課程的一套策略與進路，是設計與發展課程成品和程序的有效過程，並可以保證課程成品和程序的完美（黃政傑，1999：338）。

「課程行動研究」引導教育實務工作者，檢討課程問題，並反省課程研究與課程行動之間的關係（McKernan, 1996; Short, 1991a）。課程行動研究，不在追求普遍的課程知識與原理原則，而在協助實務工作者處理所遭遇的課程實務問題。舉例而言，教育理論學者杜威所進行的課程基礎研究，指出興趣有激發並維繫學生學習的重要性。課程設計人員所進行的「課程應用研究」，嘗試去發現兒童、年輕人，以及成人的閱讀興趣。然而，教育實務工作者應該去發現特定學校、特定學生的興趣能力是什麼，這個學校層次與教室層次所進行的特別研究調查與探究，可以稱為「課程行動研究」。

學校可以作為課程研究發展的重鎮，教師可以參與課程研究發展，並且和學者專家一起合作共同解決學校課程問題。如果課程發展工作能和研究者與實際教學人員結合，可使課程的發展更趨近於完美，幫助學生進行更完整的學習。就行動研究與課程發展的關係而言，英國學者史點豪思（Lawrence Stenhouse）明白指出，課程規劃並不等同於課程實施的實際；只有當教師本身也是研究者，並實際融入行動研究的教室情境當中，參與學生的學習過程，方有可能將課程進行有意義的改進與發展。由教師們所記錄下的個案研究，亦有助於參與行動的所有同仁獲得專業知識上的擴充發展。英國課程學者艾略特（John Elliott）在史點豪思之後，也主張行動研究與教師本身對教育理念的認識和教育實際的行動有著密不可分的關係。特別是就課程改革的主體而言，學校的教育工作者是站在教室第一線的教育實際人員，比較能夠了解學生的需要，以及教學上所面臨的困難，所以教育工作者對實際問題的教育現場判斷便是無法取代的（黃政傑，1999：348）。

　　課程行動研究，可以是課程設計者採取反省批判方法，檢討改進課程發展的歷程，其往往是指學校教育情境的參與者，基於實際課程問題解決的需要，扮演「省思的實務工作者」的角色（Schön, 1983），與外來教育顧問或課程專家或學校教育工作成員共同合作，處理特定學校教育情境課程問題，將課程問題發展成課程研究主題，進行系統研究，講求實際問題解決的一種研究，幫助實務工作者在行動螺旋中不斷地進行反省檢討實務工作，促成專業發展（Stenhouse, 1975; Tyler, 1984: 40）。

　　課程行動研究，就是研究課程知識和課程行動，以解決遭遇的課程實務問題之一種課程研究。儘管課程行動研究方法論可能受到反省思考的內在效度限制，然而，行動研究強調研究過程當中方法與所欲解決問題的研究對象之互動關係，引導實務工作者的問題意識，逐漸理解問題現象與進行反省批判，並採取行動，嘗試解決問題。就知識論而言，行動研究重視對問題的「說明」、「理解」與「辯證」，強調「知」與「行」的聯繫結合，重視個體反省思考與主體意識型態批判，強調主體在批判思考和自覺行動中促進社會環境改造的「實踐」，這是一種理性與開放的精神，也是一種改造教育環境的解放行動（陳伯璋，1988a：125）。

　　總之，透過進行教育行動研究，可以幫助教育實務工作者獲得教育專業理解，並促進教育實務工作者自信地完成個人的專業發展，協助教育實務工作者獲得較佳的專業經驗，並改善教育團體的實務工作（McNiff, Lomax, & Whitehead, 1996: 8）。是以行動研究的優點不僅可以增進實務工作者的專業信心，協助其獲得更大的專業授權，爭取更多的專業人員參與教育實務研究，提升更高的意願參與教育實驗，並增進對研究過程的了解。特別是教育行動研究能夠提升教育行政效能、學校管理效率、學校教師教學的品質與鼓勵教育實務工作者進行課程行動研究，又能當作教育實務工作者的在職進修，協助教育實務工作者發展其教育專業知識和技能。由此可知，教育行動研究對於教育理論與實務的重要性（Somekh, 1989）。

　　尤其是目前我國的學校教師不斷地要求教師的教育專業自主權，然而，一方面期望讓教師自己憑藉著教育專業知識去決定課程內容與教學策略的同時，教師也應該加強本身的教育專業素養，將自己由教學者提升為

教育研究者，而不是數十年如一日的拿著多年未更新的泛黃筆記教導學生。教師透過教育情境當中的行動研究，可以解決教育實務問題，並且基於教育行動研究的基礎之上，教師得以發展並轉變其教育實務，並進而發展其教育專業理解與專業技能（蔡清田，1997e：333）。過去多年來所謂「教師即研究者」的教育改革理念，就是「行動研究」的特色之一（吳明清，1991：84；歐用生，1996b）。而教育行動研究不啻為協助教育實務工作者，在從事教育工作過程中進行研究、提升教育專業素養、解決教育實際問題的方法之一，更可以透過行動研究，促進教育實務工作者專業形象的建立。特別是教育行動研究的功能，可以激發教師的研究動機、改變教師的教學態度、改進教師的教學法，並強化教師對教室的管理及提高行政效率。當然更重要的是教師普遍採行教育行動研究之後，教師的教育專業地位，也會因此而大幅提升。

第四章

教育行動研究的條件與限制

博學之：有弗學，學之弗能弗措也；

審問之：有弗問，問之弗能弗措也；

慎思之：有弗思，思之弗能弗措也；

明辨之：有弗辨，辨之弗能弗措也；

篤行之：有弗行，行之弗能弗措也；

人一能之，己百之；人十能之，己千之。

果能此道矣，雖愚必明，雖柔必強。

（中庸第二十章）

　　沒有實務的理論，是空洞的理念；沒有理論的實務，是盲目的行動。因此，本章「教育行動研究的條件與限制」，強調透過行動研究結合行動與研究，縮短實務與理論的差距，是以本章引用《中庸》第二十章所謂「博學之：有弗學，學之弗能弗措也；審問之：有弗問，問之弗能弗措也；慎思之：有弗思，思之弗能弗措也；明辨之：有弗辨，辨之弗能弗措也；篤行之：有弗行，行之弗能弗措也；人一能之，己百之；人十能之，己千之。果能此道矣，雖愚必明，雖柔必強」，來闡述說明可透過行動研究達成增進教育實務工作者因應解決教育實務工作情境問題的能力素養，或增進教育實務工作者的教育專業理解，或是協助獲得「教育實務工作者即研究者」的教育專業地位，因應解決改善十二年國教新課綱核心素養改革的問題與情境。

　　一方面，「核心素養」受到「聯合國教育科學文化組織」、「經濟合作開發組織」、「歐洲聯盟」等國際組織的許多國家地區高度關注（蔡清田，2014），2014 年 8 月 1 日我國實施「十二年國民基本教育」，2014 年 11 月 28 日公布《十二年國民基本教育課程綱要總綱》（教育部，2014；國家教育研究院，2014a、2014b），以「自發」、「互動」及「共

好」為基本理念，以「成就每一個孩子——適性揚才、終身學習」為願景（蔡清田，2018）。我國教育部於 2019 年 8 月 1 日新學年度正式實施「十二年國民基本教育」新課程綱要，指引學校進行「核心素養」學校本位課程發展（蔡清田，2019），教師進行核心素養的課程與教學（蔡清田，2020），引導學生學習現在及未來生活所應具備的「核心素養」。特別是現代教育實務工作者面臨新世紀「工業 4.0」人工智慧（artificial intelligence）的資訊科技，優質社會生活，因應社會生活需要的「素養」與時俱進，不斷再概念化（reconceptualization），已由過去強調讀書識字的知識（knowledge）之「素養 1.0」、進化到重視做事技術能力（skill）的「素養 2.0」、能力再進化為用心的態度（attitude）之「素養 3.0」，並再轉型為強調知識、能力、態度的 ASK「素養 4.0」，亦即「素養 4.0」＝（知識＋能力）^{態度}，不宜簡化或窄化為過去傳統的能力觀（蔡清田，2020）。

另一方面，我國教育部於 2016 年公布《中華民國教師專業標準指引》，提出我國教師終身學習圖像的專業標準內涵後，教育部於 2018 年公布《中華民國教師專業素養指引——師資職前教育階段暨師資職前教育課程基準》五大素養的「**了解教育發展的理念與實務**」、「**規劃適切的課程、教學及多元評量**」、「**建立正向學習環境並適性輔導**」、「**了解並尊重學習者的發展與學習需求**」及「**認同並實踐教師專業倫理**」。為更進一步導引我國師資培育與教師專業發展，教師面對社會、經濟和科技的變革，必須不斷地充實新知，強化專業知能，才能有效勝任其教學工作，因而教師成為一位終身學習者，實有其時代和教育的必要性。這是教育部為回應社會對培育終身學習教師的期待，因此 2019 年 2 月 22 日教育部研訂「終身學習的教師圖像」，以教師圖像作為教師專業發展的藍圖，教師應以終身學習為核心，具備「教育愛」，持續成長的「專業力」，以及擁有面對新時代挑戰的「未來力」；並在「教育愛」、「專業力」、「未來力」三個向度下，持續精進熱忱與關懷、倫理與責任、多元與尊重、專業與實踐、溝通與合作、探究與批判思考、創新與挑戰、文化與美感、跨域與國際視野等九項核心內涵。教育實務工作者的專業「素養」，來自教育實務工作者的在職進修與終身學習，以獲得因應教育專業工作所需的教育專業「知識」、「能力」，並再加上用心努力的「態度」（Altrichter,

Posch, & Somekh, 1993），促進專業發展，提升專業「素養」（蔡清田，2019），展開積極的專業行動，幫助學生有效學習，培養學生具備未來社會所需知識、能力與態度的「核心素養」（黃光雄、蔡清田，2017）。

　　駑馬十駕，功在不捨，更何況教育實務研究者可能是一匹千里馬，因此，教育實務工作者可以透過參與教育行動研究，努力實踐教育改革理想。特別是經由博學之，有弗學，學之弗能弗措也；審問之，有弗問，問之弗能弗措也；慎思之，有弗思，思之弗能弗措也；明辨之，有弗辨，辨之弗能弗措也；篤行之，有弗行，行之弗能弗措也；進而建立人一能之，己百之；人十能之，己千之的信心與勇氣。果能此道矣，雖愚必明，雖柔必強。只要教育實務工作者根據本身的努力，並在配套措施支援之下，必能充實教育行動研究者的條件，克服教育行動研究的限制。

　　本章「教育行動研究的條件與限制」的內容共分為二節，主要包括第一節教育行動研究的條件與第二節教育行動研究的限制。第一節教育行動研究的條件旨在說明教育實務工作者，如何透過教育實務工作者本身的努力，獲得教育專業能力，增進教育專業的信心，提升教育實務工作者的專業地位與「專業素養」。第二節教育行動研究的限制，則在說明教育行動研究的限制，以及可能的相關束縛，以作為教育實務工作者進行教育行動研究的因應參考。

第一節　教育行動研究的條件

　　教育實務工作者可以根據教育實務工作情境，進行教育實務的革新，而且這種教育實務的變革方式，也可以透過教育專業訓練與在職進修而達成此種變革目的（歐用生，1999a：1；Altrichter, Posch, & Somekh, 1993）。值得注意的是教育行動研究，可以協助教育實務工作者，根據適當知識資訊作為依據，進行教育探究。

　　教育實務工作者的教育專業訓練應該強調實際行動，而不是光說不練的抽象理論。教育行動研究強調實踐行動，實踐是付諸實行的具體行動，不僅是一項成功的行動，而且企圖經由實際行動增加實用的知識（McNiff, Lomax, & Whitehead, 1996: 8），更有其教育實務價值的依據

（蔡清田，1998b、1999a）。教育實務工作經驗是進行教育行動研究的基礎，只要教育實務工作者接受適當在職進修與教育訓練並稍加練習，便可以獲得進行教育革新的方法。教育行動研究的知識來自教育實務工作者的專業訓練，並且與教育實務工作者的在職進修訓練與研習有關。

行動研究的方法本身是相當有系統的，它的實施步驟為自我反省的螺旋式概念，包含了規劃、行動、觀察、反省與再規劃等步驟，誠如英國學者史點豪思（Stenhouse, 1981）所言：「使系統化的探究成為公開的研究」（a systematic enquiry made public）。行動研究要求教育實務工作者必須隨時檢討實際教育實務工作，不斷修正計畫內容以符合實際情境的需要，這也是行動研究當中「行動」兩字所代表的具體意義。

進行教育行動研究必須注意三項最低需求條件，第一項是教育行動的策略必須是和社會科學相關的計畫；第二項是教育行動研究計畫必須配合規劃、行動、觀察、反省的螺旋循環來進行，彼此間是有系統的，且是相互關聯的；第三項是教育行動研究計畫包括了所有行動相關的人員，並且必須逐漸擴展參與教育行動研究的人數（Carr & Kemmis, 1986）。

教育行動研究的功能雖多，要能真正發揮其功能，有賴學校行政單位和教育實務工作者、學者專家的協同合作才能順利進行推動，因為天時、地利、人和是教育行動研究的成功條件。例如鼓勵教師去研究課程或是教學方法的前提，必須是要有一個能鼓勵學校教師行動研究的環境，除了提供獎勵研究有成的教師外，研究的風氣和鼓勵研究的環境更是重要。或許行動研究的初期，可以研究團體小組作為單位，去從事一項研究，因為有較多的實務工作者在一起合作的話，除了可用的資源變的較豐富外，多人的團體參與可以提供較多的意見，更易邁向成功之路。

教育行動研究是一種探究過程，其本身就具有教育功能，因為教育行動研究者在面對新的經驗與過程時，必須採取一種深思熟慮的行動，因應實務工作問題情境，力求解決實務問題、改進實務工作並改善實務工作情境，並且從教育行動研究中，教育實務工作者可以增進教育專業理解與獲得教育專業發展。但是，教育實務工作者，若想實現成為教育家的理想與願景，就必須先充實自己具備成為研究者的條件。茲就教育實務工作者成為研究者的條件與具備教育研究的「知識」、「能力」和「態度」等項說明如下：

一／教育實務工作者成為研究者的條件

　　史點豪思認為要使教育實務工作者，特別是學校教師成為教育實務工作情境的研究者（蔡清田，2013；Stenhouse, 1975），需要發展「擴展的專業主義」（extended professionalism），以及具備研究的「知識」、「能力」和「態度」（黃光雄、蔡清田，2017）。史點豪思所指的擴展的專業，是特別指學校教師本身是一位教育實務工作者，除了具備「侷限的專業主義」（restricted professionalism）的了解學生、班級經營與教學知識能力之外，還要有研究觀點與研究的專業態度，亦即，教育實務工作者應該要具備教學專業知能，並且有願意的態度進行下述教育專業行動，才能獲得成為教育研究者的條件（蔡清田，2020）：

（一）從廣泛的學校、社區和社會脈絡中，來審視自己的專業工作，而非侷限於傳遞知識。

（二）參與各種專業活動，如研討會、座談會等。

（三）連結理論與實際，把課程理論轉化為適合自己教室的策略與步驟。

（四）關心課程理論和發展。

二／具備教育研究的「知識」、「能力」和「態度」

　　教育行動研究者除了具備上述特質外，參與教育行動研究的教育實務工作者必須具備研究的「知識」、「能力」和「態度」（黃光雄、蔡清田，2017）。特別是一方面，學校教師是一位身居教育實務現場的第一線教育實務工作者，必須願意質疑自己的教學，作為教學改進的基礎。另一方面，學校教師必須具有研究自己教學的「知識」、「能力」和「態度」，並利用這些「知識」、「能力」和「態度」，在實際教學情境中考驗理論。而且，教師必須願意和其他教師相互觀摩教學，一起討論，並作公開、真誠的檢討。換言之，教育實務工作者必須要能發展「擴展的專業主義」，特別是系統地研究教師自我的教室教學並研究其他學校教師的教學工作，以及利用教育行動研究的歷程與結果考驗理論，努力達成個人發展與教育專業發展（Stenhouse, 1975: 144）。茲就強調參與觀察的教育行動研究態度、發展敏感的與自我批判的觀點、與其他教育實務工作者及學者專家共同合作等條件，說明如次：

（一）強調參與觀察的教育行動研究態度

為突破傳統量化研究方式的不足，在教育行動研究過程當中，史點豪思特別強調教育實務工作者應該透過參與觀察、行動研究、個案研究等方式進行研究。特別是，鼓勵學校教師將教室視為課程實驗室，運用訪談、分析、觀察……方式，參與課程的發展與革新，而不光只是靠學者專家等外來的研究人員進行研究而已（蔡清田，2020）。

（二）發展敏感的與自我批判的觀點

史點豪思也強調教育實務工作者應該努力發展敏感的與自我批判的觀點，特別是勉勵學校教師要敏感的觀察自己的教室情境，探究自己的教學，以參與教育改革的革新行動。同時鼓勵教育實務工作者要具有批判精神，對課程進行批判考驗，而不是一味地強求難以達到的客觀性。

（三）與其他教育實務工作者及學者專家合作

教育行動研究的理念強調教育實務工作者，必須與其他教育實務工作者、學校行政領導者、教師、學者專家之間建立合作關係，甚至有時還可與學生一起合作。藉由合作研究（collaborative research）的方式，發展出共同的概念語言和理論架構，以增進彼此間的專業發展與教育理解，進而促進教育行動研究方案的發展設計與教育革新。

三／教育行動研究的條件之啟示

從行動研究的目的功能與條件說明當中，可以獲得教育實務工作者要有教育專業自覺、教育實務工作者要有教育專業自信、提供教育實務工作者進行研究的機會與支持等啟示，以打破教育實務工作者進行教育行動研究的「心理障礙」與「社會障礙」因素，茲分述如次：

（一）教育實務工作者要有教育專業自覺

教育實務工作者本身要有進行教育行動研究的專業自覺，體認教育實務工作者自己本身就是教育情境當中的研究者，不應放棄扮演研究者的角

色，亦不可過度依賴外來的研究專家，教育實務工作者本身要積極參與教育行動研究與教育革新。

（二）教育實務工作者要有教育專業自信

教育實務工作者進行教育行動研究的主要障礙，可能來自於教育實務工作者本身的心理障礙因素，特別是學校教師進行教室研究的可能障礙，便是學校教師本身的「心理障礙」（Stenhouse, 1975）。學校教師往往擔心自己缺少研究知能和技巧，因而害怕做研究，或怕做的不好而較少參與研究，因此有必要加強教育實務工作者的教育專業自信。當然最重要的還是教育實務工作者自己本身應該建立教育專業信心，相信自己能夠勝任教育研究的專業使命，俾使教育與研究能相結合，縮減課程理論與教學實際的差距。

（三）提供教育實務工作者進行研究的機會與支持

但是，如果教育實務工作者擁有從事教育行動研究的自覺自信和意願，但社會環境卻未能提供行政協助與資源配合，支持教育實務工作者的教育行動研究，就會造成教育實務工作者進行教育行動研究的障礙，此也就是史點豪思所提教育實務工作者進行教育行動研究的「社會障礙」因素。因此，教育行政機關應多方提供教育實務工作者進行教育行動研究的機會，以及經費補助與行政支援；並設立專門組織機構，協助教育實務工作者從事在職進修與研習，學習研究方法和技巧，或者諮詢所遭遇的難題。此外，專家學者也應多鼓勵教育實務工作者參與研究，並給予適當的協助與指導，以促進教育實務工作者的教育專業發展。

另外，可將教育行動研究列為教育實務工作者進修課程，安排系列講座，協助教育實務工作者利用讀書會或研究會，共同進行研究與探討，分享研究心得。一旦，教育實務工作者了解研究的基本概念與技巧之後，實施教育行動研究就更為容易了（歐用生，1996b：147）。

第二節 教育行動研究的限制

　　行動研究的功能雖多，要真正發揮出來，端賴校方行政單位和其他教師、學者專家的通力合作才能順利進行。天時、地利、人和是進行行動研究的必要條件。雖然實務工作者可以透過個人努力充實進行教育行動研究的態度，具備進行教育行動研究的「知識」、「能力」和「態度」、專業自覺與自信心，並獲得進行教育行動研究的機會，但是行動研究本身也有許多其他的限制在。教育實務工作者進行教育行動研究，存在一些可能的限制，茲就實務的限制性、時間的限制性、類推的限制性與資料的限制性等，茲分述如次：

一／實務的限制性

　　教育行動研究，提供進行教育研究與教育發展實務的行動策略與方法。適合教育實務工作者使用的研究方法，必須是在不過度打擾實務工作的情形下進行（夏林清與中華民國基層教師協會，1997；Altrichter, Posch, & Somekh, 1993）。由於教育實務工作者，特別是教師在學校的主要任務是教導學生，而且實務工作者已經使用的研究方法可能具有行動研究的形式。所以，一方面許多教育實務工作者往往宣稱早已經在從事相關的行動研究。另一方面，也有許多教師認為教育行動研究，似乎是另外要求教師教學任務之外的其他額外負擔事情，所以教師從事教育行動研究，便會遭遇到經費、設備和知能的實際問題（黃政傑，1999：356）。因此，在這種困難的實務工作情境之下，一方面行政單位應該更積極安排教育實務工作者獲得進修的機會；另一方面，教育實務工作者也要積極參與進修研習，學習從事教育行動研究必備的種種「知識」、「能力」和「態度」，轉變教育實務工作者不從事研究的形象，建立教育專業者的專業地位與「素養」。

二／時間的限制性

　　傳統的研究法對於問題的探求不需研究者直接涉入其中，但在教育的行動研究中，強調教育實務工作者本身必須就是研究者，如此才能在實際教育情境中發現問題。但是，一般教師很難有效地同時調適教學者與研究者兩種角色。雖然研究的目的是要改善教學，但教學的工作原本就繁雜而十分耗費心神。教師在準備教材、設計課程、設計評鑑方式、批改作業考卷與課程評鑑等工作之餘，若又必須同時花時間和精力去從事做研究工作，恐怕難以兼顧兩種角色。因此，行動研究存在部分不易克服的缺點，例如因為教師不能夠完全分配時間或資源去從事行動研究。因此，對學校教育革新的實際影響可能十分有限。

三／類推的限制性

　　教育行動研究與其他各領域的行動研究一樣，在教育方面的行動研究，最後所歸納整理出來的結論，是針對特定的問題，也就因此不具普遍的類推性。為某特定教育情境所進行的教育行動研究的結果，只適合解決此一特定教育情境的特有問題；為某教師所規劃設計的教學方法，是配合這位教師特有的氣質、專長和經驗去設計的，並不見得適用在其他相同科目教師的身上。這種特定性可以解決或改善特定的問題，但同樣的，也因為這種特定性，限制了教育行動研究不能將研究結果廣泛應用在其他問題的解決上。

四／資料的限制性

　　除了特定性之外，教育行動研究本身也有其他的限制。許多具有豐富知識資訊為依據的教育研究都只是關注技術問題，而且通常有適當知識資訊為依據的調查，並未加以公開研究結果，所以往往無法讓教育實務工作者理解其研究結果與過程的適當性。然而，當教育實務工作者肩負起教育行動研究的角色的時候，會需要向學校教師同事或是向上級行政人員蒐集資料。但是，向同事蒐集資料的話，可能會被同事認為是「出賣同事」（黃政傑，1999：357）。如果向上級蒐集資料，則會被認為是「顛覆叛亂者」或「篡位者」。

　　教育行動研究，在理論上似乎比較脆弱，教育行動研究的效度端視探究者本身的技巧而定，似乎不若基本研究的方法論那麼嚴謹。而且在許多不同類型的研究當中，行動研究只是其中的一種類型。教育行動研究並不是解決任何每一個教育問題的唯一答案，如果所進行的探究重視的是資料的分析，那麼教育行動研究就較不適合，可能有其他更適合的方法，如統計分析或比較性的研究。

　　教育行動研究是要解決先前的教育理論所引發出來的教育問題，每一個新的研究方法被提出時，其有可能是與先前的理論結合所產生出來的。而這正是教育行動研究可貴之處，不僅融合了先前的教育理論，也強調探究的重要，而不只是著重方法論本身。一個理論若不能宣稱其與實際工作有相關，則就不具有真正的價值。換言之，理論必須要能夠應用在實務工作上以求得實際驗證，而不只是在電腦上跑程式與分析資料而已。教育行動研究不在於強調人的不可預測性，也不對實驗組與控制組的情境做比較。

　　過去傳統的研究人員強調「客觀」、「精確」、「可以複製」，並且希望研究結果能有類推性，是以教育行動研究難免存在一些實際上的束縛與限制。雖然就行動研究的缺點而言，可能對其他教育情境的實務工作者的成員影響有限，而且因為教育實務工作者不易妥善地分配時間或資源去從事行動研究，因此實際影響有限。特別是教師往往不容易去改變他們認為有價值的教育觀念。

　　然而，這並不表示教育行動研究就是不完善的方法。教育行動研究強調的是「行動」，希望轉化原理原則為實際的教育實務行動。在解決有關人際關係的問題上，如建立相互協助的關係與不同的教學模式，教育行動研究可以說是相當有用的方法，教育行動研究是屬於人性方面的探究，人與人之間的關係為其中心思想。行動研究的哲學基礎，在於形成由不同個體所組成的團體，成員彼此間的自覺與尊重，而這種以理論為基礎的方法正是傳統的基本研究所缺乏的。因此行動研究不只在於解決教育研究上理論與實務之間的問題，其人性化的哲學基礎更應受到重視。

　　教育行動研究對從事教育實務工作的教育實務工作者來說，或許是一件相當具有挑戰性的任務，一方面是從事研究工作的各項實際困難，如資料的蒐集、設備及知能等問題，而且再加上另一方面由於臺灣目前的教育

是升學取向，如果要求教師從事教學之時，同時要求教師從事教育行動研究工作，教育行政主管與學生家長總是會擔心是不是造成教師教學分心，是否會影響到學生考試的成績，甚至造成這些教師忙於個人研究而在學校組織中受到懷疑與孤立；再加上蒐集資料時如果造成同事間或是上級誤解的話，那這些從事研究的教師豈不是不易在學校組織文化當中受到肯定與尊重？但是，值得注意的是造成今日教師往往重視「補習班教法」，注重學生的考試成績，只專心幫助學生在考試得高分，幫助學生練成一身的考試工夫，而忽略學生到底是否獲得真正理解或者只是學會了技巧，甚至忽略學生的人格教育。因此，或許從事教育行動研究是一項具有高度挑戰的教育使命，但應該不是不可能的任務，是以教育行政部門不必透過行政高壓手段逼迫教育實務工作者進行行動研究，倒是可以透過鼓勵方式與積極研擬配套措施的途徑，激勵教育實務工作者進行教育行動研究，改進教育實務工作，改善教育工作情境，提升教育實務工作滿意度與教育品質。

第五章

教育行動研究的主要歷程與程序原理

> 理想願景與理念是行動的開始，
> 行動則是理想願景與理念的實踐。

　　透過行動研究可增進因應解決改善十二年國教新課綱核心素養改革問題，因此本章指出理想願景與理念是行動的開始，行動則是理想願景與理念的實踐。行動研究的過程始於對實務工作的一個理想願景，並期待能在實務工作方面有所改善。教育實務工作者如果具有教育行動理念與未來願景，其胸懷崇高的教育理想、遠大抱負、雄才大略、樂觀進取的奮鬥精神，將是令人佩服的；如果教育實務工作者能進一步透過實際教育行動，為了實踐教育理想願景而努力不懈與奮發向上，則其務實穩健的力行精神，更是值得效法（黃光雄、蔡清田，2017）。

　　本章教育行動研究的主要歷程與程序原理，整合了本書第一章圖1-3 PPCIER 教育行動研究「簡單模式」、第二章圖 2-1 **教育行動研究的實踐省思與實務行動之間的「互動關係模式」**，建構了教育行動研究的「Problem 問題、Project 方案、Collaboration 合作、Implementation 實施、Evaluation 評鑑、Report 報告」的教育行動研究模式，如圖 5-1 PPCIER 教育行動研究「循環歷程模式」及表 5-1 PPCIER 教育行動研究歷程的步驟，作者進而提出此一教育行動研究「循環歷程模式」過程中，應該注意的程序原理（Peters, 1966; Stenhouse, 1975），說明此一教育行動研究循環「歷程模式」過程當中的主要歷程與可能遭遇情境的重要課題（黃政傑，2001；蔡清田，2016；Connelly & Clandinin, 1988; Elliott, 1992; McKernan, 2008; McNiff, 1995; Winter, 1995），呼應了「教師即研究者」的專業角色（黃光雄、蔡清田，2017；蔡清田，2004；Stenhouse, 1975），將教室當成是可以和學生及其他相關教育人員共同進行「行動研究」的研究室，創造出一個有待考驗的研究假設之行動研究理念（Carr

& Kemmis, 1986; Kemmis & McTaggart, 1982; McKernan, 2008），並透過實際教育行動以改善實務工作或改善實務工作情境，以促進教育人員的專業發展（蔡清田，2013、2020）。第一節是教育行動研究的主要歷程，第二節為教育行動研究的重要課題，第三節則為教育行動研究的程序原理，第四節為教育行動研究的研究倫理。

第一節 教育行動研究的主要歷程

「行動研究」的過程不嚴謹嗎？透過行動研究，推動教育改革，需要經過系統規劃與慎思熟慮構想的精心設計，並不是任意隨興的。行動研究歷程更是一個繼續不斷的行動與研究之互動循環（黃政傑，2001；蔡清田，2000），每個循環均可能包含：了解和分析一個需加以改善的實務工作情境或需解決的困難問題；有系統地研擬行動方案策略以改善實務工作情境或解決困難問題；執行行動方案策略並衡量其實際成效；進一步澄清所產生的新問題或新工作情境，並隨之進入下一個行動省思循環，重視理論與實務之間的對話與回饋（Schon, 1983, 1986），合乎「行動研究」的「歷程模式」之「程序原理」（Peters, 1966; Stenhouse, 1975; Elliott, 1998）。

「行動研究」是一種不斷反省思考的社會實踐，因此，在行動研究過程當中，並無明顯「研究的歷程」與「被研究的社會實務歷程」之區分。如果實務工作者的行動主體將其實務工作視為被研究的客體，則研究工作與實務工作兩者之間是一體的兩面，皆是「省思的實務工作者」即行動研究者的分內工作（McKernan, 1996）。省思的實務工作者，透過行動研究，結合行動與研究，願意勇敢面對問題，培養敏於觀察搜尋（search）的研究能力與自我批判的反省思考搜尋（search）之研究（research）能力，善用行動研究的點金棒，看清楚所遭遇的問題，努力尋找可能的問題解決方案，或許真正的**發現**之旅，不只是在尋找**新世界**，更是以**新的視野**看世界，懂得轉換視野角度觀點觀察事務，以看到別人或自己先前未曾發現的。

特別是「行動研究」為一種具有程序步驟的研究歷程，行動研究者

可以透過適當程序，一面透過行動解決問題，一面透過省思學習進行探究。因此，行動研究之所以成為研究，必須是系統的探究，而且，也必須是公開於眾人之前的研究（Stenhouse, 1981），並對問題解決的歷程與研究假設的策略，採取反省思考批判立場的一種研究（McKernan, 1991: 157）。許多學者指出其過程包括尋得研究起點、釐清情境、發展行動策略並付諸實行、公開知識（王文科，1995；林素卿，1999；夏林清與中華民國基層教師協會，1997；張世平、胡夢鯨，1988；陳伯璋，1988a；陳惠邦，1999；黃政傑，1999；歐用生，1999a；甄曉蘭，1995；蔡清田，1999a；Altrichter, Posch, & Somekh, 1993; Elliott, 1992; Lewin, 1946; McKernan, 1996; McNiff, Lomax, & Whitehead, 1996; Schön, 1983; Stenhouse, 1981; Winter, 1995）。

　　「行動研究」提供解決實務問題的行動方案，具有井然有序的程序架構。行動研究歷程更是一個繼續不斷反省思考的循環（Schön, 1991），每個循環均可能包含了解和分析一個需加以改善的實務工作情境或需解決的困難問題；有系統地研擬行動方案策略以改善實務工作情境或解決困難問題；執行行動方案策略並衡量其實際成效；進一步澄清所產生的新問題或新工作情境，並隨之進入下一個行動反省思考循環。可見，行動研究是一種系統化的探究歷程。綜合各家觀點，歸納教育行動研究的過程，包括「行動『前』的研究」、「行動『中』的研究」、「行動『後』的研究」之關注問題領域焦點、規劃行動方案、尋求合作夥伴、實施行動方案、進行反省思考評鑑等繼續循環不已的開展過程（蔡清田，2001），這種開展過程不是打高空虛晃一招的花拳繡腿，而是可以轉化為務實的行動實踐，特別是可以進一步地加以明確化與系統化為首部曲、二部曲、三部曲等三階段六步驟：（一）第一階段「行動『前』的研究」：1.Problem 提出教育行動研究問題與省思、2.Project 規劃教育行動研究方案與省思；（二）第二階段「行動『中』的研究」：3.Collaboration 協同合作教育行動研究與省思、4.Implementation 實施監控教育行動研究與省思；與（三）第三階段「行動『後』的研究」：5.Evaluation 評鑑回饋教育行動研究與省思、6.Report 呈現教育行動研究報告與省思等。「Problem 問題、Project 方案、Collaboration 合作、Implementation 實施、Evaluation 評鑑、Report 報告」之教育行動研究循環歷程模式，稱為 PPCIER 教育行動研究「循

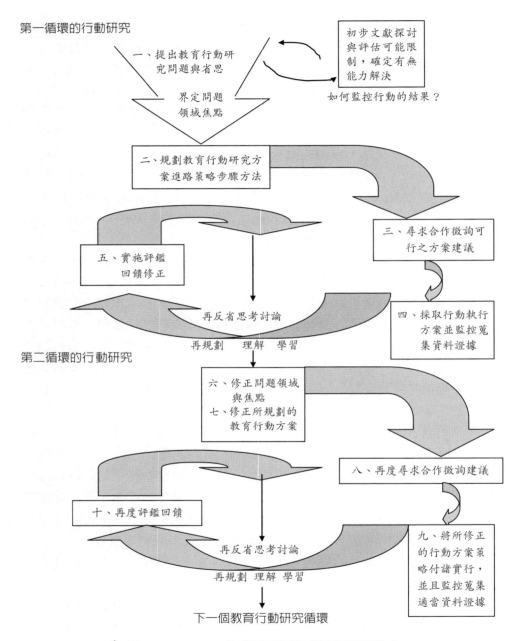

◆ 圖 5-1　PPCIER 教育行動研究「循環歷程模式」

環歷程模式」，茲以圖 5-1 PPCIER 教育行動研究循環歷程模式，說明此「行動研究」歷程模式，亦可簡化為表 5-1 PPCIER 教育行動研究歷程的步驟，有興趣的讀者可以詳細參考本書第六章提出教育行動研究問題與省思、第七章規劃教育行動研究方案與省思、第八章協同合作教育行動研究與省思、第九章實施監控教育行動研究與省思、第十章評鑑回饋教育行動研究與省思、第十一章呈現教育行動研究報告與省思，有志者可參考上述各章的通關密碼，並在電腦上整理出一個論文資料夾專區，內含六個抽屜資料夾作為論文寫作的參考依據。

◆ 表 5-1　PPCIER 教育行動研究歷程的步驟

教育行動研究歷程	PPCIER 教育行動研究步驟（本書第六至十一章）	教育行動研究通關密碼
第一階段：行動前的研究	第六章提出教育行動研究問題與省思	登高必自卑，行遠必自邇。
	第七章規劃教育行動研究方案與省思	凡事豫則立，不豫則廢。
第二階段：行動中的研究	第八章協同合作教育行動研究與省思	三個臭皮匠，勝過一個諸葛亮。
	第九章實施監控教育行動研究與省思	執行教育實務與進行研究是教育行動研究的一體之兩面。
第三階段：行動後的研究	第十章評鑑回饋教育行動研究與省思	不積跬步，無以至千里；不積小流，無以成江海。事前規劃用心，評鑑無愧於心。
	第十一章呈現教育行動研究報告與省思	我思故我在，我寫故我在。

一／教育行動研究歷程的步驟之一：Problem 提出教育行動研究問題與省思

提出教育行動研究問題與省思，首先應該指出所要研究的問題（Problem），具體指出問題領域焦點，並分條陳述說明其意圖目的。換言之，陳述說明目的，確定所要研究的問題領域的焦點。進而指出與省思教育實務工作者的**價值理想**在實際工作情境中，所遭遇的**困難**與所產生的**問題**。因此，教育實務工作者在行動研究過程當中，必須陳述其所關注的問題領域與省思**能力範圍可解決的問題**主要焦點所在。從鉅觀層面而言，行動研究歷程首重情境分析，以定義問題並進行需求評估，指出問題之所在及可用的資源。因此，可能需要藉助外來的學者專家等研究顧問的諮詢功能，協助教育實務工作者進行實務工作情境脈絡的掌握了解與問題焦點診斷，方能針對問題成因提出行動方案加以治療。是以教育行動研究顧問通常會要求實務工作者說明相關背景與問題情境，例如：

（一）請說明您所遭遇的問題**情境背景**？請說明所關注問題的性質與背景，如學校所在地特色、學校性質、年級班級屬性、科目、學生性別等情境因素。

（二）請說明問題的**領域**是？（行政、教學、課程、輔導或學習……）

（三）請說明問題的**焦點**是？

（四）請說明您**為什麼**關心此問題？此問題有何**重要性**？

（五）請說明您對於上述問題能作些什麼貢獻？並說明您預期達成的目標。

二／教育行動研究歷程的步驟之二：Project 規劃教育行動研究方案與省思

教育行動研究的第二個主要歷程是進行規劃與省思，**研擬解決上述問題的可能行動方案**（Project），以因應所遭遇的難題（difficulties），並指出可能解決問題的假設性策略，亦即研究假設，加以考驗。換言之，確定研究問題的本質與問題領域焦點，則教育實務工作者有必要進行行動研究方案的規劃（Elliott, 1992）。行動研究是以繼續不斷的行動與反省思

考為依據，努力解決所面臨的實際問題。因此，規劃行動方案與維持繼續討論省思的相關程序及時間安排，是相當重要的。行動研究方案的規劃，可以釐清實施行動程序的先後順序，確保在最後時間底線之內完成行動。規劃富有彈性的行動研究計畫方案或解決問題議程，便是可用來持續進行行動與反省思考的進路途徑及策略，旨在避免零散混亂與破碎殘缺不全的行動及反省思考。因此，在仔細規劃階段，需要考慮的是行動方案的進路途徑與策略步驟，並構思可以運用何種方式蒐集資料。下列問題將有助於釐清行動方案：

（一）您所構思的解決問題之**可能行動計畫**（遠程）？
（二）您所構思的解決問題之**可能行動策略**（中程）？
（三）您所構思的解決問題之**可能行動步驟**（近程）？
（四）請指出您可以透過什麼方法蒐集到何種可能的資料證據？

三／教育行動研究歷程的步驟之三：Collaboration 協同合作教育行動研究與省思

　　教育行動研究歷程的第三個步驟是協同合作教育行動研究與省思，可以向學生、家長、學校同仁、輔導教師或指導教授徵詢意見，或向可以信賴且願意支持的合作夥伴尋求協助合作（Collaboration），請他們從批判觀點討論所提出的解決問題的行動方案之可行性（Elliott, 1991; Stenhouse, 1975），並協同研擬與省思**可行的**解決問題行動方案：

（一）請說明您合作的**主要夥伴**是誰？
（二）請說明您的合作夥伴在您的行動研究過程中扮演何種角色？對您的行動研究有何影響與**貢獻**？
（三）您的合作夥伴所同意認為解決問題的**可行行動計畫**（遠程）？
（四）您的合作夥伴所同意認為解決問題的**可行行動策略**（中程）？
（五）您的合作夥伴所同意認為解決問題的**可行行動步驟**（近程）？
（六）您的合作夥伴同意認為可以透過**什麼方法**蒐集到何種資料證據？

四／教育行動研究歷程步驟之四：Implementation 實施監控教育行動研究與省思

　　教育行動研究歷程的第四個步驟實施監控教育行動研究與省思，採取具體實際行動，實施（Implementation）與省思上述的解決問題行動方案，並開始蒐集各種可能的資料證據，證明已經開始努力採取具體的改進行動。換言之，教育行動研究的第四個主要歷程是採取實踐行動與省思，以處理所遭遇的難題，並經由仔細的觀察與蒐集資料，確保所規劃的行動，受到監控。

（一）請您指出所蒐集的**資料證據是什麼**？如訪談記錄、教室觀察記錄、學生輔導記錄、學生考卷、學生作品、教學活動照片、自我省思雜記、日記等。

（二）請**舉**例說明這些證據的**內容是什麼**？如學生發問的次數增加、學生回答問題的正確比例增加、學生更熱烈參與上課討論的內容、學習考試成績的進步、師生互動頻率的增加等。

（三）請您指出**如何進行資料證據的蒐集**？例如觀察、訪談、評量等。

（四）請您說明利用**何種工具進行資料證據蒐集**？如觀察表與評量表等。

（五）這些證據可以證明您**達成何種目的或解決何種實際問題**？

五／教育行動研究歷程的步驟之五：Evaluation 評鑑回饋教育行動研究與省思

　　教育行動研究歷程的第五個步驟，評鑑回饋教育行動研究與省思，是進行評鑑（Evaluation）與批判反省，協助實務工作者本身理解所規劃行動之影響與效能。如未能順利解決問題，則必須以新循環重複上述步驟，力求問題的解決。因此，有必要說明如何**評鑑與回饋**行動方案？行動方案**結果是否有效**？特別是：

（一）您在行動研究結束之後，提出了何種**結論主張與結果宣稱**？

　　　1.您的**結論主張與結果宣稱**是？

　　　2.您認為是否**解決**了您所關注的問題？

　　　3.您認為是否**改進**了您的實際工作？

4. 您認為是否**改善**您的實務工作情境等？

5. 您是否增進本身對教育專業的理解？請您說出您的**心得與收獲**。

（二）您根據何種**教育專業規準**來判斷您的主張所宣稱的有效性？

1. 您在哪個層面獲得**教育專業發展**？

2. 您**有無舉出證據**支持自己的論點？

3. 您所舉出的**證據適當**嗎？

4. 您所舉出的**證據充分**嗎？

5. 您的**合作夥伴**，如學生、工作同仁、輔導教師、指導教授等，是否**認同**您的行動研究成效？學生的觀點是如何？工作同仁的觀點是如何？輔導教師的觀點是如何？指導教授的觀點是如何？

六／教育行動研究歷程的步驟之六：Report 呈現教育行動研究報告與省思

教育行動研究歷程的第六個主要步驟是呈現教育行動研究報告（Report）與省思，並提出未來研究建議與再關注下個行動研究的準備與暖身運動。

（一）您確定已經解決了您所關注的問題了嗎？如已解決，則可以進行行動研究的報告（Report）及提出未來研究建議，與關注另一個**相關或衍生**的教育專業問題，作為下一個行動研究的起點。

（二）如**未能解決**原先問題，就需要請您報告說明目前的**失敗情形與失敗的可能原因及本研究之限制**與提出未來研究建議，並請繼續努力，作為下階段繼續探究的問題。請「修正」原先所關注問題領域焦點，研擬更適切的行動方案，再度爭取合作與採取行動，並進行評鑑回饋，有效改進實務工作與改善實務工作情境問題。

總之，教育行動研究具有解決問題的務實精神，以問題意識為起點，找出困難問題與令人困惑之處，作為教育行動研究的起點，以解決教育問題與改善教育實務工作情境作為行動研究的暫時終點，透過發現困難或提出問題，進而確定問題領域與問題焦點，規劃慎思行動研究方案、合作明辨行動策略方法、篤行實施方案並整理監控蒐集的資料、進

行評鑑回饋等。而且每一個教育行動研究都可以是下一個階段教育行動研究螺旋的起點。本書將在接下來的第六至十一章逐章進一步詳細說明「問題（Problem）、方案（Project）、合作（Collaboration）、實施（Implementation）、評鑑（Evaluation）、報告（Report）」教育行動研究循環歷程模式（簡稱 PPCIER 教育行動研究循環歷程模式）之實際運用，本章此處先以兩個簡單個案介紹如下：

　　舉例而言，蔡玉珊老師於國立臺灣師範大學英語系畢業，在臺中市的某所高中擔任英文老師的工作，積極參與英文科、跨領域、生命教育、課程地圖等的研習與工作坊，於 2018 年 8 月進入中正大學專業發展數位碩士專班進修，蔡玉珊老師在碩一時修習了「行動研究」這門課，了解行動研究的意義和重要性。因此，蔡玉珊老師在蔡清田教授作為論文指導教授下，從確認**「運用合作學習於高中英文閱讀理解教學之行動研究」**的主題、討論研究目的與研究問題、論文架構、研究設計與實施、資料分析到論文撰寫，不斷透過電子郵件與面授給予專業的提醒與叮嚀，並協助解決研究者過程中不少的疑難雜症。蔡玉珊（2020）老師並且參考蔡清田（2013）的教育行動研究流程，行動前的準備，包含陳述所關注的問題、進行相關文獻探討、尋求合作夥伴、規劃與設計課程發展行動方案；行動研究實施階段，即實施課程發展之行動方案；行動後分析階段，包含行動方案的分析、評鑑與回饋；最後則為發表與呈現研究結果，其行動研究流程如圖 5-2。

　　首先，就行動研究前的準備階段而言，（一）陳述所關注的問題，蔡玉珊老師在高中教授英文多年，陪伴學生參加大學入學英文學科考試，期望協助學生取得良好表現，以利之後的申請入學或指定分發，進入心目中理想的校系就讀。而在大學入學英文學科考試上，首重英文閱讀理解能力，尤其是閱讀測驗的比重，就占了選擇題比約一半，因此，良好的英文閱讀理解能力對研究者任教的高中學生而言非常重要。當然，在教學上，也自是蔡老師長期以來專注培養學生英文能力上的重點。然而，多年下來，儘管研究者在閱讀測驗上，於課堂中陪伴學生不斷強調，提供練習，檢討改錯，釐清文義等，但經由本校歷年來大考學生英文考科表現數據分析，不難發現，學生在推論訊息（level two questions）以及詮釋整合（level three questions）這些需要後設認知能力的作答上仍較不理想，

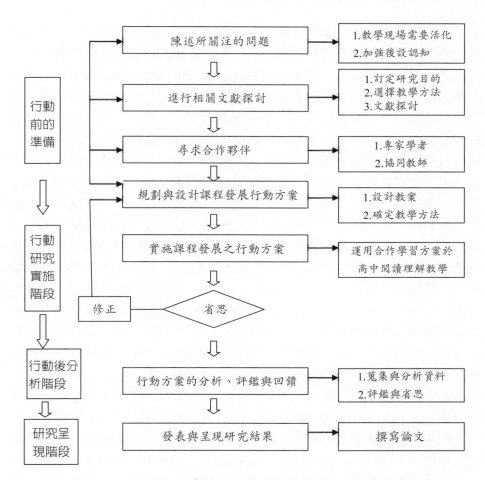

◆ 圖 5-2　運用合作學習於高中英文閱讀理解教學之行動研究流程

然而這些類別的練習，蔡老師在課堂中雖以直接教學法進行，教師仍是課堂中的主角，學生學習效果不彰。行動研究著重在實務工作者實際的問題，必須在實際情境當中進行。行動研究者必須確定所要探究的工作情境之周遭環境是適當的。因此，研究者針對學校、學生與研究者本身進行 SWOTA 分析，找出學生在學習情境上的優勢與資源，希望提升學生英文閱讀理解力。根據 SWOTA 分析的結果，該校高中女生重視同儕，且喜歡嘗試並與人共同完成任務的挑戰，平日對話討論的學習熱絡且成效較

好，因此以合作學習方案當成課程設計重點，以行動研究為方法，期望能協助學生英文閱讀理解力的提升。（二）**進行相關理論之文獻探討**，蔡玉珊老師界定研究問題後，即著手相關理論之文獻探討，包含對英語文領域課綱的探究，探討何謂閱讀理解，閱讀理解的歷程；合作學習的定義、要素與模式探討，以及合作學習在英文閱讀教學上的研究，從文獻資料的蒐集與分析中，尋找合作學習方案提升高中生英文閱讀理解效用的教學法。（三）**尋求教育行動研究合作夥伴**，行動研究是一種合作模式的研究，為減少摸索與嘗試錯誤的時間，請教專家學者與尋找教育行動合作夥伴是必要的。蔡玉珊老師的行動研究主要為運用合作學習於高中英文閱讀理解教學之行動研究，因此，尋找的協同教師包含同校英文科的盧老師與林老師兩人，一起觀課與議課，並在行動研究的過程中，提供精闢的見解與具體的建議，以修正教學方向；該校英文科李老師，協助教學目標、教學設計、教學流程等建議與想法，同時提供協助、經驗、資料與資源，並陪伴共備；另外，更邀請國立中正大學蔡清田教授以專家學者的角度，為此行動研究提供最專業與洞察的批評與建議。（四）**規劃與設計課程發展之行動方案**，行動研究方案的規劃，需釐清實施行動之先後順序，確保行動方案可在時間內完成。規劃具彈性的行動研究計畫方案或解決問題的議程，便是可用來持續進行行動與省思的途徑方法及策略。因此，規劃行動方案必須思考到行動研究時間與流程順序，避免雜亂無章。方案規劃有預定的日程，也考驗教師設計課程的能力。蔡玉珊老師向共備教師、協同教師討論與請益，確認所規劃的教學計畫與進度，接著則一起討論共備課程，準備教學使用的教材、簡報、問題、任務規劃、角色擔當、作業設計、前測與後測、省思札記與訪談大綱等。由於研究者希望提升學生英文閱讀理解力，故取材會仿大學入學考試多元的面向，但文章閱讀長度會比大考（300-400字左右）再長一些，以期訓練跟培養學生厚實閱讀能力。（五）**實施課程發展行動方案**，該行動研究規劃主要培養學生英文閱讀理解能力，以便將來於大學入學考試英文考科上游刃有餘，大學入學考試閱讀測驗的主題分類，主要有科普類（食物、健康、醫療、植物、動物、科學、科技、自然、環境等）、社會人文類（文學、藝術、歷史、文化、習俗等）、生活議題類（家庭、人際關係、工作、職業等）、流行議題類（時尚、生活美學、商業、金錢等）、休閒娛樂類（旅遊、運輸、運動等）、

教育類（教育、心理等），因此，研究者在此次行動研究中搜尋的文章，除要道地（authentic）之外，還會包含上述各種多樣議題內容，讓學生有機會接觸不同類別的文章。每週學生將於課堂中閱讀到不同題材的文章，並依指示完成任務，主要是以後設認知訓練為主，除了閱讀文章細節之外，還要學習閱讀出文章主旨、從上下文意中判斷字義、推論等。一學期共 18 週，每週安排一節課，每節課為 50 分鐘。本行動研究從 2019 年 9 月 2 日開學週開始實施至 2020 年 1 月 10 日期末考前一週結束，中間扣除月考，共實施 16 週。行動研究的實施，重視持續不斷的監控學生學習情況，因此，在此次行動研究實施過程中，必須開始蒐集各種可能資料證據，以證明採取具體的問題解決行動。本行動研究在實施過程中亦多方蒐集資料，上課觀察要能第一時間記錄或以照相、錄影等方式蒐集資料。該行動研究的學習成效是以學生的英文閱讀理解力是否因合作學習方案的實施而獲得提升，行動研究實施過程中分別會有前測與後測來測驗學生閱讀理解力，也會輔以學生訪談，協同教師的課程回饋來佐證。研究者也會根據課堂上學生任務呈現狀態，以及作業表現等多方角度與面向來檢視學生學習，持續蒐集與監控，依照實際教學情況來調整課程方案。（六）**呈現行動研究結果階段**，行動研究實施結束後，蔡老師將實施行動研究的背景、目的、方案設計與實施歷程有條理呈現，過程不斷省思判斷，並根據所蒐集的資料加以分析與評鑑，提出結論指出從運用合作學習於高中英文閱讀理解教學的情境分析與省思中，界定英文閱讀理解教學的問題與確認研究方向；從設計運用合作學習於高中英文閱讀理解教學行動方案與省思中，促進教師訂定課程目標、課程規劃設計與修正之專業發展；從實施運用合作學習於高中英文閱讀理解教學行動方案省思中發現：小組合作學習及給予展現平臺，可提升學習興趣與成效；從評鑑運用合作學習於高中英文閱讀理解教學行動方案中發現，對於提升學生閱讀理解學習成就有正面效果；最後參照論文寫作的通關密碼（蔡清田，2017），呈現行動研究證據，最後將結果寫成碩士學位論文。

又如，高于涵老師畢業於國立臺北教育大學教育學系，在私立幼兒園擔任教師一年，後來在北部的國小代理和代課三年，主要都是以低年級年段為主，民國 106 年考取國小正式教師資格，擔任一年級導師，也就是本研究的研究場域。高于涵老師希望透過行動研究，運用繪本教學的方式

將情緒教育的概念透過主題教學來融入學生的生活學習中，期待一年級學生能在以情緒教育為中心的繪本教學中，學習找到自己情緒的出口和自我肯定的力量，並培養「核心素養」中生活 -E-C2 覺察自己的情緒與行為表現可能對他人和環境有所影響，用合宜的方式與人友善互動，願意共同完成工作任務，展現尊重、溝通以及合作的技巧。此項指標涵蓋「情緒覺察」、「情緒表達」、「情緒理解」及「情緒調適」四大情緒能力，也呼應《十二年國民基本教育課程綱要》之核心素養具體內涵，引導學生開展與自我、他人與社會的各種互動能力，從自我情緒的覺察認識、與他人的互動溝通到與社會的人際互動。

高于涵老師（2020）採用蔡清田（2013）對教育行動研究歷程的理論，將其「**繪本融入小一新生情緒教育之行動研究**」之研究流程，規劃為行動前的研究、行動中的研究及行動後的研究。行動前的研究：陳述所關注的問題、規劃可能解決上述問題的行動方案；行動中的研究：尋求可能的合作夥伴、採取行動實施方案；行動後的研究：課程方案評鑑與回饋、發表與呈現行動研究證據。高于涵老師在行動方案設計前，研究者先針對研究場域進行情境分析，從中尋找欲解決的問題，進而規劃情緒教育行動方案；在行動方案規劃階段，研究者依據「情緒」主題選用適合學生的繪本作為教材，規劃一系列的情緒教育課程方案，設計課程內容時常請教協同合作老師的意見，不斷進行省思與修正；在行動方案實施階段，蒐集學習歷程之文件資料外，教學歷程皆以錄影的方式。行動方案實施結束之後，研究者針對蒐集到的資料進行整理與分析，對行動方案之成效進行評鑑與回饋，提出研究結論與建議，最後呈現研究報告，其行動研究步驟流程如下：

就行動前的研究而言，（一）**陳述所關注的問題**，實務工作者應該確定所要研究的問題領域與焦點，並分條陳述說明其意圖目的。指出價值理想在實際工作情境中，所遭遇的困難與所產生的問題。高于涵老師的研究之問題起源於本身任教的優秀國小（化名）一年甲班的學生，由於是小一新生，對於國小的新環境適應上所產生的各種情緒問題，例如全天課程與家人的分離焦慮；過度依賴家長或是大人；在學校發生問題不敢求助；遇到不如意的事就用大哭或責怪他人的方式處理。經研究者分析後，針對研究對象無法適當的處理情緒的行為，研擬可能解決問題的行動方案。

（二）**規劃可能解決上述問題的行動方案**，行動研究方案的規劃，可以釐清行動程序的順序，確保能夠在期限內完成行動，並不斷的行動、討論及省思。高于涵老師透過情境分析，歸納整理教學上面臨的實際問題後，蒐集探討相關文獻外，依據兒童情緒發展、情緒智力相關理論及十二年國教課綱中，以「核心素養」作為課程發展之相關指標為基礎，設計出八個情緒主題繪本課程。透過情緒主題繪本進行故事講述與討論，故事內容連結孩子的生活經驗，孩子得以自我省思與實踐，最後由研究者進行統整，設計一系列八個情緒主題教學內容的繪本融入小一新生「情緒教育」課程之行動方案。

　　就行動中的研究而言，（三）**尋求可能的合作夥伴**，行動研究者應尋找協同合作的夥伴，可以向指導教授、學校同事、家長協助和請教意見，請他們用不同的角度來討論行動方案的可行性。高于涵老師尋求同學年一年級導師李老師（化名）合作，李老師有將近 20 年的教學經驗，擔任低年級導師也有 5 年以上的教學經驗；另外一位陳老師（化名）是研究者任教班級的科任老師，對研究參與的學生有一定的了解，教學經驗豐富，對於學生總是耐心教導。兩位老師常給予研究者行動方案上的建議，由於教學年段相同觀課較容易，能夠互相討論課程及孩子的狀況，陳老師在科任課時也能協助觀察孩子的表現，因此研究之主要合作夥伴為李老師及陳老師。（四）**採取行動實施方案**，行動研究採取具體的實際行動，實施解決問題之行動研究，並蒐集相關資料，仔細觀察與探究，讓研究者可以監控自身的行動，確保研究的進行。在高于涵老師接受教授建議及與合作夥伴討論後，不斷進行修正與省思，開始實施行動方案。本研究課程實施時間為 2019 年 11 月 4 日至 2019 年 12 月 27 日，共計 8 週，課程分為八個情緒主題活動，每個主題活動進行一週的時間，該週皆進行繪本相關活動。課程活動於每週二生活課進行，於課程實施前一週，先請研究參與學生及家長填寫情緒前測問卷，並於最後一堂課程實施一週後，再請研究參與學生及家長填寫情緒教育後測問卷。該行動方案之課程活動實施者即為研究者，每次教學過程皆以錄影方式做紀錄，作為課後研究者自我省思及與合作夥伴觀察與回饋之依據。除了課堂上的觀察記錄外，亦於平日課後時間觀察學生行為表現，並透過和家長對談、問卷及回饋單等資料蒐集，來了解學生情緒行為表現不同面向的進步情形，進行本行動方案之過程，是種

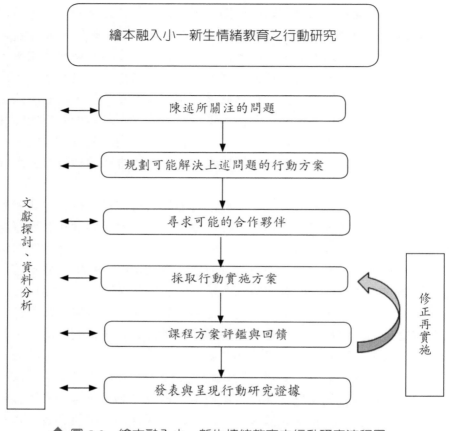

繪本融入小一新生情緒教育之行動研究

文獻探討、資料分析

陳述所關注的問題

規劃可能解決上述問題的行動方案

尋求可能的合作夥伴

採取行動實施方案

課程方案評鑑與回饋

發表與呈現行動研究證據

修正再實施

◆ 圖 5-3 　繪本融入小一新生情緒教育之行動研究流程圖

不斷蒐集資料、討論、省思並修正的歷程。

　　就行動後的研究而言，（五）**課程方案評鑑與回饋**，行動研究歷程進行評鑑與批判省思，協助實務工作者了解所規劃的行動研究是否已解決問題，若未獲得解決，必須重複上述循環，確保問題獲得改善。該行動研究之評鑑方式，是依據觀察、訪談、回饋單、前後測問卷、教學省思等資料之處理來進行評鑑。研究者蒐集學生、家長、夥伴老師的回饋及觀察紀錄等資料進行整理與分析，能協助研究者評鑑本研究方案之實施成效，亦可作為研究結果之佐證資料。（六）**發表與呈現行動研究證據**而言，高于

涵老師的研究採行動研究法，探究以繪本融入小一新生情緒教育課程之實施歷程成效。為達研究目的，高于涵老師以 25 位國小一年級新生為研究參與學生，進行 8 週的行動研究。根據研究者蒐集的資料，研擬出繪本融入情緒教育課程方案，並於課程實施後，評鑑課程方案的實施成效。其研究結論指出透過情境分析，發現學生缺乏「情緒覺察」、「情緒表達」、「情緒理解」及「情緒調適」等四方面的情緒能力，故有實施情緒教育之必要性；配合《十二年國民基本教育課程綱要》，以「核心素養」作為課程發展的主軸，以「自發、互動、共好」為核心理念，設計出具體可行的情緒教育課程方案；依據繪本教學流程實施情緒教育課程方案，並在教學歷程中持續檢討修正，兼具結構性與彈性的實施歷程深化學生學習；由評鑑結果得知繪本融入情緒教育課程方案，能有效提升學生「情緒覺察」、「情緒表達」、「情緒理解」及「情緒調適」等四方面的情緒能力；高于涵老師最後將前面五個研究歷程所蒐集到的多元資料，進行全面性的統整與分析後，提出研究結論建議並將行動研究結果撰寫成碩士畢業論文，呈現行動研究的成果，並以教育行動研究之架構，系統化的呈現研究報告，呈現行動研究之成果，如圖 5-3 **繪本融入小一新生情緒教育之行動研究流程圖**所示。

　　又如陳品含（2020）是初任教於嘉義市國小的新手級任代理教師，採用行動研究進行國小四年級學生班級經營策略的行動研究，透過行為改變技術模式、教師效能訓練模式、民主式教學模式與果斷紀律理論等班級經營理論模式，研擬出各項班級經營策略，改善新手導師整體班級狀況，研究流程採取行動研究的歷程，根據研究目的與問題，將「行動『前』的研究」、「行動『中』的研究」、「行動『後』的研究」再分為六個階段，表 5-2 是研究者計畫的研究歷程**時間規劃**。

　　陳老師根據行動方案的路徑，採用蔡清田（2013）對教育行動研究歷程的說明，研擬出本研究整體流程，分為六階段，包括：一、陳述所關注的問題；二、研擬可能解決上述問題的行動方案；三、尋求可能的合作夥伴；四、採取行動實施方案；五、評鑑與回饋；六、呈現行動研究證據。將研究流程用圖 5-4 呈現。

一、行動「前」的研究（一）陳述所關注的問題，針對研究者在班級經營

◆ 表 5-2　陳品含班級經營行動研究歷程時間規劃

行動研究歷程		
行動研究階段	行動研究歷程	時間規劃
行動前的研究 （research for action）	1. 行動前的省思／慎思 　陳述所關注的問題	2019/09
	2. 研究前的省思／慎思 　研擬可能解決問題的方案	2019/09
行動中的研究 （research in action）	3. 行動中的省思／慎思 　尋求協同合作夥伴與諍友	2019/10
	4. 研究中的省思／慎思 　即方案設計與執行實施過程	2019/10 方案設計 2019/10-12 方案執行
行動後的研究 （research on action）	5. 行動後的省思／慎思 　即課程發展評鑑與回饋	2020/01
	6. 研究後的省思／慎思 　即公開呈現研究成果報告	2020/02

方面所面臨到之困境與問題，做出問題情境分析與聚焦。（二）規劃可能解決該問題的行動方案，針對研究者在平時面臨班級的問題與學生的狀況，包括如何掌控班級秩序、維持良好班級氣氛、輔導個案學生、同儕之間的人際互動、班級規範的遵守、教師教學成效、學生學習動機等班級經營之相關事項，研擬出合適的班級經營策略之行動方案，並將構思的解決問題之行動計畫、策略、步驟等，不斷的行動與討論，釐清、省思這些行動方案。

二、行動「中」的研究（三）尋求可能的合作夥伴，研究者同學年的教師，是在教學現場擁有 10 年以上資歷的資深教師，對於班級經營皆有一套獨特的作法，當遇上班級學生個別問題時，能夠準確掌握問題癥結點，並做出合宜的處置。研究者時常會向其請益班級經營之問題，並獲得許多寶貴的建議與經驗談，他們是研究者在進行行動研究過程中，最重要、最值得信賴的夥伴。（四）採取行動實施方案，在實施班級經營策略的行動方案後，蒐集各種資料，包括平時觀察班上

班級經營之行動研究

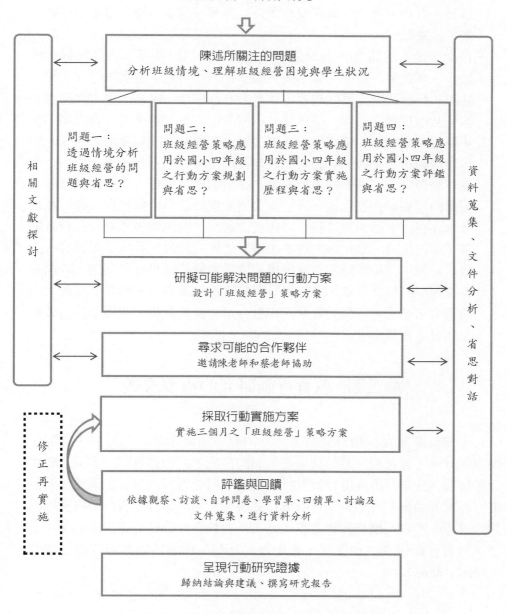

◆ 圖 5-4　陳品含班級經營行動研究流程圖

上課秩序、訪談紀錄、檢核表、學習單、日記、聯絡簿、問卷、教師日誌、自我省思等，做仔細的觀察、理解、推論，使所規劃之行動方案，確實執行。

三、行動「後」的研究（五）評鑑與回饋，分析所蒐集之訪談紀錄、檢核表、學習單、日記、聯絡簿、問卷、教師日誌、自我省思等資料，評鑑該行動研究方案之成效，並參考合作夥伴、家長、學生之回饋，客觀掌握實施之成效，並根據分析結果做省思，再調整行動方案，在不斷循環此步驟的過程中，逐漸改善班級經營之問題與困境。（六）呈現行動研究證據，行動研究的最後階段，會將資料統整，做出全面性的整理分析，歸納結論與建議，並公開成果報告。本研究在歷經一連串的行動研究歷程後，將過程與所蒐集之資料做整理與分析，並加入合作夥伴之回饋與建議，將研究之歷程、發現與省思進行分析及檢證，歸納出研究的結論與建議，撰寫出研究報告，希望呈現研究的過程與結果，分析導師在教育現場可能面臨到的班級經營問題，與同在教育現場的夥伴分享，並提出研究結論與建議供未來的實務應用與相關研究之參考，可幫助實務工作者分享珍貴的紀錄，並提供其他教育工作者之實務參考。

第二節 教育行動研究的重要課題

下述有關教育行動研究的主角、內容、情境、目的、方法、時間、倫理、效應、管理權、開銷費用等課題的探究，特別是有關由誰進行教育行動研究、什麼是值得進行教育行動研究、何處進行教育行動研究、為何進行教育行動研究、如何進行教育行動研究、何時進行教育行動研究等問題的澄清，將可以增進教育實務工作人員對教育行動研究理念之認識，並運用教育行動研究的仙女棒，協助教育實務工作者成為教育行動研究者（McKernan, 2008）。

一／由誰（who）進行教育行動研究：教育實務工作者可以是行動研究的主角

過去所謂的研究，通常是指受過「科學」理論方法訓練的「專家」與「學者」所進行的基本研究傳統勢力範圍，而且在教育界當中，也一直有所謂的「研究者」與「被研究者」之間的區分（McKernan, 1991）。然而，教育行動研究的理念，則勇敢地挑戰此種傳統概念區分的邏輯。行動研究的教育改革理念，則是將傳統分立的「行動」與「研究」兩者加以結合，主張教育實務工作者應該進行研究，以改進本身的實務工作（陳伯璋，1988a），因此，從事研究也是屬於教育實務工作的分內工作（Altrichter, Posch, & Somekh, 1993）。此種教育行動研究的理想，旨在引導教育實務工作革新，企圖解決教育實際問題，最後並增進教育實務工作者本身的理解（McNiff, Lomax, & Whitehead, 1996）。

教育實務工作者在從事實務過程當中，一定會遭遇問題，但卻不一定能夠明智地透過理性解決問題。教育行動研究要求教育實務工作者，採取研究的立場，面對自己的教育實務工作（Schön, 1983）。教育實務工作者可以經由進行教育行動研究，透過系統化的批判探究，改進實務工作，進而改善教育工作情境，並增進教育實務工作者本身的專業理解。教育行動研究是由教育實務工作者主導，以了解並解決本身的教育問題，進而改進本身的教育實務工作為目的（McKernan, 1991: 156）。

教育行動研究係由實際從事教育工作者，在參與真實事件的運作過程當中擔任研究工作，系統地蒐集資料、分析問題、提出改進方案、付諸實施、仔細評鑑行動方案的影響。就教育行動的發動者而言，教育行動研究由關心教育情境的教育實務工作者，針對教育情境進行研究。例如教室行動研究通常由學校教師所發起。教室情境中的教育行動研究之發起人，往往是教室工作現場第一線的教育實務工作者教師（Altrichter, Posch, & Somekh, 1993）。

在教育研究領域當中，行動研究往往強調以學校或教室內亟待改進的教育實際問題為研究內容，以改進教育實務為目的（Elliott, 1998）。因此，在教育研究當中採取教育革新行動，在教育行動當中實施教育研究，極適合教師使用（歐用生，1996b）。所謂「教師即研究者」的教育改革

理念，就是教育行動研究的特色之一（吳明清，1991：84）。教育實務工作者所關注的問題可能與學生、家長、學校行政主管、督學、地方教育當局人員、政府官員等有關，因此長期的行動研究往往需要許多人共同合作，以維持進行研究的動力。雖然也有一些行動研究主要是由個人進行的，但是通常這種獨立作業的實務工作者，也十分需要外來的諮詢支援，不過這些外來諮詢者的角色只是提供支持協助，而不實際掌控行動研究的研究方向（夏林清與中華民國基層教師協會，1997）。

　　教育行動研究主要關心的是改進學校教育品質，特別是學校教育情境當中的師生互動與學習情境之改善。此種研究類型的推動者認為，教師身為學校教育第一現場教室的專業人員，特別是教師置身於教室情境，並且與班級社會體系當中的學生互動（Elliott, 1979），因此，教師應該最了解教室教學的課程問題與學生興趣需求，而且教師可以利用觀察訪問以了解學生的學習，並分析學生的週記、考卷、作業、心得報告與作文等文件，以了解學生的學習生活世界，並根據這些一手的研究資料，改進教室教學，建構適合教室情境的課程理論（歐用生，1996b：137）。由此觀之，教師擁有教育革新的權力，可以經由努力導致其教學實務的變革與改進。此種進行變革的教育革新權力，就如同「結構」（structure）與「個別行動主體」（personal agent）之間互動影響實際行動的關係一般（Giddens, 1984）。

二／什麼（what）是值得進行教育行動研究：教育行動研究的內容

　　教育行動研究是一種從經驗求知的過程（McKernan, 1996），教育行動研究更是一種從教育專業經驗中獲得教育專業學習的過程（Shumsky, 1959）。教育實務工作者必須首先努力了解行動，從經驗中求知，並從經驗中學習行動的過程，才能有效地運用解決問題策略。教育的環境是指一個到處都可以充滿知識的地方，而教育行動研究可以協助教育實務工作者，經由對實務工作的探究，在教育環境當中創造知識，發現新的事實與概念。教育實務工作者可以從其集體的經驗當中，進行學習，藉此並進而創造知識。

　　教育行動研究可以提供新的資料、知識與見解，則教育行動研究者必須確保其團體能夠清楚而明確地說明其團體所發現或學習的內容。教育行動研究的探究問題，是實際的教育實務工作問題（陳伯璋，1988a）。教育行動研究的過程是希望能夠改進教育實務工作。教育行動研究關心教育實務工作者，特別是學校教育實務工作者所經年累月經常面對的教育實際問題。

　　教育行動研究主張，針對教育實務工作者能力範圍之內所能解決的問題，進行研究，不是要求教育實務工作者解決自己無法克服解決的國家社會層次之巨大問題，如家長社會經濟地位、家庭背景等相關社會問題，又如族群關係緊張、勞資關係對立、經濟不景氣與政治黨派偏見等國家經濟政治的複雜問題。這些問題，不能光靠學校層面所進行的教育行動研究加以處理，更不是光憑少數教育實務工作者所能完全解決的教育行動研究問題範圍。

　　學校教育層面所要處理的教育實際問題，是那些經常使學校教育實務工作者在日常工作中遭受挫折的具體工作事項，如學校行政、學校課程規劃設計與發展、各學習領域內容的選擇組織、教科用書的選擇採用與評鑑、教學媒體製作與資源管理、教學方法的選擇運用、學習結果的評鑑與回饋、班級經營管理、校規班規之制定、學生潛能之開發與輔導等，這些問題領域是特別值得學校教育實務工作者設法努力克服的教育行動研究重要問題領域（McKernan, 1991: 158）。

三／何處（where）進行教育行動研究：教育行動研究的情境

　　教育行動研究重視實務工作者的實際問題，強調行動與研究皆必須在教育實際情境當中進行。教育行動研究必須在實際問題發生的情境當中進行探究，而且，教育行動研究者必須確保所探究的工作情境之周遭環境是適當的。因此，教育行動研究者有專業責任，維護教育行動研究的適當情境（Elliott, 1991）。

　　然而，教育行動研究的進行，勢必明顯地導致社會現象情境當中所發生的事件之改變與重新建構（McKernan, 1991: 158），以改進實務工作

並改善實務工作情境。因此,傳統的實證研究所強調的變項控制方法,可能不適用於行動研究類型,因為如果以保持距離的實驗控制方式,進行無關脈絡情境之探究,則可能誤解實務工作第一現場實際問題情境的影響因素。

另一方面,教育行動研究的情境通常牽涉到成群的實務工作者個體,是以團體為依據基礎的合作情境。教育行動研究的情境不應該是孤立的,必須取得相關人員的合作,特別是共同進行行動研究工作的有關人員。尤其是批判的行動研究者主張所有的行動研究,皆是以團體探究為依據的(Carr & Kemmis, 1986)。當工作同仁遭遇一個共同問題情境,進而產生一個共同的信念,亦即,教育實務工作者需要更深入去了解問題,並且採取行動,以改進目前的實務工作情境,此種協同合作的行動研究在美國相當普遍(Oja & Smulyan, 1989)。

四/為何(why)進行教育行動研究:教育行動研究的目的

教育行動研究要求實務工作者,採取研究的立場,面對自己的教育實務工作(McKernan, 1996)。教育行動研究,是一種省思的實務工作者對教育實務工作的專業回應(Schön, 1983),教育行動研究的理想旨在導入教育實務工作的革新,企圖解決教育實際問題,最後並增進教育實務工作者本身的理解(McKernan, 1991: 158)。

教育行動研究的目的是為了透過教育實際行動,改進教育實務問題與改善工作情境,教育行動研究並不同於價值中立客觀與保持距離的科技實證研究。教育行動研究的理念,涉及一種對教育專業實務工作的倫理價值之承諾(Elliott, 1992),教育行動研究是「規約的」(prescriptive)研究,規範追求進步的行動方向,也是努力獲得改善的研究,充滿正面鼓勵與積極向上的價值引導。因此,當任何個體置身於問題情境當中的實務反應,將會有一種規範的立場,亦即,「在此情境之下,我該怎麼辦」?教育實務工作者將會以規約的用詞來陳述這些規範的價值。

教育行動研究更是省思的實務工作者對教育實務工作的專業回應,教育行動研究的理想旨在引導教育實務工作的變革與改進,企圖解決教育實際問題,最後並增進教育實務工作者本身的理解(Elliott, 1991)。因

此，行動研究是一種從經驗求知的過程，更是一種從經驗中獲得學習的過程。教育實務工作者必須首先努力了解自己所遭遇的教育實際問題，才能有效地運用解決問題策略，並從經驗中求知，從經驗中學習，透過實際行動，解決所面臨的實際問題之過程。教育行動研究的結果很重要，但是發現問題的領域與焦點、規劃解決問題的教育行動方案、實踐行動過程與評鑑回饋過程當中，教育實務工作者的專業發展，更是重要（McKernan, 1991: 161）。

五／如何（how）進行教育行動研究：教育行動研究的方法

　　當行動研究者正著手進行一項研究計畫時，必須了解有哪些不同的研究途徑，如此才能正確地選擇進行研究的方法途徑。就行動研究的實務策略與方法而言，教育行動研究提供進行研究與發展實務的一些簡要的策略與方法。合適的研究方法是必須在不過度打擾實務工作的情形下進行（夏林清與中華民國基層教師協會，1997：8）。而且教育行動研究鼓勵實務工作者，採取研究的立場，面對自己的實務工作，在行動中進行研究。

　　教育行動研究的最主要限制與障礙，是來自於缺乏適當的研究技巧（McKernan, 1996）。究竟何種方法，可以協助教育實務工作者進行資料蒐集與分析。近幾年來，行動研究方法論有顯著的發展（Elliott, 1991; Hopkins, 1985; Hustler, Cassidy, & Cuff, 1986; McKernan, 1991; McNiff, Lomax, & Whitehead, 1996; Nixon, 1985; Winter, 1995）。例如日記、工作現場之筆記、錄音或錄影之記錄資料、三角交叉檢證（triangulation）、問卷調查表、簡短的個案研究記錄等，皆是可供選用的研究技巧。既然行動研究是從實務工作者的觀點來處理問題情境，應該使用實務工作者的語言，來描述與詮釋行動研究的歷程與結果，亦即，使用實務工作者日常工作現場活動的語言與對話（Elliott, 1992）。教育實務工作者必須不斷地作記錄與保持登錄，這是行動研究主要活動之一，因此，教育行動研究者最好保持每天作筆記的習慣，利用日記與行動日誌可以記錄下深思熟慮、軼事資料、行程記錄資料、個人觀點、事實、觀念澄清及概念分析等寶貴資料（Altrichter, Posch, & Somekh, 1993）。而且記錄所發生事件的日記，是一項記錄原先計畫與實際發生實況記錄的有用方

法，可用來定期地回顧檢視行動歷程與結果。

　　從事教育行動研究，必須要了解不是什麼事都會平順如預期理想，學校教育生活如同人生一般有許多不可預期的事件。是以太過於依賴以人為主方法，有其潛在的困難。如一個以訪談人物為主的研究，可能會過於偏重人的因素，可能會因受訪者的異常與偏差而產生人為極端的錯誤（McNiff, 1995）。而且可能，需要的研究工具不在現場，時程表突然改變，有人缺席請假，觀察者與被觀察者未做好事前準備。因此，教育行動研究在方法論上採取折衷統合的途徑方法，其優點是可以運用多種不同的方法。因此，教育實務工作者可以根據不同的原因，在校內以各種不同的方式進行研究。例如一位教師可能利用文件分析，如學校某一學科領域部門的開會記錄文件，並依據其內容，進一步進行學校師生訪談，並將此與教室觀察的現象加以連結。因此，三角交叉檢證，變成為一種十分有利的研究工具。行動研究的方法、行動者、理論與資料都應該透過三角交叉檢證的歷程，使其發揮最高效用。藉由錄影帶資料、逐字謄錄的軼事錄、工作現場的筆記、照片與不同行動者的不同觀點，以各種不同的理論，使用折衷統合的方法，將可闡明研究問題並促進教育實務工作者的深層理解。

六／何時（when）進行教育行動研究：教育行動研究的時間

　　教育行動研究強調在實際情境中的教育實務工作者，根據適當方法，研究自己所面臨的實際問題，尋求教育工作改進與問題解決之道。就省思的教育實務工作者而言，時間是在日常工作當中一項非常稀少而寶貴的資源（McNiff, 1995），例如就教師與教育行政人員而言，往往缺乏充裕的時間，針對學校教育的問題加以深入探究，進行原創性的研究。對實務工作者而言，缺乏充裕的時間以便進行研究，是一項非常明顯的實際限制（McKernan, 1991）。因此，教育行政主管當局應該設法協助教育實務工作者如教師與教育行政人員，獲得足夠的進修研習時間，以便研究改進其教育實務工作。

　　另一方面，在教育行動研究過程中，教育實務工作者不斷修正省思、不斷評估判斷，使得解決問題的研究方案能夠達到預期的結果。因

此，進行教育行動研究必須考慮可能的時間範圍與所需的時間期限。其次，工作期間應該依據每個學年度不同學期的工作量，加以修正。儘管教育行動研究的規劃階段可能是相當漫長，然而積極主動地執行行動研究，可能只是一段短期而相當密集的行動（Elliott, 1979）。

七／教育行動研究的倫理（ethics）

近年來，有關教育行動研究的「倫理準則」或「倫理信條」（code of ethics），逐漸受到重視，在教育學術研究界廣為討論（盧美貴，1987：137；Hopkins, 1985; McKernan, 1991）。例如在進行教育行動研究的資料蒐集之前，必須確立行動綱領（guidelines），某些強迫的方法是無法令人接受的，例如經由高聲咆哮吼叫，要求學生順從指示命令，便是不當的。而且，某些問題也是不適合進行研究的，例如假借透過行動研究，進行有關特定偏頗立場的性別主義或種族主義的教導研究，便是違反行動研究的研究倫理（Altrichter, Posch, & Somekh, 1993）。為了某種政治目的而進行教育行動研究，也可能扭曲了教育行動研究的圖像。事實上，必須謹慎細心地檢查研究問題的選擇，因為學校往往會選擇政治上有利的研究問題，亦即，學校教育實務工作者往往會選擇他們偏好的研究問題，而拒絕不同於他們立場的研究計畫（McKernan, 1991: 158）。而且如果教育行動研究的報告內容未經同意或協商，則透過個案研究發現的行動研究報告，可能是在研究倫理上，站不住腳的。

八／教育行動研究的效應（effects）

教育實務工作者進行教育行動研究的效應是什麼？教育行動研究的介入，將導致何種改變？教育行動研究最後是否能達成經驗層次的真正改變？學生的學習是否變得更好？教師的教學是否變得更有效能？特別是行動研究增加了學生、教師與行政人員什麼利益？教育行動研究的「處遇的方式內容」（treatments）可以類推應用到其他的問題情境嗎？個案研究的結果是否可以引導課程知識基準線的建立，並導致建立課程當中的教與學之通則的可能性（McKernan, 1991: 158）？

但是值得注意的是，教育行動研究也應該重視其對教育實務工作者

本身的專業發展效應。教育行動研究鼓勵教育實務工作者，採取研究的立場，面對自己的實務工作。教育實務工作者首先必須努力了解自己所遭遇的實際教育問題，透過教育實際行動，才能有效地運用解決問題策略。教育行動研究的結果很重要，但是行動過程當中的自我發展，更是重要（McKernan, 1996: 161）。教育行動研究涉及一種對教育專業實務工作的倫理價值之承諾（Elliott, 1992），充滿正面鼓勵與積極向上的價值引導。這是省思的實務工作者對教育實務工作的專業回應，理想旨在引導實務工作的變革與改進，企圖解決教育實際問題，最後並增進教育實務工作者本身的理解（Elliott, 1991）。

九／教育行動研究的控制管理權（governance）

教育行動研究者必須注意教育行動研究的控制管理權，例如在教育行動研究中，研究者必須向誰報告？地方教育當局的縣市政府教育局與學校是否應該設立研究委員會，以監督管理研究經費與研究方案？透過教育行動研究，鼓勵教育實務工作者省思檢討與改進自己本身的教育專業實務工作，讓教育實務工作者管理自己的實務工作是一件相當自然的事（Altrichter, Posch, & Somekh, 1993）。

但是，此種讓教育實務工作者擁有工作的管理權，挑戰了教育當局管理控制教育研究與決策的傳統（McKernan, 2008）。就算是在美國，仍是透過學校管理委員會管理學校課程並具有視導、督導的權力。因此，學校教師進行的行動研究，是否必須獲得學校管理委員會的批准？學校的教育資源，包括資金、硬體、人力資源皆是必須經由學校委員會的分配管理；教育行政主管單位與教育實務工作者雙方，必須努力以促成教育行動研究獲得立足之點。學校教育管理當局，必須了解行動研究歷程可以成功地有助於教育實際問題的解決。但是，在教育領域的實務當中，卻存在著與教育專業矛盾對立之處，亦即，教師對教材教法的課程教學專業自律自主權，往往遭到學校教育管理當局透過行政管理的強制權威手段，對教師的要求與規定越來越多，侵害教師的課程教學專業自主權。在此種情況之下，如果教師希望能擁有對教育變革的控制權，則教師必須將行動研究視為必須努力的重要議題。就此而言，教育行動研究，有其政治面向的意義

（McKernan, 1991: 158）。

十／教育行動研究的開銷費用（costs）

　　傳統的量化測驗與問卷調查、心理測驗形式的研究與評鑑研究等，不一定能針對問題，提出解決問題的行動方案，以改進實務工作或改善實際工作情境，但是量化研究的花費是相當高的，這種情形在財政逐漸困難、教育經費逐漸吃緊的情境當中是否還能合理地說服大眾？然而，重視實務問題的教育行動研究，可以針對教育實際問題，提出解決問題的具體行動方案。因此，學校教育經費預算當中，應該有一部分的款項，是專門用來進行教育行動研究，針對教育實務的行政、課程與教學進行研究發展（McKernan, 1991: 158）。但是，在正式進行教育行動研究之前，必須仔細地估算行動研究可能的開銷費用，並且運用適當的經費，以從事教育行動研究。

第三節　教育行動研究的程序原理

　　教育行動研究的歷程，包含一些引導進行教育行動研究的程序原理（procedural principle or principle of procedure）（McKernan, 1996; Winter, 1995），這種程序原理與英國教育哲學家皮特思（R. S. Peters）的「程序原理」（Peters, 1966, 1967），以及史點豪思的課程發展「歷程模式」（Stenhouse, 1975）有著異曲同工之妙，皆在增進教育實務工作者的行動中的省思與行動後的省思（Schön, 1983, 1987）。同時教育行動研究也有一種繼續原理（principle of continuity）（McKernan, 1991: 160），亦即，教育行動者必須不斷地從教育實務經驗中進行互動，並從一個實務工作情境連結到下一個隨之而來的連續情境，其實務經驗便能從過去一開始就能加以延續下來，與目前的經驗結合及繼續開展，導向隨後繼起的行動螺旋，並將經驗導向未來的發展（蔡清田，2000、2016）。教育實務工作者從教育行動研究的互動歷程所學習的經驗，便成為教育實務工作者個人理解的加深加廣與實踐理性的不斷開展。因此，教育行動研

究的歷程可以被建構成一種不斷循環的螺旋。

　　一般的基本研究可能極為注重最後的研究結果，但是，在教育行動研究過程當中，研究過程可能較研究結果來的重要。而且教育行動研究的主題在於教育實務工作者本身的實際工作情境下所進行的研究，並不一定適用於其他教育實務工作者的實際工作情境，每位教育實務工作者所遇到的實際問題也非百分之百相同（Altrichter, Posch, & Somekh, 1993）。因此，教育實務工作者之間，在相互參考比較的時候，取決於研究過程，相較下應該比取決於最後研究結果來得多。因此，教育行動研究有其值得注意的程序原理，茲將敘說故事、講究證據、價值規範、行以求知、省思實務、循環歷程、團體依據、結果分享、心胸開闊、積極革新等主要的程序原理說明如次：

一／敘說故事：教育行動研究通常述說一個教育故事

　　教育行動研究主要是關心教育實務工作者所經年累月，甚或每天所經常面對的實際教育難題。教育行動研究的過程，是希望能正確地協助教育實務工作者改進實務工作，進而改善實務工作情境，因此，教育行動研究應該是以教育實務工作者所親身經驗的問題理解為實際故事之基礎（McKernan, 1996）。

　　教育行動研究者必須進行口頭報告陳述，這是在教育行動研究者正式提筆寫作有關其個人所發生親身經歷事件的真實案例之前，必須預先準備的呈現原則。教育行動研究的故事，應該是大部分奠基於參與者在實際教育問題情境當中的討論與對話。這個故事所使用的語言，應該是教育實務工作者尋常普通的討論與對話，而不是行為科學家所慣用的抽象理論與艱深難懂的概念結構。因此，個案研究與簡單明瞭的故事報告，可能是教育行動研究的最佳溝通與推廣的媒介。

二／講究證據：教育行動研究奠基於證據基礎之上

　　在教育行動研究過程當中，教育實務工作者的所有參與者，皆有管道獲得證據，在問題情境當中所獲得的所有資料，皆能增進教育實務工作者對問題情境與解決問題的理解。例如學生的照片、檔案當中的文件、觀察

記錄與工作現場筆記練習手稿等，皆可以作為探究的證據。而且所有的證據，皆蘊含著價值取向，因此，教育行動研究歷程當中的批判省思立場是相當重要的（黃政傑，2001）。

　　值得注意的是，教育行動研究在方法論上採取折衷統合的途徑方法，其優點是可以運用多種不同的方法蒐集資料證據。例如一位教育實務工作者可能利用文件分析，如學校科目部門的開會記錄文件，並依據其內容，進一步進行學校師生訪談，並將此與教室觀察的現象加以連結。因此，三角交叉檢證（triangulation），變成為一種十分有利的研究工具與作法。在教育行動研究過程當中，方法、行動者、理論與資料都應該透過三角交叉檢證的歷程，使其發揮最高效用。藉由錄影帶資料、逐字謄錄的軼事錄、工作現場的筆記、照片與不同行動者的不同觀點，以各種不同的理論，使用折衷統合的研究方法，將可闡明研究問題並促進教育實務工作者的深層理解。

三／價值規範：教育行動研究是強調價值引導或價值規範約束

　　教育行動研究重視實務工作者的實際情境問題，因此行動與行動研究，皆必須在實際情境中進行。而且行動研究者有責任，維護學習探究的適當情境。教育行動研究必須在問題發生的實務工作情境當中進行。如果以保持距離的方式進行任何探究，則可能誤解工作第一現場問題情境的影響因素。實際上，傳統的實證研究所強調的變項控制，可能不適用於行動研究，因為教育行動研究的進行，勢必明顯地導致社會建構的教育現象情境中所發生事件的改變。更進一步地，教育行動研究者，必須確保所探究的周遭環境是適當的，而且必須盡心盡力於觀察判斷的標準（黃政傑，2001）。

　　「規約」係指約定俗成的價值規範或價值引導。教育行動研究，如果是一種好的研究，就應該指出好的行動之方向。教育行動研究經由系統與協同合作的本質，可以建構改進實務的規範。教育行動研究並不同於價值中立與客觀保持距離的科技實證研究。教育行動研究是為了教育行動，是充滿價值與鼓勵詮釋，企圖克服採取矯正行動的困難問題。艾略特

（Elliott, 1992）主張，專業實務工作的理念，涉及一種對倫理價值的承諾（commitment），而且當任何個體置身於問題情境當中的實務反應，將會有一種規範的立場，亦即，「在此情境之下，我該怎麼辦」？實務工作者將會以規約的用詞來陳述這些規範的價值。

四／行以求知：從經驗中求知，並從經驗中學習行動的過程

　　教育行動研究，強調在現實環境中的教育實際工作者，根據科學方法研究教育實務工作者自己本身工作所面臨的實際問題，尋求改進與解決之道。在過程中，以不斷的修正省思、不斷的評估判斷，使得整個計畫能夠達到原先預期的結果。教育行動研究過程當中，結果也許很重要，但是發現問題的真相、研究的過程及自我的發展，更是重要（Winter, 1987）。

　　教育行動研究是一種從經驗求知的過程，教育行動研究更是一種從經驗中獲得學習的過程（Shumsky, 1959）。教育實務工作者首先必須透過行動，才能有效地運用實務策略解決問題。不斷地作記錄與保持登錄，是所有的行動研究之主要活動，因此，必須保持每天作筆記的習慣，利用日記與行動日誌可以記錄下深思熟慮、軼事資料、行程記錄資料、個人觀點、事實、觀念澄清，以及概念分析等寶貴資料。但是，寫作是作為未來的理論化或回溯性地理解事件與特定事項的主要憑藉工具。因此，教育行動研究是一種行以求知的方法，從經驗中獲得知識，從經驗中學習的方法。

五／省思實務：教育行動研究者必須是省思的實務工作者

　　通常從事教育行動研究的人員會事前設定期望與理想，但是真正進行教育行動研究之後很快就發現實際與理想的差異，因此，可能必須改變原先的觀念或想法。實際上，教育行動研究也是從不斷的行動與省思修正中，逐步獲得預期的成果（McNiff, 1995; Winter, 1995）。

　　教育行動研究是一種省思的社會實務，因此，在教育行動研究過程當中，並無「研究的歷程」與「被研究的社會實務歷程」之區分。如果教育實務工作者將其實務工作視為被研究的對象，則研究工作與實務工作兩者之間是一體的兩面，根本就是相同的一件事，皆是「省思的實務工作者」

的分內角色工作（Schön, 1983）。

　　反省思考是教育行動研究的重要核心，因為，教育行動研究者必須持續不斷地進行判斷，例如「此一課程單元運作地不夠順遂」。但是教育行動研究的判斷，必須是省思地判斷，如此方能分析「作判斷」（making judgements）的歷程。但是，實務工作者如何透過適當的途徑方法了解其所做的判斷是正確的呢？因此，省思，是一種重要的教育行動研究歷程原理（Winter, 1989）。教育實務工作者在「作判斷」的過程當中，涉及許多聽眾的公共語言的使用，不是私人語言的使用，因此，陳述是可以接受許多不同的詮釋。而省思的陳述，通常是可以改變修正的。因此，教育實務工作者，必須習慣於批判自我的省思陳述，如此，才能增進教育實務工作者省思陳述的效度。

六／循環歷程：教育行動研究必須是系統的歷程，甚至是循環的歷程

　　教育行動研究是教育實務行動與省思的不斷對話討論歷程。教育行動研究是以繼續不斷的討論對話為依據，因此，維持教育實務行動與省思的繼續討論程序，是相當重要的。因此，利用行動研究計畫或更嚴謹而精確的歷程步驟，便是可用來達到繼續維持討論對話的程序方法，旨在避免討論的零散混亂與破碎殘缺不全，可以確保繼續進行對話討論的歷程。

　　教育行動研究，是一種需要經過系統規劃設計的循環計畫。教育行動研究並不是任意隨興的嘗試問題解決。教育行動研究包括指出確定問題，進行規劃，採取行動，研究所進行的行動，並進行評鑑，而且批判的省思，可以導致更進一步的討論對話規劃。在教育行動研究的過程當中，細心謹慎，特別受到重視與肯定。因此，大多數的理論家，皆建構出循環式的教育行動研究歷程模式，而課程更是一種省思的教育實務歷程，而不只是一種產品結果（McKernan, 1991: 162）。

七／團體依據：教育行動研究通常是以團體為依據基礎的協同合作

　　教育行動研究者置身所在的實務工作情境，是一個到處都可以充滿學習機會的地方。教育行動研究可以協助實務工作者，經由對教育實務工作的探究，而創造知識，發現新的事實與概念。而且教育實務工作團體可以從其集體的共同經驗當中，獲得學習並進而藉此創造知識。

　　因為行動研究的工程浩大，所以行動研究常常是由許多人合作去從事的。因為一個個別實務工作者的能力、時間都有限，如能與其他實務工作者一起研究，會比較省事。所以行動研究中的每個人都是親身參與的（黃政傑，1999：352）。因此，行動研究是團體互動的，因為是整個團體的研究，所以就可以發揮團隊的力量，促使團體中的每個成員去改變自己。例如行動研究可能包括學生、家長、督學、政府官員、地方社區教育人員，因此長期的行動研究往往需要許多人共同合作，以維持進行研究的動力。也有一些行動研究主要是由個人進行的，但是通常這種獨立作業的實務工作者也需要外來的諮詢資源，不過這些外來諮詢者的角色只是提供支持協助，而不對實際進行的行動研究負起責任或掌握研究的方向（夏林清與中華民國基層教師協會，1997：8）。

　　教育行動研究方案通常牽涉到成群的個體，例如學校團體或一群教育實務工作者的團體。教育實務工作者的工作，通常與其工作環境當中的其他人員關係密切而相互影響。因此，當問題發生時，例如需要建立一套共同的學習評量形式，則學校同仁之間便遭到一個共同的問題與理想目標，進而導致一個共同的團體信念，亦即需要更深入去了解問題，並且採取行動，以改進目前的實務工作情境。但是，一個單一個別的實務工作者也可能單獨地進行行動研究，例如一位希望能改進其班級實務工作效能的小學級任教師或國民中學的科任教師。然而，此種觀點引發各種不同的歧見，因為「批判的行動研究者」則否定由個人單獨進行的探究，認為這種類型並不是典型行動研究，因為「批判的行動研究者」主張所有的行動研究，毫無例外的皆是以團體探究為依據的（Carr & Kemmis, 1986）。特別是在美國，協同合作的行動研究是相當地普遍應用實施（Oja & Smulyan, 1989），甚至被當成是典型的行動研究。

八／結果分享：教育行動研究的結果，必須和有利害關係的參與者社群分享

　　教育行動研究，不是採取單一觀點角度的研究。既然教育行動研究的研究，能被稱為研究，應該是經得起公眾的審查與批判。如果參與研究者能有適當管道將其行動與結果，向特定問題的利害相關人員或教育實務的研究社群說明，將有助於教育問題解決的進行。如此，則最後將能增加不同的觀察角度，而且研究報告也將能採用不同參與者的不同觀點。

九／心胸開闊：教育行動研究者需要具有不預設立場的開闊心胸與恢弘氣度

　　教育行動研究的目的之一，是從教育實務情境當中進行學習，因此，採取探索的與心胸開闊、氣度恢弘的立場是必要的，而且包容力及幽默感是進行教育行動研究所需要的特質。教育行動研究過程中，有必要確保不同的價值與觀點，皆能獲得尊重。特別是，必須允許更多的討論空間，以呈現未被注意到的觀點，甚至，接納威脅挑戰研究方案既有共識的觀點。

　　因為，教育行動研究的主要目的，是從實際工作情境當中進行學習，行以求知，因此，採取探索的立場與開放的心胸是必要的。雖然理論不一定是由一項探究過程當中浮現，但是為了促使教育行動研究者的理解之發展增進，為了進行教育行動研究，一開始必須避免以理論宰制引導行動的進行。因此，教育行動研究者可以提出解決問題的研究假設與行動策略，但不是以中型或巨型理論作為教育行動研究的開端，教育行動研究是偏於一種落地生根的理論或紮根理論（grounded theory）（Strauss & Corbin, 1990）。教育行動發生在理論成形之前，進行實際行動之後，才開始逐漸建構形成中的理論；換言之，理論通常是植基於社會實務工作的行動（McKernan, 1996），而且教育行動研究所建構的教育理論是植基於教育實務工作的理想之實踐（O'Hanlon, 1996）。

十／積極革新：教育行動研究者必須具有承擔革新風險的積極進取冒險精神

就承擔風險而言，教育行動研究者透過行動研究探究自己的能力，並且承擔失敗的風險。但是，卻可以從暫時的失敗當中，記取教訓，獲得長遠的進步。身為一位教育專業的實務工作者，如果發現自己置身於「挫折」甚或「失敗」的情境當中，特別是當「失敗」是一種與人共同合作而導致眾人皆知的「失敗」，可能對自己的專業信心造成相當的威脅。然而，教育行動研究者可以從暫時阻撓的「挫折」或「失敗」情境當中，獲得因應「挫折」或「失敗」的寶貴教訓。因為「失敗」是成功之母，教育行動研究者更可以從「失敗」中獲取教訓，獲得更多的發展與進步經驗，並且可以進一步學習不同探究途徑的方法策略與步驟（O'Hanlon, 1996）。

教育行動研究者透過教育行動研究，一方面努力解決教育實際問題，特別是當教育行動研究者可能發現自己置身於一個不健全的體制內或不夠友善的教育工作環境體制當中。例如採用新的教學方法，會給其他工作同仁必須用新方法的壓力，卻導致其他人的眼紅忌妒或反彈抗拒，而使其變得不受同事歡迎。又如要移動教室桌椅與重新排列組合座位，以進行學生分組討論，然而，團體討論所產生的噪音與笑鬧聲卻導致隔壁班教師的批評；或是，進行資源使用調查時會挖掘出他人不願公開的資料，可能導致既得利益者的阻撓，將會不擇手段阻止其進一步調查與研究，或破壞進一步的探究。是以進行教育行動研究必須謹記的忠告是：有些教育實務工作者可能相當害怕改變，不管行動研究是如何地實際可行，總是難免會有反對聲浪甚至抗拒抵制，因此，教育實務工作者若想進行教育行動研究需要具有十足勇氣進行溝通協調，承擔進行教育行動研究推動教育革新的可能風險，以因應各種可能的障礙與抗拒。

第四節　教育行動研究的研究倫理

　　進行教育行動研究，一定要注意教育行動研究的「研究倫理」，研究倫理是指進行研究時所應遵守的行為規範，也就是指研究者在研究的過程中，其行為必須符合一般研究社群所秉持的共同價值信念與道德觀點，並且清楚明白在研究過程之中哪些為合法可行之事（林淑馨，2010）。是以研究倫理是進行研究中一種學術倫理道德規範價值，特別是，是研究取信於社會大眾的基礎，對於在研究過程期間，透過承諾所取得之事實的資料，均取得當事人首肯，而且「尊重被研究者」是重要的研究倫理要求（高敬文，1996）。因此，本文以教育行動研究的三個實例，從教育行動研究的「問題意識」與教育行動研究的專業倫理、教育行動研究的「研究歷程」與研究倫理等，進行教育行動研究的**研究倫理實例問題與評析**。

一／教育行動研究的「問題意識」與教育研究的專業倫理

　　教育行動研究藉由人類行動的品質改進，以改善教育環境。教育行動研究是由「實務工作者」主導，以了解並解決本身的問題，進而改進本身的實務工作為目的，所進行的系統性與批判性的探究（黃政傑，2001）。教育行動研究是「省思的實務工作者」所倡導的專業表現。因此，「省思的實務工作」與行動研究的「問題意識」，實屬重要。因此，「問題意識」是「實務工作者」從事教育行動研究的探究，不可或缺的。特別是教育專業實務工作的理念，涉及一種對專業倫理價值的承諾，亦即，「在此情境之下，我該怎麼辦」？（Elliott, 1991）實務工作者將會以規約的用詞來陳述這些規範的價值，追求專業理解與發展。

　　以深深國中八年五班的地理老師陳玠汝（2016）的國中社會領域地理科實施學習共同體之行動研究為例，其主要研究問題包括：（一）探究學生在國中社會領域地理科所遭遇的學習困難與省思為何？（二）探究國中地理科學習共同體教師單元設計方案與省思為何？（三）了解學生在地理科學習共同體方案實施的情形與省思為何？（四）了解教師於評鑑行動研究方案的省思與發展為何？國三輔導老師莊詩芸（2016）以現實治療

取向團體提升國中學生生涯自我效能之行動研究為例，其主要研究問題包括：（一）從情境分析探究現實治療取向生涯輔導課程提升國三學生生涯自我效能行動方案與省思為何？（二）設計現實治療取向生涯輔導課程提升國三學生生涯自我效能行動方案與省思之歷程為何？（三）實施現實治療取向生涯輔導課程提升國三學生生涯自我效能行動方案與省思之歷程為何？（四）評鑑現實治療取向生涯輔導課程提升國三學生生涯自我效能行動方案與省思之歷程為何？以玉山國小六年甲班導師李信男（2016）的應用讀經課程進行國小六年級學生品德教育之行動研究為例，其主要研究問題包括：（一）從情境分析探究應用讀經課程進行品德教育的現況與省思為何？（二）規劃讀經課程行動方案的歷程與省思為何？（三）實施讀經課程行動方案的歷程與省思為何？（四）評鑑讀經課程行動方案的歷程與省思為何？

　　教育行動研究是強調價值引導，在進行教育行動研究的資料蒐集之前，必須確立研究倫理信念價值，特別是由上述三個教育行動研究的實例可以發現教育行動研究是強調價值引導，行動研究要求實務工作者面對問題情境，採取研究立場，企圖透過行動方案的規劃設計實施與專業省思評鑑回饋，解決實際問題或改善工作情境，最後並增進實務工作者本身的教育專業理解。因此，教育行動研究的省思，是一種重要的教育行動研究專業倫理，教育實務工作者，必須進行批判自我的省思，如此，才能增進教育工作者專業理解與發展。

二／教育行動研究的「研究歷程」與研究倫理

　　教育行動研究是一種具有程序步驟的研究歷程，教育行動研究者可以透過適當程序，一面透過行動解決問題，一面透過省思學習進行探究。因此，教育行動研究之所以成為研究，必須是系統的探究，而且，也必須是公開於眾人之前的研究，並對問題解決的歷程與研究假設的策略，採取省思批判立場的一種研究（McKernan, 1996）。許多學者指出其過程包括尋得研究起點、釐清情境、發展行動策略並付諸實行、公開知識（黃政傑，2001；陳伯璋，2001）。綜合各家觀點，歸納教育行動研究的過程，包括「行動『前』的研究」、「行動『中』的研究」、「行動『後』的研

究」之指出關注問題領域焦點、規劃行動方案、尋求合作夥伴、實施行動方案、進行評鑑回饋等繼續循環不已的開展過程（蔡清田，2013），這種開展過程可以進一步地加以明確化與系統化為三階段六步驟，第一階段「**行動『前』的研究**」：（一）Problem 提出教育行動研究問題與省思、（二）Project 規劃教育行動研究方案與省思；第二階段「**行動『中』的研究**」：（三）Collaboration 協同合作教育行動研究與省思、（四）Implementation 實施監控教育行動研究與省思；與第三階段「**行動『後』的研究**」：（五）Evaluation 評鑑回饋與省思、（六）Report 呈現教育行動研究報告與省思。但是，如果教育行動研究的報告內容未經同意，則行動研究報告，可能是在研究倫理上，站不住腳的，因此下列研究倫理在教育行動研究中實屬重要：

（一）「知道的權利」

研究倫理是指研究者在研究的過程中，其行為必須符合一般研究社群所秉持的共同價值信念與道德觀點，並且清楚明白在研究過程之中哪些為合法可行之事（林淑馨，2010）。特別是就選取研究參與對象及合作夥伴而言，教育行動研究者必須說明為何選取這些對象作為研究參與者及合作夥伴，事前徵詢研究參與者與合作夥伴，爭取合作的空間、時間與方法等資源，透過研究參與者合作夥伴的共同合作，共同建構故事，並讓所有的參加者擁有「知道的權利」是重要的（高敬文，1996；McKernan, 1996）。以陳玠汝（2016）國中社會領域地理科實施學習共同體之行動研究為例，在徵求學生家長與合作夥伴教師的同意方面，基於保障個人的基本人權與尊重每一位家長對於學生參與本研究的選擇權，故在研究方案實施前，研究者事先以「國中社會領域地理科實施學習共同體教學計畫學生同意書」，以及「國中社會領域地理科實施學習共同體教學計畫家長同意書」，徵求家長與學生的同意，待研究之研究對象與其家長完全同意，使參與研究的全班學生得以加入此次研究活動。此通知書亦向家長說明學習共同體教學方案的理念與實施方式，使家長及學生更加了解研究方案的目的。此外，也以「實施學習共同體教學研究教師合作同意書」徵求校內3位相關教師的同意，擔任研究的合作夥伴，並告知研究目的與實施方

式，使其確實了解後能有效協助教育行動研究的進行。

（二）保護研究過程中的隱私

研究倫理是進行教育行動研究中一種學術倫理道德規範價值，對於在研究過程期間，透過承諾所取得之事實的資料，均取得當事人首肯。值得注意的是，透過承諾所取得之事實的資料，除了當事人首肯允許之外，採取絕對的保密防護措施。進入現場蒐集資料，經常面臨研究倫理問題與衝突進行省思。要讓受訪者知道訪談的有關主題，而且不要為了獲得重要訊息而誤導，甚或欺騙受訪者。在研究過程中，對於被研究者要做到不隱瞞和誠信的原則，透過不同管道來傳達，讓被研究者知道研究的內容、時間和配合事項，以及可能造成的影響，並謹慎處理彼此的承諾與約定（蔡清田，2013）。

特別是研究對象和取樣方法適當，要有清楚的研究倫理。基於被研究者的隱私和保護，「保密原則」顯得更為重要（陳向明，2004），一定要確實做到保護受訪者的隱私與機密，保護受訪者的身分可以讓受訪者免去許多不必要的麻煩，提供更豐富、深刻的資料，絕對不可以過河就拆橋，正因為研究參與者往往缺乏足夠的保護意識，研究者更應該小心，主動為他們保密，避免與研究不相關之人等談論研究，研究中的所有晤談內容及相關書面資料，均予以妥善保管，所有的研究記錄與結果，最好均以化名表示，也避免提到容易辨識的特徵，避免傷害並保護研究參與者的隱私，維護其最大的利益。

以陳玠汝（2016）的國中社會領域地理科實施學習共同體之行動研究為例，研究撰寫報告中，為維護學校權益，將對研究對象學校名稱加以保密。除此之外，為保護研究過程中的個人隱私，研究遵守匿名原則，將研究對象與合作夥伴的姓名加以編號保密。又如以李信男（2016）的應用讀經課程進行國小六年級學生品德教育之行動研究為例，研究者在進行研究時，注意到誠信原則，避免加入太多研究者的主觀意識，也經常檢視是否違反了研究倫理，研究者秉持保密的原則來保障研究參與者及受訪者的隱私權。莊詩芸（2016）的以現實治療取向團體提升國中學生生涯自我效能之行動研究為例，讓所有研究參與者，包括協同合作夥伴、研究對

象、家長等，有知的權利，也依照尊重與保密的原則來對待所有的參與者。

（三）不危害研究參與者的身心

不危害研究參與者的身心是進行教育研究時最為重要的一項倫理規範，特別是進行行動研究之中，某些的方法是無法令人接受的，例如經由高聲咆哮吼叫，要求學生順從指示命令，便是不當的。如以陳玠汝（2016）的國中社會領域地理科實施學習共同體之行動研究為例，研究者有責任及義務確保每一研究參與者在研究進行過程中，不會受到生理或心理上的傷害，包括造成身體受傷、長期心理上的不愉快或恐懼等。因此，在研究方案的設計過程中，研究者皆與合作夥伴進行縝密討論與規劃；研究方案的實施過程中，除了謹慎的將方案付諸實踐，也有合作夥伴進行觀課指導，維持合宜的教學場域。莊詩芸（2016）以現實治療取向團體提升國中學生生涯自我效能之行動研究為例，研究者在從事教育行動研究的歷程時，透過尊重慎思與明辨的研究過程，研究者能兼顧公信力及說服力，有助研究的進行得到信賴，並時常檢視自己是否違反誠信原則，甚至侵犯參與者的隱私權或損害學生應有的受教權。

（四）教育行動研究者需要具有不預設立場的開闊心胸與恢弘氣度

教育行動研究的目的之一，是從教育實務情境當中進行學習，因此，採取探索的與心胸開闊、氣度恢弘的立場是必要的，而且包容力及幽默感是進行教育行動研究所需要的特質。教育行動研究過程中，有必要確保不同的價值與觀點，皆能獲得尊重（蔡清田，2010）。以陳玠汝（2016）的國中社會領域地理科實施學習共同體之行動研究為例，便明確指出忠實的呈現研究過程與結果，在資料蒐集與結果分析的過程中，將不刻意排除負面的以及非預期的研究資料，而是將獲得的相關資料，保持客觀的角度詳實的記錄，並進行客觀分析，以確保研究的結果的真實樣貌。在論文寫作方面，對於研究結果亦不做過度的推論，使讀者了解研究的可信程度。教育行動研究是從實際工作情境當中進行學習，因此，採取探索的立場與開放的心胸是必要的。教育行動研究者提出解決問題的研

究假設與行動策略，是偏於一種落地生根的理論或紮根理論（Strauss & Corbin, 1990）。教育行動發生在理論成形之前，進行實際行動之後，才開始逐漸建構形成中的理論（McKernan, 1996）。

三／結語

　　研究倫理是進行教育行動研究中一種學術倫理道德規範價值，對於在研究過程期間，透過承諾所取得之事實的資料，均取得當事人首肯。特別是，「尊重被研究者」是重要的研究倫理要求，在多元的民主社會，要以「不強迫」的方式以達到彼此「相互尊重」的倫理原則。因此，本文以教育行動研究的三個實例，從教育行動研究的「問題意識」與教育行動研究的專業倫理、教育行動研究的「研究歷程」與研究倫理等，**進行研究倫理實例問題與評析**，指出行動研究宜特別重視從教育行動研究的「問題意識」與教育行動研究的專業倫理、教育行動研究的「研究歷程」與研究倫理等，強調「知道的權利」、保護研究過程中的隱私、不危害研究參與者的身心、教育行動研究者需要具有不預設立場的開闊心胸與恢弘氣度等，不僅能展現教師專業素養，更能展現教師的「專業主義」與「專業化」的終身學習歷程（McKernan, 1996），呼應我國「終身學習的教師圖像」，不斷地充實新知，強化教育專業素養，因而成為「終身學習者」，可以有效回應社會對培育「終身學習教師」的期待。

第 **貳** 篇

教育行動研究的歷程與程序

登高必自卑，行遠必自邇。

　　「Problem 提出教育行動研究問題與省思」是教育行動研究歷程系統三階段六步驟的首步曲第一階段「行動『前』的研究」的第一個步驟，教育行動研究歷程，首先乃是要從教育實務工作當中提出所面臨的實際問題（problem），進行關注分析與確定所遭遇的問題領域，而且確認問題範圍的界定要適當，不宜太大太廣，必須將問題的焦點具體化。教育行動研究者就如同登山健行者一般，必須「登高必自卑，行遠必自邇」，方能針對問題，界定問題領域範圍，確定問題焦點。換言之，從鉅觀層面而言，行動研究歷程步驟首先指出所遭遇問題並進行情境分析，以發現問題、診斷問題與確認問題，並進行問題分析的需求評估。本章指出教育行動研究問題與省思分為兩節，第一節是教育行動研究的問題確認（problem identification），第二節是教育行動研究的問題分析（problem analysis）。茲就指出教育行動研究問題與省思的主要歷程及相關理念列表如 6-1，說明如次：

◆ 表 6-1　教育行動研究的主要歷程步驟一：Problem 提出教育行動研究問題與省思

關注問題與確定主題焦點	行動的基本理念	成功的問題規準
教育行動研究旨在指出教育實務工作者所關注的教育實務工作問題領域，以及如何加以改進教育實務工作情境的現況。	解釋您所關注的教育問題領域之專業價值相關性與重要性，特別是否能有助於您個人對專業工作的參與投入及提升專業熱忱。	指出您所要解決的教育問題**領域**，如課程領域，並詳細地解釋您所進行教育行動研究的**情境與脈絡**。

（續）

關注問題與確定主題焦點	行動的基本理念	成功的問題規準
將關注的問題領域轉換成為一個研究主題焦點，例如「如何改進我的英語課程教材選擇？」	您所提出問題焦點的基本理念將會展露您個人價值觀與專業價值觀，可能包括對相關政策的衝突觀。	展露所要解決的教育領域問題之主題焦點，如國語課程教材選擇。
一方面尋求問題的解答，同時也要思考如何探究此問題的專業價值與意義。	對所要研究的教育問題，不僅要知其然，也要設法知其所以然。	指出說明基本理念與專業價值，如改進課程選擇或改善遴選教科書的方法。

第一節 教育行動研究的問題確認

　　就學生而言，學生往往可以根據教科書的內容或教師的指導建議，指出所要研究的問題，而且，教科書或教師，甚至可能會提供解答問題的方法資料或答案。然而，就教育實務工作者進行教育行動研究的一大困難與挑戰而言，便是許多教育實務工作者往往對已經存在的問題習焉而不察，往往未能理解到實務工作情境當中所存在的問題。因此，往往有人認為指出問題所在，甚至比解決問題更為困難且更具挑戰性（蔡清田，2020）。

　　教育行動研究歷程的第一個重要步驟是提出教育行動研究問題與省思，指出所關注的教育實務問題，而且對問題範圍的界定要適當，不宜太大，必須將問題的焦點具體化（黃政傑，2001）。這是教育行動研究歷程當中非常重要的一個程序步驟。除非提出所要研究的實務問題，是教育實務工作者所面對並且關注的問題，否則將不易確定所要研究的教育問題焦點，不利於教育行動研究的進展。但是，提出並確定所要研究的教育問題，不只是陳述問題而已，因為教育實務工作者所陳述的問題，可能不是其真正關注的實際教育問題，教育實務工作者也可能並沒有掌握到其所關注問題的全貌，而且教育實務工作者可能無法將其所關注的問題與置身的情境，加以清楚而明確的陳述，更何況教育實務工作者也可能並未能針對

問題的原因，提出適切的診斷假設，無法指出適切的問題解決途徑。因此，指出並確認所要研究問題的一項重要任務，便是猶如登高必自卑，行遠必自邇，去找出問題的核心關鍵，並開始將問題困難之處的原因，視為進行探究的焦點。換言之，教育實務工作者若要進行教育行動研究，有必要先去**確定所陳述問題的焦點與診斷所要研究問題的原因**（McNiff, Lomax, & Whitehead, 1996: 117）。特別是關注問題可以以自己能力所及的問題範圍為焦點，莫以善小而不為，有多少能力就做多少事，盡力而為，不要以為自己個人力量小，作不了大事；大事往往來自於小事，認為對的事就盡力去作，努力作就可以作到，不努力就作不到，亦即「只有累積而沒有奇蹟」。因此可以從小事開始，雖不能立竿見影，但不要急功近利，只要一開始行動，日積月累，就可促成改變與進步，美夢就有可能成真，所謂「為者常成，行者常至」。例如蔡玉珊（2020）透過行動研究方法，以學生為中心的合作學習方案融入高中英文閱讀理解教學中，探討學生的閱讀理解與後設認知是否有所提升，以改善在高層次上的閱讀理解。蔡玉珊便先針對研究場域「好好（化名）高中」的學校、教師，以及學生四個向度進行 S（優勢）、W（劣勢）、O（機會點）、T（威脅點）、A（行動策略）之表 6-2「好好高中」研究情境 SWOTA 分析，藉此分析運用合作學習於高中英文閱讀理解教學之可行的行動研究方案。

◆ 表 6-2　「好好高中」研究情境 SWOTA 分析

因素	Strength（優勢）	Weakness（劣勢）	Opportunity（機會點）	Threat（威脅點）	Action（行動策略）
教師	1. 經驗豐富 2. 樂於學習 3. 勇於嘗試	1. 因為進度妥協 2. 教學模式蕭規曹隨，沿襲已久	1. 學習意願高 2. 具教育熱忱 3. 具教學興趣	1. 教材內容繁多 2. 授課時數不足	1. 尋求批判諍友 2. 培養學生自學與他人討論跟問題解決力

（續）

因素	Strength（優勢）	Weakness（劣勢）	Opportunity（機會點）	Threat（威脅點）	Action（行動策略）
學生	1. 過去成功學習經驗相對較多 2. 學習動機強	1. 英文程度落差大 2. 其他學科，特別是數理學科負擔重	1. 配合度高 2. 願意嘗試 3. 班級氣氛融洽	1. 補習太多，其在英文補習班所教與所做練習習鑽偏難 2. 市面上細瑣習鑽考題做太多	1. 訪談了解學生學習情形以進行調整 2. 形成性評量和總結性評量之實施
學校	願意給老師支持且相信老師專業	非常重視升學績效	同事間會互相討論共備與幫助	1. 重視成績 2. 月考題目穩定亮點度不一，有時不一定會出閱讀理解的考題	1. 主動尋找學生 2. 以大考考題為教學指導

　　行動研究是一種研究類型，其研究的主要對象是教育問題，特別是學校的教育問題，其主要的研究人員是教育的實務工作者，其主要的目的是改進教育的工作情境，企圖使教育實際與教育理論密切結合，並促進教育實務工作者的專業發展（蔡清田，2013）。因此，蔡玉珊（2020）老師希望透過課程設計以《普通高級中學英文課程綱要》和《十二年國民基本教育課程綱要（語文領域──英語文）》為導向，採運用合作學習於高中英文閱讀理解教學以提升學生的學習成效。有鑑於每個學校、班級、學生皆有不同特定的情境，故必須界定教育實務工作情境中的問題，為了評估此教學行動方案的可行性，蔡玉珊老師便將進行二年 A 班、研究者本身與進行合作學習方案教學之 SWOTA 分析，如表 6-3 二年 A 班實施運用合作學習於英文閱讀理解教學之 SWOTA 分析、表 6-4 蔡老師本身 SWOTA 分析。

◆表6-3 二年A班實施運用合作學習於英文閱讀理解教學之SWOTA分析

項目	內部因素		外部因素		
	S（優勢）	W（劣勢）	O（機會）	T（威脅）	A（行動策略）
教室資源	1. 教室內設置一臺桌上型電腦、投影機、投影幕、麥克風 2. 教室配有冷氣環境舒適	1. 教室隔音不佳，錄音效果不佳 2. 教室沒無線網路 3. 沒有適當的錄音或錄影軟體	1. 教師因教學需要，可向學校要求開放無線網路 2. 學校有足夠iPad與Surface可用 4. 投影時，若關燈則照明不足	1. 校區小，教室緊連其他班級、彼此影響 2. 網路速度不穩定	1. 尋求學校資訊組協助開通無線網路 2. 可向學校借用iPad或Surface下載軟體 3. 商請工程師協助網速穩定與改善 4. 請總務處增加日光燈 5. 請同學帶耳機來聽錄音
教師因素	1. 教師有教學熱忱 2. 教師慣用簡報教學，分組任務 3. 教師擔任過班導師、領域召集人、社群召集人、對課程深入理解	1. 設計合作學習方案教學課程經驗不足 2. 英文閱讀素材大廣，老師難駕馭	1. 校內外研習很多，有許多進修與觀摩機會 2. 校內外有各種共備社群可參加	1. 校外研習多，但因課務負擔，無法前往 2. 能共備因理念、時間，難以持續	1. 教師可善用網路資源與書籍自學 2. 持續參與校內外共備社群學習 3. 觀摩與請教其他教師合作學習技巧 4. 與老師們進行觀課相互學習

（續）

項目	內部因素			外部因素	
	S（優勢）	W（劣勢）	O（機會）	T（威脅）	A（行動策略）
學生狀況	1. 學生熱情活潑，師生間互動良好 2. 學生可塑性高，容易接收新的教學方式 3. 學生學習態度良好，同儕互動佳 4. 學生互助學習氣好	學科與進度壓力大，對於其他的內容與教學有些疑慮及保留	除在英文科外，在其他學科也有機會嘗試合作學習	1. 課程進度因合作討論延宕，導學習內容，影響學習課。 2. 合作學習若是進行不當，則學習效果不彰	1. 教師引導學生有效進行合作學習 2. 教師與學生討論，建立共識 3. 教師發揮專業能力，設計引導學生良好的合作學習課程
家長配合	1. 家長尊重教師專業 2. 家長支持給予學生不同刺激	家長在乎學業表現	校方提供各方資料，讓家長放心學校專業	家長擔心新的教學法成效	辦理親師座談會，加強溝通與理解

表 6-4　蔡老師本身 SWOTA 分析

項目	內部因素		外部因素	
	S（優勢）	W（劣勢）	O（機會）	T（威脅）	A（行動策略）
個人背景	1. 教師超過 10 年教學與導師年資，對大考、教學與班級經營經驗豐富 2. 教師積極參與學校課程發展、擔任科召、課發委員、語資召集人，對課程發展與課設計有基本概念 3. 教師平日也使用合作學習教學策略，有些許熟悉度 4. 積極參與各種研習與共備	1. 教師進修過研究所課程，修習行動研究課程，但沒有行動研究的實務經驗 2. 配合學校課程與人力配制，基本鐘點外超時鐘點多，授課班級多，課務繁重	1. 行動研究有指導教授給予專業的協助 2. 透過在職進修，運用研究所所學之行動研究進行合作學習方案	1. 教師課務及班務很繁忙，加上進修研究所時間壓縮，體力精神負荷重 2. 沒行動研究經驗，無法預知成果 3. 參與或承接各項教育相關活動，任務多時，恐影響自身教學品質	1. 持續參加英文研習與共備課程，以提升教師專業素養並研發新課程 2. 教師與協同合作教師進行動研究，必要時尋求老師協助

（續）

項目	內部因素			外部因素	
	S（優勢）	W（劣勢）	O（機會）	T（威脅）	A（行動策略）
親師關係	1. 親師溝通良好 2. 家長尊重教師專業	1. 家長期望大，過度重視成績 2. 家長恐不了解合作學習的理念，故擔心進度與學習成效 3. 過分重視考試成果、不在乎學習歷程與其他能力培養	1. 藉親師座談會溝通，了解老師理念	家長未能親臨教學現場又怕訊息傳達，導致誤解	1. 辦親師座談會，增加理解 2. 透過導師協助與家長溝通 3. 隨時尋找學習機會傳達合作學習理念
師生相處	1. 與學生互動良好 2. 學生願意主動溝通 3. 教師關心理解學生、學生也樂於分享想法 4. 學生對教師新的教學方式、配合度高	有些學生自我感覺或自我意識較高，有時無法持續完成交辦任務	1. 師生互動多鼓勵與不放棄的態度 2. 教師告訴學生設計理念，使學生了解對學習的幫助 3. 學生在其他學科有合作學習的經驗，有助此次行動研究進行	上課錄影、拍照時會讓學生不自在	1. 引導互助與教學相長的態度，增進學生的意願 2. 教師訂立多元評量標準，使學生可依循 3. 多鼓勵及給予表現的舞臺

（續）

項目	內部因素		外部因素		
	S（優勢）	W（劣勢）	O（機會）	T（威脅）	A（行動策略）
同儕關係	1. 與研究班導師關係良好 2. 教師與同事相處融洽有實務經驗 3. 與同年段兩位教師有共同備課經驗與默契 4. 與同儕夥伴互相分享教案	1. 協同教師不了解行動研究，也沒有實務經驗 2. 與同儕夥伴聚在一起進行專業討論時間不易安排 3. 同儕夥伴對合作學習策略經驗與技巧不足	1. 與導師溝通配合好，可與導師會談、了解學生狀況 2. 臺中市政府要求公開觀議課，可互相觀摩	1. 研究者邀請協同教師參與行動研究與評鑑，增加協同教師的負擔 2. 同儕夥伴課務繁忙，溝通時間不足	1. 發展適合學生合作學習策略的課程 2. 研究者與協同成立社群，定期討論與分享 3. 發展跨校社群，尋求更多夥伴加入與協助

　　又如，**任教於桃園市森林（化名）國小的鄧宛廷（2020）老師**，運用繪本實施國小二年級生命教育課程之行動研究，企望透過繪本融入生命教育的方式，教導學生認識身體界線、認識情緒、關懷父母、關懷祖父母、關懷手足、關懷朋友、珍惜食物、珍惜水資源，讓學生認識生命、了解生命、關懷生命、尊重生命，並化為實際行動，落實生命教育，才能真正的改善與解決問題。因此，首先進行森林國小 108 學年度學校課程計畫中 SWOTA 分析，再邀請研究夥伴修改部分內容，並加上 Action（行動）項目，最後選定「地理環境」、「學校規模」、「硬體設備」、「教師資源」、「行政人員」、「學生現況」、「家長配合」、「社區資源」作為森林國小的 SWOTA 分析，如表 6-5。

　　鄧老師的生命教育課程之行動研究，是以森林國小二年可愛班為研究單元，因此除學校層級的情境分析外，也針對二年可愛班進行情境分析，與研究夥伴討論後，並刪除與學校層級情境分析相類似項目，最後選定「教室環境」、「教室設備」、「學生素質」、「家長因素」、「教師因素」作為班級層級的 SWOTA 分析，如表 6-6。

　　鄧老師在本次行動研究當中，研究者身兼課程設計及教學者，加上從一年級起即擔任該班導師，對學生、家長了解甚深，因此也是影響此次研究成功與否的關鍵，故研究者應該了解自身的教學優勢及劣勢，並加以改進轉化為實際行動，採取積極的策略，因此就「研究者經歷」、「合作夥伴關係」、「師生關係」、「親師關係」進行 SWOTA 分析，如表 6-7。

◆ 表 6-5　森林國小生命教育課程發展之 SWOTA 分析

因素	S（優勢）	W（劣勢）	O（機會）	T（威脅）	A（行動）
地理環境	1. 鄰近都市計畫外圍，交通尚稱方便。 2. 屬於農工業交錯學住宅區，環境尚幽靜。	1. 部分校地尚屬居民地，糾紛未解，限制了學校硬體設備的整建。 2. 校地面積狹小，阻礙了行政與教學上的推展與運用，亦限制了學生的活動空間。	附近緊鄰都市重劃區是學校未來發展機會。	1. 學校前門道路狹窄。 2. 校門口車流量多且車速快，學生上下學危險。 3. 校園周遭文教、公共設施、機構減少。	1. 加強環境保護教育。 2. 實施珍惜生命教育課程。
學校規模	1. 全校 12 班，217 人。 2. 一般小型學校。	1. 學校規模小，社區活動少，學區不大，許多家長認校比較好。 2. 因少子化，前幾年學校新生數已有減少趨勢，減班壓力漸增。	1. 透過學校本位發展落實教育願景目標，營造精緻校園並建立學校特色。 2. 受惠於臨近大校總量管制因素，陸續有學生轉入。	受限於無法擴建校舍的窘況，各項教育設施難以進行整體規劃與增設。	1. 指導學生正確使用設備的方式。 2. 推廣愛護環境的觀念。

（續）

（續）

因素	S（優勢）	W（劣勢）	O（機會）	T（威脅）	A（行動）
硬體設備	109年建置智慧教室，全校班級教室皆有智慧觸控電視及英語教室智慧觸控電視，全校兩臺平板車。	1.無線網路訊號差。 2.教室及室內活動空間不足。	積極爭取補助，充實軟硬體設備。	一般教室、專科教室、圖書室內空間及室數皆未達教育部規範之標準。	1.運用多媒體實施生命教育課程。 2.爭取經費充實繪本教學以推行繪本教學。
教師資源	1.師資年輕化、連續多年皆有教師甄試新進人員。 2.教師積極參與在職進修。	1.教師熱忱足夠，但兼任行政負擔大。 2.科任師資不足。	1.教師進修意願強、風氣盛、研究所畢業比例高。 2.正式專任教師比例高。	師資多元化後，教師專業知能參差不齊。	1.推廣教師專業進修活動，提升專業素養。 2.推動課程行動研究，促使教師專業成長。
行政人員	1.校長專業領導，目標明確且積極認真負責。 2.效率高、處室配合佳。 3.團隊協同合作，校園文化溫馨和諧。	僅三處室、三主任、組長行政員負擔極大。	1.人事、會計由正式公務員接任。 2.校長積極帶動學校發展。	全校教師除本職之外，皆需兼任行政工作，專業性能力有限，且工作壓力負擔大。	1.建立行政流程標準化。 2.簡化行政業務。

因素	S (優勢)	W (劣勢)	O (機會)	T (威脅)	A (行動)
學生現況	學生純真活潑、精力充沛、可塑性強。	1. 文化刺激不足。 2. 單親、隔代教養、外配等弱勢比例偏高。	1. 勤勞、可塑性高。 2. 強化生活教育及 EQ 教育、MQ 教育。	1. 特教生鑑出率高，影響班級教學規劃。 2. 單親、隔代教養、新移民、低收入戶等弱勢家庭比例偏高。	1. 推廣生命教育課程。 2. 培養學生認識自己、關懷他人、珍惜環境的生命教育情操。 3. 鼓勵學生借閱繪本、提升閱讀量。
家長配合	民風淳樸、家長會熱心參與及支持校務運作。	1. 忙於工作，無法全心關心小孩。 2. 教育理念待加強。	1. 提供親職教育的機會。 2. 開放多與管道。 3. 校園志工制度及學生家長會的建立。	單親、隔代、外配家庭漸多，弱勢生比例偏高。	1. 舉辦親師會、親子教育講座、親子家長互動日，積極與家長溝通。 2. 善用文宣、信件、通訊軟體與家長溝通。 3. 推動親子共讀繪本。
社區資源	1. 社區學校互動良好。 2. 附近多農田可進行食農教育。	學區附近缺乏藝文場所。	1. 開放學校場所，學校社區化。 2. 與社區互動熱絡，相互支援。	1. 社區民眾將停放學校周圍，威脅學生上放學安全。 2. 部分校地產權不清，學校形同水上浮萍。	1. 向社區民眾推廣生命教育理念。 2. 善用社區資源，推廣生命教育課程。

◆ 表6-6　二年可愛班生命教育課程發展之SWOTA分析

因素	S（優勢）	W（劣勢）	O（機會）	T（威脅）	A（行動）
教室環境	1. 教室位於二樓中央，並處中高年級不同棟別，較為寧靜。 2. 教室外緊鄰和風走廊，可利用空間大。	教室右側緊鄰民宅，易受干擾。	班級人數少、教室活動空間大，可擺放許多繪本、桌遊、教具。	位於二樓，學生急著下課，容易發生危險。	1. 舉行安全、自我保護的生命教育，宣導身體界線概念。 2. 申請班級圖書，全班共讀繪本。
教室設備	教室內配有電腦、單槍投影機、布幕、音響、智慧觸控電視。	1. 教室內無影印機，使用影印設備需到辦公室。 2. 智慧觸控電視音響常當機，造成不便。	學生喜愛用智慧觸控電視上課。	長期使用智慧觸控電視授課，可能造成視力不良。	1. 運用多媒體實施生命教育課程。 2. 將繪本製作成簡報，進行生命教育課程。
學生素質	大部分學生都很遵守規矩，課堂氣氛融洽。	1. 缺乏提問的勇氣，學習態度被動。 2. 容易粗心大意，仔細程度不夠。 3. 缺乏認識自我、珍惜環境，關懷他人等問題。	1. 喜歡聽故事。 2. 重視導師的讚美及肯定。 3. 多數學生單純可愛，可塑性高。	1. 容易受時下YouTuber、直播主影響。 2. 容易受外在誘惑煽動。	1. 配合繪本設計生命教育課程方案。 2. 將生命教育融入生活中。

（續）

因素	S（優勢）	W（劣勢）	O（機會）	T（威脅）	A（行動）
家長因素	家長與導師互動，信任導師。	1. 部分家長生活忙碌，難以顧及學生。 2. 少數家長對學校活動並不熱衷。	多數家長配合度高，願意與導師合作。	多數家長雖願意配合導師，但難免受到其他同住親友的影響，或心有餘而力不足。	透過聯絡簿、電話及其他通訊軟體，暢通親師溝通管道。
教師因素	1. 導師年輕具有教學熱忱。 2. 科任老師授課認真。	導師去年曾請產假，部分課程由代課老師授課。	1. 可尋找教學夥伴共同進行生命教育課程研究。 2. 學校同事願意傾囊相授。	同事們各司其職，工作忙碌，難以抽空討論。	利用課餘或假日時間，討論運用繪本、進行生命教育的課程。

（續）

◆ 表6-7　鄧老師個人的SWOTA分析

因素	S（優勢）	W（劣勢）	O（機會）	T（威脅）	A（行動）
研究者經歷	1. 除六年級外、研究者擔任過一到五年級導師，任過導師經驗豐富。 2. 曾於市內國語朗讀比賽取得名次，口齒清晰。 3. 曾任公務員，有行政經驗。	1. 未曾做過生命教育課程設計及行動研究。 2. 雖具有教學技巧，但教學技巧仍有可琢磨之處。	1. 研究所有修習行動研究課程。 2. 學校週三下午常安排研習，精進教學技巧與知能。	小校教師均須兼辦行政、工作繁忙。	1. 利用活潑的肢體表情及感情豐富的語調，導讀生命教育繪本。 2. 尋求合作夥伴，共同進行行動研究。

因素	S（優勢）	W（劣勢）	O（機會）	T（威脅）	A（行動）
合作夥伴關係	1.合作夥伴均有豐富教學經驗及行政資歷，經驗完整。2.個性大方、不藏私。	未曾做過生命教育課程設計及行動研究。	1.合作夥伴均重視學生品德。2.不同背景的合作夥伴，可提供不同角度的觀點。	小校教師均需兼辦行政、工作繁忙，難以有充裕的時間討論。	1.利用課餘或假日時間，討論運用繪本進行生命教育的課程。2.經由討論引導合作夥伴宣導生命教育理念。
師生關係	擔任導師與學生相處時間長，可仔細觀察每一位孩子。	部分學生學習態度消極。	1.低年級學生很聽導師的話。2.多數學生喜歡聽故事。	部分學生表達能力不佳。	1.請合作夥伴協助觀察學生表現。2.善加利用各種時間與學生主動親近，了解學生生命教育的概念發展。
親師關係	學生家長多為研究者的鄰居，關係緊密、深獲信任。	1.家長工作繁忙，與學生相處時間少。2.家長教育理念看法不同，相差懸殊。3.少數家長對孩子態度放任，只求沒事就好。	科技發達，有多種管道能與家長溝通聯繫。	多數家長不太了解生命教育議題。	透過聯絡簿、電話、通訊軟體及其他家長會面的機會，向家長宣導生命教育課程的理念。

　　由此可見，透過情境分析將有助於行動研究者了解實施行動研究的情境，尤其是透過班級情境與研究者自身的情境分析，有助於研究者了解運用合作學習於高中英文閱讀理解教學的班級與自身的情境為何，進而能掌握教學情境的優勢與機會，避開劣勢與威脅，擬定行動策略來解決問題。因此，下列的問題有助於釐清行動研究的重點，特別是開始進行之際，有必要指出**教育實務工作者**在實際工作情境中，所遭遇的**困難**與所產生的**問題**。茲就提出教育行動研究的問題確認之主要項目，確認和釐清「一般的觀念想法」、發現問題與界定問題領域等要點說明如下：

一／確認和釐清「一般的觀念想法」

　　確認和釐清「一般的觀念想法」（identifying and clarifying the general idea）是相當重要的問題確認的重要步驟。「一般的觀念想法」本質上是一種陳述，敘述「觀念想法」與「行動」之間的連結，也就是所謂的「初步想法」或「先前理解」（蔡清田，2016）。換言之，「一般的觀念想法」，是指教育行動者所想要改變的事項或企圖改善的情境之陳述。行動研究者可以先提出這些「一般的觀念想法」或「初步想法」，加以開誠布公，使其受到關注與重視，進而試圖去了解這些初步想法與先前理解是如何產生的？是從何而來？例如學生不滿意他們被評量的方法，則教師如何改善學生評量的方法呢？又如，學生在上課時浪費許多學習時間，則教師如何增加學生用在「學習任務」上的時間呢？又如，父母強烈地渴望要幫忙學校監督學生的家庭作業，則學校教師如何使家長的參與更加有效用呢？然而，甘美思等人警告教育實務工作者應該避免「那些您沒有辦法有所作為的問題訴求」（Kemmis & McTaggart, 1982）。例如「家長社會經濟地位和學生學業成就之間的關係，或家長社經地位與班級學生課堂上發問能力間的關係」，這些問題或許是有趣的，但教師身為一位教育實務工作者本身不易改變學生家長的社經地位，而且這不一定是教師能力範圍所及的。因此，教師能作出的教育行動研究貢獻也是相當有限的。

　　雖然某些「一般的觀念想法」並不容易被連結到一個具體的「行動」時，應該避免，即使在理論上是有趣的。然而，往往與教育行動有關聯的事件敘述，卻無法明確地指出與這事件範圍有關的改進之道。譬如，假如

學生不滿意被評量的方法，這顯然與一位教師是否能幫助學生改進學習的能力有關。但是，教師可能覺得此種盛行的評量學生的模式，是個別教師所無法改變的。雖然如此，仍然值得教師在一段時間內，先不預作價值判斷，而先進行研究，以探究是否可以採行某些行動，以改善其工作情境的不良效應與限制。

選擇一個「一般的觀念想法」的重要標準，是指這種想法在特定的工作情境當中具有三項特色，第一項特色是此種「一般的觀念想法」會衝擊教育實務工作者的行動領域，第二項特色是此種「一般的觀念想法」是教育實務工作者想要改變或改善的。第三項特色是這項想法是教育實務工作者有能力針對問題範圍加以改變或改善的「一般的觀念想法」，這是一個教育行動研究者所應考慮與重視的問題（Elliott, 1991: 72）。

二／發現問題

一般而言，研究問題的來源，可能是研究者本身的興趣與經驗，特定領域實務工作情境的實際問題，也可能衍生自理論的啟發、學者專家的建議、相關文獻之後的構想，也可能複製或修正以往研究過的相關問題、或進行相反研究結果的探究。

教育實務工作者如何開始進行教育行動研究？事實上，教育行動研究往往起源於教育實務工作情境當中所發生的實際教育問題，而不是去迎合或追求流行的理論或學術口號（夏林清與中華民國基層教師協會，1997；Altrichter, Posch, & Somekh, 1993）。換言之，教育的改善，往往始於對現況的實務工作情境不滿。特別是教育行動研究就是要不斷地進行行動，要從行動之中發現問題，指出所關注的教育問題、研究問題，並且解決問題。教育行動研究的問題，通常就是教育實際工作所遭遇到的問題。而且，教育行動研究者在改進教育實務的同時，並可以建立教育實務工作情境當中實際有用的教育實務知識。

就發現問題而言，如何尋求教育行動研究的起點與進行價值陳述，是教育行動研究者在此階段的重要任務，茲說明如次：

（一）如何尋求教育行動研究的起點

　　教育行動研究經常是從一個疑問之處開始，也就是教育實務工作者發現了實務工作情境當中有些問題不對勁或發生令人不滿意的困擾，因此希望透過實際行動處理並解決這些問題與困擾，然而教育行動研究的目的不只是要改善教育實務工作，並且要透過問題解決的歷程，增進教育實務工作者自己對教育實務工作的深層理解（Altrichter, Posch, & Somekh, 1993）。因此，教育實務工作者首先應該先決定哪一項教育實務工作需要有所改善，亦即，要先決定教育行動研究問題的領域範圍。教育實務工作者應該先針對自己的實務工作情境進行探究，在實務工作情境領域做了先前探究之後，進一步地，教育行動研究者要確定研究問題，再將研究問題轉化成為解決問題的具體行動方案，才能找尋相關事實資料，進而實施監控與省思評鑑此一教育行動研究方案的成果。

　　如何確定研究問題？教育實務工作者究竟應該如何確定改善教育實務當中的哪一領域方面呢？有一個方法是由教育實務工作者自己找出一些「生活當中的矛盾體」（living contradictions）（McNiff, Lomax, & Whitehead, 1996: 48），也就是去認識教育實務工作者本身的行動、信仰、價值觀之間存在著不一致的現象，並且去感受那種因矛盾而產生的不舒服。如果教育實務工作者發現自己的價值觀念並未能完全在教育實務工作當中獲得落實，這對教育實務工作者去從事行動研究，將是一大誘因。舉例來說，教師可能對自身的教學實務現況存有疑問，但是，教師必須詢問自己，班上發生了什麼事？可能的原因為何？教師必須指出為什麼對於現有狀況不滿？想要改變什麼？如何觀察與評估改變後的反應？如何改變教學來適應其研究發現呢？這些都是教師在進行教育行動研究上重要的問題。因此，下列六個關鍵性的問題，有助於教育實務工作者探究本身面臨的實務工作問題，進而發現行動研究問題，作為教育行動研究的起點（McNiff, 1995: 57）。茲分述如次：

　　1.您身為一位教育實務工作者，您所關注的問題是什麼？此一問題具有何種性質？此一問題的產生背景是什麼？

　　2.您為何會對此問題產生興趣，此一問題具有何種重要性？

　　3.您對於此一問題能做些什麼貢獻，其可行性與預期目標是什麼？

4.您能蒐集到什麼樣證據資料來幫助您了解或判斷此一問題？

5.要如何蒐集這些證據資料？

6.如何能確認您對此一問題的判斷是正確的？

　　但是，要求教育實務工作者去察覺自己實務工作情境當中一些「生活當中的矛盾體」並不容易，因為教育實務工作者可能對自己的問題習焉而不察，或用各種藉口與防衛措施，來迴避這個問題存在的事實。因此，教育實務工作者有必要進行價值陳述，以便進而確定問題的領域，繼而繼續進行教育行動研究。

（二）價值陳述

　　教育行動研究可以引導教育實務工作者進行價值陳述，鼓勵教育行動研究者檢視潛藏於教育實務工作當中的價值假設。因此，教育行動研究者確定所要探究的問題之後，必須說明為何關注此一問題，說明此一問題究竟是起源於對現況不滿、或某種特定的興趣或困難（夏林清與中華民國基層教師協會，1997：197；Altrichter, Posch, & Somekh, 1993），或是此一問題情境曖昧不明。

1. 價值陳述的檢核項目

　　就價值陳述的檢核項目而言，您身為一位教育實務工作者，必須不斷省思檢討自己的教育實務工作是否與自己本身所持的教育專業價值一致（McNiff, Lomax, & Whitehead, 1996: 59），因此，教育實務工作者必須陳述自己所持的教育專業價值，而且下列各項值得參考：

　　(1) 教育實務工作者身為教育專業人士，必須確認自己所持的教育專業價值觀，是否在實務工作問題情境中被否定了？

　　(2) 您本身身為一位教育實務工作者，是否構想出在何種情況下您會喜歡何種實務工作情境，而此種實務工作情境也符合您的價值觀？

　　(3) 您身為一位教育實務工作者，是否曾檢討過您對實務工作問題情境的知覺？您對實務工作情境所作所為是否是正當的？是否合情合理合法？

　　(4) 您身為一位教育實務工作者，是否將您的價值觀加以陳述轉換成為書面記錄，作為未來參考之用？

(5) 是否還有其他事情沒考慮到嗎？

2. 價值陳述的小祕訣

就價值陳述的小祕訣而言，教育實務工作者必須注意下列問題。特別是您應該想一想，您身為一位教育實務工作者，為什麼您選擇這個特定的實務工作問題領域作為研究領域？您的專業價值是什麼？換言之，是由哪些因素驅使您去進行目前的實務工作？您進行教育行動研究的內在動力與內在目的是什麼？您是否朝著您所希望的方式與目的方向進行工作？您達成什麼程度水準？您需要進行什麼改變，以改善您的實務工作情境（McNiff, Lomax, & Whitehead, 1996: 59）？

3. 價值陳述的具體任務

就價值陳述的具體任務而言，教育實務工作者也要注意著手進行下列事項（McNiff, Lomax, & Whitehead, 1996: 59）：

(1) 您身為一位教育實務工作者，您應該將您自己所持的專業價值寫成書面文字的陳述，例如您可以利用「個人的使命任務」等語句，來陳述您的專業價值。

(2) 簡單地描述您的實務工作情境，並且說出您的實務工作和您的專業價值是否相符一致。

(3) 說一說，為什麼您覺得您對這個特定實務工作領域的干預介入是正當的？您對此一領域的介入是否合情、合理、合法？假如可能，也請您指出是否已經和別人一起討論您的此種價值知覺，而且此種價值知覺是否也已經得到其他人的印證。換言之，您不只是進行干預介入而已，而且還有合情、合理、合法的基礎進行實務工作的干預介入。

(4) 具體而言，請您說明您所進行的研究之重要性與價值，並請您具體指出您進行教育行動研究的內在動力與內在目的是什麼。

總之，在教育行動研究的確定研究問題的過程當中，很重要的是，一方面必須首先說明教育實務工作者置身所在的情境脈絡，進而指出本身的價值信念；另一方面，也必須確認教育實務工作者所關心的問題領域。此兩方面，都必須加以仔細考慮，以便進行下一步驟的問題分析與問題焦點加以確認（McNiff, Lomax, & Whitehead, 1996: 52）。

三／界定問題領域（您能力範圍可以解決的問題）

　　教育行動研究所關心的是教育實務工作者所經驗的人類行動與社會情境。就教育行動研究所要處理的問題而言，具有三個特性：第一項是起源於教育實務工作者對某項實務工作的不滿意，亦即就某方面的問題而言，是不能被教育實務工作者本身所接受的；第二是權變性，亦即，此一問題可以因情境不同而改變；第三是規範性，亦即，教育實務工作者應該對此一問題有所實際回應，透過行動加以改進，如此才能合乎教育實務工作者的專業信念與價值（Elliott, 1992: 121）。教育行動研究關心教育實務工作者日常教育生活所經驗的「實務問題」，而非某一學科領域的純理論研究者所界定的「理論問題」。然而，教育行動研究可以由教育實務工作者本身來發掘問題，也可以委請他人的協助來進行問題的發覺與診斷。但是就教育行動研究的問題性質而言，教育行動研究所要處理的問題性質，應該是**教育實務工作者能力範圍所能解決的問題**（黃光雄、蔡清田，2017）。

（一）進行情境分析

　　教育行動研究者必須進行教育問題的情境分析，以定義問題並進行需求評估（Kemmis & McTaggart, 1982）。換言之，教育行動研究者要確定所探究的教育問題，指出所要探究問題的範圍，並且嘗試診斷其產生問題的原因（Altrichter, Posch, & Somekh, 1993）。事實上，這也是所謂「偵察與發現事實真相」（reconnaissance），偵察與發現事實真相這項活動，旨在指出所要探究問題的實際情境。教育行動研究者需要盡可能地描述所要改變或改善的情境的本質，因此，下列問題的提出，將有助於教育實務工作者進行情境分析，仔細考慮自己所實際面對問題的重要性與價值性。

　　1.在教育實務工作者的實務工作情境當中，現在發生什麼問題？涉及了哪些人、事、物、時間、地點、對象？

　　2.我本身身為一位教育實務工作者，我對此一問題所持的觀點是什麼？

　　3.此一問題有何重要性？

4.對於此問題，我要作什麼？我能作什麼貢獻？

5.我所要研究的範圍是什麼？

6.我的立場有何限制？

　　通常教育行動研究者有必要描述問題**情境背景**？說明所關注問題的性質與背景，例如學校所在地區特色、學校性質、年級、班級屬性、科目、學生性別等情境背景因素。進而說明問題的**領域**？如學校行政、課程教材、資源媒體、教學方法、學習活動等。並具體指出問題的**焦點**？例如您身為一位國中英語教師，想要提升國中一年級學生的英語會話的學習動機與溝通表達能力。您身為一位教育實務工作者必須說明您**為什麼**關心此問題？此問題有何**重要性**？您也必須嘗試說明您對於上述問題能作些什麼革新？並說明您預期達成的目標。換言之，教育行動研究者在進行行動研究之初，應該確定所要研究的問題領域與焦點，並分條陳述說明其意圖目的（Taba & Noel, 1992）。

　　舉例而言，教育實務工作者所要探究的問題是「學生在課堂上浪費太多時間」，則教育行動研究者必須要先行探究下列的相關事項：

1.哪些學生最會浪費時間呢？

2.當學生浪費時間時，學生在做什麼呢？

3.學生浪費的時間都是在做類似或者是不同的事情？

4.學生浪費時間後，會接著做些什麼事情呢？

5.當學生沒有浪費時間時，正在做什麼呢？

6.在課堂中是否有某一個特別的時點，或一天中的某個時刻或某些主題，學生最會浪費時間？

7.「浪費時間」會以哪些不同形式呈現出來呢？

　　這些事項可以幫助釐清問題的本質。這些情報訊息的蒐集，能協助確定問題的本質。例如產生對不同種類「浪費時間」的分類項目，可以引導行動研究者對最初的觀念想法之理解，產生重要的變化。例如有可能原本認為是「浪費時間」的事情，後來卻發現並不是，而那些原本以為不是「浪費時間」的事情，卻變成了「浪費時間」的事情。如果已經蒐集和描述了相關事實，則教育行動研究者需要進一步地加以解釋（Altrichter, Posch, & Somekh, 1993）。事實情境是如何發生的呢？是否有相關的偶發事件或者關鍵的因素？哪些因素對所描述的事實具有影響作用呢？教育

行動研究者在提出這些問題時，必須掌握對情境的描述。

（二）確定所要研究的問題領域

　　確認所要研究的問題，除了可以作為教育行動研究的起點之外，確認問題也可以協助實務工作者進行問題診斷，例如診斷教師的技能、知覺水準、對學生的態度、對教學的態度，特別是診斷其接受觀念變革與方法的變革之能力，可以作為推動教育變革的依據。因此，教育行動研究者有必要確定教育行動研究所要探究的問題是屬於哪一個實務面向領域的問題（McNiff, Lomax, & Whitehead, 1996: 52）？下述找出行動研究問題領域的檢核項目、找出行動研究問題領域的小祕訣與找出行動研究問題領域的具體任務，將有助於教育行動研究者確定所要研究的問題領域，茲分述如次：

1. 找出行動研究問題領域的檢核項目

　　就找出行動研究問題領域的檢核項目而言，教育實務工作者必須注意下列事項（McNiff, Lomax, & Whitehead, 1996: 52）：

　　(1) 已確認出所要研究的領域範圍了嗎？

　　(2) 已找出所要研究的領域範圍和教育實務工作之間的關聯嗎？

　　(3) 已把研究領域範圍縮小、集中焦點，並使其易於管理掌握嗎？

　　(4) 是否有合理的信心，自己有能力改善自己的實務工作嗎？

　　(5) 確信有合理的信心，有能力改善自己置身所在的實務工作情境嗎？

　　(6) 是否沒考慮到其他事情嗎？

2. 指出行動研究問題領域的小祕訣

　　就指出行動研究問題領域的小祕訣而言，應將「我身為教育實務工作者，將要如何能夠改善自己的教育實務工作⋯⋯ 」作為教育行動研究的起點，並且朝向解決此一問題的目標方向邁進。假如一開始您不能就上述問題作出精確且有系統地說明，不要太過於擔心，因為這個問題經常在著手進行計畫之後，會逐漸變得越來越明朗。研究者一般都是先對所要調查研究的問題持有一個直覺的觀念，然後透過行動與省思的研究過程，逐步開展這個觀念，使其逐漸精鍊成為嶄新的見解。有時候，這個步驟過程，

可能需要耗費很多時間，並且可能會有一個或許多個新問題跟著浮現出來（McNiff, Lomax, & Whitehead, 1996: 52）。

3. 指出行動研究問題領域的具體任務

　　就指出行動研究問題領域的具體任務而言，教育實務工作者可以在自己的工作檔案中，寫下：「我希望進行研究的領域，並以『我身為一位教育實務工作者應該如何能夠改善……』」等字眼，呈現所要進行教育行動研究的焦點。同時，說明它與您的教育實務工作之間的關聯，並對問題情境的來龍去脈，作一個簡單扼要的描述，說明您多麼地希望看到這個行動研究結果，能夠對您的實務工作情境帶來一些改善（McNiff, Lomax, & Whitehead, 1996: 52）。

　　教育行動研究者所要研究的問題必須符合三種規準，才能協助教育實務工作者獲得進行研究的成功起點。首先，對教育實務工作者本身而言，所要研究的問題必須是個重要的問題，而且也是教育實務工作上的重要問題。第二，研究的問題必須是**實務工作者能力範圍所及**的問題。對於教育實務工作者而言，如果研究的問題本身不是激發教育實務工作者進行研究的主要動力，則教育實務工作者將缺乏足夠動機，進行該項行動研究，而且如果教育實務工作者無法從問題研究過程當中獲得立即的結果，則教育實務工作者將缺乏進行研究的強而有力之誘因動力。甚至，如果該問題需要複雜研究技術的複雜處理，恐將超出了一般教育實務工作者的解決問題能力範圍。第三，研究問題的陳述，必須要能指出顯示問題的**基本領域面向**，如此，才能依據這些基本而重要的面向，透過教育行動研究的規劃設計，研擬可能的問題解決途徑與策略，而不只是流於表面現象的說明。

　　總而言之，當然最重要的就是應該先指出並確定所要關注的問題，以及所要進行研究的問題領域範圍。上述這些問題的答案，可以協助教育實務工作者評估問題的實際性，進而指出並確定所要研究的問題焦點，並據此研擬一個具有可行性的行動研究計畫方案（蔡清田，2019）。

第二節 教育行動研究的問題分析

　　指出所關注的教育行動研究問題的第二要務，是分析和診斷一個需改善或需要解決的實務問題。換言之，亦即對所要探究的問題進行初步分析，並且確定問題的焦點，進而診斷問題的原因。教育實務工作者可能需要與外來的學者專家進行對話溝通，以理解教育實務工作者本身的實際工作情境及其條件限制，並進行確認所要研究問題的焦點與診斷問題原因的雙重任務。

　　具體而言，就教育行動研究的問題分析而言，應該注意教育實務工作者分析所關注問題的必要性、教育實務工作者分析問題可能遭遇困難、必要時透過外來的學者專家的諮詢顧問功能協助進行分析問題、確定問題焦點等要項。茲分述如次：

一／教育實務工作者分析所關注問題的必要性

　　問題分析的步驟，需要花費許多時間與細心處理。如果教育實務工作者想要避免研究不重要的問題，或避免設計出只是一時急就章的應急之計，則教育實務工作者必須採取慎重深思熟慮的行動，否則不能免除問題分析的步驟，也不能抄捷徑縮短步驟。

　　通常教育實務工作者只是純粹描述問題困難之處，而未能描述真實的問題所在，也未能說明困難的原因。通常其問題陳述只有指出其所關注問題的領域，而未能指出該領域的內在難題之處，更未能論及問題產生的原因與形成因素（Altrichter, Posch, & Somekh, 1993）。例如教師可能指出「我的學生未能了解課文內容」、「我管不動這群學生」、「我的學生反應遲鈍」、「我的學生家長不參加親師座談」。上述這些問題陳述，未能顯示實際問題層面的任何線索。在這些個案當中，問題分析的任務，旨在更深入地探究，以便找出這些現象的影響因素，以便進而提出其因果關係的建議。進行問題分析，可以進一步澄清難題的本質，而且平時所蒐集準備的資料，也可以提供作為進行必要分析的寶貴資料。

　　教育實務工作者在進行教育行動研究時，必須透過教育問題分析，

指出教育問題的重要層面，並適切地找出其問題的焦點。此一步驟在教育行動研究的歷程當中，非常重要，因為接下來的教育行動研究品質，有賴於此步驟，因為如果未能適切地發展出此問題的焦點及其所涉及的重要內容，則往往只是將「老問題」的「新發現」而已，無法找出問題的焦點所在，則教育行動研究設計與方案規劃未能獲得嶄新的觀點。教育實務工作者從所關注問題的陳述當中所獲得所要解決問題的途徑策略，也可能只是一種過去的刻板印象或偏見，未能深入問題深層。因此，研究問題關注焦距的逐漸調整歷程，可以協助教育實務工作者獲得對問題的新見解與新洞察（Altrichter, Posch, & Somekh, 1993）。

二／教育實務工作者分析問題可能遭遇困難

問題分析包括了許多類型的活動，這些不同類型的活動，端視所陳述問題的困難（difficulty）程度而定。例如教育實務工作者所指出問題困難之處的原因，可能與教育實務工作者的價值觀有關，或是對問題的界定不適當，甚至需要教育實務工作者改變其原先對問題先入為主的觀點與信念。

（一）不同的價值立場

值得注意的是不同的教育實務工作者會以不同的價值立場關注其問題。例如有的教育實務工作者比較害羞、沒有安全感，總是以畏懼害怕的立場接受新的觀點；另外，有些教育實務工作者，則是害怕被分析與遭受質疑而倍受威脅恐懼。因此，必須採取謹慎細心與和緩的步驟，避免唐突而具威脅的變革，才能協助教育實務工作者發現並分析其問題。其他的教育實務工作者則可能對其問題，產生錯誤的看法，對這些教育實務工作者而言，則有必要協助其發展出對問題的更敏銳的觀點，而且要協助其改變原來的觀點，特別是打破其現存的刻板印象與錯誤觀念。因此，如果教育實務工作者不了解問題之所在，則有必要獲得協助，以發現並分析問題。換言之，教育行動研究必須顧及教育實務工作者的個別價值差異，並發展適當的途徑策略，以協助每一位教育實務工作者分析其所關注的問題（Altrichter, Posch, & Somekh, 1993）。

　　問題分析的歷程是相當複雜，因為教育實務工作者必須在知覺到許多問題之後，繼續進行問題的分析與推理。通常教師、學科主任、學年主任、教務主任、校長甚或督學，常常對某種教材、教法或設備有著強烈的情感，似乎某種方法要比其他方法好用。例如有的認為以編年史由遠而近的方式組織歷史內容，會比主題中心或焦點觀念的方式好。又如，透過能力分班與常態分班的方式教導閱讀之爭論，極力鼓吹透過能力分組方式教導閱讀者，通常傾向於假定有一種最佳的教導閱讀方式，如果有此種教導閱讀的預定假設，則能力分組似乎對他們而言就理所當然是一種最佳的解決問題途徑。然而，當教育實務工作者假定閱讀是一種多重歷程，亦即，學生的現有意義情感、情緒將會控制學生的學習歷程與結果，而且學習也將對學生個體造成情緒影響，如此，則學生學習經驗、團體動機，以及對異質經驗能力的需求，就成為一種影響學生學習的非常明顯之可能性。但是，當教育實務工作者採用單一方式的閱讀教學，則這些可能性都不太可能發生了。

　　通常教育實務工作者會對某一套課程有一種強烈情感。然而，就一般課程領域而言，嚴謹的科學思考傳統並未完全建立，課程的選擇，往往是植基於教育實務工作者的信念與情感，而不是可以經由學習結果或達成目標效果而加以檢證。似乎在廣泛的閱讀課程領域當中，教育實務工作者往往不易辨別什麼是基本而重要的課程內容？什麼是一般的課程內容？什麼是資優的課程內容？而且也並未精緻地加以發展建構課程的程序步驟，以適用於不同能力水準的學習對象。由於教育實務工作者往往有一種傾向，企圖將某種工具設施加以理想化為無所不能，而不會受到其脈絡情境的影響，因此，也難怪教育實務工作者往往發現很難利用科學方法去探究閱讀課程問題，特別是去探究那些與其先前假定信念互相衝突之各種可能性。

　　特別是要求教師改變其先前假定信念，難免讓教師的安全感受到威脅；特別是由於傳統上一般人往往將教師視為無所不知，擁有解答問題的標準答案，亦即教師是解答者，而不是探究者的角色。而且如果學校組織氣氛非常權威，則對教學問題的產生質疑態度，將是一件十分嚴重的情事，難免讓校長或同事懷疑教師的教學專業能力。在此種情境之下，問題分析將是一種格外困難和緩慢的歷程，因為教育行動研究問題分析的歷程，具有雙重任務，一方面不僅要**指引釐清問題**，將問題引導至更重要的

焦點，同時另一方面要提供**診斷壓力與限制的經驗**，作為改變教育實務工作者情感與信念之方法手段。如此方能同時分析問題本質並滿足實務工作者的動機需求，引導後續的行動研究步驟。

（二）問題的界定不當

　　問題分析必須去處理許多困難之處，通常教育實務工作者所關心的是錯綜複雜泛泛之論的一般概化問題，缺乏明確的問題焦點，當發生此種困難，則研究問題就變得不易管理掌控。譬如，在一所小學願意進行學校本位課程發展當中，某些社會科教師想要了解學生的學習態度，然而校內的「數學領域課程設計小組」或「數學教學研究會」卻有興趣去發展整所小學的數學課程先後順序安排，同時另外一群國語教師則想要去增進「學習緩慢」的學生之成就，這些教師將「學習緩慢」視為一個單一性質的問題。

　　從教育行動研究的觀點而言，上述第一個社會科的學習問題太過於模糊了，實務工作者必須先確定所要研究的學生學習態度之特定類型，如此方能據此進而設計這些學生學習態度之探究方式與行動研究途徑。上述第二個數學課程問題太過於錯綜複雜了，教育實務工作者從事此項行動研究，應該先去檢視不同年級水準的不同數學課程單元，再去處理學習順序安排的問題。上述的第三個國語教學問題，流於泛泛之論，其對「學習緩慢」的界定太過於鬆散，只是一般化的泛論，未能明確加以界定。所有上述的這些問題，皆需要更清楚明確的問題焦點，以便據此進而發展出更豐碩的探究方式與途徑。

　　問題分析的另一個相對的困難之處，是當問題被界定的太過於狹隘化，甚至一開始就對解決問題途徑，持有不適切而且令人質疑的假設。尤其是當進行分析時，必須避免刻意安排特定的結果。因為教育問題未能獲得適當的解決，便是因為許多人一開始便有未經證實的假設立場，並且刻意選擇特定資料，加以證明支持其原有的立場（Elliott, 1979）。例如以懲罰的方式來對待處理「學習緩慢」的學生，就是一個明顯令人質疑的不適切問題解決途徑。因為一開始，此一關注問題的陳述，早已預設特定的解決途徑，亦即，以懲罰作為唯一處理方式。然而，「學習遲緩」本身只是一種現象，可能導因於不同原因，例如學校期望與學生文化之間的差

異、課程無法滿足學生的需求、教學不當運用權威或懲罰控制等方法。

如果問題的陳述，早就已經預先設定問題的解決途徑，或窄化問題現象的本質，則教育實務工作者將難以面對問題分析的複雜任務，不易發現解決問題的各種不同途徑。除非上述的這些困難，能夠在問題分析的歷程當中獲得處理與解決，否則解決問題的努力嘗試，將不易獲得具體的成果。教育實務工作者或許也將會開始合理地解釋為何實務工作不能如此加以處理，如此一來，剛開始以單一角度觀點來看待「學習遲緩」學生問題之教師，將會逐漸感覺到已經花費太多時間在「學習遲緩」學生身上，以致忽略了其他大多數的一般普通學生，甚至忽視了資優的學習者。是以，有些教師渴望獲得奇蹟般的技術，以便在短暫時間之內，便能迅速解決「學習遲緩」的學生問題；有些教師則覺得應將「學習遲緩」的學生安置於補救教學的特殊班級。在上述這些案例當中的問題確定與分析歷程，有必要融入教育實務工作者與研究顧問的經驗及智慧，以擴大對問題個個角度的觀察觀點，並且同時改變實務工作者本身的舊觀點。

三／必要時透過外來的學者專家的諮詢顧問功能協助進行分析問題

外來的研究顧問可以協助教育實務工作者進行問題的分析。因為有些教育實務工作者所提出的問題太過於模糊，更有許多教育實務工作者的問題陳述顯示出，其缺乏意識到問題之產生原因，未能指出問題困難的原因所在之處；也有許多教育實務工作者的問題陳述，顯示出缺乏意識到問題困難的根深蒂固之原因。上述的所有教育實務工作者，皆有必要更仔細地觀察體會其問題困難所在之處，或是從不同的觀點來處理其所關注的問題。透過與教育實務工作者的對話溝通，研究顧問可以建議一種適切途徑蒐集更進一步的資料，進行更深入的分析。

（一）學者專家研究顧問進行詢問以診斷實際的問題

外來的研究顧問可以協助教育實務工作者進行初步分析。其主要的歷程是由每一位教育實務工作者指出其關注焦點，並由外來的學者專家研究

顧問進行詢問以診斷實際的問題，以協助教育實務工作者決定適當的研究問題之方法，並協助教育實務工作者將其所陳述問題的關注焦點與建議步驟加以連結。例如某位教師陳述學生進行「課堂作業」問題，會令其感到困擾，則研究顧問可以要求教師將問題背景脈絡情境進行深入而詳細的描述，研究顧問則據此加以診斷，並進而分析其困難的可能原因。外來的學者專家顧問可以建議教師：

1. 由學生本身來描述其進行「課堂作業」所作的事項，並由教師觀察學生的「課堂作業」，教師記錄學生進行一項作業所需的時間，因為分配給每一位學生的「課堂作業」之時間可能對某位學生的時間太少，但是對另一位學生而言，所分配的時間可能太長了。

2. 觀察學生在「課堂作業」期間作什麼事，因為如果教師能協助學生作好準備，則教師將更可激發學生的學習動機。例如建議一些可以引發學生好奇心的作業活動，思考如何增進學生能力興趣以維持某項活動之繼續進行。如此將可以協助教師了解各種不同的「課堂作業」活動，以因應學生個別差異與個別需要。

3. 保持上述的觀察記錄以便作為下次進行諮詢會議的討論依據。

上述建議旨在獲得更進一步的資料，以了解「課堂作業」的困難原因。研究顧問提出此項建議時，可能心中存有為何「課堂作業」導致教學困難的原因之下述研究假設，例如：

- 「課堂作業」的獨立作業時間，可能太長了。
- 「課堂作業」的任務可能對學生沒有太大意義，以致學生無法專心。
- 教師運用「課堂作業」的次數頻率過高，缺乏不同的運用方式。
- 學生並未作好準備去進行「課堂作業」活動（Taba & Noel, 1992: 71）。

此種蒐集初步資料的指定作業包括進行小型實驗的觀察記錄，如此做的原因，是因為教師可能使用了不當的方法，教師本身所做的觀察記錄可以協助教師發現此項事實，並導致其重新思考其處理問題的方法。因此，初步的事實發現可以協助教師開展新的方法與新的觀點。事實上，這些建議也預留空間，以便教師去質疑其所使用的方法，並提供教師新的技術，以便從新的觀點處理其所關注的問題。

又如，某位學校教師抱怨，很想透過家長會向家長說明其教學理念與教學方法，但是卻很少家長來學校。因此，行動研究顧問可以向此位教師提出下列的建議。首先，請此位教師列出家長清單，將主動到學校的家長姓名加以標記，並註明其前來學校的原因。第二，列出那些被通知到校的學生家長名單，以及其被通知到校的原因。第三，研究上述兩群家長之學生，以協助教師了解學生行為與學生家長對學校的態度情感。第四，列出向家長請教的問題先後順序，以做好親師人際關係與溝通。

（二）注意配合事項

此一步驟透過「腦力激盪」，結合外來學者專家顧問的諮詢功能，可以進一步分析所關注的問題，進而研擬教育行動研究計畫。然而，由於許多人認為問題分析太浪費時間，特別是當教育實務工作者產生情緒與特定需求時，往往使問題複雜化，因此，往往產生壓力，想去縮短教育行動研究的問題分析步驟，或者認為問題太過複雜以致無法加以處理。是以，在此種情境下，教師、學年主任、學科主任、教務主任、校長、督學與研究顧問等人，甚至可能不願意進行行動研究。因此，在進行問題分析的過程當中應該特別留意（Taba & Noel, 1992: 70）：

1.在何種情境下，會讓教育實務工作者避免指出其所認為的重要問題？

2.在何種情境脈絡當中，以及在何種氣氛之下，可以協助教育實務工作者進行問題的分析，並且有利於重要問題之形成？

3.何種步驟順序最能有效協助教育實務工作者進行問題的分析？

4.如何設定適切的問題分析探究水準，以避免使教育實務工作者的能力負荷過重而超載，但是卻可以維護其安全感與自尊心，同時可以挑戰其值得質疑的假定，並且珍視其錯誤的概念？

5.時間因素是什麼？教育實務工作者如何估計以多快或多慢的速度進行問題分析？教育實務工作者在何種基準點之上應該考慮何種觀點？

6.在引導行動研究過程當中，何種團隊組合是最佳的型態？何種最優異的組合可以同時發揮最大團隊功效，並使個人能力發揮淋漓盡致？研究顧問應扮演何種角色？校長、督學、教務主任、學科主任應扮演何種角

色？教師個人應扮演何種角色？

　　問題分析必須完成許多任務，問題分析必須建立一種基礎，以便理解問題的基本特質。改變教育實務工作者抗拒變革的觀點，有時需要改變教育實務工作者的習慣，例如如何獲得問題解答，以及必須考慮何種因素以獲得問題解答；問題分析也必須激勵教育實務工作者採取研究程序，以協助其獲得科學態度以面對其偏見。換言之，問題確定與分析，必須同時達成許多不同的議程。如果將教育行動研究，視為一種可以完全仰賴外來的學者專家就可順利進行研究，而且只要注意研究與行動的技術即可，則此種假定將是進行教育行動研究的最大致命傷。

　　然而，應該值得注意的是，或許最大的困難，是來自於教育實務工作者企圖以最簡單且最快速的可能方式，解決問題所衍生的壓力問題。教育實務工作者通常期待從專家身上獲得適切的解答。例如如何輕易地解決一位不反應、不合作、注意力不集中、愛打架、易發怒的學生之問題。此種期望獲得立即解答的壓力，部分是因為教育實務問題情境的緊急迫切需要。然而，這也顯露出一種對教育問題的無知與一種將外來顧問視導者當成解答專家的傳統概念。此種期待現成答案的心態，造成一種障礙，阻礙實務工作者面對人類現象的複雜性，特別是，阻礙教育實務工作者面對各種解決學校團體氣氛與教師個人處理學生紀律問題之可能性。例如將一位經常在上課期間搗蛋的學生趕出教室或加以退學，而這位搗蛋學生則可能只是學習速度趕不上班上其他同學，而造成學習遲緩現象。是以，應該面對事實真相，因為問題可能沒有最後的答案，外來的顧問專家也沒有現成的問題解答，而且教師本身可能必須透過親自研究才能發展出最適切的問題解決途徑。

四／確定問題焦點

　　不同於一般傳統的研究，教育行動研究的問題是教育實際工作者在其實際工作情境中所遭遇到的問題。而教育行動研究的主要目的，就是要使教育實際工作者對其遭遇到的問題有更進一步的了解，與認識其問題的焦點所在，方能增進教育實務工作者對現況的理解，並進而依照循序漸進的步驟，尋求改善之法，獲得專業發展與進步（Altrichter, Posch, &

Somekh, 1993）。因此，教育實務工作者，必須釐清其所遭遇問題的焦點，確定所要研究問題的焦點，陳述說明目的。

（一）確定問題焦點的重要性

就教育行動研究的焦點（focus），應該以教育實務工作現況的評估分析為起點或出發點。教育行動研究既非強調理論的發展為首要目的，又非著重普遍類化的推廣應用，而且行動研究注重即時的應用，強調針對當前實際面臨此時此地情境中的教育實際問題進行研究，其研究發現可按適合實際的情形，進行評鑑。

教育行動研究者應該確定所要研究的問題，與具體指出問題的焦點，並分條陳述說明其意圖目的，透過行動研究獲致實務的改進，因此，將行動研究計畫焦點，投注於實務工作者所關注的問題是行動研究的要件之一，如此才能協助教育實務工作者，針對所遭遇的實際問題加以解決，進而對其實務工作能夠獲得更深一層之了解，並促使其獲得教育專業發展。行動研究的其他要件尚包括教育實務工作者所關心的問題不僅要與實務工作相關，而且教育實務工作者必須將此問題，列為行動研究活動過程當中的重要焦點。且教育實務工作者發現教育問題之後，雖然教育行動研究的關注焦點，是以一個必須改善的教育實務問題為主，但是，教育行動研究者的視野與範圍，應該隨著教育行動研究的進展，在掌握問題焦點之下，逐漸加深加廣問題探究範圍（蔡清田，2020）。

（二）如何確認所關心的研究問題焦點

到底是該由誰來界定教育行動研究目標呢？如果還未進行教學之前，便已經由外來的學者專家或行政主管規定教師應該達成的教學目標，此種事前規定的教學目標一定可以達成嗎？此種事前規定的教學目標可以包容不同的觀點嗎？

當教師決定介入其自身實際工作後，為了使計畫順利地進行，首先關注目前的教學工作到底出了什麼問題？基本上，教師可能認為外來的學者專家並不能確實地了解教師所面臨的問題，因此，教師可能不願意由外來的學者專家來主導教育行動研究的方向。因此，外來的學者專家應該站在

顧問諮詢的角度來協助教師發覺與診斷問題，並確定問題的焦點，但是不應該宰制整個研究的進行。因為就界定問題方面而言，外來的學者專家所提供的專業知識，可以引導教育實務工作者釐清其所遭遇問題的焦點，但若學者專家一味地要求教育實務工作者，透過教育行動研究，強迫教育實務工作者達成別人所規定的計畫目標，強迫教育實務工作者改進指定的行為和態度，教育實務工作者會覺得被迫接受不公平的評鑑，以致教育實務工作者可能會避免參與研究和不願承擔風險。因此，外來的學者專家最好透過協助與鼓勵的方法，從內引發教育實務工作者自動發覺實務工作上的問題，並激發其革新實務問題的意願，使其對教育革新有著明確的責任。換言之，外來的學者專家或學校行政領導者宜鼓勵教育實務工作者，透過教育實務工作者自我的省察，進行教育實務工作的省思，確定教育實務工作者所關注的問題焦點（Eames, 1991）。特別是透過確認所關心問題焦點的檢核項目與確認所關心問題焦點的具體任務，將可以協助教育實務工作者確認所關心的研究問題焦點。

1. 確認所關心問題焦點的檢核項目

就確認所關心問題焦點的檢核項目而言，您身為一位教育實務工作者，應該注意下列事項（McNiff, Lomax, & Whitehead, 1996: 58）：

(1) 是否已經選定一個有待解決的問題領域，並且確定您可以做一些相關的變革？

(2) 是否已讓您的指導者清楚了解您要研究什麼？

(3) 是否已讓您的工作同仁清楚了解您要研究什麼？

(4) 是否確定這個實務工作領域是您有能力促成改變的領域？

(5) 是否能確切指出，這個實務工作情境和您的價值觀是如何的矛盾衝突不一致？

(6) 還有其他事情沒考慮到嗎？

2. 確認所關心問題焦點的具體任務

就確認所關心問題焦點的具體任務而言，要記得「找出研究問題的焦點」，並且和指導者共同檢核，確認這是一個可接受的研究議題。用「我如何能夠改善…… 」的陳述方式，具體寫出您所關心的問題。簡單地描述您的研究脈絡或情境，並說明您為何關心這個問題，以及您希望自己能夠如何來改進這些實務工作（McNiff, Lomax, & Whitehead, 1996: 58）。

（三）確定問題焦點的注意要項

由於教育實務工作者對問題焦點所在之處的知覺，通常比對目標的知覺或對所需改變的知覺，需要更敏銳的洞察力，因此，問題調查可以有助於盤根錯節困難之處的確認，這些問題例如「您有什麼問題？」、「您在教室情境中遭遇什麼困難？」、「您想要改變什麼事？」這些問題可以引導更為明確的問題焦點敘述，而不只是重視目標的陳述（Taba & Noel, 1992: 67）。此種以個別關注的問題，而不是以一般問題作為起點的歸納途徑，有其缺點，因為個別實務工作者可能有太多令人眼花撩亂或令人分心的瑣事，然而以統整途徑處理一般問題，則不太可能發現重要問題，或不易很快地發現重要問題。不過如果經由創意組織研究活動，最後，這些個別問題將會聚結圍繞成為更大且更重要的問題領域。

確認所要研究問題的焦點，可以運用許多不同的方式進行，問題可以經由與個別教育實務工作者進行討論，而指出其問題並加以確認，而且也可以經由視察者先行觀察教師教學，事後再與教師進行討論，以確認所要處理的問題。確認所關注的問題，也可以經由團體會議而進行，例如可和教師團體進行團體會議，進行某種形式的問題調查，以確定每一位實務工作者皆能觀察到真正的問題，作為改進行動的起點，並就其所關注問題加以改進；更進一步地，也有必要和每一位實務工作者進行對話討論，以理解其教室情境，進而指出所關注問題的不同面向。

值得注意的是，在界定教育行動研究問題的焦點時，應該將「我」，亦即，將教育實務工作者置於教育行動研究的重心。換言之，「我」身為一位實務工作者，是教育行動研究的主要個體，「我」這個個人代名詞在教育行動研究中是很重要的（McNiff, Lomax, & Whitehead, 1996: 17）。教育行動研究者必須考慮：「我」身為一位教育實務工作者，要如何才能進行教育行動研究？「我」身為一位教育實務工作者，是研究的主體；「我」身為一位教育實務工作者，必須要對我的行動負責；「我」擁有我的權力與意見；「我」是行動研究的創始人。「我」要如何才能適合行動（Altrichter, Posch, & Somekh, 1993）？利用經過批評省思與自我學習的研究焦點來觀看自有的實務經驗，樂意接受自己可能發生的錯誤，並且願意承認自己的錯誤。

　　另外在確定問題焦點時所應考慮的是，教育行動研究者可能誤解這問題的本質，或者可能誤解改善問題所需因應之道。因為學生對評量的不滿，可能只是一個更值得深入問題的表面徵候，而此一更深入的問題，可能會隨著行動研究的進行過程當中而逐漸浮現。在此種情境之下，教育實務工作者就必須採取隨後的行動，以處理那個深入的問題，而非只是處置這表面徵候而已。這最初的「一般的觀念想法」，必須在行動研究過程當中不斷地修正，這也是為什麼「關注問題的焦點」，可能在每一個循環中都有被修正的可能性，而非只固定在最開始時所探討的焦點，這也就是所謂逐漸調整焦距的過程（focussing）。

　　總之，本章「提出教育行動研究問題與省思」是教育行動研究歷程系統三階段六步驟的首步曲第一階段「行動『前』的研究」的第一個步驟，必須「登高必自卑，行遠必自邇」，要從教育實務工作當中指出所面臨的實際問題，進行關注分析與確定所遭遇的問題領域，而且必須將問題的焦點具體化，方能針對問題，界定問題領域範圍，確定問題焦點。作者將在下一章進一步闡述如何規劃教育行動研究方案與策略步驟。

第七章　規劃教育行動研究方案與省思

> 凡事豫則立，不豫則廢。

　　「Project 規劃教育行動研究方案與省思」是教育行動研究歷程系統三階段六步驟的首步曲第一階段「**行動『前』的研究**」的重要步驟，更是**繼**前章「提出教育行動研究問題與省思」之後的教育行動研究**第二步驟**。「凡事豫則立，不豫則廢」，教育實務工作者應該勇於面對實務情境，經過情境分析與問題診斷之後，需研擬因應實務工作情境問題的行動研究方案，以便透過行動方案因應新課綱改革，以進行解決問題、或改善工作情境、或增進教育專業理解，以提升教育專業地位。教育行動研究的「行動前的研究」之第二個重要步驟是規劃解決問題的行動方案，特別是研擬教育行動研究的行動進路計畫與可能策略的行動研究假設，並指出可以透過什麼方法，蒐集到何種可能的資料證據，進而設計具體的行動步驟，以改善教育實務工作情境或解決實際教育問題。換言之，教育行動研究的第二個主要歷程步驟是進行行動研究方案規劃，擬定可能解決問題的行動研究計畫進路，以因應所遭遇的難題，並提出可能解決問題的假設性策略，亦即研究假設，加以考驗。本章規劃教育行動研究方案與省思，分為三節：第一節規劃教育行動研究計畫，旨在構思可能解決問題之遠程行動計畫進路途徑；第二節研擬教育行動研究策略，旨在構思可能解決問題之中程行動策略；第三節設計教育行動研究步驟，旨在構思可能解決問題之近程行動步驟。茲將此歷程階段簡化如表 7-1。

◆ 表 7-1　教育行動研究的主要歷程步驟二：Project 規劃教育行動研究方案與省思

規劃教育行動方案計畫	研擬行動策略與設計步驟	成功的規劃規準
將開始的一般想法，轉換整理規劃成為可能的行動研究方案計畫，並且從小處開始下手，大處著眼。 根據上述的行動研究方案構想，具體轉化為遠程的行動計畫、中程的行動策略，與近程的行動步驟，特別注意建立行動方案計畫與所企圖解決的問題之間的密切關係。 學習從行動研究觀點，運用系統思考與批判思考，省思自己的實務工作。	從一個明確清楚的行動研究方案開始，構想可能的問題解決行動計畫、行動策略的假設與可能步驟。 在教育行動研究過程當中，隨時準備因應研究情境而修改原訂的行動研究方案構想。並釐清此種因應研究情境而改變的意圖，並將其改變的歷程加以記錄，使其明顯易見。 開始思考並指出哪些實務工作的措施，與自己所持有的價值觀念產生衝突。	針對問題情境進行省思的結果，轉化為規劃解決問題的行動研究方案，**結合問題省思與行動方案計畫**。 將解決問題之行動研究方案，具體轉化為解決問題之**行動計畫、行動策略與行動步驟**，使研究過程具體明顯可見；換言之，應該清楚地說明每一個過程階段的內容。 說明並展現教育行動的實務工作當中的**專業價值與信念系統**。

第一節　規劃教育行動研究計畫

　　就教育行動研究的規劃而言，教育行動研究者必須事前規劃一個行動研究計畫方案。而所謂的行動方案，則可能包括遠程進路目標的行動計畫、中程的行動策略與近程的具體行動步驟，藉以改進已經發生的實務工作情境問題，或改善教育實務工作情境（蔡清田，2019）。規劃教育行動研究計畫，主要包括擬定教育行動研究計畫、規劃蒐集資料、修正可能解決問題的行動計畫，以及開源節流與掌握資源。例如任教於高雄的黃琪

鈞（2020）擔任國小一年級導師，透過情境分析發現學生在人際關係互動上的衝突與困難，特別是該班學生因為家庭手足少，缺少團體生活經驗，社交技巧不足、缺乏自信、自我中心，是以希望藉由實施繪本教學來引導一年級學童增進正向的人際互動關係有其必要性。因此以 22 位國小一年級學童為研究參與學生，進行 8 週共 16 堂課的「繪本教學對國小一年級學童人際關係之影響行動研究」；透過情境分析結果及蒐集的相關資料，進行「人際關係繪本教學的課程方案」設計，運用 SWOTA 分析，考量學生的心智發展與認知能力，評選出適合學生的繪本，針對一年級學童在人際關係八個面向，包括「溝通表達」、「尊重多元」、「協力合作」、「助人為樂」、「同理心」、「包容差異」、「樂於分享」以及「關心與讚美」，規劃出人際關係八個面向的主題單元課程，進行人際關係行動方案設計、教學活動等多元化的方式來增進學生的學習動機，並依照內容的難易度來安排主題單元順序，規劃一系列的主題單元，藉由課程的實施，用以引導一年級學童增進正向的人際互動關係成效，幫助學生能學習不同面向的人際互動，培養學生健全的身心發展。

　　又如，任教於桃園某國小的高于涵（2020），擔任一年級導師透過行動研究探究以繪本融入小一新生情緒教育課程之實施成效，為達研究目的，透過情境分析，發現學生缺乏「情緒覺察」、「情緒表達」、「情緒理解」及「情緒調適」等四方面的情緒能力，故有實施情緒教育之必要性。高老師配合《十二年國民基本教育課程綱要》，以「核心素養」作為課程發展的主軸，以「自發、互動、共好」為核心理念，可以幫助孩子學習從專注自己（自發）、關懷他人（互動），到理解他人（共好），希望培養學生認識自我、理解他人，培養與社會（環境）互動的核心素養。可以此理念設計一套適合小一新生的情緒教育課程方案，並以自己任教班上 25 位國小一年級新生為研究參與學生，進行 8 週的行動研究。根據研究蒐集的資料，研擬出繪本融入情緒教育課程方案，透過教學的設計來培養學生核心素養，並於課程實施後，評鑑課程方案的實施成效。為了能順利達成教學目標和預期的教學成效，課程內容設計則是依據情緒理論及核心素養為具體內涵重點，規劃之情緒教育課程方案內容設計如表 7-2 繪本融入小一新生情緒教育課程內容計畫表所示。

　　鄧宛廷（2020）擔任國小二年級教師，設計運用繪本實施國小二年

級生命教育課程之行動研究，該研究之生命教育課程，將低年級生命教育課程規劃在「人與自己」、「人與他人」、「人與環境」三個向度，從了解自己出發，延伸至身邊父母、祖父母、手足、同學好友，再到生態環境，包含糧食與自然資源。研究者設計了「認識自己」、「關懷他人」、「珍惜環境」等三大領域，再按照二年可愛班常見的行為問題或所遭逢的事件，據此規劃九個主題「認識身體界線」、「認識情緒」、「關懷父母」、「關懷祖父母」、「關懷手足」、「關懷朋友」、「珍惜食物」、「珍惜水資源」，其架構如圖 7-1 所示。

　　該研究針對國小二年級設計三大主題，從認識自己、關懷他人，推及到周遭環境，並藉此三大主題設計八個單元，每一單元均挑選一本繪本作為教材內容。其課程架構、時間規劃、課程大綱如表 7-3 生命教育課程方案架構、表 7-4 生命教育課程方案教學活動時間規劃、表 7-5 生命教育課程大綱。

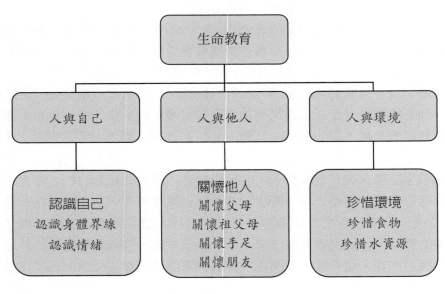

◆ 圖 7-1　生命教育主題與單元

◆ 表 7-2　繪本融入小一新生情緒教育課程內容計畫表

情緒能力	繪本名稱（情緒主題）	核心素養	學習目標（準備活動）	學習內容（發展活動）	學習表現（統整活動）
情緒覺察	《我想念你》·想念	生活-E-C2 覺察自己的情緒與行為表現可能對他人和環境有所影響，用合宜的方式與人友善互動，願意共同完成工作務，展現尊重、溝通，以及合作的技巧。	生活-E1-C2-1 能覺察「想念」的情緒。	D-I-1 自我與他人關係的認識。	6-I-1 覺察自己可能對生活中的人、事、物產生情緒與行響，學習調整情緒與行為。
情緒覺察	《我好擔心》·擔心	生活-E-C2 覺察自己的情緒與行為表現可能對他人和環境有所影響，用合宜的方式與人友善互動，願意共同完成工作務，展現尊重、溝通，以及合作的技巧。	生活-E1-C2-2 能覺察「擔心」的情緒。	D-I-1 自我與他人關係的認識。	6-I-1 覺察自己可能對生活中的人、事、物產生情緒與行響，學習調整情緒與行為。
情緒表達	《愛發脾氣的三角龍》·生氣	生活-E-B1 使用適切且多元的表徵符號，表達自己的想法、與人溝通，並能同理與尊重他人想法。	生活-E1-B1-1 能知道自身「生氣」的原因並表達自己的情緒。	D-I-3 聆聽與回應的表現。	7-I-1 以對方能理解的語彙或合宜的方式，表達對人、事、物的觀察與意見。

（續）

情緒能力 (情緒主題)	繪本名稱 (情緒主題)	核心素養	學習目標 (準備活動)	學習內容 (發展活動)	學習表現 (統整活動)
情緒表達	《膽小的劍龍》·害怕	生活-E-B1 使用適切且多元的表徵符號，表達自己的想法，與他人溝通，並能同理與尊重他人想法。	生活-E1-B1-2 能知道自身「害怕」的原因並表達自己的情緒。	D-I-3 聆聽與回應的表現。	7-I-1 以對方能理解的語彙或合宜的方式，表達對人、事、物的觀察與意見。
情緒理解	《愛哭的雷龍》·難過	生活-E-A1 透過自己與外界的連結，產生自我感知並能對自己有正向的看法，進而愛惜自己，同時透過對生活事物的探索與探究，體會生活與學習的樂趣，並能主動發現問題及解決問題，持續學習。	生活-E1-A1-1 能知道自身或他人「難過」的原因並以合宜的方法調整情緒。	A-I-3 自我省思。	7-I-2 傾聽他人的想法，並試用各種方法理解他人所表達的意見。
情緒理解	《愛嫉妒的迅猛龍》·嫉妒	生活-E-A1 透過自己與外界的連結，產生自我感知並能對自己有正向的看法，進而愛惜自己，同時透過對生活事物的探索與探究，體會生活與學習的樂趣，並能主動發現問題及解決問題，持續學習。	生活-E1-A1-2 能知道自身或他人「嫉妒」的原因並以合宜的方法調整情緒。	A-I-3 自我省思。	7-I-3 覺知他人的感受，體會他人的立場及學習尊諒他人，並尊重和自己不同觀點的意見。

（續）

情緒能力	繪本名稱（情緒主題）	核心素養	學習目標（準備活動）	學習內容（發展活動）	學習表現（統整活動）
情緒調適	《喜歡我自己》·自信	生活-E-A1　透過自己與外界的連結，產生自我感知並且能對自己有正向的看法，進而愛惜自己，同時透過對生活事物的探索與探究，體會與感受學習的樂趣，並能主動發現問題及解決問題，持續學習。	生活-E1-A1-3　能「喜歡」自己原本的特質。	D-I-2　情緒調整的學習。	1-I-2　覺察每個人均有其獨特性與長處，進而欣賞自己的優點、喜歡自己。
情緒調適	《我會關心別人》·同理心	生活-E-C2　覺察自己的情緒與行為表現可能對他人和環境有所影響，用合宜的方式與人友善互動，願意共同完成工作任務，展現尊重、溝通以及合作的技巧。	生活-E1-C2-3　能真誠的去「關心」別人。	E-I-4　對他人的感謝與服務。	6-I-4　關懷生活中的人、事、物，願意提供協助與服務。

◆ 表 7-3 生命教育課程方案架構

	面向	主題	單元／繪本
生命教育	人與自己	認識自己	認識身體界線—— 《喜歡妳，為什麼不能抱抱妳？》
			認識情緒—— 《彩色怪獸》
	人與他人	關懷他人	關懷父母—— 《紅公雞》
			關懷祖父母—— 《吉歐吉歐的皇冠》
			關懷手足—— 《分享》
			關懷朋友—— 《星月》
	人與環境	珍惜環境	珍惜食物—— 《我的蔬菜寶寶》
			珍惜水資源—— 《請再多下一點雨吧！》

◆ 表 7-4　生命教育課程方案教學活動時間規劃

	主題	單元	教學日期	教學時間	教學活動
教學活動時間規劃（16節）	認識自己	認識身體界線	109 年 3 月 19 日	40 分鐘	繪本導讀
			109 年 3 月 24 日	40 分鐘	身體紅綠燈
		認識情緒	109 年 3 月 26 日	40 分鐘	繪本導讀
			109 年 3 月 31 日	40 分鐘	心情撕貼畫
	關懷他人	關懷父母	109 年 4 月 1 日	40 分鐘	繪本導讀
			109 年 4 月 7 日	40 分鐘	親子任務
		關懷祖父母	109 年 4 月 9 日	40 分鐘	繪本導讀
			109 年 4 月 14 日	40 分鐘	年長者體驗
		關懷手足	109 年 4 月 16 日	40 分鐘	繪本導讀
			109 年 4 月 21 日	40 分鐘	到底怎麼「半」
		關懷朋友	109 年 4 月 23 日	40 分鐘	繪本導讀
			109 年 4 月 28 日	40 分鐘	我們不一樣
	珍惜環境	珍惜食物	109 年 4 月 30 日	40 分鐘	繪本導讀
			109 年 5 月 5 日	40 分鐘	種豆得豆
		珍惜水資源	109 年 5 月 7 日	40 分鐘	繪本導讀
			109 年 5 月 12 日	40 分鐘	涓滴不漏

◆ 表 7-5 生命教育課程大綱

	活動名稱	教學內容	具體目標	
（一）認識身體界線	一、繪本導讀	※ 引起動機 ※ 繪本故事講述 《喜歡妳，爲什麼不能抱抱妳》 ※ 經驗連結：全班討論發表	1-1	藉由繪本認識身體界線。
			1-2	能知道親疏遠近、情況不同會有不同的身體界線。
	二、身體紅綠燈	※ 實做活動：情境角色扮演、我的身體界線 ※ 思考與練習：學習單	2-1	能辨識自己的身體界線。
			2-2	將身體界線的概念運用在生活中。
	活動名稱	教學內容	具體目標	
（二）認識情緒	一、繪本導讀	※ 引起動機 ※ 繪本故事講述 《彩色怪獸》 ※ 經驗連結：全班討論發表	1-1	藉由繪本認識各種情緒。
			1-2	能知道每個人對同一件事會有不同的情緒反應。
	二、心情撕貼畫	※ 實做活動：我的心情撕貼畫 ※ 思考與練習：學習單	2-1	能以撕貼畫表達自己的情緒。
			2-2	將改善情緒的方式運用在生活中。
	活動名稱	教學內容	具體目標	
（三）關懷父母	一、繪本導讀	※ 引起動機 ※ 繪本故事講述 《紅公雞》 ※ 經驗連結：全班討論發表	1-1	藉由繪本認識性別平等的概念。
			1-2	能夠了解父母的辛勞。
	二、親子任務	※ 實做活動：愛的表達、爸媽喜好大調查 ※ 思考與練習：學習單	2-1	能省思父母對自己的關懷。
			2-2	將關懷父母的行動運用在生活中。

（續）

	活動名稱	教學內容	具體目標
（四）關懷祖父母	一、繪本導讀	※ 引起動機 ※ 繪本故事講述 《吉歐吉歐的皇冠》 ※ 經驗連結：全班討論發表	1-1　藉由繪本認識老化的過程。
	二、年長者體驗	※ 實做活動：老人體驗活動、愛的表達、愛的小卡 ※ 思考與練習：學習單	2-1　體會年長者生活的不便。 2-2　能省思祖父母對自己的關懷。 2-3　將關懷祖父母或年長者的行動運用在生活中。

	活動名稱	教學內容	具體目標
（五）關懷手足	一、繪本導讀	※ 引起動機 ※ 繪本故事講述 《分享》 ※ 經驗連結：全班討論發表	1-1　藉由繪本了解擁有手足的優點。
	二、到底怎麼「半」	※ 實做活動：一刀兩斷、愛的表達 ※ 思考與練習：學習單	2-1　經由活動學會分享的方式。 2-2　將關懷手足的行動運用在生活中。

	活動名稱	教學內容	具體目標
（六）關懷朋友	一、繪本導讀	※ 引起動機 ※ 繪本故事講述 《星月》 ※ 經驗連結：全班討論發表	1-1　藉由繪本認識個別差異。 1-2　藉由繪本學習到蝙蝠的習性與特徵。
	二、我們不一樣	※ 實做活動：蝙蝠與鳥的比較、我的好朋友 ※ 思考與練習：學習單	2-1　能介紹與分享自己的好朋友。 2-3　將關懷朋友的行動運用在生活中。

（續）

	活動名稱	教學內容	具體目標
（七）珍惜食物	一、繪本導讀	※ 引起動機 ※ 繪本故事講述 《我的蔬菜寶寶》 ※ 經驗連結：全班討論發表	1-1 認識不同種類的蔬菜。
	二、種豆得豆	※ 實做活動：動手種植、植物成長紀錄 ※ 思考與練習：學習單	2-1 經由種植種子感受成長的喜悅。 2-2 將珍惜食物的行動實踐在生活中。

	活動名稱	教學內容	具體目標
（八）珍惜水資源	一、繪本導讀	※ 引起動機 ※ 繪本故事講述 《請再多下一點雨吧！》 ※ 經驗連結：全班討論發表	1-1 藉由繪本了解水資源的重要。 1-2 藉由繪本了解自己與非洲孩子生活的不同。
	二、涓滴不漏	※ 實做活動：認識節水標章、我的節水行動 ※ 思考與練習：學習單	2-1 學會珍惜水資源的方法。 2-2 將珍惜水資源的行動具體實踐在生活中。

　　具體而言，教育行動研究者在初擬教育行動研究計畫之後，接下來便是找尋相關的行動研究文獻，以便從他人的經驗中獲得相關啟示。經過了閱讀相關文獻的工作，對所要解決的問題也有更進一步的了解之後，可以再回到「界定與分析問題」，將初步陳述的問題予以修訂或重新界定。茲說明如次：

一／初擬教育行動研究計畫

　　如果已經確定教育行動研究所要研究的問題領域與研究焦點，則有必要進一步規劃詳細的教育行動研究計畫（Elliott, 1979）。在此擬定計畫

的規劃階段，擔任計畫發起人的教育行動研究者，可以藉其教育專業知識與外來學者專家的諮詢顧問功能，掌握所要研究問題的核心，列出重要的影響因素，擬定教育行動研究的重要焦點及研究的關鍵任務。

　　就規劃教育行動研究計畫而言，有一些通則是值得教育行動研究者特別留意。例如第一，在開始規劃教育行動研究計畫之前，若教育實務工作者缺乏研究經驗，則可由外來的學者專家擔任顧問諮詢角色，協助教育實務工作者進行討論，確定研究計畫的主題焦點。第二，為了順利推動研究計畫的進行，教育行動研究計畫焦點和主題必須具有彈性，以因應行動研究方案計畫之各種發展階段，參與者應該配合實務觀察和省思，修正關注焦點，並適時進行必要的改變。第三，外來的學者專家擔任教育行動計畫的諮詢顧問角色時，可對整個教育行動研究團體提出有用的資訊和觀念，但是這是一種智慧的貢獻而非強制的命令，外來的學者專家對教育實務工作者所進行的行動研究，需要儘量保持敏銳的觀察並設法體會其感受，協助進行教育行動研究的教育實務工作者，了解此種教育行動研究是建立在專業互動的民主基礎之上（Eames, 1991）。

　　就擬定教育行動研究計畫的重點而言，主要包括構想可能的行動研究計畫與建構一般的計畫（蔡清田，2016）。

（一）構想可能的行動研究計畫

　　就規劃解決問題的教育行動計畫而言，可以由外來的學者專家與教育實務工作者進行初步討論與磋商。在此規劃行動研究計畫的階段，外來的學者專家應該鼓勵教育實務工作者承擔教育行動研究的主要研究者角色，並且可以藉由外來的學者專家與教育實務工作者的教育專業知識掌握問題核心，考慮重要的影響因素，進而規劃行動研究計畫與研擬可解決問題的行動策略之研究假設。特別是當要決定所使用的方法時，外來的學者專家與教育實務工作者也有必要徵詢行動參與者的意見觀點，因為考慮方法時，有可能蒐集太多的資料，因此，其目的應該在於蒐集最少數量而有用的資料，以及最簡單而合適的方法。如果教育實務工作者無法決定使用何種方法，則可以計畫進行短期試用，以比較選用各種方法（Elliott, 1979）。

（二）建構一般的教育行動計畫

　　就規劃教育行動研究所必須考慮的因素而言，在擬定教育行動研究計畫的階段，必須考慮四項主要的因素，亦即，時間的範圍、牽涉的人員、所用的方法與最後的結果（Elliott, 1979）。特別是時間範圍的第一項詳細資料，包括說明實行教育行動研究計畫全部所需的時間期限。其次，工作的期間應該依據每學年不同的工作量，而加以修正。儘管規劃的階段可能是相當漫長，積極主動執行研究的目的，應該是一段短期而相當密集的行動（Altrichter, Posch, & Somekh, 1993）。而且在仔細規劃階段，需要考慮的最後領域是有關隱私權與資訊的推廣（Elliott, 1979）。普遍而言，擬定教育行動研究的「一般計畫」應包含如下（Elliott, 1991: 75）：

　　1. 對「一般的觀念想法」的修正說明陳述，診斷分析教育行動研究問題階段的「一般的觀念想法」到目前為止，或許已經改變了，或者有更進一步的釐清。

　　2. 陳述指出並說明為了改善情境所要改變或者修正的因素，以及所要採取的行動進路途徑與可能方向。例如行動研究者修正介紹學生認識事實資訊的學生朗讀途徑，改採清楚地解釋學生如何處理資訊的方式加以說明。

　　3. 陳述指出並說明教育行動研究的協調磋商聲明。此項協調磋商的陳述，可能是教育行動研究者在實際採取行動之前已經達成的，或者是教育實務工作者將要在正式進行教育行動研究過程之前與所涉及的相關人員進行的磋商協調。特別是，教育實務工作者必須和其他同仁與上級行政主管協商其所要採取的行動，因為這些相關人員會因教育實務工作者所採取的行動改變結果而影響到其工作的運作與推展。因此，教育行動研究者必須在真正採取行動之前，進行磋商協調與諮詢，以免行動研究遭到干預介入與破壞。例如教師如果要改變學校發展的課程綱要，可能必須與相關部門的科系主任或同一年級科目同仁，教務主任甚至校長與學生家長進行協商，以徵詢其意見並設法爭取其同意與支持。

　　4. 陳述指出並說明在行動研究過程當中所需資源；例如物質材料、空間、裝備等。

　　5. 陳述指出並說明處理相關訊息的接觸管道，與所考慮的研究倫

理架構，亦即，規劃蒐集資料與行動研究的倫理原則（Elliott, 1971; McKernan, 1991; PLAM, 1990）。此一研究倫理架構，應該與資料提供者進行事前的討論並且徵詢其同意。特別是，行動研究者必須仔細考慮一個問題，亦即，所蒐集到的資訊，是否會遭到行動研究者或接觸資料的相關人員誤用或惡用？行動研究者必須確保資料的隱密、協調磋商與控制，並使資料提供者的觀點與活動獲得適度的控制管道，不致洩漏或外流，並使其握有資料使用的同意權。

在此規劃階段當中，教育行動研究者必須決定，在所建構的「一般計畫」中哪些行動是下一個階段要執行實施的，以及如何蒐集資料與監控其效應結果（Elliott, 1991: 76）。特別是教育行動研究者需要利用相關技巧，一方面協助行動研究者從不同的觀點角度，理解其所進行的行動研究。另一方面，行動研究者需要利用監控的技巧，提供資料證據，以證明所實施行動研究的優點與改善的進步程度，特別是要設法蒐集資料證據，以證明預期與未經預期的效應結果。

二／規劃蒐集資料

擬定初步的教育行動研究計畫之後，接下來便是規劃資料的蒐集並找尋相關的研究文獻，以便從前人的經驗中獲得有利的啟示。

（一）規劃可能蒐集資料的進路途徑

在規劃階段，需要考慮的是有關蒐集資料的有用技術與程序步驟問題。有用的程序是定期地檢核，以確保使用最簡易方式蒐集最正確的資料。因此，在規劃階段，應該一方面規劃探究問題的方法，例如文獻探討、觀察、訪問、討論對話。另一方面，也要規劃如何蒐集資料，例如如何蒐集描述性的資料與解釋性的資料（Altrichter, Posch, & Somekh, 1993），更要規劃如何使用研究工具，例如如何運用研究日誌、內省、對話、訪問等方法，組織有意義的教育行動知識。

特別是，一項教育行動研究者經常使用的技術，便是記錄保持事件的研究日誌，研究日誌是教育行動研究初步計畫的平面圖與實際發生實況的

記錄。規劃研究日誌內容，例如就所觀察到的、所感覺的、所反應的、所解釋的、所省思的、所創建的、所說明的（夏林清與中華民國基層教師協會，1997：20；Bridget, 1991; Kemmis & McTaggart, 1982: 40），大事件的記錄與省思、各種觀點與矛盾衝突之處、規劃預計執行時間。本書將會在第九章實施監控教育行動研究與省思，詳細說明研究日誌與其他行動研究者經常使用的資料蒐集與監控方法技巧。

（二）進行初步的文獻探討

當教育行動研究者進行文獻探討時，可以選擇一個或二個關鍵字，進入圖書館網路，特別是教育學術網路，進行搜尋過去以往的相關研究成果，並且檢核看看是否有人也在研究這個領域。也許沒有其他人在研究這個問題，或許您能找出一些有價值的研究，並且加以引用。然而，在教育行動研究的規劃步驟中，時間的把握，無疑是相當重要的一環，因為很多問題的發生，都有解決的時效性。而在此規劃階段的行動當中，資料的蒐集及分析對節省時間與人力、物力有很大的助益。前人的研究結果，其他同仁過去所做的資料或是調查報告，皆可幫助教育行動研究者對問題的釐清，當然其原先的一般構想，可能會經過文獻探討過程而不斷地修正（Elliott, 1979）。因此，下述有關閱讀參考文獻的參考項目、閱讀參考文獻的小祕訣與閱讀參考文獻的具體任務，是值得教育行動研究者在規劃階段應該特別留意的要點。

1. 閱讀參考文獻的檢核項目

就閱讀參考文獻的檢核項目而言，您身為一位教育行動研究者應該注意下列事項（McNiff, Lomax, & Whitehead, 1996: 53）：

(1) 是否已經充分閱讀以研究主題內容為焦點的相關文獻，以獲得前人研究的經驗與智慧，奠定進行研究的理論基礎？

(2) 是否已經充分閱讀相關方法論的文獻，以獲得教育行動研究理論基礎？

(3) 是否已經確定指出哪些書籍或文章報告是仍然有待去閱讀的嗎？

(4) 是否已經確定指出何處可以獲得這些書籍和文章報告嗎？

(5) 是否已經確定指出可以從哪些資源人物，獲得到有關這方面的諮

詢建議？

　　(6) 是否還有其他事情沒考慮到嗎？

2. 閱讀參考文獻的小祕訣

　　就閱讀參考文獻的小祕訣而言，您身為一位教育行動研究者也應該注意下列幾個要點（McNiff, Lomax, & Whitehead, 1996: 53）。特別是可以請教您的指導者，請他指導提供閱讀的參考文獻。並且善用圖書館的資源，必要時請圖書館諮詢參考服務組的負責人員教您如何尋找文獻資料。進而找出必要的電腦資料庫、論文摘要、索引等服務項目。教育行動研究者也有必要購買一些基本重要的必備教科書與工具書。但是，教育行動研究者可以有選擇性地閱讀參考文獻，不必把每一本書從頭到尾讀完。

3. 閱讀參考文獻的具體任務

　　就閱讀參考文獻的具體任務而言，您身為一位教育實務工作者應該密切注意並著手開始進行下列工作事項（McNiff, Lomax, & Whitehead, 1996: 53）：

　　(1) 積極主動地閱讀參考文獻，並且一邊閱讀、一邊進行筆記整理。

　　(2) 必要時可以把心得寫在自己購買的參考書籍上；但是千萬別弄髒了向別人或向圖書館借來的書籍文獻。

　　(3) 善用網路與電腦資料庫或參考文獻的作者主題卡片索引系統，並且摘錄重要的語句，或直接輸入電腦資料庫，以便未來之需，但是尤應注意其內容的精確性，並且注意版權與文章出處。

　　(4) 善用自己建立的資料庫，以系統的方式整理參考文獻。

三／修正可能解決問題的行動計畫

　　在構想教育行動研究計畫時，教育實務工作者嘗試提出的解決問題方案往往只是試驗性的。因此，教育實務工作者經過了初步蒐集相關資料與閱讀相關文獻的工作之後，對所要探究的問題也有相當程度的了解，如此便可以再回到「界定與分析問題」，將初步陳述的問題加以修訂，甚至重新界定可能的解決問題方案。具體而言，教育行動研究者在修正可能解決問題的行動計畫，應該考慮設想可能解決問題的行動方案的檢核項目、設想可能解決問題的行動計畫的小祕訣與設想可能解決問題的行動計畫的具

體任務。茲分述如次：

（一）設想可能解決問題的行動計畫的檢核項目

　　就設想可能解決問題的行動計畫的檢核項目而言，您身為一位教育實務工作者應該密切注意並著手開始進行下列的相關工作事項，例如（McNiff, Lomax, & Whitehead, 1996: 62）：

　　1.是否已對所關注的問題，提出至少一個可能解決問題的行動研究計畫？

　　2.是否已經寫下其他可能的解決問題的行動研究計畫的構想？

　　3.是否已經構思一種系統性的策略，以執行解決問題的行動研究計畫？

　　4.是否和同仁們討論查核過，確定您的行動計畫不會干擾他們的時間行程表？

　　5.是否已邀請過同仁澈底討論您所構想的解決問題之行動計畫？

　　6.是否還有其他事情沒考慮到嗎？

（二）設想可能解決問題的行動計畫的小祕訣

　　就設想可能解決問題的行動計畫的小祕訣而言，您身為一位教育實務工作者必須設想所有可能的行動計畫。您可以這樣想：「如果是在甲與乙的條件情境下，可以進行 A 計畫；如果是在丙與丁的條件情境下，可以進行 B 計畫。而且運用想像力去設想，未來所有可能的情境會是如何？一個月後會發生什麼現象呢？會有何種不同的結果出現（McNiff, Lomax, & Whitehead, 1996: 62）？

（三）設想可能解決問題的行動計畫的具體任務

　　就設想可能解決問題的行動計畫的具體任務而言，您身為一位教育實務工作者必須提出可能的解決問題的行動計畫。特別是一方面，可以就您所關注的問題，提出可能的解決問題的行動計畫，說明自己將如何因應此種實務工作情境的問題。另一方面，也要設法讓參與教育行動研究的研究

者了解您所提出的解決問題的行動計畫，而且讓他們了解，在此研擬解決問題的階段當中，他們是可以提供協助，並且可以多多徵詢他們建議，請教他們針對問題所提出的解決問題的行動計畫為何。

　　進一步地，教育行動研究者也要草擬解決問題的行動研究進路途徑圖，並和同仁進行腦力激盪，設法繪出網狀圖或其他視覺上的可能圖形或進路。而且應該和學校同仁進行討論查核，確定您的行動研究計畫不會與他們的行動研究計畫相互衝突或重疊，並且要注意研究倫理的問題（McNiff, Lomax, & Whitehead, 1996: 62）。

四／開源節流與掌握資源

　　教育行動研究者也應該注意開源節流與掌握資源，特別是在規劃教育行動研究的階段，也要考慮到進行教育行動研究的不同階段可能必須蒐集相關文獻、購買圖書文具、電腦設備、訪談觀察所需的工具等可能的開銷與花費，因此就開源節流與掌握資源之具體任務而言，教育行動研究者盡可能編列一份詳細的預算計畫書，並且努力執行。而且要根據實際財務狀況，掌控研究進度。最好整理每個月的支出收入帳目，此種記帳工作是有些無聊，卻是非常的基本而重要的。

　　另一方面，就開源節流與掌握資源之檢核項目而言，您身為一位教育行動研究者，應該注意如何進行開源節流，掌握有限的教育研究資源，因此，您必須注意下列事項（McNiff, Lomax, & Whitehead, 1996: 55）：

（一）是否已經規劃進行研究計畫所需要的經費預算編列？

（二）是否已經獲得必要的研究經費？

（三）是否擬妥經費不足的因應措施，並且預留一筆安全額度的最低款項？

（四）是否已考慮了印刷出版或其他合理因素等的支出？

（五）是否已經檢核過所有必要的科技設備儀器都是可用的？

（六）是否已經和相關人員進行交涉協議，以便使用上述的科技儀器設備？

（七）是否已經擬妥時間流程表，以便進行研究方案？

（八）是否還有其他事情沒考慮到？

特別是就開源節流與掌握資源之小祕訣而言，一方面，假如需要尋求研究經費支援贊助，必須事先擬妥計畫提出申請。必須確定已經為整個研究計畫期間所需的經費擬妥足夠預算，避免經費不足所需，以免經費用罄，而研究尚未完成。另一方面，必須事前尋求信譽佳的打字員或出版社之協助，以因應未來出版所需的業務工作準備。並且，將經費投資於品質優良的電腦和軟體上面，以便避免不必要的時間、經費之無謂損失浪費。而且，也要嘗試著學習用雙手去打字，將資料輸入電腦，一旦學會了這項技巧，還會終身受用不盡（McNiff, Lomax, & Whitehead, 1996: 55）。

第二節 研擬教育行動研究策略

教育行動研究旨在進行解決問題的行動研究計畫之規劃，研擬行動研究假設的教育行動策略，以因應所遭遇的實際教育難題，提出可能解決問題的假設策略，亦即行動研究假設，並在實務工作情境當中加以考驗。值得注意的是教育行動研究，是一種省思的教育實務工作者對教育實務工作的專業回應（Altrichter, Posch, & Somekh, 1993），因此，教育行動研究者所提出的研究假設應該是開放的，可以接受公眾的檢討批判。

如果教育實務工作者在學校教室情境遭遇問題，並且也已經規劃解決問題的暫定計畫，則下一個行動步驟便是研擬可能行動策略的研究假設，作為進一步設計具體行動步驟的參考依據。例如一位小學一年級的級任教師，發現一年級新生入學之後，特別是開學的第一週，學生上課不易專心，造成不易進行國語首冊的注音符號講述教學的問題困擾。此問題的焦點是如何引起學生的注意力，以便繼續進行講述教學。為了解決這個問題，此位教師可能研擬如下的策略：第一種策略是命令學生目光集中，注意講臺上的教師；或第二種策略是警告學生，如果不專心，則下課後將遭受禁足處分；或第三種策略是獎勵某位專心聽講的學生，建立優良典範，以便其他學生模仿學習。上述這三種策略方法都是可以經由實際教學行動，透過教育實驗檢證解決上述問題的行動策略之一。

具體而言，研擬教育行動研究策略，可以包括初步的資料蒐集、確定行動研究策略、擬定研究假設的行動策略。茲分項說明如次：

一／初步的資料蒐集

教育行動研究者在規劃教育行動研究策略時，應該蒐集相關行動研究的資料，這些資料可用來證明所要研究問題的存在。而且研究者也可以詮釋所蒐集到的資料，進而研擬解決問題的策略之行動研究假設（McNiff, Lomax, & Whitehead, 1996: 71）。

另一方面，在選擇利用何種技術以蒐集證據時，要考慮到自己到底有多少時間可以真正地從事資料蒐集與記錄。而且行動研究者必須考慮把握在有限時間進行可行策略之交叉檢驗，以了解各種蒐集資料證據的有用性、務實性、可接受性（Altrichter, Posch, & Somekh, 1993）。因此，教育行動研究者必須仔細考慮自己所擁有「可運用的時間」。譬如，在教室行動研究過程當中，一位教師應該明確地決定必須在什麼時間和運用多少時間，以監控其下一個行動階段和效果。企圖蒐集太多而超乎個人時間與能力所能處理反應的資料證據，對於行動研究的實質效果並沒有好處。而且，如果自己知道時間非常有限時，則也沒有必要將錄音資料加以全部謄寫出來。所以有多少監控時間，以及利用何種技術來蒐集資料證據，必須根據實際能運用的時間，來進行估計（Elliott, 1991: 83）。

具體而言，教育行動研究者在初步的資料蒐集過程當中，應該留意初步蒐集資料的檢核項目、初步蒐集資料的小祕訣與初步蒐集資料的具體任務，茲分述如下：

（一）初步蒐集資料的檢核項目

就初步蒐集資料的檢核項目而言，首先教育行動研究者應該建立自己的行動研究工作檔案，可以將與您研究相關的資料加以安置儲存，以便來日的分類整理。而且教育行動研究者也要善用資料盒，可以將在行動研究過程中所蒐集到的資料加以分類，特別是可以利用**不同顏色的資料盒**來區分所蒐集的不同類型資料（McNiff, Lomax, & Whitehead, 1996: 79）。教育行動研究者可以應用隨身雜記本，作為事件的記錄與個人思考變化的記錄。例如行動研究者可以用一本小冊子或活頁紙式的小冊子來當雜記本，作為證據，記錄自己的行動與思考的變遷，並且養成定期記錄的習慣，以便獲得定期的資料與證據。教育行動研究者同時也應該建立索引卡，隨時

寫下可能有用的參考文獻名稱、作者、出版社、出版日期、重要的字句及
參考書目。

　　教育行動研究者透過適當方法蒐集到上述資料之後，究竟應該如何有
效率的處理這些資料呢？教育行動研究應該透過系統化的方法，將您所蒐
集的資料進行有系統的分門別類，以便能輕易地使用這些資料。因此，必
須考慮：

　　1. 是否已經決定，您可能蒐集何種類型的資料？
　　2. 是否已經決定了可能的資料蒐集方法和資料蒐集工具？
　　3. 是否已經決定了資料的最初分類方式？
　　4. 是否已經確定，任何必要的科學技術儀器設備都是現成可用的？
　　5. 是否和別人討論過您可能所要尋找資料的指標類型之相關問題？
　　6. 是否還有其他事情沒考慮到嗎？

（二）初步蒐集資料的小祕訣

　　就初步蒐集資料的小祕訣而言，您身為一位教育行動研究者，應該特
別注意如何蒐集資料與儲藏資料等事項（McNiff, Lomax, & Whitehead,
1996, 60），茲說明如下：

1. 蒐集資料

　　千萬不要以為需要蒐集任何或所有的資料，您應該小心謹慎地指出並
確認主要的研究問題領域，進而蒐集這個問題領域的相關資料，如此才能
協助您就此教育實務工作領域方面，進行改善實際情境的工作（McNiff,
Lomax, & Whitehead, 1996: 60）。但是切記，不是所有的資料都等於是
證據。因此，所有的資料都需要貼上標籤，如此一來才能知道這些資料的
類別。教育行動研究者所作的標籤上需要註明時間、地點、問題、人物。
您更可以使用顏色來分別這些檔案。教育行動研究者可以利用兩種主要的
分類方式：第一種是依年代（chronology）來進行資料的分類，第二種是
依不同場合、地點來進行資料的分類整理。當然，您也可以互相交互使用
這兩種分類方式。

　　教育行動研究者在蒐集資料過程當中，可以妥善運用各種資料盒與
檔案夾，假如您蒐集的是不同問題領域的資料，您可以採用**不同顏色**的資

料盒或檔案夾，以便蒐集整理並區別不同類型的資料。在行動研究方案結束前，千萬別任意丟棄任何的資料，就算行動研究方案結束後要丟棄的資料，也要審慎過濾選擇，不要輕易全部丟棄。列出一張您可能會運用的資料蒐集方法技術之清單，並且依據您的偏好，建立由一到五的優先順序，這項工作將協助您指出並確認您最可能使用的資料蒐集方法技術。您可以選擇使用現場觀察記錄、雜記省思、省思日誌、個案法、問卷調查、訪談與觀察等來進行資料的蒐集。您可以混合或搭配任何上述的技術，然而，不必也沒有必要全部使用所有的資料，更不需同時使用不同的技術進行資料的蒐集（McNiff, Lomax, & Whitehead, 1996: 60）。

　　但是值得注意的是在蒐集資料的研究倫理方面，特別是在透過錄音或分發問卷進行蒐集資料之前，務必先徵求對方的同意。假如有人拒絕，就不能繼續進行；要尊重研究倫理。

2. 儲藏資料

　　就儲藏資料而言，您身為一位教育行動研究者，應該注意下列要點（McNiff, Lomax, & Whitehead, 1996: 60）：特別是千萬不要認為任何必須的科學技術或儀器設備都是現成可用的。要事先進行檢驗查核，也要和您的協同合作夥伴做好事前聯絡，確認這些技術或儀器都能夠確實加以運用。另一方面，您如果利用電腦進行資料儲存，請您務必做好備份，甚至做備份的備份，隨時進行存檔工作，以避免資料的遺失。

（三）初步蒐集資料的具體任務

　　就初步蒐集資料的具體任務而言，您身為一位教育實務工作者應該特別留意下列研究重點（McNiff, Lomax, & Whitehead, 1996: 61）：

　　1. 指出並確認和您一起進行研究工作的是哪些團體，在您進行研究之前，必須徵詢且獲得他們的同意。

　　2. 選擇您進行蒐集資料的方式和工具。您必須要確定必要的軟硬體工具和儀器設備都是現成可用的，而且必須要和您的同仁進行交涉協商，以便確實能運用操作這些硬體與儀器設備工具。

　　3. 指出並寫下您的資料的最初分類類別與方式，將此種最初分類類型資訊放入資料盒或檔案夾，並且善用標籤或其他編碼工具，以便註明並方

便日後隨著研究的進展而變更資料分類類型與方式。

4.根據預定的資料分類方式進行資料蒐集，並將所蒐集的資料分別裝入資料盒或檔案夾，並且在這個階段要和您的指導者及其他的課程指導人員保持密切的聯繫。您可以從他們那裡得到一些回饋的意見，您也可以請他們看看您的分類方式與所蒐集的資料，並且應該和他們一起討論以尋找出判斷有所改善的規準與表現績效的指標。

5.試著預先想像，所需要的證據，看起來可能會是什麼（McNiff, Lomax, & Whitehead, 1996: 61）。

二／擬定行動研究假設式的行動研究策略

研究假設，可以源自問題情境事實與某些在情境脈絡當中運作的因素之間的關係。行動研究者宜蒐集相關考驗研究假設的訊息，這些所蒐集的證據，亦可針對問題情境更進一步地解釋說明，導致更多訊息的蒐集（Altrichter, Posch, & Somekh, 1993）。值得教育行動研究者注意的是，儘管研究假設已經經過考驗，並且加以應用，教育行動研究者，還是應該將其視為研究假設，而非結論，因為在行動過程當中難免遇到無法套用的研究假設，必須尋求更為周延的解釋。而且，解釋並非明白地指示行動研究者應該要做什麼；解釋只是建議了行動的可能性，指示提供指引，建議各種可能的變通途徑策略（Elliott, 1991: 72）。

許多先前的預備調查研究，乃是根據所要探究的問題困難之處的可能原因之研究假設而進行，這些初步的調查研究，可以進一步地進行研究推理，作為進一步了解問題的根源。這些預備調查研究，也可以協助教育實務工作者更主動地參與，並在確定問題與分析問題步驟期間，更為清楚地釐清其研究假設的焦點。這些預備調查研究，通常可以協助教育實務工作者更清楚地了解何種因素影響所要探究的問題，以及問題困難之處的可能原因。此種初期的預備調查研究，有時也可以排除可疑的研究假設，而且可能改變教育實務工作者對問題知覺的可能性。

教育行動研究者將所要研究的問題加以確定，並釐清其焦點，不僅可使解決問題的實際效果更具實用價值，更可以協助實務工作者獲得更豐碩的行動步驟與研究結果。研擬研究假設，將可引導更進一步的深入研究。

教育行動研究者若能擬定研究假設，將能協助教育實務工作者避免毫無目的的蒐集所有資料，卻無助於問題的解決。例如教師原先認為有關學生「座位作業」的難題，經過問題的釐清之後，可能變成是一種教師教學方法上的問題。又如，教師原先認為是學生缺乏閱讀興趣的問題，經過問題澄清與確定問題焦點之後，可能變成是教師閱讀教學技巧不當的問題。是以，教育實務工作者進行問題分析，旨在檢驗各種問題的可能性。問題分析的結果應該加以澈底研究，以便將這些問題的可能性加以縮小並加以確定，進而提出適當的研究假設。在研究閱讀速度緩慢的學生問題時，如果先前蒐集資料顯示學生既無心理能力障礙，亦無情緒困擾等嚴重問題，則教師需要謹慎加以探究，將上述兩項可能性刪除之後，尚有兩種可能的研究假設，亦即，學生可能有嚴重錯誤的閱讀習慣，以及學生對閱讀內容的經驗準備度與成熟度有待加強。這些焦點逐漸明確的研究假設，有助於決定何種有關於學生的資料與背景資料是相關的？何者是不相干的？何種技術與研究設施是適切的？何者不是？此種問題領域的縮小，可以協助教育實務工作者運用可用的能力與時間，去獲取精確與適切的資料，並進行細心澈底的資料詮釋（Altrichter, Posch, & Somekh, 1993）。

舉例而言，關心「學習遲緩」問題的教師，需要針對一些「學習遲緩」的學生進行特定對象的描述個案研究，以便分析「學習遲緩」的學生問題之普遍原因，並將這些原因視為「學習遲緩」症候群，進而進行更謹慎的檢查學生是否具有生理上的缺陷，研究學生對不同經驗反應的一致性與差異性，系統地指出學生的學習困難之處。

另一方面，進行以學校本位的教育行動研究，可能出現的一些相關的行動研究假設包括下述各項（Elliott, 1979: 55）：

（一）研究假設一：教育行動研究可能涉及了敏感問題

校長或學校教育行政主管往往擔心教師，針對校內的敏感問題進行行動研究。

（二）研究假設二：進行教育行動研究的初期需要進行徵詢意見

當教育行動研究的規劃階段，事前並未邀請學校教師參與或向其徵詢

意見，則稍後若想獲得這些教師的合作，期望這些教師扮演研究者的角色
透過「教師即研究者」的途徑以取得研究資料時，則這些教師可能消極地
回應此種要求。

（三）研究假設三：進行教育行動研究需要爭取教師合作

如果在教育行動研究的過程當中，為了減輕教師扮演研究者的角
色，亦即減少「教師即研究者」的日常工作量，然而，卻同時增加其他教
師同仁的工作量，則此種作法將適得其反，產生反效果，無法獲得其他教
師的接受與合作，更難以取得所要的研究資料。

（四）研究假設四：進行教育行動研究需要學校教師的共同合作

如果將學校教師區分為「作研究的教師」與「不作研究的教師」，
則將難以凝聚教師同仁之間的合作，不易透過此種管道獲得所要的研究資
料。如果將研究視為一種所有的教師同仁皆能有所貢獻的歷程，則教師之
間將更能彼此合作，協助彼此獲得所需要的研究資料。

（五）研究假設五：教育行動研究需要學者專家的外力介入與協助

如果學校教師同仁之間潛伏不滿情緒的暗流，將不利於學校之中的
任何個人或團體去發動或維持教師成員之間的協同合作行動研究，或維持
學校內部扮演「教師即研究者」的研究教師與其他教師成員之間的合作。
在此種情境之下，外來的學者專家扮演「推動變革的革新主力」（change
agent）的積極介入是，協同進行教育行動研究的必要條件之一。

（六）研究假設六：教育行動研究可能牽涉到學校行政部門的優先
順序

如果學校層面或科系部門層次並未將教育行動研究視為其部門的優先
政策，則教育行動研究的合作安排，將不易在學校中獲得維持。

（七）研究假設七：教育行動研究的參與人員需要獲得支持獎勵

如果學校教師無法獲得學校行政主管或資深領導管理人的支持與鼓勵，則教師將不易維持在校內進行教育行動研究的承諾投入。

（八）研究假設八：教育實務工作者是否能獲得減少授課的自由時間，可能會影響教育行動研究的進行

當教師無法獲得「自由時間」以排除上課或其他事物的牽絆，而優先投入行動研究，則教師原先想透過參與行動研究，解決其所面臨的問題之求知渴望，將無法獲得滿足，更難以達成其原先的希望與企圖。

（九）研究假設九：教育行動研究可能有不同的失敗原因

通常教育實務工作者實施教育行動研究方案的失敗原因，是由於對所採用的範圍、方法與技術的野心太大，以致不切實際，但是每一個失敗的個案，可能導致不同的原因，值得進一步加以探究。

（十）研究假設十：教育行動研究涉及了教育實務工作者的不同角色立場地位

有些教育行動研究可以選擇問卷與客觀測驗的量化資料蒐集方法，而不是自然觀察與晤談的質化方法。但是，大部分的教育行動研究可能採取質化方法，因為教育實務工作者往往希望透過教育行動研究，了解自己的教育實務工作，往往牽涉教育實務工作者個人的實務工作情境，特別是扮演「教師即研究者」的教師，在心理上可能很難區分「研究者」的角色立場地位，與研究者在學校內所扮演的「教學者」或校務執行者的其他角色與立場地位。

總之，在縮小問題範圍與調整研究問題焦距過程當中，教育行動研究者運用適當的研究技術是相當重要的，因此，有必要去發展運用不同類型的研究技術，有些技術如社會心理測量，可以直接加以借用，有些借用的技術則必須加以調整或簡化。舉例而言，教師可以運用社會心理測驗，以

測量國中學生的社會心理特質，進而重新規劃活動方案內容，配合學生需求與興趣。這些社會心理測量的資料本身是有限的，然而，教育實務工作者可以充分運用這些資料，進一步用來分析學生社會學習型態，特別是分析其興趣、行為問題、動機與參與等。根據上述這些審慎的研究調查，教育行動研究者可以進而研擬行動研究假設。重要的是，教育實務工作者應該有一種相當明確的觀念，透過適當的教育行動研究方案安排以解決所面臨的問題，亦即，如果學生的困難是肇因於缺乏經驗，或使用文章脈絡線索的習慣不當，則教師將應該研擬適當學習方案的研究假設，以協助閱讀學習遲緩的學生；如果學生學習遲緩的原因是由於缺乏固定時間的規律閱讀指導，則教師應該研擬適當的研究假設，以協助學生避免學習遲緩；如果學生家長非常害怕學校，則教師應該研擬適當研究假設，研議如何與家長建立良好的接觸與溝通管道（Taba & Noel, 1992: 72）。

三／確定行動研究策略

　　就教育行動研究循環的描述而言，本書作者已經舉例說明教育行動研究所牽涉的活動和研究技術，以及如何研擬教育行動研究方案的研究假設。接下來，作者將提出一些規劃教育行動方案的實際問題，作為確定教育行動研究策略之參考架構（Elliott, 1991: 84）。

（一）教育行動研究者要使用多少時間，完成一個教育行動研究循環呢？

　　此一問題並無明確的標準答案。如果教育行動研究者最初所預期的研究時程有需要加以延長，但是，如果實際上受到執行時間的限制，卻要強迫縮短這個行動研究方案的結束時間，將會危及此行動研究的品質，不利於教育行動研究的結果。譬如，某種解決問題的方法技術實施效果不佳而被遺棄不用，通常是因為教育實務工作者對問題的膚淺表面分析。但是此種粗淺的問題分析，往往是受限於對教育行動研究實施所需要的時間估計不當所致，因為教育行動研究者往往低估了實施解決問題的行動方案所要的時間（Elliott, 1991: 85）。因此，教育行動研究者必須約略地預估一個

行動研究循環究竟需要多少時間才可以令人滿意的完成，但是，教育行動研究者可以根據本身的實際行動經驗，重新調整原來的時間進度（Elliott, 1992）。

（二）在教育行動研究螺旋當中，教育行動研究者所進行的嚴密監控，應該持續多久，以便將研究焦點轉移到其他的問題領域呢？

同樣的，這個問題仍然沒有固定的標準答案；然而，在教育行動研究得到令人滿意的改善前，必須至少要進行一到二個循環，而且就教育行動研究情境而言，此種行動研究循環大約要持續進行一個學期或一年左右，方能獲得實際的改進（Elliott, 1991: 85）。

然而，教育行動研究者可以發現，在進行一兩個循環之後，如果沒有其他非本研究之成員之合作與介入，則教育行動研究是很難有進一步的改善的。例如就教室層面的教育行動研究情境而言，教室層面的教育行動研究者可能覺得有必要去處理有關與教室教學實務有關的學校組織情境脈絡的問題，而這些改變是涉及個別教師能力以外的問題。例如學校課程綱要的擬定、各科課程表的安排與學生的分組等。在此種情況之下，教室層面的教育行動研究者就必須和控制此種變革的其他相關人員與學校的各種委員會進行協商，而且通常此種變革不可能是一夕之間便可達成，必須花費許多時間進行溝通與協調。

當這些外在的溝通與協調正在進行，教育行動研究的焦點就必須以此為焦點，而不是以教室教學為焦點。但是，教室層面的教育行動研究者可以利用教室行動研究所獲得的資料證據，作為繼續溝通協調的依據。

（三）關於監控的一般計畫和決策，應該是由個人進行即可，或是應該透過小組共同努力呢？

這項工作任務取決於從事此項教育行動研究的團體，是進行相同的一個研究或是進行類似狀況的研究？假如這個教育行動研究團體是針對相同學生進行「協同教學」，則應該以團體為依據進行行動研究方案的決

策。但是，如果這個團體包括不同班級任教的教師，則雖然他們同時面臨同樣的問題，卻在不同教室情境進行研究，則應該由個別教師承擔個別行動研究方案的決策責任。然而，儘管如此，這些個別的行動研究者，應該在行動研究過程當中一起協同努力，特別是應該彼此步調速率大約一致，因為如此一來，這些個別的行動研究者，將可以分享彼此所從事的行動策略與經驗心得（Elliott, 1991: 86）。值得注意的是，當一個教育行動研究團體，如果是由不同而相似的個別教室情境的教師行動者所組成，則此團體當中，應該指定一位溝通協調者，進行下述任務之安排與協調（Elliott, 1991: 87）：

1. 召集大約每循環三次小組會議，也就是開學之初、學期中間和學期結束之時。

2. 保留任何經過共同討論通過的「一般計畫」之記錄。

3. 協調個別的小組成員、校長、其他同事與外來的諮詢者之間的談判磋商。

4. 幫助個別行動者分享彼此的觀察心得和研究策略。

5. 協調研究報告和文章的寫作。

通常一個團體所進行的教育行動研究循環之期初會議，首先應該情境分析與問題診斷，亦即掌握「問題情境的澄清分析」，並「釐清所關注問題的焦點」，或許可以經由討論先前行動研究循環的個案研究來達成，而且也應該要討論必須進行何種「偵察與發現事實真相」，以便針對問題情境獲得更深入的理解。期中會議則討論「一般計畫」並將所研擬的行動方案計畫加以定案，而期末會議則可以針對「實施問題與效益」，進行備忘錄的分析研究（Elliott, 1991: 87）。

第三節 設計教育行動研究步驟

從務實的層面而言，教育行動研究的步驟類似於杜威（John Dewey）主張解決問題的五步驟（Dewey, 1910: 125-127），亦即：1. 問題意識的發生；2. 確定問題的性質；3. 提出可能的行動計畫與策略假設；4. 檢討並選擇合理的假設；5. 進行研究假設的驗證，並提出結論與報告。而且，

從理論的觀點而言，教育行動研究也可以透過適當的程序步驟加以規劃設計。例如李溫（Kurt Lewin）就曾經提出行動研究的計畫、實施與省思等循環螺旋概念。行動研究的基本循環分別是確認一個一般的想法、偵察發現事實真相、提出一般的計畫、發展第一步的行動、執行第一步的行動、評鑑與修正一般的計畫（Kemmis, 1992）。遵循這個基本循環的規劃設計，研究者依螺旋順序進入發展第二步的行動，執行並修正一般計畫，進而發展第三步的行動，並執行評鑑。但是，執行與實施的行動步驟未必是容易實行的，對執行範圍的監控也不是一件簡單的任務，而且「評鑑」行動研究的效益，也是相當複雜的（Elliott, 1991: 70）。

　　英國東英格蘭大學（University of East Anglia）教育應用研究中心（Centre for Applied Research in Education）的艾略特（John Elliott）所提出的行動研究步驟，則據此加以擴大充實，包括第一步驟是確認和釐清「一般的觀念想法」（identifying and clarifying the general idea）、第二步驟是「偵察與發現事實真相」（reconnaissance）、第三步驟是建構一般的行動研究計畫（constructing the general plan）、第四步驟是發展下一個行動階段（developing the next action steps）、第五步驟是執行下一個行動步驟（implementing the next action step）（Elliottt, 1991: 72-76）。

　　值得教育行動研究者特別注意的是，起初行動研究「一般的觀念想法」是可以隨著研究過程的進展而加以修正改變的，而且「偵察發現事實真相」應該涉及分析與事實的發現，更應該在行動研究活動的螺旋中不斷地重現，而非只有在最開始的階段才發生。教育行動研究包括一方面檢討現有的教育實務工作，確認所要去改善教育實務工作的某一個層面，另一方面建構出一種可能的解決問題的行動研究方案，嘗試進行解決問題的行動方案，並且保留記錄所發生的事實經過與結果（McNiff, Lomax, & Whitehead, 1996: 48）。一般而言，可就一般的教育行動研究、教室行動研究、學校行動研究與課程行動研究等不同的教育行動研究類型，分述其步驟如下：

一／一般教育行動研究的十個步驟

　　一般的教育行動研究可能包括下述各項，亦即，首先透過情境分析以定義問題，並進行需求評估，提出可用的資源；其次進行規劃與擬定發展計畫，以因應所遭遇的難題，提出可能解決問題的假設性策略，提出研究假設並加以考驗；進而採取實踐行動，以處理所遭遇的難題，並經由仔細的觀察與蒐集資料，確保所規劃的行動受到監控；並且進行評鑑與批判省思，協助實務工作者本身理解所規劃行動之影響與效能；而且如果未能順利解決問題，則必須以新循環，重複上述步驟，力求問題的解決；教育行動研究的最後步驟乃是進行報告發現結果，因為行動研究者有義務向有利害關係的參與者報告其研究發現。總之，詳細而言，一般的教育行動研究可細分為發現教育行動研究的問題類型領域、初步文獻探討與討論、確定教育行動研究的問題焦點、深入的文獻探討、擬定教育行動研究方案計畫、執行教育行動研究計畫、擬定行動方案、實施教育行動研究方案、評鑑教育行動研究方案的設計與實施，以及修正教育行動研究方案與再實施等十項小步驟（黃政傑，1999：354；陳伯璋，1988：141）。茲分述如次：

（一）發現教育行動研究的問題類型領域

　　教育行動研究者可以就其實際教育工作情境進行檢討，有何需要改進、解決，乃至於創新的地方。特別是學校教育發生的問題，有待教育行動研究者澈底的去發現問題所在。

（二）初步文獻探討與討論

　　教育行動研究者在發現學校教育的問題後，應尋找相關資料，並與相關人員進行相互討論，以求對問題本質的確實了解。換言之，在第一個步驟（一）發現教育行動研究的問題類型領域的基礎上，學校教育人員對此問題加以討論並進行初步文獻探討，並尋找相關資料，以求透澈認識問題。此時，應即可結合專家學者的力量，辨識問題並吸取學者專業經驗及理論支持，進而在後來的步驟中，隨時接受學者專家及相關人員經驗之指導。

（三）確定教育行動研究的問題焦點

　　經過初步的文獻討論後，教育行動研究者應該設法界定問題領域與問題焦點確實所在之處，並討論研究問題的主要目的。亦即，由第二個步驟（二）初步文獻探討與討論，進而確定所要研究的教育問題焦點。

（四）深入的文獻探討

　　在確實訂出研究問題的範圍與焦點之後，應該深入的從過去的文獻中，獲得該問題的目的、方法、程序的啟示。同時教育行動研究者亦可從過去的文獻中更確實的認清問題的本質，或是修正問題的方向，以便擬定出一份更合乎研究者的行動研究計畫。因此，教育行動研究者應該深入蒐集、探討現有文獻，一方面可以獲得目的、範圍、方法的啟示，另一方面，研究者可藉此更確認問題或修正問題。

（五）擬定教育行動研究方案計畫

　　根據文獻的探討及研究問題，教育行動研究者應規劃選擇研究目的方法、工具、程序，並確定協同合作進行研究的夥伴對象、樣本及資料處理方法。

（六）執行教育行動研究計畫

　　根據研究計畫，蒐集、分析及解釋資料，執行教育行動研究計畫，設法解答所要研究的問題。

（七）擬定行動方案

　　依照研究結果、過去的文獻及當時特定的教育情境之特性，研擬解決問題的行動研究方案。

（八）實施教育行動研究方案

　　依照行動研究方案，分配學校教育人員應擔任的角色，將教育行動研

究方案付諸實施。

（九）評鑑教育行動研究方案的設計與實施

行動研究方案設計是否完美，其執行是否正確，結果是否有效，均應加以評鑑，並指出評鑑方案的有效性、執行狀況與可以改進之處。

（十）修正教育行動研究方案與再實施

依評鑑結果提供修正行動研究方案之參考，依需求決定是否進行下一步研究革新，必要的話可再繼續進行第二回合的行動研究。

二／學校教育行動研究的九個步驟

在學校教育行動研究的步驟方面，在開始進行學校教育行動研究之前，教育行動研究者應該先考慮檢討現有的學校教育實務工作，並構想出一種可能的解決問題的行動方案與嘗試進行解決問題的行動方案等九個要點；這九個步驟描述了學校教育行動研究循環（McNiff, Lomax, & Whitehead, 1996: 47）。

（一）檢討現有的實務工作。

（二）確認所要去改善實務工作的某一個層面。

（三）構想出一種可能的解決方案。

（四）嘗試進行解決問題的方案。

（五）保留記錄所發生的事實經過與結果。

（六）根據已發現的事實，修正原先的計畫，並且繼續進行「行動」。

（七）監控所進行的行動。

（八）評鑑經過修正過的行動。

（九）繼續不斷，直到對實務工作的某一方面感到滿意為止。

這是一個學校教育行動研究的解決問題程序，具有科學的方法精神（McNiff, Lomax, & Whitehead, 1996: 47），前面的「步驟」（一）～（五）代表一般教育行動研究當中所謂的「事前偵察階段」（Elliott, 1991: 72），此一階段的學校教育實務工作者試著要釐清所關注的問題

焦點。但是，學校教育實務工作者卻有可能走入一條死胡同。另外，此一階段學校教育實務工作者所進行的行動監控程序比較不嚴格，以致學校教育實務工作者所蒐集的資料和研究後期蒐集的資料相較之下，此階段所蒐集的資料顯得比較缺乏說服力，因為這是代表一個「事前偵察階段」的準備行動。而如果學校教育行動研究者繼續地進行研究工作，這一「事前偵察」就會轉變成更適當的行動規劃，行動研究的意向將更為清晰明確，研究的結果將更可具體的想像，而更有系統的研究階段就從此開始了（McNiff, Lomax, & Whitehead, 1996: 48）。總之，教育行動研究者在進行學校教育行動研究過程當中，在發現學校教育問題之後，必須經由界定問題領域並分析問題焦點，再經草擬計畫，閱讀文獻，修正問題，修正計畫，擬定行動方案，爾後實施計畫，蒐集資料證據，實施評鑑回饋與修正發展，最後才能提出結論報告。

　　教育行動研究，特別是學校教育行動研究的研究過程，也可以細分為下列步驟（歐用生，1996b：142；Cohen, & Marion, 1989; McKernan, 1991b）：第一，確定並形成問題。所謂「問題」是在日常學校教育情境中被認為重要的，但不必解釋的過於嚴謹，例如也可以包括如何在學校既定的規則中採用某種革新。第二，參與團體的教師、外來的研究者、諮商顧問者和支持者間進行初步討論與磋商，這可能形成研究計畫的草案與待答問題。例如何種條件最能影響學校教育革新？影響學校教育革新的因素為何？行動研究如何促進學校教育革新？外來的研究者在此步驟當中極為重要，他們可以協助學校教師將所關注的問題焦點呈現地更為具體明顯，探討決定因果的因素，並提議新的方法等。這是非常重要的步驟，因為如果學校教育行動研究參與者對目標、目的和假定沒有共識，或主要的概念未被強調，則行動研究很容易產生偏差。第三，文獻探討，從比較研究中了解問題、目標和程序。第四，修正或重新定義所關注的問題，形成可證驗的研究假設，或形成一組引導的目標，讓存在於行動研究方案中的研究假設或假定更為明顯。例如為了影響學校教育革新，要先改變教師的態度、價值、技能和目標。第五，確定研究程序。抽樣、實施、教材、教學法等的選擇，資料的蒐集，資源的分配和人員的分工等。第六，選擇評鑑程序，使評鑑能繼續實施。第七，進行研究。包括資料蒐集的方法，如開會、記錄、即席報告、最後報告、自我評量、工作管制、回饋傳遞、資料

的分類與分析等。第八，資料的解釋、推論和整體評鑑。依據前訂的評鑑標準，探討研究結果，特別要注意到錯誤和有問題的地方，並總結研究結果，提出建議及推廣的方法。

三／教室行動研究的五個步驟

一般而言，教師以教室教學問題作為行動研究的起點，通常會經過下述步驟（Taba & Noel, 1992: 67-73）：

（一）問題的確定（problem identification），亦即指出所確認的問題。

（二）問題的分析（problem analysis），亦即分析問題與決定某些具有持久性的影響因素。

（三）形成研究假設（formulating hypotheses），亦即形成重要因素的暫時性觀念，而且蒐集並解釋資料，進一步釐清上述的暫時觀念，並發展行動的研究假設。

（四）進行實驗與行動（experimentation and action），亦即展開行動。

（五）評鑑（evaluation），亦即評鑑行動的結果。

教室行動研究可以藉由下面步驟的演進，成為一完整行動螺旋圖（McNiff, 1995: 45）。第一步驟是關注問題：當教育價值理想在實際教室情境中遭遇困難產生「實際問題」，討論關心的議題，指出所希望追求什麼？第二步驟是研擬策略：構想一些可能的「解決教室問題的行動方案之策略」。第三步驟是採取行動：依據上述解決教室問題的行動方案的策略並採取實際行動，將策略付諸實施於教室情境當中。第四步驟是省思評鑑：「評估」解決問題的行動方案策略的實際執行結果，評估採取行動後的教室情境實施結果。第五步驟是再度關注：根據評估的結果，判斷是否解決原先關注的教室問題，如已解決，則可關注另一個相關問題。如未解決，則「修正」所關注問題的焦點，研擬更適切的問題解決方案策略，並再度採取行動與進行評鑑，以解決教室情境的問題。

四／課程行動研究的七個步驟

教育行動研究的過程，是不斷的循環，直到行動研究的成果有所改進，重點乃在規劃、行動、批判與回饋之間的螺旋循環（McKernan,

1991）。課程行動研究的基本步驟包括發現課程問題、界定與分析課程問題、擬定課程計畫、蒐集課程資料、修正課程計畫、實施計畫與提出評鑑報告等七點（蔡清田，1998a；Oja & Smulyan, 1989）。茲分述如次：

（一）發現課程問題

　　課程行動研究是要不斷地行動，要從行動中發現課程問題，研究課程問題，並且解決課程問題。課程行動研究的問題通常就是教育實際工作者所遭遇到的課程問題。

（二）界定與分析課程問題

　　對課程問題給予確認、評價，並且診斷其原因，確定課程問題的範圍。對課程問題範圍的界定要適當，不宜太大，必須將之具體化。

（三）擬定課程計畫

　　即由教育行動研究者進行初步討論與磋商。在此階段中，擔任計畫發起人的研究者，可以藉其專業知識掌握課程問題核心，確定重要的因素，強調課程研究的關鍵任務。

（四）蒐集課程資料

　　課程行動研究計畫擬定之後，接下來便是找尋相關的課程研究文獻，以便從前人的經驗中獲得有利的相關啟示。

（五）修正課程計畫

　　經過了閱讀相關文獻的工作之後，對課程問題也有相當程度的了解，再回到「界定與分析問題」，將初步陳述的課程問題予以修訂或是重新的界定。

（六）實施計畫

依據先前所規劃的課程行動研究方案內容來實施，在實施的過程中不斷地蒐集各種課程資料，以考驗研究假設，以利改進現況，直到能有效的改善或解決課程問題為止。

（七）提出評鑑報告

根據課程行動研究方案的實施結果，並且提出完整的報告，對整個課程行動研究計畫進行整體評鑑。

簡而言之，課程行動研究可用來描述數個繼續不斷地省思與行動的螺旋，每個螺旋包含關注分析與確定所遭遇的課程問題、研擬解決課程問題的可能行動研究策略、執行事前經過規劃的課程行動研究策略、觀察省思與評鑑課程行動研究方案的結果等階段。茲分段說明如次：

（一）關注分析與確定所遭遇的課程問題

第一階段是關注和分析一個需改善的課程實務問題，包括：1. 發現課程問題，不斷地從行動中發現課程問題。2. 界定與分析問題，對問題進行初步分析、確認、評價，並且診斷其原因，確定問題的範圍。對問題範圍的界定要適當，不宜太大，必須將之具體化。

（二）研擬解決課程問題的可能行動研究策略

第二階段是有系統地擬定行動策略，以改善課程情況或解決問題，包括：1. 擬定課程計畫：即由教師進行初步討論與磋商。在此階段中，特別是教師擔任研究者角色，可以藉其教育專業知識掌握問題核心，確定重要的問題因素，擬定行動計畫與可解決問題的策略。強調研究對象及研究的關鍵任務。2. 蒐集課程資料：擬定計畫之後，接下來便是找尋相關的課程教學研究文獻，以便從他人的經驗中獲得相關啟示。3. 修正課程計畫：經過了閱讀相關文獻的工作之後，對問題也有相當程度的了解，再回到「界定與分析問題」將初步陳述的問題予以修訂或重新界定。

（三）執行事前經過規劃的課程行動研究策略

第三階段是執行行動策略並衡量其成效，亦即，實施課程計畫。依據先前規劃的內容來實施，在實施過程中不斷的蒐集各種資料，以考驗研究假設，以利改進現況，直到能有效改善或解決課程教學問題為止。

（四）觀察省思與評鑑課程行動研究方案的結果

第四階段是針對初步評鑑課程行動效果，提出評鑑報告，特別是根據行動研究的結果，對整個課程計畫做全面性的評鑑，提出行動研究報告，理解問題獲得改善的情況，並且進一步澄清所產生的新問題情境，進入下一個課程行動的螺旋。

整體而言，「規劃教育行動研究方案與省思」是教育行動研究歷程系統三階段六步驟的首步曲第一階段**「行動『前』的研究」的第二步驟**，是規劃解決問題的行動方案，特別是研擬教育行動研究的行動進路計畫與可能策略的行動研究假設，並指出可以透過什麼方法，蒐集到何種可能的資料證據，進而設計具體的行動步驟，以改善教育實務工作情境或解決實際教育問題。一般而言，教育行動研究應該包括問題的診斷、解決方案的研擬、行動實施與評鑑回饋修正等主要階段。然而，特定的技巧與明確的方法，並不是行動研究的特色（夏林清與中華民國基層教師協會，1997：8；Altrichter, Posch, & Somekh, 1993）。相反地，教育行動研究是一種持續不斷地循環與行動省思的螺旋，協助教育實務工作者致力於行動與省思之間緊密聯繫，促進教育實務工作者省思並進而發展實務行動。因此，上述的各種教育行動研究步驟，只是作為教育實務工作者達成教育行動研究理想與目的的行動媒介，並非一成不變的教條，教育行動研究者可就其實際面臨的實務工作情境需要，加以彈性靈活運用（黃光雄、蔡清田，2017；黃政傑，2001；蔡清田，2020），因此本書下一章將進一步闡述「協同合作教育行動研究與省思」，這是教育行動研究歷程的**「行動『中』的研究」之重要步驟**。

第八章

協同合作教育行動研究與省思

三個臭皮匠，勝過一個諸葛亮。

　　「Collaboration 協同合作教育行動研究與省思」是教育行動研究歷程系統三階段六步驟的第二階段「行動『中』的研究」的重要步驟，也是繼前章「規劃教育行動研究方案與省思」之後的教育行動研究第三步驟；換言之，協同合作教育行動研究與省思，是教育實務工作者進行教育行動研究的第三個重要步驟。本章協同合作教育行動研究與省思，主要內容分為三節，第一節是尋求教育行動研究的合作夥伴、第二節是尋求教育行動研究的批判諍友、第三節是增進教育行動研究的人際關係。

　　俗話說：「三個臭皮匠，勝過一個諸葛亮」。因此，在教育行動研究過程當中，教育實務工作者應該將經過規劃的教育行動研究方案，向可能的合作夥伴對象徵詢其意見與建議（黃政傑，2001；甄曉蘭，2001；Elliott, 1979），以便使教育行動研究方案更為周延可行（吳毓智，2006；江麗莉、詹文娟、鐘梅菁，1999）。同時教育行動研究者也應該設法找出可以擔任教育行動研究的「批判的諍友」（critical friend）（Elliott, 1998），特別是請其就目前所擬定的教育行動研究的解決問題途徑方法、行動策略與具體行動步驟等提出可行性的評估與批評，並請其提供改進意見，以便加以修正。茲將其要點整理如表 8-1。

◆ 表 8-1　教育行動研究的主要歷程步驟三：Collaboration 協同合作教育行動研究與省思

協同合作的意圖	教育行動研究者的角色	成功的合作規準
將工作同仁視為共同研究者，協同合作進行研究，而不是被研究的對象。 鼓勵教育實務工作同仁，共同分享教育行動研究的寶貴經驗。 尋找具有批判力的工作同仁，邀請其擔任批判的諍友，請其提供批判回饋。 準備隨時放棄自己獨占教育行動研究的專利，隨時歡迎同事分享教育行動研究經驗或一起共同探究。	保持心胸開放。行動研究的價值性，不在於研究別人，也不在於操縱他人。 行動研究者要隨時準備接受被質疑批判，而且可能使他人一起蒙受此風險。 考慮其他人在研究中的角色，協調建立明確的研究倫理，以便共同遵守。	使教育行動研究者的**角色透明化**，清楚而明白地說明研究者的角色。 合作的目的能被理解，而且，也要有具體的**合作事實**。 建立與應用教育行動**研究的倫理**原則。

第一節　尋求教育行動研究的合作夥伴

　　行動研究適用在許多專業的工作上，包括教育與在職訓練等。特別是教育行動研究，也涉及了行政、課程與教學等不同領域的教育實務工作者（Altrichter, Posch, & Somekh, 1993）。由於，教育行動研究涉及了不同實務工作情境的實務工作者，因此，協同合作進行教育行動研究有其意義與重要性（甄曉蘭，1995；Oja & Smulyan, 1989）。

　　協同合作在人類生活中占有重要的地位，可以透過協同合作，透過團隊學習協同合作事半功倍，鼓勵別人、被別人鼓勵，進而影響別人，團結力量大，形成骨牌效應，促成更大的改變與進步（黃光雄、蔡清田，

2017；甄曉蘭，2001），例如管理學者 Peter M. Senge 認為為了達成團體組織的目標，組織成員間或組織與組織間的合作將是關鍵的重要力量（郭進隆譯，1994）。而英國社會心理學者 Michael Argyl（李茂興譯，1996），進一步指出「協同合作」是包括在工作、休閒和關係上的社會活動，以及在共同活動、溝通和社會互動上的協調，合作取決於下列三種主要的方式：（一）追求物質報酬的合作；（二）共生關係，指合作者彼此有依賴的現象；（三）協調，也就是指合作者彼此之間的互動及溝通，也包括了團體對外部環境的互動及溝通。特別是許多學者在談及學校本位課程發展時，均肯定教師專業發展的重要（陳惠邦，1998；陳伯璋，2001；歐用生，1999a；甄曉蘭，1995；蔡清田，2000），James McKernan（2008）認為學校應成為探究中心，邁向「新專業主義」的時代，而學校內的教師就是課程發展的研究者，對於改進課程品質及個人知識理論與實踐的結合有相當的幫助，教師透過教育行動研究的進行，可以有效獲得教育的專業地位，鼓勵教師成為教育行動研究的行動者。然而擔任研究行動者所承擔的責任及工作相當沉重，所需關注的層面相當廣泛，常使初任教育行動研究者「吃足苦頭」，而協同者的角色相較之下顯得單純，任務及先備能力的要求也較基礎，較容易獲得基層教師的意願及參與，而且擔任協同者在協同合作的歷程當中，一樣有促發個人專業發展的功能，因此建議在朝向「教師即研究者」理想前進時，擔任「研究協同者」將是一個很好的起點。McKernan（1996）認為課程發展行動研究需要第一、二順位的協同人員組合成協同網，主張在研究的規劃、實施、分析與報告的過程中進行分享（蔡清田等譯，2004），所謂第一順位的參與人員通常是指學校的教師或行政人員等具有實際工作經驗的人員，而第二順位的參與人員指的是外來的「顧問」或「促進者」（蔡清田，2000：175）。

　　例如擔任嘉義偏鄉小學的吳毓智老師（2006），便與學校鄰近的幼兒園雲老師合作進行課程發展行動研究，吳老師是以協同者的立場及角度來呈現合作附幼之學校本位課程發展的「協同合作歷程」，其「課程發展行動研究中的協同合作」研究的目的，在於了解課程發展行動研究的協同合作歷程，以及協同者在合作期間可能遭遇的困難及面臨困難問題所做的決擇考量，並從協同者的角度深入探討該困境及實際因應的結果對協同者所造成的影響，試著以不同於以往「行動者」的眼光，來探討教師協同合

作間的溝通互動及關係建立，以豐富學校教師團體合作概念之內涵。吳毓智老師所採用之研究工具包括錄音筆、錄音機，用以記錄專業對話、計畫報告、訪談問答、合作討論等研究歷程；錄影機、照相機，用以記錄專業對話、計畫報告、訪談問答、合作討論等研究歷程；針對行動研究歷程中的合作問題，設計訪談表以進行訪談，來蒐集對合作關係的觀察、看法及建議；省思札記用以記錄研究者與吳老師之間的所有合作行為及合作對話，並對兩人之間的合作情形進行省思；觀察記錄表乃研究者觀察其他課程發展行動研究參與者之間的合作行為與對話之後，進行記錄及省思；研究日誌為研究記錄，作為三角檢證之佐證資料。吳毓智老師研究藉由研究者觀察、研究參與者學生的資料、協同夥伴的觀察訪談等提供不同的資料來源，作為進行協同行動研究的資料依據，該協同行動研究的歷程如圖8-1所示。

　　該研究實施為一個環環相扣、環中有環的行動研究歷程，主要分為行動環、回饋環及修正環三大部分，以行動環為主要研究步驟，回饋環與修正環則隨時緊扣行動環，在不斷的行動中，亦有不斷的回饋而產生不斷的修正，使研究能不斷的趨向完善，提升研究效能，達到解決研究者教學困境的目的。行動環包括關注問題、規劃方案、尋求夥伴、採取行動、資料整理與分析、撰寫報告；回饋環由研究者針對研究進行評鑑與批判省思，協助研究者理解本研究計畫之影響與效能，如果未能解決合作上的困境，會透過回饋環任何回饋管道修正行動要點，啟動新的循環，包括自我察覺、教學情境分析、研究反思、諍友批判、計畫報告、專業對話、三角檢證、專家指導、成果分享、全校推廣；修正環是指行動歷程無論是在哪個階段，如果有接受來自回饋環之回饋，都將進入修正環，針對所回饋的項目進行修正，修正完畢後，便再回到行動環，如此不斷循環，使行動更加周詳及確實。

　　更進一步地，例如任教於高雄的黃琪鈞（2020）擔任國小一年級導師，希望藉由實施繪本教學來引導一年級學童增進正向的人際互動關係有其必要性。因此進行「人際關係繪本教學的課程方案」設計，藉由課程的實施，用以引導一年級學童增進正向的人際互動關係成效。

　　根據行動研究陳述所關注的問題、規劃可能解決上述問題的行動方案、尋求可能的教育行動研究夥伴、採取行動實施方案、評鑑與回饋、發

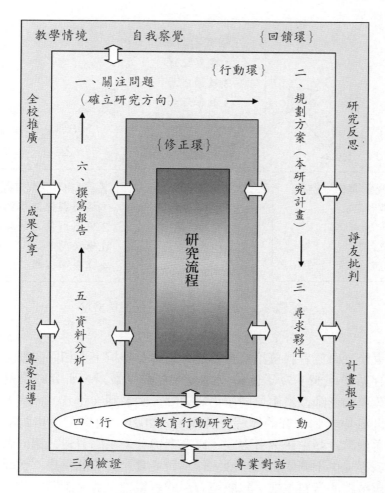

◆ 圖 8-1　吳毓智老師的協同行動研究歷程

表與呈現教育行動研究證據，先透過情境分析，了解教學現場遇到學生在人際關係上的衝突及困擾，找出參與對象的主述問題，考量學生的身心發展及認知能力，以及與協同夥伴的討論，修正方案方向，進而著手規劃以人際關係為主題的繪本教學方案，進行繪本的人際關係課程，過程中蒐集學生、家長及協同夥伴對課堂的反應，使用學習單、回饋單、訪談、錄影等方式，加上研究者本身於課堂後的教學省思作為資料依據。最後，課程

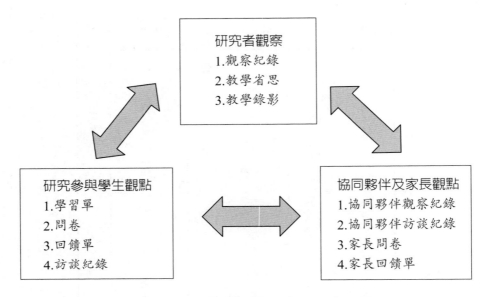

◆ 圖 8-2　黃琪鈞老師研究的三角檢證

方案結束後，研究者將蒐集的資料進行繪本及分析，也和協同夥伴討論，協同夥伴給予回饋。為了使研究過程更客觀、嚴謹，研究結果更加圓滿順利，黃琪鈞老師邀請兩位同學年的教師，劉老師（化名）、李老師（化名）一同參與行動研究的歷程。黃琪鈞（2020）研究所使用的三角檢證法的三角檢證，藉由研究者觀察、研究參與者學生的資料、協同夥伴及家長的訪談等提供不同的資料來源，作為研究實施人際關係繪本教學行動研究的三角檢證的資料依據，以驗證資料的真實性，黃老師研究的三角檢證如圖 8-2 所示。

　　又如，任教於桃園林森（化名）國小的高于涵（2020），採行動研究法探究以繪本融入國小一年級新生情緒教育課程之實施歷程成效，為達研究目的，透過情境分析，發現學生缺乏「情緒覺察」、「情緒表達」、「情緒理解」及「情緒調適」等四方面的情緒能力，故有實施情緒教育之必要性，高老師配合《十二年國民基本教育課程綱要》，以「核心素養」作為課程發展的主軸，以「自發、互動、共好」為核心理念，設計出具體的情緒教育課程方案，以自己任教班上 25 位小一新生為研究參與學生，

進行 8 週的行動研究，根據蒐集的資料，研擬出繪本融入情緒教育課程方案。

　　行動研究應尋找協同合作的夥伴，可以向指導教授、學校同事、家長尋求協助和請教意見，請其用不同的角度來討論行動方案的可行性（甄曉蘭，2001）。因此高老師請求同學年一年級導師李老師（化名）的合作，擔任協同研究者的角色，能將觀察研究者之教學實施狀況，經常且定期的給予回饋，故李老師除了協助行動方案實施前評選繪本教材、針對情緒教育課程方案設計提供建議，亦於行動方案實施後與研究者探究課程實施有無需改進之處，並協助觀察學生的日常表現，提供不同角度的資料，更具客觀性。另外一位陳老師（化名）是該班的科任老師，陳老師在本研究中的角色為協助於行動方案規劃期間，檢視和評鑑研究者挑選的繪本教材，逐一篩選並給予建議，使教材能夠更貼近孩子的需要，切合學生的情緒問題，而且在行動方案實施期間，陳老師能協助進行課程設計上的討論與修正，透過三角檢證減低研究者、研究對象及協同教師之間看法不同而造成之偏見，而多元資料的蒐集與相互確認資料內容的正確性與真實性，並能從多元面向看待研究現象。高于涵（2020）研究包含對多重資料來源、不同方法及不同成員的三角檢證，作為情緒教育行動方案實施成效之評鑑依據，研究的三角檢證如圖 8-3 所示。

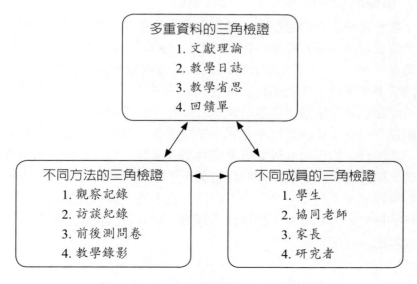

◆ 圖 8-3　高于涵老師研究的三角檢證

　　是以，究竟應該如何尋求教育行動研究的協同合作夥伴（Oja & Smulyan, 1989）？本節將針對此問題加以說明，指出教育行動研究過程中可能的合作夥伴對象是誰。

一／教育行動研究的合作夥伴對象

　　教育行動研究可以獨立進行，但是，教育行動研究不應該是孤立的研究。教育行動研究的參與者可能包括學校教育行政主管、學校教師與課程設計人員等教育實務工作者。參與教育行動研究的學校教師，可以教師身分作為教育行動研究的主要參與者，以教師的身分作為一個親身驗證者，可以讓學校教育的相關人士了解您進行教育行動研究的目的、作法、行為，並進一步促使行動研究的歷程與結果對外公開。教師可以根據不同的原因，在校內以各種不同的方式進行研究（夏林清與中華民國基層教師協會，1997）。但是值得注意的是，進行行動研究應該爭取一些可以共同進行行動研究工作的相關人員作為支持者，特別是徵求校外學者專家、校長、主任、其他教師同仁、指導教授、輔導教師、教學助理等人的支持與贊助（Oja & Smulyan, 1989）。

（一）指導教授或指導教師、輔導教師

　　在教育行動研究的過程中，通常會產生許多無法事前預測的問題與阻礙，此時就可請教富有經驗的教育行動研究顧問，以減少獨自摸索的時間（甄曉蘭，2001）。這些諮詢顧問可能是您的指導教授或指導教師、輔導教師或專家學者，他們經驗非常豐富，同時這些人往往受過專業訓練，因此其問題意識非常強，當他們對您的教育行動研究提出建議時，如果與您的觀點不符時，此時最好不要完全摒棄這些諮詢顧問所建議的觀點，而自己一意孤行。因為如此可能得罪這些諮詢顧問，造成日後不易爭取其合作意願。而且如果將諮詢顧問的建議融入您的教育行動研究過程中，如果研究的實際結果不是十分令人滿意的話，也不需責備這些諮詢顧問，因為教育行動研究的方式就是不斷地修正理論、研究實務工作，努力找出解決實務問題的方法。

（二）同一實務工作情境的工作同仁

　　在教育行動研究過程中，您如果是一位學校教育工作者，您可以將您所從事的教育行動研究的大概內容，告知其他相關的任課教師或主任、校長。一來可得到這些任課教師與校長、主任們的配合與協助，二來如果這些任課教師將來也遇到同樣的問題時，彼此可互相合作，共同研究解決問題的方法，或者是彼此分享研究的結果（McNiff, Lomax, & Whitehead, 1996: 31）。

（三）教育實務工作情境當中的學生家長

　　例如三民國小的林老師與學校中一群教師團體及家長工作，共同探究如何在「家庭與學校的社區成員關係」當中發展出一套「行為規範」。他們希望能在彼此信任關係當中，制定理想的行為規範，他們決心進行長期觀察，並且用心記錄有關他們所進行的觀察過程與結果，然後從他們的實際工作中歸納出一套行為規範。在這個計畫中，家長與教師一起在家庭和學校共同進行工作，因為他們都意識到這個行動研究的重要性，不僅可以澄清他們對學校教育相關概念的疑惑，更可以作為提升他們的教育生活品質的媒介。

（四）教育實務工作情境中的學生

　　在企業中，主管當局想研究何種管理方式可提升員工的工作態度與效率，因此所面對的研究合作對象是員工。然而，在教育行動研究過程當中，學校教師可能想研究何種教學方式可提升學生的學習態度與興趣，因此，教師面對的主要研究合作對象是學生，教師可以透過和學生共同合作改進教學方式。

（五）行動研究的效度檢證小組

　　教育行動研究的效度檢證小組（validation group），一般乃是由進行教育行動研究的工作同仁、校長、專家或學者所組成。為了讓別人更確定您的教育行動研究成果，以及是否已改善您的實務工作問題，使您主張的

知識宣稱更具說服力，通常是由教育行動研究的效度檢證小組來評估您所進行的教育行動研究成果（McNiff, Lomax, & Whitehead, 1996: 31）。但是，教育實務工作者千萬不要對效度檢證小組有著不切實際的期望，不要一味設想教育行動研究檢證小組會完全支持您的論點，因為他們將不會接受缺乏水準的研究，而且他們將希望看到實務工作者，能以足夠而堅強的證據支持所主張的知識宣稱。是以對教育行動研究效度檢證小組所提出的批評，不消極的逃避或負面的抗拒，而應該積極正面地面對其所提出的批評與建議，並適切地加以回應。因為他們的職責便是確保實務工作者是否能運用真實而明確的證據，支持行動研究效度。本書將在第十章評鑑回饋與省思，深入討論有關教育行動研究效度檢證小組的成員與運作方式。

二／尋求可能合作夥伴的協同合作

如果想要爭取合作夥伴，協同進行教育行動研究，可以向學生、家長、學校同仁、輔導教師或指導教授徵詢意見，或向您認為可以信賴且願意支持您的人尋求協助，向其請益有關規劃解決問題的行動方案與研擬可能策略的行動研究假設，並指出可以透過什麼方法，蒐集到何種可能的資料證據，進而規劃研擬具體的行動步驟，以改善實務工作情境或解決問題。請他們從批判觀點討論您所提出的問題解決方案之可行性，共同研擬可行的解決問題方案。

因此，有必要說明合作夥伴在教育行動研究過程中扮演何種角色，對教育行動研究有何影響與貢獻？共同規劃教育行動研究方案，構思可能解決問題之遠程行動途徑；共同規劃教育行動研究策略，構思可能解決問題之中程行動策略；共同規劃教育行動研究步驟，構思可能解決問題之近程行動步驟。進而指出合作夥伴所同意認為解決問題的可行途徑方法、可行行動策略與可行行動步驟，甚至說明合作夥伴所認為可以透過什麼方法蒐集到何種資料證據。

教育行動研究牽涉其他人，主要包括三個層面，亦即，事前爭取可能合作者的行動參與，以及行動的後勤支援，並且進一步經由協商徵得合作對象同意進行研究過程當中所要使用的研究計畫構想草案之協定（protocol）。例如徵得合作對象同意使用「法藍德斯互動觀察分析表」

（Flanders Interaction Analysis Chart），作為分析教室內互動關係的研究工具（Stenhouse, 1975: 146）。教育行動研究者必須在規劃階段當中，向可能的合作對象徵詢意見（Elliott, 1979）。特別是當要決定所使用的方法時，也有必要徵詢行動參與者的意見觀點。因為考慮方法時，有可能蒐集太多的資料，因此，其目的應該在於蒐集最少數量而有用的資料，以及最簡單而合適的方法。如果教育實務工作者無法決定使用何種方法，則可以計畫進行短期試用，以比較選用各種方法。除非教育實務工作者本身設計研究的方法，否則教育實務工作者往往缺乏考慮其適用性，便輕易地接納並採用別人已經使用過的方法或似乎令人印象深刻的方法技術。但是，不管使用何種方法，皆必須注意兩大問題：第一個問題是此種方法是否適合於參與者，換言之，參與者是否有能力執行？參與者是否喜歡此種方法？第二個問題是此種方法是否能提供必要資訊？因此，在規劃教育行動研究的爭取合作夥伴階段，必須考慮有關隱私權與資訊推廣的問題（Elliott, 1979）。因此，尋求可能的合作夥伴必須特別留意下列項目：

（一）與他人一起合作的檢核項目

　　如果教師希望在其校內進行某種教育行動研究，其第一項任務便是決定選擇適當顧問人選，以便進行諮詢請益。這項任務，在組織上與倫理上皆有其必要性，因為處理人際關係的外交能力與問題敏感能力是成功地進行任何工作的必要先決條件。更進一步地，這些具體的行動有賴研究的本質、個別教師在學校當中的角色地位，以及學校氣氛而定（McNiff, Lomax, & Whitehead, 1996: 56）。舉例而言，一位級任教師由於本身的研究興趣，希望在其學校班級當中進行不會影響其班級日常活動的某種研究。儘管進行該項行動研究，該教師無需特別動用其他時間、無需使用其他額外教材、不會介入或牽涉其他人。儘管如此，為了禮貌的關係，該教師應該知會其主管或相關同仁，更不用說是與該研究有關的其他有興趣的人員（Elliott, 1979）。可見，行動研究可以是獨立的，但不應該是孤立的。必須取得他人的協助與支持，當然其原先的行動研究的初步計畫構想草案，可能已經過諮詢請益過程而不斷地修正。因此，下述事項是特別值得注意的：

1. 是否已經和指導者確定了一個工作計畫呢？
2. 是否已徵詢並獲得合作夥伴對研究時間表和計畫之同意？
3. 是否已經確定誰是進行研究的參與者？
4. 是否已經確定行動研究的「效度考核團體成員」是誰，並且徵詢獲得他們對開會時間表的同意？
5. 是否還有其他事情沒考慮到嗎？

（二）與他人一起合作的小祕訣

1. 上述大部分事項，都必須預先完成，雖然其中有部分是計畫進行之後，便會在適當時機完成。但是千萬不要假定別人會完全按照您的意見執行。因此，必須事前徵詢其意見，因為就如同您自己一般，別人也有一大堆事等著要處理。因此，要儘量努力設法使您的研究參與者投入工作之中，並將您所撰寫的定期進度，簡要向其提出報告。

2. 教育行動研究者必須適時撰寫一份正式的進度報告書，提供指導者和行動研究效度考核團體作為參考依據，讓他們了解您的研究進度，並讓他們知道您是如何努力地達成整體目標（McNiff, Lomax, & Whitehead, 1996: 56）。

（三）與他人一起合作的具體任務

1. 和您的指導者共同討論協商，研擬出研究工作計畫，並且把它寫下成為具體的書面文件。然而，這是您的責任，不是您的指導者的責任。而且您必須將一份工作計畫的影本交給您的指導者，作為參考依據，並且您也必須在研究期間依據此項研究工作計畫，進行行動研究方案。

2. 一旦確定了您的研究工作夥伴，就應該與他們進行懇談，邀請他們成為您的研究的合作夥伴，並且讓他們知道要參與些什麼，例如參加多少會議、他們的責任為何等。

3. 草擬一份必要的會議清單，並且寫一份給不同的參與夥伴對象，清楚地告訴他們會議的時間、地點和集合地點等。

4. 同時也必須為您的行動研究效度考核團體成員擬出一份會議時間表，並依據研究方案期限的長短，決定會議的次數。其目的旨在研究過程

當中，例如呈現研究資料或提出研究變更的轉捩點等關鍵階段時刻，適時召開會議。這也說明自己必須擁有一份自己可以遵循，而且非常清楚明確的工作計畫表。

5. 撰寫定期的進度報告書，並且在會議召開之前將定期的進度報告書送出去，以便與會者事前閱讀。

6. 並且草擬一份重要問題的清單，這是您希望行動研究效度考核團體成員開會時提出解答的問題。把上述的記錄妥為整理保存，成為資料檔案的一部分（McNiff, Lomax, & Whitehead, 1996: 56）。

第二節　尋求教育行動研究的批判諍友

　　研究和行動，兩者原先具有不同的特徵和要求，兩者合一，易形成矛盾。尤其是教育行動研究大部分是一種涉及與其他人的團體合作過程，團體中的研究成員雖然關心同一教育問題，但所關注的焦點，所採取的教育行動策略途徑與教育理論研究導向卻可能未必一致，因此，過程中的協商和協調就極為重要（甄曉蘭，2001；歐用生，1996b：149）。在進行教育行動研究方案過程中，大多尊重教育實務工作者的教育專業自主，而外來的學者專家往往是站在輔助者的角色，但盡可能不妨礙到教育實務工作者的活動歷程之訂定，提供觀點作為參考之用，透過教育實務工作者與行動研究效度檢證小組成員的外界互動交流，了解行動研究方案與目標的執行進度情形（Eames, 1991）。

　　教育行動研究過程當中，所謂的「外部人員」（outsider）與「內部人員」（insider）如何劃分？如何區分「第一順位的行動研究者」（the first order action researcher）與「第二順位的行動研究者」（the secondary order action researcher）？教育行動研究者如何爭取「批判的諍友」，進行教育專業對話，以協助推動教育行動研究？這些問題皆是教育實務工作者進行教育行動研究過程中，值得特別關注的。

一／教育行動研究的人員

在教育研究當中，教育研究人員又可分為內部人員和外部人員（Elliott, 1991），而在教育行動研究中，內部和外部人員所扮演的角色也有所差異（CARE, 1994），以下將就兩者之間的關係作不同概念的分類。第一類的外部人員可說是一位學者專家，也是一位未實際參與教育實務的外來的研究者；而內部人員則是教育實務活動的執行者。第二類的外部人員可以說是一位參與觀察者；而內部人員則是可靠訊息的提供者。第三類的外部人員是一位訊息經紀人；而內部人員則是一位提供個人參與經驗及評論訊息的貢獻者。第四類的外部人員是批評的理論學家；而內部人員則是一位具有自我省思檢討能力的執行者。第五類的外部人員是省思的師資培育工作人員；而內部人員則是具有省思檢討的學校教師。

在教育行動研究歷程當中，參與教育行動研究的人員，也可以區分為「第一順位的行動研究者」與「第二順位的行動研究者」（蔡清田，1998b；Elliott, 1991）。「第一順位的行動研究者」是指如教師或行政人員等具有實際經驗工作問題的實務參與工作者；而「第二順位的行動研究者」是指如課程發展顧問、專門從事研究的學者專家等協助「第一順位的行動研究者」進行「行動省思歷程」之促進者。特別是，艾略特（John Elliott）指出由「教師即研究者」所進行的行動研究是「第一順位的行動研究」（the first order action research），所關注的問題焦點是實務工作情境的改善與進步；而擔任「批判的諍友」所進行的行動研究是「第二順位的行動研究」（the secondary order action research），所關注的問題焦點是如何協助實務工作者進行「第一順位的行動研究」之批判省思思考與實踐行動（Elliott, 1992）。

二／尋找批判的諍友

在教育行動研究過程中，教育行動研究的內部人員除了應該要清楚地了解自己心中所接受的價值觀之外，也必須爭取其他外部人員與相關人員的協助，請其提供不同角度的觀點與價值，作為進行教育行動研究的參照。特別是「批判的諍友」在教育行動研究過程當中，扮演相當重要的角色。「批判的諍友」是史點豪思的創見概念（Stenhouse, 1975），意旨在

行動研究過程當中，能夠協助扮演研究者角色的學校教師（「教師即研究者」）提出批判建議與忠告之研究夥伴。

　　換言之，「批判的諍友」，是指在進行教育行動研究過程當中，具有批判能力的實務工作情境同事或外來的學者專家等研究夥伴。就如同「路遙知馬力」一般，更如同「唐太宗需要魏徵」一般，教育實務工作者在進行教育行動研究過程當中，通常需要具有批判能力的諍友之協助，請其針對教育實務工作者的行動研究提出忠實的批評與建議。這些批判的諍友，通常是具有同情理解能力的學者專家，或是教育實務工作者的親朋好友或家人，這些人也是真正想幫助您進行教育行動研究的友人，與他們交談時也不會有壓力，所以對教育實務工作者的研究過程所產生的問題解決，通常有很大的幫助（McNiff, Lomax, & Whitehead, 1996: 29）。

（一）批判的諍友之條件

　　「批判的諍友」應該協助教育行動研究者，協助教育實務工作者在行動實踐與專業發展的過程當中，進行教育專業學習並努力追求專業自主的地位與能力；換言之，「批判的諍友」不可越俎代庖地指揮主導，甚至宰制教育行動研究的進行。因此，除了大學院校的研究學者專家之外，羅門士（P. Lomax）認為具有以下身分的人，或許可以擔任教育行動研究者的批判諍友，針對教育行動研究提出批評與指正的建議（Lomax, 1990）。例如全時工作的友人、全職的婦女、資深的教師、專業團體的學者、部門的領導主管、接受在職訓練的教師、校長、其他工作情境的教師。

　　但是，這並不是說每一個人都可以稱職地擔任教育行動研究者的批判諍友，針對教育行動研究提出真正的批判意見，必須有一些相關的配合條件，方能成為教育行動研究者的批判諍友。這些條件至少包括下述各項，亦即：

1. 本人認為自己很適合這項任務。
2. 願意分享他的行動經驗。
3. 對教育行動研究這方面很有興趣。
4. 願意進行教育行動研究的問題探究。
5. 樂於接受挑戰。

（二）批判的諍友之任務

「批判的諍友」在教育行動研究過程當中，具有雙重的角色，一方面，是作為協同進行教育行動研究的夥伴，可以提供支援與協助，協助教育行動研究者充分發揮學習能力；另一方面「批判的諍友」透過提出支持性的批判建議與積極的另類變通思考觀點，協助教育行動研究的進行。儘管「批判的諍友」會對教育行動研究提出建議，更會提出與教育行動研究者不一致的衝突意見，可能令教育行動研究者產生不愉快的情緒，但是卻可以協助教育行動研究者獲得更為寬廣與更為深入的思考觀點及行動角度。其主要的任務工作是：

1. 證明這項教育行動研究，的確如研究過程所描述地確實在進行改進教育實務工作。

2. 對教育行動研究提供評鑑與批判回饋。

3. 給予教育研究者增強勇氣、正面回饋、同理支持等，這些精神上與道德上的支持。

4. 幫助教育實務工作者，使整體教育行動研究成為一個經得起考驗、批判的教育行動研究報告。

第三節 增進教育行動研究的人際關係

在教育行動研究中，可能一起合作工作的人員，包括 1. 教育實務工作中的參與者，如學生、同事等；2. 會對您的教育行動研究提出批評的諍友，如輔導教師、輔導小組成員；3. 您的導師、指導老師與輔導老師等；4. 效度考核確認小組，如同事、校長、專家、學者；5. 行動研究的相關人員。特別是上述成員中的學者專家、學校行政人員及學校教師同仁，可能是教師從事教育行動研究過程當中最重要的三類人員，教師有必要在仔細規劃階段當中向這三類人員徵詢意見（Elliott, 1979），甚至，從事教育行動研究的教育實務工作者也可以從上述三類相關人員當中找出批判的諍友，請其協助推動教育行動研究。茲以圖 8-4 說明學者專家、學校行政人員及教師三者與提升教學品質的關係。

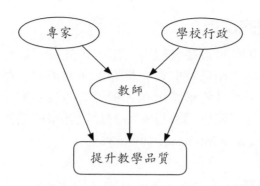

◆　圖 8-4　教師進行教育行動研究的協同合作成員之關係圖

　　教育行動研究常稱為協同合作的教育行動研究，要求教育實務工作者
與其他從事相同實務工作的相關人員共同合作進行研究，特別是要求同一
機關或同一學校的同事共同研究，有時也要求同一縣市同一地方從事相同
實務工作的人協同合作進行研究，甚至家長、社會人士，乃至學生，均為
合作的對象。將所有有關人員，包括學者專家與非學者專家均加以延攬納
入教育行動研究體系（甄曉蘭，2001）。由於，教育行動研究有賴於團
體成員彼此間的互助與合作，才可順利的進行。因此，為使參與行動研究
有關人員彼此相互合作，教育行動研究者必須具備良好的人際關係，才能
做好溝通協調的工作。因此，必須設法增進教育行動研究者此方面的人際
溝通協調能力，特別是有關傾聽的技巧、自我管理的技巧、合作的技巧、
自我改進的技巧、接受多方面意見、語言表達技巧。

一／傾聽的技巧

　　為培養良好的人際關係，教育實務工作者應該儘量多看、多聽、多
學、多做，與別人交談時，要有誠意地傾聽，儘量多說「您」，不要說
「我……如何」，而且應該目光適當地注視對象，以便表示禮貌與尊重，
並且點頭表示贊同與肯定（Altrichter, Posch, & Somekh, 1993）。

二／自我管理的技巧

　　教育行動研究者如果要管理別人之前，先要把自己管理好。教育行動研究者自己本身的作息時間要安排好，所有與自己所從事的教育行動研究的會議皆要出席且要準時出席，指導者所規定的作業一定要完成並且按時繳交，而且經過協調取得共識的預定計畫的規劃進度要按時執行（McNiff, Lomax, & Whitehead, 1996: 32）。

三／合作的技巧

　　教育行動研究，通常必須透過教育團體的個別組成分子協同合作，教育行動研究的順利進行，有賴於協同合作者彼此之間的知識合作與學術互助（夏林清與中華民國基層教師協會，1997）。由於教育行動研究參與者眾多，每個人都可以有自己的主張與觀點，因此，意見很多且可能彼此不一致，特別是您的意見觀點不一定要和您的指導教授或學校同事完全一樣，但是，此時就必須透過理性溝通與說服，服從多數、尊重少數，接納歧見與互相衝突的不同聲音，可以針對別人的意見，提出不同的觀點，但不可完全否定或詆毀別人的意見。

四／自我改進的技巧

　　進行教育行動研究的過程當中，最寶貴且值得珍惜的資產就是研究者自己本身自我改進的能力（Altrichter, Posch, & Somekh, 1993），對於協同合作夥伴，特別是批判的諍友所建議進行的教育行動研究任務，盡可能不要消極的逃避，不要說自己不能或作不到，應該要強調對自己有信心，也要培養幽默感、想像力，多了解自己，對自己能力不足的地方再多加強訓練。

五／接受多方面意見

　　在教育行動研究過程中，必須了解每一個個體具有不同的思考方式與行動方式，擁有不同的價值，來自不同的背景。而教育行動研究的完整性係指包括所有的人，而不應該排斥任何人。因此，所有參與行動研究

的人，無論其性別、角色如何，都應被公平的對待（Altrichter, Posch, & Somekh, 1993）。對於來自不同方面好的建議都應接受，因為透過集思廣益，將有助於問題的解決（McNiff, Lomax, & Whitehead, 1996: 33）。

六／語言表達技巧

　　教育行動研究的報告，必須顧及口語和書面文字的語言完整性，不要存有先前偏見而一面倒向特定性別、種族、年齡、宗教等族群對象，以致罔顧其他觀眾的權益。避免使用太多的專門術語或艱澀難懂的語彙。在研究過程進行到某個階段，必須報告進度與結果時，儘量以具體明確易懂、較口語話的方式說明，讓每個人都能了解您所要表達的意見（McNiff, Lomax, & Whitehead, 1996: 33）。

　　本章「協同合作教育行動研究與省思」是教育行動研究歷程的第二階段「**行動『中』的研究」的重要步驟**，說明了教育行動研究者如何爭取合作對象，透過協同合作，進行行動研究，以及如何尋求教育行動研究的批判諍友，協助行動研究的進行。作者進而指出增進教育行動研究的人際關係方法技巧，乃是協同合作進行教育行動研究過程當中，值得特別留意之處。俗話說：「三個臭皮匠，勝過一個諸葛亮」。因此，在教育行動研究過程當中，教育實務工作者應該將經過規劃的教育行動研究方案，向可能的合作夥伴對象徵詢其意見與建議，以便使教育行動研究方案更為周延可行。同時教育行動研究者也應該設法找出可以擔任教育行動研究的「批判的諍友」，特別是請其就目前所擬定的教育行動研究的解決問題途徑方法、行動策略與具體行動步驟等提出可行性的評估及批評，並請其提供改進意見，以便加以修正。因此作者將在本章「協同合作教育行動研究與省思」之後，在下一章進一步闡述「行動『中』的研究」的重要步驟「實施監控教育行動研究與省思」，闡明如何實施行動研究方案。

第九章

實施監控教育行動研究與省思

執行教育實務與進行教育研究，
是教育行動研究的一體之兩面。

　　「Implementation 實施監控教育行動研究與省思」是教育行動研究歷程系統三階段六步驟的第二階段「行動『中』的研究」的重要步驟，也是繼前章「協同合作教育行動研究與省思」之後的教育行動研究**第四步驟**；換言之，教育行動研究的第四個主要歷程步驟，是執行監控教育行動方案策略與省思，亦即實踐事前規劃的教育行動計畫，不僅要依據先前規劃的行動研究方案內容來實施，更要在實施過程中不斷的蒐集並累積各種資料並進行討論分析與省思，以考驗研究假設（Stenhouse, 1975），直到能有效解決教育問題為止。是以教育人員專業發展的業績不能靠奇蹟，只能靠不斷地累積，方能展現教育人員的專業發展，特別是不僅能展現教師專業素養（McKernan, 1996），更能展現教師的「專業主義」（professionalism）與「專業化歷程」（professionalization）（McKernan, 2008），並且有利因應解決教育實務工作所遭遇的問題、或改善教育實務工作情境或增進教育專業理解（蔡清田，2016）。

　　教育行動研究的第四個主要歷程步驟是採取實踐行動與省思，以處理所遭遇的難題，並經由仔細的觀察與蒐集資料，確保所規劃的行動，受到監控。換言之，執行教育實務與進行教育研究工作，是教育行動研究的一體之兩面，皆是「省思的實務工作者」的角色分內工作（黃光雄、蔡清田，2017）。教育行動研究者，應該在執行行動研究方案期間，同時蒐集相關資料並監控實施方案的歷程與省思，作為日後進行評鑑證明改進實務工作的有效證據。是以，行動研究者如何執行教育行動方案策略與監控及省思？行動研究者如何採取實際行動與進行監控及蒐集資料？如何持續地監控以蒐集有效的證據？這些都將是行動研究過程當中不可或缺的重要歷程。因此，本章將進一步說明實施監控教育行動研究方案蒐集資料與省

思，並將此行動研究的重要歷程分為兩個節次加以說明，第一節是執行教育行動方案實施監控，第二節進行教育行動研究證據蒐集。其主要的過程整理說明如表 9-1 教育行動研究的主要歷程步驟四：實施監控教育行動研究與省思。

◆ 表 9-1　教育行動研究的主要歷程步驟四：Implementation 實施監控教育行動研究與省思

進行實施與採取實踐行動	資料分析與行動監控	成功的實施規準
應該清楚地描述所採取的教育行動策略與步驟，並且仔細地說明教育行動的每個事件，以及事件之間的關係。 持續自我監控，並蒐集行動的各種不同類型資料，從不同觀點加以取樣，從不同觀點了解同一事件，以便進行更完整的描述。 蒐集可以進行深入分析省思的資料，作為增進行動研究效度之「探究證據」。	為了重視行動，必須就所蒐集的資料加以分類與整合，找出資料的類型與主題。這些資料的類型與主題，可能有助於發展植基於所描述事件的紮根理論。 必須解釋資料是透過何種方法進行分類與整合？說明資料進行分析的類型與主題，以及為何要進行此種分析？ 考慮其他可能的另類變通之分類思考與歸類方式。	清楚地描述所採用的教育行動策略與步驟，確實進行**資料蒐集**。 蒐集完整的資料，**比較不同來源的資料**，重視研究資料的類型與衝突矛盾不一致之處，批判各種不同的分析方式與結果。 提出其他另類**變通**的分類方法。

第一節　執行教育行動方案實施監控

　　教育行動研究經過第二步驟規劃教育行動方案策略與步驟，而且又透過第三步驟徵詢請益進行協同合作之後，教育行動研究者應該透過具體實際行動，將上述的教育行動研究方案加以執行，並在實施過程著手蒐集

進一步的各種可能資料證據，證明您已經開始努力採取解決問題的具體行動。例如任教於高雄市擔任國小一年級導師的黃琪鈞（2020），因應「十二年國民基本教育」新課綱的實施，希望藉由進行「**國小一年級人際關係繪本教學之行動研究**」，透過「人際關係繪本教學的課程方案」設計，與協同合作教師不斷修正及調整繪本教學實施歷程，使課程方案貼近學生的生活經驗並改進一年級學生的人際關係。在實施繪本教學的歷程中，每個主題單元皆依照準備活動、發展活動、綜合活動的教學流程做編排，並於每次的課堂實施後，與協同合作教師共同討論該堂課教學內容、學生的課堂反應，以及活動設計的流暢度，作為下一堂課課程內容的調整與修正，實施過程中省思繪本教學的困難及改進方法。一年級學生在語言表達及專注力上較為不足，需要多一點的引導，但礙於課堂時間限制，往往讓研究陷入兩難，因此調整課堂的提問數量，增加學生的候答時間，而透過教學過程並在實施歷程與省思中，發現多元化的教學方式，不僅提升學生的學習興趣，也提升了學生彼此間與同儕互動的機會，讓學生能夠交流學習，有助於引導一年級學童增進正向的人際互動關係成效。

又如，任教於桃園市的高于涵（2020），因應「十二年國民基本教育」新課綱的實施，進行「**繪本融入小一新生情緒教育之行動研究**」，探討以繪本融入小一新生情緒教育課程之實施歷程成效。高老師先是透過情境分析發現學生缺乏「情緒覺察」、「情緒表達」、「情緒理解」及「情緒調適」等四方面的情緒能力，故高老師根據《十二年國民基本教育課程綱要》以「核心素養」作為課程發展的主軸，設計出具體的情緒教育課程方案，依據繪本教學流程實施情緒教育課程方案，並在教學歷程中持續檢討修正實施歷程深化學生學習，該研究在運用繪本實施情緒教育課程方案時，掌握繪本實施原則，並以繪本教學流程進行教學活動：（一）準備活動：暖身活動、繪本導讀；（二）發展活動：賞析與討論、分享與發表；（三）統整活動：延伸與回饋、教師歸納統整。而在教學的歷程中，研究者與協同夥伴亦針對課程設計及教學內容進行討論並作滾動式的修正，期望情緒教育課程方案能夠更完善。本研究課程實施分為八個情緒主題活動，每個主題活動進行一週的時間，該週皆進行繪本相關活動。課程活動於每週二生活課進行，於課程實施前一週，先請研究參與學生及家長填寫情緒前測問卷，並於最後一堂課程實施一週後，再請研究參與學生及家長

填寫情緒教育後測問卷。本行動方案之課程活動實施者即為研究者，每次教學過程皆以錄影方式做紀錄，作為課後研究者自我省思及與合作夥伴觀察及回饋之依據。除了課堂上的觀察記錄外，亦於平日課後時間觀察學生行為表現，並透過和家長對談、問卷及回饋單等蒐集資料，來了解學生情緒行為表現不同面向的進步情形，進行本行動方案之過程，是種不斷蒐集資料、討論、省思並修正的歷程。此一行動研究採取具體的實際行動，實施解決問題之行動研究，並蒐集相關資料，仔細觀察與探究，讓研究者可以監控自身的行動，確保研究的進行。特別是高老師接受教授建議及與合作夥伴討論後，不斷進行修正實施行動方案與省思。

又如楊孟勳（2010），擔任臺南市的國中二年級班級導師透過行動研究實施，探討品德教育課程發展遭遇之問題，並研擬其行動方案，進行品德教育融入家庭聯絡簿之行動方案設計，實施監控行動方案歷程及評析行動方案之成效。從研究情境 SWOTA 分析後，確定品德教育核心價值概念；建構班級願景，規劃課程目標；設計教學活動，發展教學目標；修正課程方案等步驟，使整個課程規劃與設計歷程是完整而能達成教學目標：以傳記、故事、時事為主的教學資源設計，豐富課程方案的內涵；採用多元化之創新品德教育 6E 教學方法，提升學習興趣及成效、與生活經驗結合、貼近學生真實體驗等三個行動策略，並依據行動策略提出具體可行的實施方式、評估整體課程實施成效，依學生的學習成效、教師的教學成效兩方面探討。在學生的學習成效方面，學生皆朝正向積極發展；在教師的教學成效方面，依個人及整體教學評鑑探討其實施的優點部分與待改進之處。是以，本節執行教育行動方案策略與監控，將進一步探討行動研究者如何採取實際行動與進行教育實驗、進行監控與蒐集資料，以及持續地監控以蒐集有效的證據。

一／採取實際行動與進行教育實驗

教育行動研究是教育實務工作者進行的一種「實地實驗」（field experiment）（Altrichter, Posch, & Somekh, 1993）。當教育行動研究者進行初步探究之後，便應該提出最可能獲得成果的行動研究假設，進而採取實際行動進行教育實驗（夏林清與中華民國基層教師協會，1997：

20）。例如重組課程內容，採用新教學法，重新規劃學生分組，強調新的教室活動程序。如果這些教育實驗是依據行動研究假設而進行，則教育實務工作者的特定實驗重點可能如：（一）閱讀，應該強調字句練習或是強調文章脈絡線索；（二）對情緒困擾學生的最佳處理方式，是寬容的處理或是有規律的提供經驗；（三）學生「課堂作業」，應該是與未來學習的功課有密切關係或者是應該更具體地安排目前的作業內容。

在設計教育實驗時，有必要細心地規劃其教育實驗步驟，以掌握所有的重要教育因素。此種教育實驗步驟的一部分也在於協助教育實務工作者獲得新的技能，以便成功地進行教育實驗，順利規劃這些學習經驗使師生遵循學習歷程的心理順序。在設立教育實驗的研究設計時，也必須考慮到心理要素，因為在進行教育實驗過程當中，難免存在一些心理障礙因素。舉例而言，因為在教育實驗過程當中，進行新觀念的實驗或新教學法實驗時，總是帶有冒險的危機，亦即，嘗試新事物卻無法保證必然成功的危險，發現個人過去所用的方法並不是最佳途徑的危險，可能犯錯的危險。在許多實務工作情境當中，犯錯對個人來說是具威脅性或是專業上相當危險的，此種教育實驗的不確定性會導致相關人員的抗拒，特別是當教育實務工作者不了解此種新教育實驗的本質。因此，當我們聽到教育實務工作者沒有興趣研究其實務工作問題，事實上，教育實務工作者可能是缺乏安全感，而且不了解進行實驗所需要的新技能（Taba & Noel, 1992: 72）。

因此，進行教育實驗必須小心謹慎地加以引導，一方面教育實務工作者必須具有免於犯錯的恐懼之自由，而且教育實務工作者應該獲得保證，即使犯錯也是可以原諒的，而且只要繼續進行學習，則錯誤是可以改正的，教育實務工作者必須要能安然自若地承認自己所不知之處，願意透過徵詢問題意見，尋求可能的協助；另一方面，當然發明與創造對教育實務工作者而言，是相當重要的，然而，教育實務工作者在進行實驗革新時，也要仔細評估革新對學生學習可能的衝擊與影響。總之，教育實務工作者需要協助以進行逐步的行動規劃，並建立檢驗其歷程的方法途徑，教育實務工作者也需要協助以進行新方法技能的練習。所有上述的這些教育行動研究，旨在協助教育實務工作者發展出面對教育實驗與進行實驗的健康態度，避免對教育實驗存著立即獲得成功的過高期望。教育實務工作者必須學會辨別這些改變，有的可能很快就獲得，有的必須花長時間不斷努力方

能獲致教育實驗的預期成就。

二／進行監控與蒐集資料

　　任何形式的實施，其最重要的一部分便是持續不斷地監控其進步情形（Elliott, 1979），而且藉由監控行動所得到的資料，可以提供真實的行動描述（McNiff, Lomax, & Whitehead, 1996: 19）。教育行動研究的歷程，通常需要一段時間來進行實施監控與蒐集資料，特別是當教育行動研究牽涉到所有參與者的角色行為改變，其所需要的時間可能更長。譬如如果所擬議進行的行動涉及教學角色層面的根本變革，但是如果學生的角色沒有產生改變時，則教師可能相對地沒有辦法改變他本身的角色行為，因為這種改變可能需要時間來進行。然而，進行變革所需實施時間的長短，有賴於教師與學生接觸的頻率，而且也有賴於教師能力是否能夠分析實施問題的因果關係。換句話說，教師可能必須改變，由單純地對實施行動內容的監控，轉移到進一步地進行「偵察與了解事實真相」，以深入理解行動研究過程當中所經驗到的困難之背後的因果關係。

　　為了要監控教育實務工作者自己本身的行動，必須在進行研究之前，便明確指出進行行動研究的動機與目的，並且在行動研究的每一階段當中，包括研究過程中與研究後的不同階段，不斷地進行省思檢討，所以首先不論在研究前或更進一步研究前，都必須再確定研究目的和研究動機（McNiff, Lomax, & Whitehead, 1996: 107）。例如研究計畫目的和研究動機可能已經詳細地記錄在研究日誌（research diary）當中；教育實務工作者可以透過錄影與錄音方式記錄，或自己事後省思作筆記加以記錄；教育實務工作者也可以正式地徵詢工作同仁協助對於上課過程進行教室觀察記錄，或要求學生填答問卷內容或進行學生訪談等方式。這些蒐集資料的方法將可以協助教育行動研究者從不同的觀點角度，提供教育行動研究的參考資料。

（一）撰寫研究日誌

　　對一位教育行動研究者而言，繼續不斷地撰寫日誌是一種相當有用的蒐集資料證據的技術。教育實務工作者撰寫日誌的目的，在於記錄實務

工作日常生活的行動、思考與感情，以便於記憶監控與分析親身經歷過的特定事件。在教育行動研究架構中，這些日誌的記錄，可以提供許多解決問題的線索（McNiff, Lomax, & Whitehead, 1996: 107）。日誌可以包含個人有關「觀察」、「情感」、「反應」、「詮釋」、「省思」、「直覺」、「研究假設」和「解釋」的相關記錄報告。對於一些軼事、主觀印象、有趣現象的評論，甚至會議及上課過程與內容的描述，都可以利用日誌記錄下來。教育實務工作者記錄研究日誌的起初目的是為了描述生動的事件，但日後可以作為進行資料分類選擇的依據，並且可以協助教育行動研究者專注於某一特定事件的某一關鍵要點，並針對此點進行深入說明論述（Winter, 1995: 21）。

　　這些行動研究者的研究日誌與記錄報告，並非只是報導這些「情境的表面事實」，而是應該傳達一個在參與實際行動之後將會是什麼樣的感覺，以及日常生活事件的口語對話互動之文字敘述，因此，諸如個人情感、態度與動機的內在層面的描述記錄，與對事件情境的反應之理解，這些描述記錄將有助於重新建構事件發生當時的情境。值得注意的是，日誌的內容應記錄日期，而且在教育行動研究範圍中，像形式、時間、主題與內容等細節，都應該註明其引證的出處（Elliott, 1991: 78）。如果教育實務工作者曾將最初的想法記錄在研究日誌當中，則將能有助於確定研究問題領域與釐清所要進行研究的焦點（McNiff, Lomax, & Whitehead, 1996: 107）。

　　對某些教育實務工作者而言，寫日誌並不是一件自然的活動，因此，教育行動研究者的第一步可以從訓練自己開始寫日誌。但是，在著手撰寫日誌時，教育實務工作者應該考慮下述要項並作成相關的決定：

　　1.是否需要一種以上的日誌來因應不同的目的？

　　2.是否應該把日誌作區隔，分為數個段落，進行不同類型的事項記載？

　　3.單一日誌的不同部分之間，或是不同目的的日誌之間，是否需要發展出一套前後交叉對照系統？

　　4.是否應該用活頁本寫日誌？

　　5.日誌可否採用完全不同的形式，如同卡片索引體系般依項目歸類？或如「話本日誌」，即錄音帶摘記，以做後續發展、融會了解之用？

6. 每頁如何設計？是否騰出空間以便日後進行額外的摘記？

7. 日誌中是否有記錄個人反應的意見部分，以及撰寫日後可公開的部分？

8. 是否用日誌記錄由其他方法如觀察、訪談等蒐集而來的資料？

9. 何時寫日誌？把日誌寫作視為與自己的契約，並且間隔一段時日再繼續記錄日誌，這是很不錯的觀點。記住，寫日誌的人也需要暫停，以便省思所寫過的內容，需要定期回顧，然後再動手寫。

10. 記小抄，快速筆記，這種筆記後來可轉為主要的日誌。

11. 定期回顧和簡摘日誌，這對於證明資料的相關型態與關聯性頗為重要。

12. 養成閱讀某些日誌事項給「批判的諍友」聽的習慣，並且邀請對方討論（McNiff, Lomax, & Whitehead, 1996: 91）。

（二）個人日誌的類型與目的

教育行動研究者的研究日誌，可能充滿著可以進一步分析的原始資料，這種日誌的內容必須經過優先項目的篩選，並根據具體明確化的選擇規準加以選用（Altrichter, Posch, & Somekh, 1993）。教育行動研究者應該要有規律地寫下行事記錄，甚至要養成寫研究日誌的習慣，將研究日誌與省思每日行動的間歇時間相結合起來。教育行動研究者需要一個有規律的行事表，或許不需要天天寫研究日誌，但是可以隔日撰寫或三日撰寫或一週撰寫，重要的是留下事件記錄與省思檢討感想（McNiff, Lomax, & Whitehead, 1996: 90）。值得注意的是每一種類型日誌的內容，皆有其獨特性質功用。例如：

1. 大事年表的研究日誌

第一種是大事年表的研究日誌，此種類型的研究日誌，具有清晰的時間先後順序，詳細記錄每項事件發生的日期、時間，並且摘記該事件的特定情境脈絡。有規律且系統化地記錄事件事實訊息的日誌，可以利用人、事、時、地、物，作為標題來組織研究日誌。所記錄的資料要有益於建構編年體裁的大事年表或重新建構事件，以便清楚地描述過去發生的相關事件（McNiff, Lomax, & Whitehead, 1996: 90）。在檢視資料和處理分析的

問題上，此種研究日誌是一個分析考驗資料與問題的工具。此種研究日誌可以是有系統的計畫、行動、評鑑、再規劃等的記錄，同時也可以指出前述各式記錄之間的連接環節。可以包括研究過程當中不同時期使用的研究問題，也可以記下行動研究的不同呈現方式，如圖解、模型或插畫等。

2. 說明事件要點的研究日誌

第二種是說明事件要點的研究日誌，此種類型的研究日誌，綜合歸納事件的要點，具有「深厚篤實的描述」，可以引起讀者產生同理心與共鳴。例如教育行動研究者的隨想手記式研究日誌，可以記錄發生事件摘要，作為日後省思研究之用的研究觀點。特別是對特定事件、情境的細節描述，此種記錄可提供豐富的描述性資料，以備日後書面說明之用，或是針對軼事、偶然的觀察、非正式的對話與主觀印象等大多未事先規劃過的記錄。這種類型的記錄，要記下正確的用語，以便日後說明時加以引用。

3. 記錄進步的研究日誌

第三種是記錄進步的研究日誌，此種類型的研究日誌，記錄行動研究的進步流程圖表，包括成功與不成功的行動，以及個人從行動過程當中的省思所獲得的學習。日誌是個人進步歷程的文件，包含描述、分析和判斷等在內，教育實務工作者可以據此而發展一套定期評鑑研究是否進步的規準。內省式的自我評鑑說明，記錄個人的經驗、思想、情感等，並以某種觀點嘗試了解自己行動的記錄。這種記錄可提供自我學習的進步歷程當中，強而有力的說服證據，並可指出行動與結果之間的關聯。換言之，也就是指出教育實務工作者在教育行動研究循環週期的邏輯順序中，不易於解釋的部分。可見日誌是深思、省思的記錄，這種研究日誌的目的是要省思檢討經驗，以文字敘寫的方式行之，以便更妥善地深入了解所親身體驗的經歷，這包括自己對特定事件的暫時觀察和事件詮釋。當教育實務工作者能處理所有不需公開的個人詮釋時，省思式的記述很有用的。這種研究日誌的記述也可以是很有創造性的，它包括省思經驗的新方式，然而，往往這種經驗太具暫時性以至於不能馬上公開。此種研究日誌，特別是在需要傾訴負面經驗，而又不能在當下直接處理的時候，往往是使教育行動研究者感到慰藉的好夥伴。教育行動研究者可記錄下當時的事件和情感，留待些許時日之後，情緒上較能處理的時候再來處理。

另外，也可運用「對話日誌」（dialogue journal），這是一種寫在筆

記本裡具有對話互動性質的「個人日誌」（personal journal），來描述這種通常是每天由個人主動記錄的日誌寫作，不僅可以允許自由的反應，並且可以邀請研究者蒐集一連串持續的事件與行為的意義，這些技術是非結構性的，參與者可以依照他們的意願與所選擇的主題，寫在日誌裡讓其他參與者進行閱讀與對話，特別是透過參與者之間持續的與實務的對話溝通方式，可以撰寫有關共同興趣之主題。

換言之，參與者可以藉由所撰寫的日誌來與他人彼此溝通聯繫，特別是對正在進行中的多邊計畫。**電子郵件**的技術是溝通的方法之一，研究者之間也可以運用網路傳送電腦訊息；或透過**傳真訊息**和／或**視訊會議**。使用對話日誌時，參與者有必要以其所撰寫的導讀、延續討論、闡明澄清爭議問題、探究與回答等，來回應每個參與者。日誌的撰寫，被視為達成社會的及個人發展成就的珍貴方法，也是可達成改進寫作技巧等較顯著目標之有用方法。對話日誌寫作的一些成果或目標如下：藉由寫作與閱讀，提供了學生溝通聯絡的機會。為學習者與教師之間，建立了一種教育的「吾—汝」（I-Thou）的人文關係。由於對話均發生在學生的「近側發展區」（zone of proximal development）內，對話日誌提供教師一種可以評估學生發展潛能的方式，可為授課計畫與課程發展提供一個厚實的根基。在一對一的基礎上，使學生有接近教師的機會。提供教師一種研究其教學與課程的技術。使學生有批判與評鑑課程經驗的機會；因此這也成為一種可評鑑的資料庫。對話日誌是透過寫作的符號，在個人能力的實行基礎上，提供師生間一種連續的評論或對話。例如學生們可以依意願與所選的主題，寫在日誌裡給他們的老師看，藉由寫作與閱讀，提供學生溝通的機會，透過師生間持續的與實用的對話溝通方式撰寫共同興趣主題。使用對話日誌時，教師有必要以其所撰寫的進入、延續討論、闡明議題、探究等來回應每個作者，在一對一的基礎上，使學生有接近教師的機會，提供教師一種研究其教學與課程的技術，使學生有批判與評鑑課程經驗的機會，因此，這也成為一種可豐富研究內涵的重要資料基礎（McKernan, 1996）。

三／持續地監控以蒐集有效的證據

　　本章前述楊孟勳（2010），擔任臺南市的國中二年級班級導師透過行動研究實施，探討品德教育課程發展遭遇之問題，並研擬其行動方案，進行品德教育融入家庭聯絡簿之行動方案設計，實施監控行動方案歷程及評析行動方案之成效，其所運用的「家庭聯絡簿」也是一種重要的研究資料蒐集來源。教育行動研究的重要結果之一，是協助教育實務工作者了解專業實務工作的變革，教育實務工作者必須在經歷一段實施時間流逝之後，能夠清楚地描述並解釋本身發生變革的原因。因此，系統地蒐集資料，也是教育行動研究過程的一個步驟，可以讓教育實務工作者本身精確地指出本身因進行教育行動研究而獲致的新見識與新的理解。

　　特別是在執行教育行動研究實施過程中，採取實踐行動，以處理所遭遇的難題，必須透過監控行動，觀察行動的影響結果。但是由於教育行動研究的資料是包羅萬象的，然而，並不是所有的資料對所進行的教育行動研究，皆有重要意義（McNiff, Lomax, & Whitehead, 1996: 18）。就證據（evidence）而言，一方面，您身為一位教育實務工作者，應該可以和您的工作同仁進行討論，決定何種指標能夠顯示您已經在這個實務工作情境造成改變。這些具有改變跡象特色的實際情境，將成為您從事行動研究的「證據」（McNiff, Lomax, & Whitehead, 1996: 61）。因此，應該根據教育行動研究計畫的關注問題焦點類型，進行系統地蒐集資料，而不是任意的蒐集任何資料。特別是經由仔細的觀察與系統地蒐集資料，確保所規劃的行動，受到監控，並且合乎行動研究問題的需要。監控行動，意指蒐集資料以作為省思的基礎與評鑑的依據，以作為重新規劃下一階段行動研究計畫的參考。而且，教育實務工作者可以藉由系統地監控行動（monitoring the action），明確地指出發生在自己本身的教育專業發展（Altrichter, Posch, & Somekh, 1993）。

　　因此，進行教育行動研究的資料蒐集過程中，應該特別注意監控下列各點：

　　1.指出所要蒐集的**資料證據是什麼**？例如訪談記錄、教室觀察記錄、學生輔導記錄、學生考卷、學生作品、教學活動照片、自我省思雜記、日誌等。

2. **舉例**說明這些證據的**內容是什麼**，如學生發問的次數增加、學生回答問題的正確比例增加、學生更熱烈參與上課討論的內容、學習考試成績的進步、師生互動頻率的增加等。

3. 指出**如何透過觀察、訪談或評量**，進行資料證據的蒐集？以及說明利用何種工具進行資料與證據的蒐集？如觀察表、訪談表與評量表等。

4. 進而指出這些證據可以證明**達成何種目的或解決何種實際問題**？

總之，教育行動研究者以採取實際行動為手段，執行經過規劃的行動研究方案，一面進行蒐集資料與證據，一面進行行動研究的歷程省思。但是，儘管這項行動步驟很容易地履行實施，此一歷程可能產生許多副作用，此時需要馬上回饋進入「偵察與發現事實真相」階段步驟，以設法了解那些副作用問題的起源。此種行動轉變與研究螺旋，導致必須針對最初的「一般的觀念想法」與「一般的計畫」進行某種程度的修正與改變。當教育行動研究者從單純地監控行動的實施之步驟，轉變為進行「偵察與了解事實真相」的階段步驟，教育行動研究者必須從琳瑯滿目的監控技術當中，選擇適切方法技術，以進行監控或偵察了解事實真相。而值得注意的是多重技術（multi-techniques）的實施與資料蒐集，將有助於教育行動研究者對於教育實務工作情境更能獲得全盤掌握與深入理解。

此一階段步驟，也是教育行動研究者嘗試進行「分析性質的備忘錄」（analytic memos）的一個關鍵時刻，也是省思檢討行動時間表的重要時刻。教育行動研究者如果從「偵察與了解事實真相」的階段當中，發現必須修改原訂的「一般的計畫」之時，便著手蒐集相關資料並開始撰寫「個案研究報告」（case-study report）的草稿，將能有助於教育實務工作者發展未來下一階段的教育行動研究（Elliott, 1991: 77）。

第二節 進行教育行動研究證據蒐集

蒐集資料證據，可以告訴教育實務工作者事前所未知的資訊。例如一張全校教師的合照，即使是泛黃了的，但對於教育行動研究都極有價值，因為從照片中可看出教師人數、性別、年齡、服飾、學校環境等，從這些資料可以推知學校規模與權威結構，並且對解釋問題或現象會有某些事前

無法預期的啟示。因此，教育實務工作者要用心觀察，隨時發問，努力記錄，縝密思考，蒐集相關資料，作為行動研究的證據（歐用生，1996b：147）。

更進一步地，蒐集證據的主要目的是為了確認教育行動研究者所提出的行動研究假設是否有誤？作為未來判斷行動研究方案成效的依據。本節進行教育行動研究證據蒐集，主要說明蒐集進一步資料的注意事項、蒐集證據的技術和方法以及三角交叉檢證法。茲分別說明如下：

一／蒐集進一步資料的注意事項

教育實務工作者往往只憑藉著回憶來描述其所觀察的事物，而且教育實務工作者通常也會憑藉直覺印象的事物，作成記錄。因此，教育實務工作者自己本身認為理所當然的事情，可能受到觀察角度與時間因素的干擾，不一定與事實相符，是以，教育行動研究者有必要請教其他相關人員的意見，作為蒐集資料的來源（Winter, 1995: 20）。教育行動研究者進行資料蒐集時，應該注意進一步資料蒐集的檢核項目與進一步蒐集資料的具體任務。

（一）進一步資料蒐集的檢核項目

就進一步蒐集教育行動研究資料的檢核項目而言，這是繼規劃教育行動方案與研擬行動策略所進行的第一回合初步蒐集資料之後，進一步進行第二回合資料蒐集。教育行動研究者可以利用與第一回合相同的蒐集方法和工具，也可以運用不同的方法工具，在此第二回合的資料蒐集過程當中，應該特別注意下述事項（McNiff, Lomax, & Whitehead, 1996: 63）：

1. 您身為一位教育實務工作者，是否已經在實施教育行動研究方案的執行過程當中，決定所希望蒐集的第二回合資料種類為何？

2. 是否已經決定要透過何種方法和工具，進行第二回合的資料蒐集？

3. 是否已經決定第二回合中所要蒐集資料的類別為何？

4. 是否已經決定第二回合中所要蒐集資料的指標類型，以及準備來顯示改善情境的重要關鍵事件的類型？

5. 是否和批判的諍友與具有批判力的工作同仁澈底談過這些觀念構想

呢？

　　6. 是否還有其他事情沒考慮到嗎？

（二）進一步蒐集資料的具體任務

　　教育行動研究者除了必須省思檢討在規劃階段所進行的文獻探討所蒐集的相關資料之外，尚需蒐集進一步的資料（Altrichter, Posch, & Somekh, 1993）。就進一步資料蒐集而言，第二回合所蒐集的資料，其存放資料的盒子或檔案夾，可以塗上不同顏色或編排不同的號碼，俾做區別第一回合與第二回合所獲得的「資料證據」（McNiff, Lomax, & Whitehead, 1996: 63）。就進一步資料蒐集的具體任務而言：

　　1. 如同第一回合一般，將第二回合所蒐集的資料與證據分別裝入不同的檔案夾或資料盒當中。

　　2. 將蒐集資料的焦點，著重在那些能夠清楚顯示已經改變了實務工作情境之指標，並且和您的批判諍友或具有批判力的工作同仁一起討論這些指標與證據資料，並將討論的結果作成記錄。

二／蒐集證據的技術和方法

　　教育行動研究者所要蒐集的資料是相當多元的，所聽、所聞、所想、所感都是可以蒐集的資料，不可放過。但是，教育行動研究要盡可能使用第一手資料，因此，觀察、深入訪談、文件分析等皆為主要的資料來源，文件又包括日誌、田野雜記、自傳、隨筆、心得、報告、考卷、作業、錄音（影）帶、照片等，都可隨機蒐集，以便日後使用。

　　教育行動研究者可以邀請外來的觀察者扮演非參與觀察者（non-participant observer）的角色。外來的觀察者，可以是一位行動研究的相關人員，或是未參與此項行動研究的學校教師同仁，甚至是一位來訪的學者專家。外來的觀察者可以在教育行動研究中擔任蒐集情報的工作，並透過下述方式將相關訊息傳達給教育實務工作者（Elliott, 1991: 80）。例如拍照片，甚至可以加上註解與評論；進行錄影拍攝，並將其認為重要的片段播放給教育實務工作者回顧檢討；或者詳盡記錄所觀察內容的筆記，作為提供教育實務工作者閱讀的簡短摘要報告內容；甚至接受被觀察的教育

實務工作者進行訪問，並且透過錄音或筆記以了解其過程與內容。總之，這些蒐集資料證據的多元方法至少包括觀察、訪談、問卷、照片證據、現場速寫評述、特寫檔案、錄音帶／錄影帶記錄、文件分析、分析的備忘錄、假想練習的影子研究等，茲說明如次：

（一）觀察

　　「觀察」不僅是一種與行動研究有關的基本活動，也是一種科學探究的必要工具。「觀察」可能是介入與互動的，如「參與觀察」；也可能是非介入且非互動的，如「非參與觀察」。其方式將取決於研究問題的本質與研究者的技巧或喜好，當研究者希望透過參與研究對象的角色，而得到了解時，才使用參與觀察。它是非結構性的，在脈絡、行動或是資料蒐集的類型上並沒有嚴格的控制，在研究場域中也沒有任何一個有待考驗的研究假設，重要的是，能夠在自然發生下，產生可以解釋的事件與行為的過程，如人類學或俗民誌類型的研究。或是「結構性的觀察研究」，如使用「互動分析表」的協定研究工具或「等級量表」或「檢核表」等的研究（Flanders, 1970）。「檢核表」是一種允許觀察者「核對」的方法，以查看預定的行為在觀察中是否出現；「等級量表」是觀察者使用編碼的等級程序，運用圖表、數字或分類的等級量表，對特定的行為訂出等級；「互動分析表」是使用預定的語言與非語言行為分類表，在觀察的循環週期中畫上勾號（McKernan, 1996）。

　　觀察的資料主要有三種類型：敘事的、結構性的協定研究工具（protocols）（例如檢核表、互動分析類目表等）、與評定量表。如果有系統地注意看所發生的事件，便是在運用觀察技巧。往往研究者在使用這種觀察技巧時，都會站在中心位置，但是這並不是一個很好的觀察位置。或許，教育行動研究者可以採取合作原則，尋找並邀請同一工作團隊的同仁來協助觀察。觀察記錄如同研究日誌一般，起初看來也是一般的印象與綜合描述記錄而已，但日後教育實務工作者會發現，可用來當作分析指標，用來確認一些特定事項，以及用來觀察某些類型的行動出現之時間及頻率（Winter, 1995: 21）。

　　教育實務工作者運用觀察技巧時，可以同時進行多種的觀察方法，以

便獲得更真確的結果。然而，教育實務工作者在進行觀察之前，應該先為自己設計適合自己使用的觀察表格及觀察方法。就設計觀察表格的原則而言，重要的是要清楚地知道觀察的目的是什麼？想要發現的是什麼？所要觀察的是哪一個行動片段？在這片段中的所有行動都同等重要嗎？這個資料如何使用？資料是否合乎需要？就常用的觀察表格和觀察方法而言，可分為數人頭計次數法、互動圖、歷程分析、互動過程分析等，說明如次：

1. 數人頭計次數法

對一特定事件發生次數的計數（或計次）法。這是一種極為直接簡單的過程，用來計算特定事件發生的次數。這種方式不可能在一特定情境中專注觀察多種行為，所以必須有所選擇少數甚至一項行為，而且在一小段時間內觀察某些片段。以表 9-2 法蘭德斯互動觀察分析表（Flanders Interaction Analysis Chart）分析教室內的互動關係為例（Stenhouse, 1975: 146），可作為透過教育行動研究蒐集資料的觀察方法之一部分。

◆ 表 9-2　法蘭德斯互動觀察分析表

	學生類型						
	高能力者		學習困難者		以國語為第二語言者		
	男	女	男	女	男	女	總計
學生發起的互動	5	5	2	1	1	1	15
教師發起的互動	2	1	3	4	2	3	15
總計	7	6	5	5	3	4	30

上例中，非參與觀察者採用簡單的計數方式，計數不同類型學生的互動行為，這些互動行為部分是由教師主動引起，部分是由學生主動發起的。外來的觀察者按四類觀察項目，把觀察時段中所看到的互動行為記錄下來。這四類觀察項目是 (1) 性別；(2) 學業成就能力高者；(3) 學習困難者，以及 (4) 以國語作為第二語言者（經常使用母語溝通者）。教師根據分析的結果，協助教師能回想課堂上所發生的情況，以了解新的教學方式是否能成功地促進學生的參與，並且進而採取修正行動。

2. 互動圖

　　互動圖是以簡單的圖示，標示觀察對象之間的互動關係。下面的參考圖（圖 9-1）中，箭頭線段中間出現的短的線段劃記，是表示次數。箭頭方向是表示對何人說話。例如以乙為例，乙對甲與甲對乙各互談三次，對丙說話一次，對丁也說話一次（McNiff, Lomax, & Whitehead, 1996: 95）。

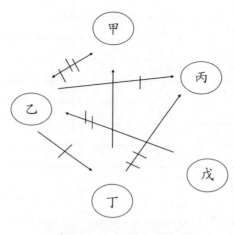

◆ 圖 9-1　人際互動圖

3. 歷程分析

　　這種方法要先草擬一個議程表、或特定事件的時間計畫表，然後再於表格內填上行動及互動時間。例如在表 9-3 當中，蔡老師想要找出班級會議當中哪一位學生說話說得最多，他先把班上學生名字一一列在表格的最左欄之中，觀察記錄與開會者的說話時間量。同時，由於他本身也是參與者，為了正確起見，也透過錄音輔助觀察的進行（McNiff, Lomax, & Whitehead, 1996: 96）。

◆ 表 9-3　參與式觀察分析（班級會議）表（2019 年 9 月 29 日）

與會者名字	時間長度（分・秒）	占全部說話時間的 %
林成德	18.41	49.7
王國新	9.29	25.2
陳慶成	2.25	6.4
蔡儀玲	3.35	9.5
李慕欣	1.19	3.5
龔懷易	1.10	3.1
黃信義	0.13	0.5
黃大仁	0.02	0.4
王小華	0.23	1.0
林明同	0.17	0.7
蔡宜厚	0.00	0
總　　計	37.34	100%

4. 互動過程分析

　　這種互動過程分析（interaction-process analysis）的技巧，能適用於不同的互動行為。但是，採用這種技巧的教育行動研究者，必須集中注意力，要熟悉所觀察的行為分類屬性及行動意義。如果要了解對話當中所發生的許多種互動種類的話，可以使用表 9-4 的參考表格（McNiff, Lomax, & Whitehead, 1996: 97）。

◆ 表 9-4　互動過程分析表

行為分類	以一分鐘為間距的觀察				
	一	二	三	四	五
微笑	3	4	1	1	2
碰觸	2	3	3	5	4
點頭	6	7	4	7	8
帶動會話談話	1	1	3	2	3
傾聽	3	3	2	2	1
產生共鳴	1	2	1	2	2

　　此種技巧和表格對於某些時間內的行為變化是相當有用的，可用在教師自己和學生團體之間的互動，或用於學生之間的關係。教師可以用這種觀察表進行一個學期或定期地觀察。特別是當教師能適當地運用錄音機或錄影機等視聽記錄，或一人以上的協同進行觀察，則可以增進觀察技巧與效果。

（二）訪談

　　最有效蒐集研究資料的方式之一是訪談。訪談是一種社會調查的技巧，是能夠被教的。訪談如同是問卷，但是訪談更需要面對面或是個人的個別接觸。訪談可以讓訪問者在採訪期間，能去探測研究者有興趣的部分。訪問者也可以觀察訪談的情境，例如在辦公室中或在教室之內。特別是「關鍵資訊提供者」（key informant）的訪談與一般的訪談是不一樣的，因為所訪談的對象是組織裡擁有某種關鍵的專門知識能力專家，並且這個人願意與研究者分享（Goetz & LeCompte, 1984）。「關鍵資訊提供者」被選擇是因為他們有時間和具特別知識能力，能做研究目的的陳述。「關鍵資訊提供者」是因為他們的經驗和文化背景，在所處的主要位置時常有高的省思能力，能為研究者產出假設和進一步探究的線索，例如研究「潛在課程」的傑克森（Jackson, 1968），其研究報告便使用了「關鍵資訊提供者」的程序，透過學生作為課堂觀察合作對象的「關鍵資訊提供者」。

　　教育行動研究者可對同事、對家長、對一群學生進行訪談（Altrichter, Posch, & Somekh, 1993）。訪談是經由其他觀點看待實際工作情境的一個好方法，個別訪談的目的就是要讓受訪者有機會去思考學習事件的衝擊時，與他們深入的討論。訪談比用問卷更有益，因為訪談可以獲得更豐富及進一步探索的回饋。實施口頭訪談時不僅可以獲得學習者的立即性反應，更可讓學習者講出他們所關心的事情，並且提供改進的建議，以及協助行動研究者獲得澄清或進一步的資訊等優點。特別是如果依據課程內容進行口頭訪談，將可以允許教育行動研究者問較有深度的問題，並且澄清學習者的答案。

　　教育行動研究者可以根據不同的研究目的，要求被訪者回答一些問

題，或以教育實務工作者自己的方式做些簡單的反應測試。這種持續的
交互作用可使教育行動研究者獲得不同角度的理解，漸漸地發現細節並
釐清真相（Winter, 1995: 21）。訪談的形式在內容、組織上，可分為三
種：結構的（structured）、半結構的（semi-structured）或是非結構的
（unstructured）。例如就訪談部分而言，研究者曾經就「師資培育中心」
的教師、學生及行政人員進行「半結構化的訪談」，以了解師資培育課程
發展行動研究的相關問題挑戰與因應之道，訪談時間與對象如表 9-5。

◆ 表 9-5　國立中正大學「師資培育中心」課程發展行動研究訪談日期與
　　　　　人員編碼表

受訪日期	受訪對象
20200225	師資培育中心行政人員 a
20200601	教師 a
20200601	教師 b
20200604	教師 c
20200604	教師 d
20200604	教師 e
20200618	教師 f
20200605	學生 a
20200605	學生 b
20200605	學生 c
20200605	學生 d
20200605	學生 e
20200605	學生 f
20200605	學生 g
20200606	學生 h
20200606	學生 i
20200606	學生 j

（續）

受訪日期	受訪對象
20200606	學生 k
20200606	學生 l
20200606	學生 m
20200606	學生 n
20200606	學生 o
20200619	教育實習生
20200619	師資培育中心行政人員 b

　　訪談的範圍從完全結構式到相當開放式的形式都有，是以訪談可以是完全結構化的、半結構化的、沒有結構化的。在完全結構化的訪談當中，訪談的問題是由進行訪談者所預先設計的封閉式問題。而在未結構的訪談過程當中，相關主題和訴求則由被訪者所提出。在教育行動研究的初期，如果想要對問題的相關訊息留下開放的空間，則非結構化訪談或許是最好的。接下來，當釐清相關資訊的種類時，就可以朝向結構化的方向來進行，但訪談者仍然要保留被訪談者提出他們自己的主題和訴求的空間（Elliott, 1991: 80）。教育行動研究者需擬定大致的訪談架構，這樣能確保蒐集到所有想要的資料。行動研究者可能會問探測性的問題，試著事先決定探測性問題的方向，否則可能或蒐集到一堆無用的資料。因為往往從無結構性訪談所得的資料難以系統化的整理。

　　特別是就完全結構式的訪談而言，此種訪談幾乎像是面對面口頭式問卷一般，訪問者必須精確的提出所要訪談的問題，如同訪談表上書面所寫的預定問題一樣。其目的是要訪問者以同樣的次序及方式，精確地提供同樣的問題給所有的受訪者。就開放式的訪談而言，此種訪談有個訪談目標，但訪談者事前並不嚴苛界定訪談問題程序，受訪者可自由隨興談話，只要合乎訪談目的與問題架構即可暢所欲言。可見，教育行動研究者可依不同的研究目的，選擇封閉式或開放式的訪談。如果是為了評鑑，使用的方式可能會比建立情境目的所用的方式，更具結構性（McNiff, Lomax, & Whitehead, 1996: 101）。

　　特別是在進行教室行動研究過程當中，必須經常要對學生進行抽樣

的訪談。因為教師具有權威地位，因此，一開始要引用真實可靠的訪談報告內容並不容易，是以若要克服此種限制的途徑之一，便是尋求外來的顧問的協助，以進行初步的訪談。在徵得學生同意的情境之下，外來的顧問將訪談學生的錄音資料，轉交給教師進行聆聽並討論學生所提出的問題。如果教師在討論過程當中表現出心胸開放與公正立場，則學生將逐漸願意直接和教師進行對話溝通與開誠布公。在此種情境之下，外來的顧問就可以逐漸退出。另一種變通的方式是讓學生彼此之間進行訪談，並在徵得學生同意情境之下，將訪談的錄音資料轉交給教師進行聆聽與討論（Elliott, 1991: 80）。

　　因此，如果要進行有效度的訪談，則事前訓練訪談技巧是必要的，特別是進行訪談，有其值得注意的指導綱領說明如下：

1. 應該有計畫地記錄訪談內容要點，例如使用筆記本、錄音、錄影，但是應該要事前便讓受訪者知道，並同意你如此記錄訪談內容。

2. 要有清楚的訪談之研究倫理，要讓受訪者知道訪談的有關主題，而且不要為了獲得重要訊息而誤導，甚或欺騙受訪者。如果受訪者要求保持隱私機密，則一定要確實做到保護受訪者的隱私與機密。

3. 培養傾聽技巧，行動研究者必須培養自己的傾聽能力，主動積極的傾聽包括控制肢體語言，以便溝通聯繫您所感到興趣與珍視的訊息，而且尊重對方所談論的內容。

4. 要拋磚引玉，鼓勵受訪者暢所欲言。

5. 為了協助受訪者持續他所談的內容，要適當重述受訪者所談論的內容。

6. 必須要能同情受訪者的立場與感受，以便使受訪者詳述其所談論的內容。

7. 要能接受訪問過程當中的片段沉默，因為這是受訪者彙集思緒或鼓舞產生勇氣的重要空檔。

8. 盡可能的提出問句，以使訪談能夠繼續進行。例如：

   (1)澄清問題：澄清受訪者所談論的內容，例如可以問「請問，我是否可以查證一下？」

   (2)探索問題：探究受訪者所提出的議題，例如「您可不可以更深入地討論這件事呢？」

   (3)特定脈絡的問題：例如如果要檢核受訪者是否可以自由自在地談某

個特定問題，則你可以問「我們是否可以談論這件事嗎？」如果要
確定受訪者是否了解此問題，則可以問「可否請您以自己的話來說
明這個問題？」如果是要檢核受訪者是否因為所使用的語言感到
不舒服，則你可以問「不知道我所說的話是否正確？」（McNiff,
Lomax, & Whitehead, 1996: 102）。

（三）問卷

　　教育行動研究者可以針對教師或同學的態度、期望、經驗，進行問
卷調查，有機會去詳細地詢問學習者問題，而且可問任何接續問題。此種
方法使用一個事前設計好的問題，專注於所想要蒐集的特定領域問題。工
具可以是簡短的答案或數量化的問卷。一般而言，問卷可以檢核如下之領
域：課程材料、教學品質、教學媒體、行政措施、學習期間的傳遞方法、
教育事件，以及材料的使用等。就問卷的建構或設計問卷而言，應該沒有
所謂絕對正確的問題，只有適當的問題。從適當的問題回應而來的答案，
可使教育行動研究者向前邁進一步。因此研究者要常常自問：「這個問題
是否適當？是否有幫助教育行動研究者向前思考的回饋？」
　　問卷通常有兩種問題形式，即封閉式和開放式。問卷調查可用開放
的問卷形式，請填答者寫下對問題的意見與回應，這一般常用在探究某個
教育實務工作情境，找出合理的解釋範圍。相對的，如果研究目的是確
認某種解釋或在各種解釋之間進行選擇，則可以使用封閉式問卷，讓填
答者從問卷設計者預定的選項當中挑選一項或依順序排列（Winter, 1995:
21）。封閉式問題的好處是不需要太多空間給填答者，而且填答者也易
於作答，它的限制是沒辦法獲得所設定範圍之外的回應。開放式的問題寫
法通常為：「你認為……」或「你覺得……」。但是，這種問卷回收之
後，分析頗為耗時。
　　問卷建構是一種專業技術的事務，必要時應該要閱讀專門手冊。教
育行動研究的新手，通常會匆匆忙忙地一頭就栽進問卷設計當中，事前並
沒有充分考慮清楚所要研究的議題，這是非常危險的，因為多數的問卷並
不中立。這些問卷可能在無意間影響了問卷的填答者，並且潛在地傳遞一
些問卷填答者在此之前從來沒有想過的觀點。例如在問卷中詢問學生家長

是否知道學生在學校受到恐嚇？則學生家長得到的觀念是：學校當中正發生恐嚇事件。事實上，問卷可能誤導填答者的知覺，因此從問卷得到的回應，有時是被錯誤引導的。甚至部分學者指出：「如果今天我問學生在學校是否過得愉快，我可能會得到 60% 的答案是回答肯定的答案。如果明天我又問同樣的問題時，結果會減為 50%。此種遞減的情形，可能是由很多方面的因素造成的。」（McNiff, Lomax, & Whitehead, 1996: 98）。因此，有必要提出一些關於問卷設計和使用問卷的基本常識，例如除非有好的理由，如想要發現基本資訊，而這個訊息是使用其他方式所不能獲得的，或者想要評鑑「介入」所造成的影響，而這又不適合用其他方式獲致回饋時，否則不要輕易使用問卷。

1. 使用問卷，則應該注意下列幾點提示：

   (1)確定為何要獲得這個資訊？這個資訊對研究方案是否非常重要？

   (2)如果你已經知道這個問題答案，則不必使用問卷。

   (3)如果能從其他地方獲得資訊的話，則不一定要透過問卷問問題。如果填答者必須回答太多問題，他們可能將不會擲回問卷。

   (4)若是採用郵寄問卷調查，要記得附上回郵信封；不要忘記發出提醒信函，催問卷回收。

   (5)如果需要具有代表性的抽樣樣本，就必須閱讀有關抽樣過程的專書。

   (6)是否事前得到對方的允許，以接近問卷填答者？

   (7)若要發問卷給工作同仁，要確定使用問卷是獲得問題答案的最妥當方式。

2. 應該注意執行問卷的步驟

   問卷初步編製之後，應該先行檢驗問卷內容，將設計的問卷交給指導教師或具批判力的諍友過目，請其提供意見，修正之後，並經預試階段，才能正式施測。因為如果使用不當問卷，甚至會破壞原有的研究方案。因此，應該注意下列重要步驟（McNiff, Lomax, & Whitehead, 1996: 99）：

   (1)提示：先決定所要發現的資訊，然後選用已經設計好的、可用的現成問卷或重新建構問卷。而且要注意在問卷首頁的頂端，應該要有適當的提示。

   (2)禮貌：禮貌地請參與者協助，問卷結束之處應該要道謝填答者的協

　　助。而且要告訴填答者，如果想知道結果的話，事後將會知會他們。

(3)隱私：問卷設計者應該要有明確處理問卷的隱私性之因應策略，並
　　讓問卷填答者明白問卷設計者會如何保護填答者的隱私性。

(4)清晰：問卷要繕寫清楚，或用打字。要預留足夠的空間以便填答，
　　使答卷者能輕易地填入答案。要有清楚的標號，或者註解題目。要
　　使用品質好的紙質。對於問卷的內容與外貌，都要謹慎小心注意細
　　節部分。

(5)複本：如果影印複本，要確定複本是否清楚可辨、可讀。

(6)正式實施問卷前先進行預試：問卷設計好之後，先給少數人試做，
　　請對方惠予批評並提供回饋意見。試著分析問卷的回應，以了解是
　　否能獲得所要蒐集的資料。

(7)問卷的實施：問卷實施時，要給填答者一段固定的時間擲回問卷。
　　並在問卷上註明希望對方擲回的時間底線。問卷應當為學習者提供
　　匿名。在某些情況下，教育行動研究者也許會要求一群人代為蒐集
　　問卷，將他們放於信封中再還給你。如果希望填答者將問卷寄回，
　　則不要忘記要提供郵資及回郵信封，如此將會提高回收率。

（四）照片證據

　　照片能獲得一個實務工作情境的視覺層面概念。就最低層面而言，
照片可以提供整個行動研究計畫成員討論或和參與學生討論的基礎。試著
隨時將照片與其他個案資料，如備忘錄等，結合在一起。關於照片在課程
研究的使用，最具爭議的部分，在於其分析或詮釋的功能。他們可以傳達
客觀的意義嗎？可以顯示出學校環境中生活和行動的品質嗎？研究者能說
的是，照片是代表學校文化的人工製品和資源，必須將其視為作為探究的
資源或工具。拍攝技巧是它的優點，即使是業餘者，依然可以運用照相機
捕捉到有關課程生活的某些事物。照相機是一種有助於回憶生活的儀器。
照片是由當下活著的生命，留下的一種可供回憶的物品。根據個人經驗建
議，就課程探究目的來看，私人照片是最佳的類型（McKernan, 1996）。

　　在教育行動研究中，攝影（照相）越來越受歡迎。此法最明顯用在
記錄行動上，可以是監控和評鑑策略的一個部分。攝影（照相）用於研究

或評鑑，是一種工作方法，而不是作為圖示而已。拍攝照片或幻燈片可在暗中進行，但需要有一個攝影師（除非是教師負責拍攝學生的活動），可以全心記錄細節的片段，可當作回顧整個活動經驗的起點（Winter, 1995: 22）。例如在教室行動研究情境當中，照片可以捕捉到原先未預期的視覺效果（Elliott, 1991: 79）。例如學生在教室中進行學習工作任務時，教室的物質外貌形式與實際布置情境如何？在「教師背後」到底發生什麼事？又如學生是進行團體活動或個別的單獨活動，或者排排坐著面對教師？以及教師對學生談話時的外貌姿勢和實際位置，教師是站在講臺上或是站在學生旁邊或是坐在座位上？這些資料皆可以顯示教室情境中的社會組織形式。上述這些照片資料，可以提供給行動研究相關人員進行討論的依據，這些證據可以藉由一位觀察員的幫助來達成蒐集資料的任務，但是也有一些證據資料是可以經由教師本身便可以進行蒐集，例如：

1. 照片可顯示歷時的變遷。例如某位小學校長在半年期間進行教育行動研究，並分別就六個班級拍下了數學教學的教室活動景象，這期間校長和教師們一起努力建構以學生為中心的課程。在這些為學生而設計的數學課程活動裡，照片呈現了重要改變的證據。

2. 照片可呈現學生參與活動的品質。例如五年級的韓老師可以利用相機拍攝學生活用教師設計的英語材料，盡情學習英語的景象。

3. 照片可用來刺激回憶，引導學生與教師討論其實際的經驗，而且可以搭配訪談的進行，以激起回憶。

4. 照片可以用來證明事件確實發生的有力證據。

5. 照片可用在自我研究，作為解構個人回憶之焦點。

6. 研究者可以使用同一事件的不同照片，刺激受訪者談論其所看到的，而不是談論其所期望看到的內容（McNiff, Lomax, & Whitehead, 1996: 103）。

（五）現場速寫評述

某些時候在實際的情境當中，參與者可以停下來觀察到底發生什麼事，並進行現場速寫評述。特別是，如果教育行動研究者因為受到某種限制導致無法進行觀察訪問的錄音、錄影時，這提供一個機會針對特定事件

進行現場評述。例如在教學情境當中，教育行動研究者可以利用此項有用的技術，觀察一個學生或學生團體正在從事一項學習任務時的情境。但是，值得注意的是，觀察至少持續 5 分鐘，而且千萬不要介入那些正在忙碌的學生，儘量坐靠近學生，但是應該從另一個角度來觀察學生，避免面對面地觀察，並且儘量避免強調學生正在被觀察，儘量以文字具體地寫下所說與所做的內容，並且注意語調與姿態，儘量以描述方式記錄所作的現場描述評論，避免價值判斷與高層次的詮釋，因為如此一來便難以說明實際所發生的事實（Elliott, 1991: 81）。

　　另一方面，教育行動研究者，也可以進行某一對象的特寫描述，特寫描述是指在一段長時間之內，針對一個情境或一個個人的觀點加以詳盡的描述。在教學情境當中則可以記錄課堂的特寫描述檔案，或針對特定學生能力的特寫描述檔案，也是一項蒐集有效資料證據的方法（Elliott, 1991: 79）。軼事紀錄是教師觀察他／她的學生生活中有意義事件的事實描述。軼事是行為片段的文字描述，研究者的主要任務之一是去觀看行為片段的開始和結束，增加事實解釋的旁白，而且，這些旁白可在任何社會場域或活動空間中使用，而不是只有教室中的老師使用。當把焦點放在一段時間內特定的個人時，軼事紀錄顯得特別有用，而且可以有效率地用來監控社會心理的發展，例如態度的改變。

　　軼事紀錄是對在行動發生的行為場合中，就觀察到的有意義事件，逐句敘事的描述。每份軼事報告在事件發生後，馬上就被寫好。軼事報告聚焦於敘事、會話與對話，並且提供事件後歷久不忘的簡短、敏銳的摘要。軼事紀錄在行動研究中很有用處，因為直接觀察到的行為資料，使研究者能夠「看見」事件並獲得「圈內人」的觀點。經過一段時間的蒐集，軼事紀錄提供特定個人與個案民族誌類型的現場報導。軼事資料被證明是一種容易掌控的技術，可以用來捕捉研究場景的社會真實。實務工作者每天暴露在豐富的資料中，軼事紀錄可用來系統化這些隨機的事件，這是一幅「行動的文字影像圖」，適合用來紀錄非參與的行為（McKernan, 1996）。撰寫軼事紀錄的步驟，宜報告的焦點應集中在事件、行為或意外事件，事實的詳細描述；敘述實際發生的事與造成它發生的情境脈絡背景；先寫下事實，然後提出軼事紀錄個別實體的一種解釋。軼事紀錄提供單一個案事實性的描述。對那些特別年輕，自己還不會寫字的學生來說，

軼事紀錄可能是唯一可用的技術。在特定一段時間內,軼事紀錄呈現出一幅組合或連續性的民族誌圖畫。軼事紀錄集中焦點在單一的單元或學生,使得觀察更為清晰。軼事紀錄增進觀察者了解學生。比起等級、檢核表或社會關係圖,軼事紀錄提供更為鮮明的照片,因為許多資訊的傳遞,是透過簡短清晰的詳細描述。軼事紀錄提供客觀與主觀的報告。軼事紀錄可被所有的參與者運用:教師、顧問與家庭教師。尤其是「軼事紀錄」的敘事資料,在非結構性的觀察中,廣受教育者的使用,皮亞傑(Piaget, 1926)在報告兒童的認知發展時,就廣泛地使用軼事紀錄。

特別是「非結構性的觀察研究」如敘事的實地研究,可以在所研究的行為之自然機制下,使用自然的觀察法,例如一位大學研究者坐在教室內探討前導計畫的效果。通常使用民族誌(俗民誌)資料蒐集的人類學方法,例如個案研究、實地筆記、日記、日誌、影音影片註腳等,目的在於從內部描述與詮釋,而不是使用量化研究方法的精確測量與變數的預測(McKernan, 1996)。另外,還有所謂的「**觀察的實地筆記**」(observational field notes,**簡稱 ON**),這種實地筆記,是在情境中直接聆聽與觀察有關的事件經驗。這些筆記描述行動,是一種非互動式詮釋的形式。相較於解釋,「**觀察的實地筆記**」重視的是描述而非詮釋,並應盡可能地精準。為了能在和行動者一同開會時,記下重要會議期間所發生有趣的細節,需使用內藏於衣服裡的小本筆記;這的確需要某種技巧,但可以藉由實務練習而精熟。每份觀察筆記,代表了一件事情或事件——它貼近了行動被誰觀察、觀察什麼、何時觀察,以及如何觀察的方法。此筆記會描述情境,像是誰和誰說了話等。觀察的筆記可以分離出不同的單位。假如一段實際對話被紀錄下來,則該對話可以逐字引用記述;這些也常放在最後的報告中,增加其清晰度與中肯性,逐字敘述應總是盡可能引述、引用、加註日期和交叉參照(McKernan, 2008)。

(六)錄音帶/錄影帶記錄

在行動研究過程當中,行動研究者可以利用錄音帶或錄影帶來記錄教室當中的教學情況。錄音帶是最常用的一種視聽器材,教育行動研究者可以把小卡帶型的錄音機隨身帶著,用做談話日誌,也可以用做捕捉非正式

談話的方法。訪談與教師上課的內容都可用錄音機直接錄下來，而學生的談話通常只有在小組討論時才比較方便進行錄音。錄音提供了一個客觀的記錄，而且可反覆聆聽並且轉譯成為書面文件。所以平時未加以注意的互動型態及一些不經意的小事情，都可以被找出來加以分析詮釋與評論。當然，雖然有些人會因為錄音機的出現，而顯得不自在，因此他們的行為會被隱藏或被扭曲，但是常常有的情況是在錄音進行了一段時間之後，由於投入了討論過程當中而忘卻錄音機的存在；此外，仍有些人感覺在有錄音機的情況下，卻能自在地進行訪談與討論（Winter, 1995: 21）。使用錄音，可以加以整理成為文字稿，促使整個談話記錄經過整理之後，可以協助教育行動研究者掌握其中的涵義。錄音時也可使用記數帶，它可描述帶子所包括的時間區間，教育行動研究者只要稍加整理所需要的區間內的內容就可以了。此外，最好能在不同的場合多次傾聽這個錄音帶，以便深思錄音所捕捉到的訪談內容。另外，也可將錄音片段播放給具有批判力的諍友聽，並徵詢其建議（McNiff, Lomax, & Whitehead, 1996: 103）。

　　另一方面，錄影能捕捉非語言和語言的生動訊息，對掌握個人和群體兩者的變遷方面，比上述兩種方式更好。設定好鏡頭，錄下所觀察的行動，會使教育行動研究者獲得許多平常未注意的行為舉止與情境變化。教室或其他活動可用攝影機錄影下來，如此可從其他不同角度來觀察，就如同錄音談話內容一樣，可以反覆查看，並可注意到在當時忽略的行動面向或重點。要注意的是錄影機往往只能錄到現場情況的一部分，只錄到某特定活動，而忽略了其他同時進行的活動。而且，錄影機是一個很明顯的侵入物，不像小麥克風一樣易被人遺忘，所以教育行動研究者要先假設錄影所得的影片是可能被扭曲的（Winter, 1995: 22），因此必須小心謹慎地加以詮釋。

　　教育實務工作者可以從聽或看錄音（影）帶的過程當中，獲得更多的記錄，並且將有趣的和有關的片段加以逐字口譯為書面資料，可以協助教師針對教學事件進行前瞻與回顧。然而，用口譯謄寫錄音或錄影的稿件是非常花時間的，不過卻可以協助教師深入了解某一項教學事件的細節（Elliott, 1991: 80）。

（七）文件分析

文件提供有關研究中的相關議題與問題的訊息情報。因此，可以利用幾星期、幾個月或甚至一年的時間，針對某一種教學方法的資料進行蒐集，或對於兩種不同型態學習者某一科目的學習成果的蒐集。譬如，在教室行動研究情境當中，有關文件包含（Elliott, 1991: 79）：

1. 課程綱要與課程表和工作計畫摘要。
2. 學校工作小組與委員會的學校課程報告書。
3. 所使用過的考卷或測驗卷。
4. 學年或學科部門會議的記錄等。
5. 工作卡與指定作業分配單。
6. 教科書的指定教學內容段落。
7. 學生書面作業的樣品。

（八）分析的備忘錄

分析的備忘錄包括對所蒐集資料的系統化思考，進行教育行動研究通常必須定期寫下分析備忘錄，而且通常都是在監控或者「偵察與發現事實真相」期間結束時進行寫作。這些備忘錄可記錄如下的事項（Elliott, 1991: 83）：

1. 在教育行動研究調查過程當中，已經逐漸浮現對研究情境重新加以概念化的新方法。

2. 已逐漸浮現的教育行動研究假設，以及教育行動研究者可以進一步加以考驗檢定的行動研究假設。

3. 指出教育行動研究者未來需要進一步蒐集的資料證據，以便使逐漸浮現的概念與行動研究假設，獲得更為堅實的基礎。

4. 在教育行動領域當中所逐漸浮現的問題和議題的敘述。

這些備忘錄的分析，或許只是短短的一兩頁，仍應與他們的相關證據基礎作相互交叉參考，例如研究日誌的某些部分引註出處，或者錄音帶／錄影帶的口語轉譯的部分。

（九）假想練習的影子追蹤研究

　　觀察者可以對單獨的學生、教師或其他對象，進行一段長時間的觀察記錄，影子研究樣本紀錄行為是在自然的場所中所觀察的，而且是在原來的情境脈絡下超過一段時間的，例如一整天，並可將活動區分為幾個不同的類別，這樣某一組的研究參與對象如教師，才不至於受到其他組的研究參與對象（如學生）的影響（Elliott, 1991: 81）。影子追蹤研究（shadow study）是一種運用各種人物、資訊管道密集且持續追蹤個案，為蒐集其詳細行為適應資料的技術（陳惠邦，1999：75），可不受到傳統組織制度上的時間界線之束縛，而揭露不經意的類型組合，以穿越這些傳統組織邊界的束縛（Winter, 1995: 21）。例如經過長期觀察不同科目教學，發現每一個科目皆有上課內容不連續的現象，或不同的觀察者在不同時間持續觀察同一教室一段時間後，卻發現一個愛打瞌睡的學生，他在英文課時打瞌睡、在數學課打瞌睡、在理化課裡也會打瞌睡。

　　當教師進行教育行動研究時，如果能有一位觀察者伴隨著，則該位教育實務工作者將有機會利用諸如假想練習的影子研究等其他方法蒐集資料，進行更為精確的研究調查。在假想練習的影子研究當中，觀察的重點是長時間集中在一個個體或一個小團體之上。換言之，在假想練習的影子研究當中，觀察者長時間地觀察一位學生、一個學生團體或一位教師。當進行假想練習的影子研究時，觀察者要盡可能地接近被觀察的對象（特別是學生團體），但是觀察者並不成為被觀察團體的一分子，也不參與此團體的工作任務（夏林清與中華民國基層教師協會，1997：119；Altrichter, Posch, & Somekh, 1993: 93）。

　　參與者在一段期間內被當成是進行假想練習的影子研究對象，並且持續地對其行動與反應進行現場速寫評述。在教室情境當中，被當成假想練習的對象可能是一位在教室課堂情境現場經常出沒的教師或學生，而進行假想練習的觀察者可能是一位外來的顧問或校內的教師同仁。此種假想練習的觀察記錄，可以進一步作為行動研究團體成員間彼此分享的資料，而且參與行動研究的團體成員，也可以在不同的時段輪流參與假想練習，以練習觀察所要觀察的對象，事後，參與行動研究的團體成員可以開會共同審視其個別假想練習觀察結果。參與假想練習的觀察者，應該被告知所要

觀察研究尋找的事項,而且其假想練習的影子觀察結果記錄,也應該提供行動研究者作為參考(Elliott, 1991: 81)。例如羅老師觀察一位女孩在學校的前三天行為表現,此項觀察的進行,由每天學校正式上課之前的 20 分鐘開始,一直到學校下課後的 20 分鐘為止,羅老師一直作詳盡的觀察記錄。根據羅老師的研究發現,此位女學生一開始到學校的第一分鐘就非常渴望從事學習任務,但是由於這位女學生被指定去從事無聊而一再重複的學習任務,因此,她的學習熱忱一下子便被澆了冷水。根據羅老師研究,「學生一到學校,學生就開始變得疏離」。此項研究也導致學校校長與教師重新調整學校新學年度開學的方式(夏林清與中華民國基層教師協會,1997:119;Altrichter, Posch, & Somekh, 1993: 93)。

三／三角交叉檢證法

教育行動研究非常重視教育實務工作者與其相關人員之間行動的妙微反應變化。例如寫研究日誌時,可以是很有感覺的、自我內省式的日誌;描述研究對象時,也可以是「深厚篤實的描述」。運用觀察法時,重點在於指出人際互動的質變之處,而非單單記錄一項行為的發生。訪談時,訪問者對受訪者的情境引導,更關係著訪談的進行。可見,教育行動研究的資料處理,並不只是字面上的「資料」處理,更是指研究者蒐集原始資料的方法,同時還包括處理參與者的態度品質、人際相處、人的成熟度等層面的方法。這正是教育行動研究可以讓教育實務工作者不斷深化利用與不斷進行自我監控的重要特點(Elliott, 1991; McKernan, 1996; Winter, 1995)。

因此,在有了上述各種不同的資料之後,便可以對教育實務工作情境使用進行多層面、多角度與不同方法的研究。每一種方法皆可用來和另一種方法進行比較,透過多種不同的方法分別使用後,可以從不同面向了解實務工作的整個情境。一般說來,最好要用三種以上的方法來比較並描述,才可以獲得比較正確的結論(Denzin, 1978),這是因為用三個角度來探究,比較不易將注意力集中在某一個單一方向,而導致忽略了另一方向,而且經由三個不同的觀點對照,更可以從兩個對立的觀點以外的第三個觀點來協調折衷其間的對立與差異,甚或提出更圓融的觀點(Winter,

1995: 23）。

　　特別是如果從事的是強調協同合作的教育行動研究計畫，可使用三角交叉檢證（Elliott, 1991: 82）。所謂三角測量法，是指對同一事件使用一個以上的來源的資料，並且透過使用不同資料、方法與人員，進行交叉檢核。三角交叉檢證的基本理念乃源自於「福特教學方案」（Ford Teaching Project）（Elliott, 1991）。這是一個以東英格蘭大學（University of East Anglia）為基地，為期二年的行動研究專案，其目的是在應用「教師即研究者」，以發現有關中小學教室探究發現法的一般規則，提出並考驗如何解決教學問題的研究假設，透過要求教師對他們的活動進行自我監控，三角交叉檢證就應運而生（McKernan, 1996）。「福特教學專案」的研究計畫裡成員的功能如同「參與的觀察者」，而且蒐集的記述可作為研究計畫專案教師們的研究資料。然而，教師們還被鼓勵分享各自的資料，特別是與學生相關的部分，如此三角交叉檢證可以建立一個外來的觀察研究者與「教師即研究者」的溝通管道，以及培養對學生的探究技巧。下列是三角交叉檢證的程序：1.**「課後訪談：外來的觀察研究者與『教師即研究者』」**。這個技巧最先牽涉到的是在呈現班級錄影給學生之前，外來的觀察研究者與班級教師的課後訪談。訪談目的在於確認從學生蒐集來的必要資料，以了解「教師即研究者」是否能比較兩種不同版本或者同一事件的記述，並且指出「教師即研究者」和外來的觀察研究者對同一觀察行動之不同觀點。2.**「課後訪談：外來的觀察研究者和少數學生樣本」**。外來的觀察研究者經教師同意之後，而進行訪談並錄影班級的一小群學生。在訪談之前，外來的觀察研究者告訴學生要誠實描述紀錄，以及學生擁有是否將錄影帶出示給教師看的控制權。3.**「利用外來的觀察研究者與學生的錄影資料，作為外來的觀察研究者與教師間的最後對話之依據」**。假如學生同意允許教師觀看外來的觀察研究者與學生的訪談錄影，之後就可以舉行一個外來的觀察研究者與「教師即研究者」的課後討論會議，討論由外來的觀察研究者與學生所提供的各種不同的觀點。

　　這種三邊描述記錄的規定對於參與的教師是一種極為重要的學習機會，通常教育實務工作者或教師都是第一次有機會面對面來驗證關於自己在教育實務上的事實真相。「三角交叉檢證」的校正是一種藉由多方檢證，以減低外來的觀察研究者偏見的一種方法，是質化研究不可或缺的工

具，包括方法的三角交叉檢證、資料來源的三角交叉檢證、分析者的三角交叉檢證校正類型。

（一）方法的三角交叉檢證

採用多種蒐集資料的方法，以檢驗研究發現的一致性，包括進行訪談、觀察、文件資料蒐集等多種方法的校正。

（二）資料來源的三角交叉檢證

在同一種方法中，檢證不同資料來源的一致性。以觀察的方法而言，包括教學觀察記錄、研究者省思札記。訪談方法部分，可以教師或教育實務工作者本人分享的觀點為主，參照研究者的訪談記錄與省思等。

（三）分析者的三角交叉檢證

透過不同分析者的角度來審視研究發現，如邀請其他專家、研究者、訪談對象來檢視研究內容，對內容做建議或指正等。例如研究者和協同研究者一起工作，雖然自己記錄日誌，但是可以透過共同省思檢核研究日誌記載的事項，以便交叉檢證事件的不同詮釋。研究者和協同研究者在共同相關而獨立的情境脈絡中工作，研究者用自己的日誌記錄，去比較不同的情境和回應。甚至有些研究者運用「互動式日誌」（interactive diary），彼此回應省思部分，並互相寫下彼此的評論。除主要研究者之外，研究者或許會要求行動中的其他參與者也記錄日誌，以便檢核自己的詮釋。要求參與者記錄研究日誌，要獲得對方的允許才能使用他的記錄。為了評鑑行動結果，有需要這樣做。自己若是行動的外部人員，在與內部人員的關係性質上，要特別小心謹慎。特別是，利用內部人員的資料時，要儘量光明正大而公開，要確定他們的確同意行動研究者對那些資料的使用方式。

在這方面，強調教育行動研究者需要有嚴謹的研究倫理。例如教育行動研究者若是被允許使用他人的日誌，必須以可被接受的方式來使用這些資料，甚至研究者必須將所要提出的研究報告，事前交給當事人檢視和

徵詢首肯。如果提供資料的人想要匿名，或者想要具名接受表揚，教育行動研究者都要事前徵詢其意見。就徵詢同事的意見與判斷而言，有必要詢問其對於行動研究者所進行的研究，以及所造成的改變之看法。必要時，甚至應該將對話內容錄音下來，而且將錄音稿謄寫轉譯成為書面文件時，應該要將那些能夠作為代表進步指標的對話內容加以特別凸顯標示出來，這些對話內容部分將構成顯示進行改變與改進的具體證據，其餘的錄音謄寫文件部分也要妥善歸檔保存起來，以便作為三角交叉檢證分析參考之用（McNiff, Lomax, & Whitehead, 1996: 63）。

四／四角交叉檢證法

　　「四角交叉檢證」（quadrangulation technique）是一種蒐集資料的方法，同時也是一種監控證據的模式，因它可藉由主要的情境行動者透視各種不同的研究場面，以增進「三角交叉檢證」的效果（Elliott, 1979, 1991）。它是一種自然情境的四邊評鑑過程，可從各種角度、不同的參與者（外來的觀察者／教學者／學生們）所進行行動記述與比較，所組成的教育行動研究的「三角交叉檢證」中，進一步發展出來的交叉檢證法。也就是說，透過外來的觀察研究者、教室的教師和學生們所得的記錄以便進行研究的一種課程教學行動研究。例如蔡老師處理社會領域課程具爭議性的道德議題情況，蔡老師允許一位外來的觀察研究者來進行協同合作且監控課程教學行動研究，以此方式開始四個步驟的研究探討。「四角交叉檢證」可以被視為盒子的四個邊（或四個角），第一邊，代表外來的觀察研究者和「教師即研究者」一起研究錄影裡的課堂教與學行動；第二邊，代表外來的觀察研究者和學生，在任課教師不出席會場的情況下討論錄影裡的課堂教與學行動；第三邊，代表「教師即研究者」播放錄影給教育行動研究專案計畫裡學校其他有關教育人員觀看欣賞，並同時說明討論錄影中所發生的課堂教學內容，以及「教師即研究者」如何學得解決課堂教學的問題；最後的第四邊，是當整個「個案」所有資料包括錄影、實地筆記、備忘錄、方案課程指引、文件等被提出，並就整個「個案」所有資料都進行討論之後，整個四角交叉檢證（第四個邊）才算完整，其目的是使所有蒐集到的資料都能在評鑑過程中扮演應有的角色之後，才會對於整個

「個案」做一個全面的評定（McKernan, 1996）。舉例而言，四角交叉
檢證程序如下：

（一）四角交叉檢證程序階段 1：外來的觀察研究者與「教師即研究者」—— 以錄影記錄行動

　　「外來的觀察研究者與『教師即研究者』—— 以錄影記錄行動」。外
來的觀察研究者到教室後，找一個不顯眼的位置；然後他（她）準備一臺
錄影機全程錄製教師和學生行為活動。在上課結束或幾天後，外來的觀察
研究者放映錄影給「教師即研究者」觀看，一起共同觀察和討論課堂的教
與學行動。

　　討論重要的事件，但並不是用監督或脅迫的方式，而是以較好奇的分
析探求形式來理解發生了什麼事情，這個錄影有助於「教師即研究者」的
啟發和省思。例如他（她）可能不允許所有學生在爭論議題上發表他們的
看法，避開具有「爭議的議題」。當下次有同樣情形出現，他便可以應用
心靈筆記（mental notes）中的 X 或 Y 來加以因應。四角交叉檢證程序第
一循環或研究四邊形的第一邊，就是這樣完成。

（二）四角交叉檢證程序階段 2：外來的觀察研究者和參與課堂教學的學生 —— 探索訪談和課堂教學行動實況記述錄影

　　外來的觀察研究者接著從所觀察的課堂教學班上選出 4-6 位學生，並
且帶他們到一個不受干擾的地方作相關課堂教學的訪談。這些學生的訪談
被錄影下來，作為以後可和授課教師進一步討論分析使用的資料。基本
上，這作法是蒐集課堂學生的報告、看法、困難和反應、課堂教學如何發
展等，以便協助授課教師了解自己的上課和整個課堂教學的發展情形；而
外來的觀察研究者則針對學生表達的意見加以支持和鑑賞。外來的觀察研
究者要把學生訪談錄影播放給授課教師看之前，必須先徵求學生同意，這
種信任和磋商的原則在人類關係研究中，是必須要被重視的一個重要研究
倫理原則。在這種方式之下，學生可以知道「教師能夠學習並且改善他們
的教學工作」。

簡而言之，進行學生訪談後，可以將學生訪談錄影放映給「教師即研究者」看。這部分最好可以使用一臺具有「靜止畫面」功能的錄影機，以便某些重要的教學行為和學習事件可以作深入的調查。「教師即研究者」和外來的觀察研究者要試著討論歸納成一些普遍的教育原理和行動研究計畫下一步的教學行動時，他們必須去了解課堂教學導致的結果，以及他們現在可以做的教學研究改進工作。如此，四角交叉檢證程序第二階段的研究程序才完成。

（三）四角交叉檢證程序階段 3：「教師即研究者」和行動研究專案小組的學校教職成員

在這個階段裡，課堂教學錄影與學生訪談錄影，放映給教育行動專案小組的學校教育研究相關成員觀看鑑賞。主要目的在於透過行動研究專案的不同參與者，提供不同洞察和觀點來過濾與評鑑。教育行動研究小組成員除了要抱持著彼此可以相互學習的想法之外，同時還要可以彼此尊重各自專業評論的觀點。這是一個批判省思和推論的階段，所有課程概念和教學理念皆可用來當作假設考驗的對象。「教師即研究者」應該試圖讓這個教育行動研究專案的所有相關成員去評論和批評。這期間也不斷的記錄，以作為將來可使用的「證據」，這也是很重要的。

（四）四角交叉檢證程序階段 4：整體個案資料分析歸納結論建議今後之行動

在行動研究省思循環的第四和最後階段裡，外來的觀察研究者和「教師即研究者」集合所有蒐集的教育行動研究「個案」資料，包括所有文件、錄音檔、錄影檔案、備忘錄、實地筆記、教師評論意見等，所有蒐集的「個案」資料將有助於確認意見和證據的可靠性，這些所有的「個案」資料之後將納入討論的觀點之中。是以當整個「個案」所有資料被提出，並就所有資料都進行討論之後，重要的行動探究、實驗、省思和決定的循環已完成時，整個四角交叉檢證（第四個邊）才算完整，其目的是使所有蒐集到的資料都能在評鑑過程中扮演應有的角色之後，才會對於整個「個

案」做一個全面的評定，此時便是撰寫教育行動研究「個案」報告的時候
（Stenhouse, 1975）。

　　當教育行動研究的相關人員完成了四角交叉檢證程序：(1) 外來的觀
察研究者與「教師即研究者」──以錄影記錄行動；(2) 外來的觀察研究
者和參與課堂教學的學生──以探索訪談和課堂教學行動實況記述錄影；
(3)「教師即研究者」和行動研究專案小組的學校教職成員；(4) 教師─外
來的觀察研究者和整體「個案」資料分析歸納結論建議，接下來要做的事
就是從做中學習──即依靠在研究領域的經驗，外來的觀察研究者和「教
師即研究者」及學校內部相關人員相互支持和合作，透過相互合作可以幫
助「教師即研究者」在教育行動研究的互動關係裡改善教學的技巧。

　　或許在未來的某階段，教師可以自行實施行動研究，但當前似乎有必
要全力支持教師們所需要的教育行動研究的協同合作與支援，這指的是外
來的觀察研究者和「教師即研究者」之間的協同合作關係，就如同本書上
一章協同合作教育行動研究所強調的「三個臭皮匠，勝過一個諸葛亮」。
四角交叉檢證不僅僅來自一種研究方法內的四種觀點，包含有不同觀點、
不同參與者、不同資料來源和交叉檢證理論，四角交叉檢證的資料蒐集與
討論分析的重要涵義主要是指，在教育行動研究中進行實施監控蒐集各種
資料與省思，結合審慎的外來的觀察研究者與「教師即研究者」，以及其
他教育行動研究相關成員的課後訪談和課堂觀察，要帶著不同方法論和研
究觀點看待問題，以便有不同資料來源和決定選擇權來有效地解決實務上
的課程教學問題，是以教育行動研究的四角交叉檢證的資料蒐集與討論分
析是潛力無窮的（McKernan, 2008），可以透過外來的觀察研究者和教
師、學生、教育行動研究相關教育工作人員一起協同合作，針對教育行動
研究的整體「個案」資料分析歸納結論建議今後之教育行動。

　　總之，本章「實施監控教育行動研究與省思」是教育行動研究歷程
「行動『中』的研究」的重要步驟，亦即是教育行動研究的第四個主要歷
程步驟，執行監控教育行動方案研究與省思，不僅要依據先前規劃的行動
研究方案內容來實施，更要在實施過程中不斷的蒐集並累積各種資料並進
行討論分析與省思。說明了如何實施監控教育行動研究，特別指出教育實
務工作者如何執行教育行動方案實施監控，以及如何進行教育行動研究證

據之蒐集。作者將在下一章闡述如何進行教育行動研究的評鑑與回饋，以利因應解決教育實務工作所遭遇的問題或改善教育實務工作情境或增進教育專業理解。

第十章

評鑑回饋教育行動研究與省思

> 不積跬步，無以至千里；不積小流，無以成江海。
> 事前規劃用心，評鑑無愧於心！

　　「Evaluation 評鑑回饋教育行動研究與省思」是教育行動研究歷程系統三階段六步驟的第三階段「行動『後』的研究」之重要步驟，更是繼前章「實施監控教育行動研究與省思」之後的教育行動研究**第五步驟**，教育行動研究不同於傳統的學術理論研究只討論抽象的理論概念，教育行動研究進一步鼓勵教育實務工作者勇於面對實際的教育問題，提出因應解決改善問題的行動方案，並加以實施監控教育行動研究與省思，不僅要依據先前規劃的行動研究方案內容來實施，更要在實施過程中不斷的蒐集並累積各種資料且進行討論分析與省思，如同《荀子‧勸學》：「不積跬步，無以致千里；不積小流，無以成江海」！是以教育人員的專業發展不能靠奇蹟，只能靠不斷努力地累積，並引導其進行務實的研究與合理性的評鑑（Hopkins, 1985），方能展現教育人員的專業發展，特別是展現教師專業素養（McKernan, 1996），更能展現教師的「專業化歷程」（professionalization）（McKernan, 2008），有利因應解決教育實務工作所遭遇的問題、改善教育實務工作情境或增進教育專業理解（蔡清田，2016）。因此，如果事前能用心規劃行動方案與細心監控實施歷程，事後評鑑將能無愧於心（黃光雄、蔡清田，2017）。是以，教育行動研究必須透過第五個主要歷程步驟，進行評鑑與批判省思，協助教育實務工作者本身理解所實施的行動方案之影響與效能。如果未能順利解決問題，則必須以新循環，重複上述步驟，力求問題的解決（蔡清田，2016），直到能有效解決教育問題為止，並且有利因應解決教育實務工作所遭遇的問題、或改善教育實務工作情境、或增進教育專業理解（蔡清田，2019）。

　　換言之，教育行動研究的第五個主要歷程步驟，是評鑑所蒐集的資

料證據並考驗行動研究方案與省思，以了解教育行動研究過程所遭遇的問題，與所遭遇的困難是否已經由行動研究方案的實施而加以解決。所謂「專業發展的業績不能靠奇蹟，只能靠不斷地累積」，不僅能展現教師專業素養（McKernan, 1996），更展現了教師的「專業主義」與「專業化」歷程（McKernan, 2008），並且有利改進教育實務工作或改善教育實務工作情境現況（蔡清田，2016）。如果行動的影響或結果產生偏差，則需在進一步修正教育行動方案計畫時，再次實施修訂的行動研究方案。教育實務工作者實施教育行動研究的發現結果，可能引發再度關注與更進一步的研究，如此便涉及更進一步的磋商協調與修正，形成繼續不斷的歷程（Elliott, 1979）。本章評鑑回饋教育行動研究，分為兩節，第一節是進行教育行動研究評鑑回饋省思，第二節是確定教育行動研究效度與再關注。茲將此主要歷程表列說明如次（見表 10-1）：

◆ 表 10-1　教育行動研究的主要歷程步驟五：Evaluation 評鑑回饋教育行動研究與省思

進行評鑑與回饋修正	宣稱主張的效度檢證考核	成功的評鑑規準
教育行動研究的結果重要嗎？對誰重要？為什麼重要？您喜歡這種結果嗎？	有無指出您所宣稱的主張與各種假設衝突對立之處？還有其他的可能性嗎？	指出重要的**主張宣稱**，如改進行政措施、課程內容、教學策略、教育理念。
有沒有造成實際的改變與影響？這種改變是有價值的教育改變與進步嗎？	所提出的證據是否足以支持您的主張宣稱，以便進行充分而適當的解釋？	能提出**真實而充分的證據**與確實具**說服力的解釋**。
您是否透過教育行動研究獲得專業發展？	您的研究夥伴或專業同仁是否支持您的主張與證據？	個人的行動研究發現與**專業判斷**有關，提出可再**繼續深入追蹤探究的問題**。
您的教育行動研究是否具有正當性？是否合乎教育實務工作者的專業倫理？	您是否可以根據您的證據與主張宣稱等研究發現，進行專業論辯？	產生進一步值得深入探究的問題。

第一節 進行教育行動研究評鑑回饋省思

　　評鑑是監控教育行動研究過程的一部分，教育實務工作者可以利用所蒐集的資料針對教育行動研究進行評鑑。教育行動研究應提出證據加以宣稱自己在教育實務工作上有所進步或改善困境，而且也要獲得其他人的同意，否則研究仍不足以採信（蔡清田，2016）。因此在研究進行時，宜不斷地蒐集資料及證據，以確定教育行動研究的效度，而考驗效度的形式是多元的，包括來自研究者的自我認定、研究夥伴的認定、家長的認定、行政主管的認定或教育學術界的認定等。換言之，教育行動研究者，必須透過評鑑以了解是否達成預定教育行動目標？是否獲得教育實務工作者的專業發展？是否遭遇新的問題？並且加以回饋修正（Altrichter, Posch, & Somekh, 1993）。例如任教於高雄市的黃琪鈞（2020），因應「十二年國民基本教育」新課綱的實施，希望藉由實施繪本教學來引導一年級學童增進正向的人際互動關係，進行「**國小一年級人際關係繪本教學之行動研究**」。因此，進行「人際關係繪本教學的課程方案」設計以引導一年級學童增進正向的人際互動關係成效，並透過評鑑結果與省思中得知，人際關係繪本教學課程方案，有助於改善學生的人際關係。黃琪鈞老師運用多元化的教學方式，例如角色扮演、小組討論、小組活動等不同的方式進行課程，選擇貼近學生生活的繪本故事，讓學生能投入於教學情境中，且相當喜歡繪本故事。由於課程內容扎實多樣化，學生在書寫學習單及小組討論時，相當熱烈投入，時間往往不夠，若能增加課程節數，放慢課程進度，相信學生的學習成效能更彰顯。黃老師透過三角交叉檢證，評鑑繪本教學對國小一年級學童人際關係的影響，包括黃老師、研究參與學生、學生家長，以及協同合作教師，藉由觀察記錄、錄影、學生的前後測檢核表、學習單、回饋單、家長的前後測問卷，以及與協同合作教師的訪談回饋，以三個面向的觀點、客觀的角度來進行評鑑課程方案的成效；學生、家長及協同合作教師皆肯定該研究人際關係繪本教學方案，也從學生的前後測檢核表及日常生活中觀察學生在人際互動關係上的轉變。

　　又如，任教於桃園某國小的高于涵（2020），因應「十二年國民基本教育」新課綱的實施，採行動研究法以繪本融入小一新生情緒教育課程

之實施歷程成效，高老師配合《十二年國民基本教育課程綱要》，設計情緒教育課程方案，並於課程實施後，評鑑課程方案的實施成效。本研究之評鑑方式，是依據觀察、訪談、回饋單、前後測問卷、教學省思等資料之處理來進行評鑑。研究者蒐集學生、家長、夥伴老師的回饋及觀察紀錄等資料進行整理與分析，能協助研究者評鑑本研究方案之實施成效，亦可作為研究結果之佐證資料。由評鑑結果得知繪本融入情緒教育課程方案，能有效提升學生「情緒覺察」、「情緒表達」、「情緒理解」及「情緒調適」等四方面的情緒能力。從高老師的觀察紀錄，以及協同老師、家長和學生的回饋內容、訪談記錄、前後測問卷等資料之交叉檢證評鑑結果得知，透過繪本融入情緒教育課程能夠讓學生感到有興趣並從中培養「情緒力」，家長的情緒教養也能有所延續，有效提升學生「情緒覺察」、「情緒表達」、「情緒理解」及「情緒調適」四方面的「情緒力」，並且有助於培養「核心素養」生活 -E-C2 覺察自己的情緒與行為表現可能對他人和環境有所影響，用合宜的方式與人友善互動，願意共同完成工作任務，展現尊重、溝通以及合作的技巧。從自我到他人互動模式的學習架構，也呼應核心素養三面向「自主行動」、「溝通互動」、「社會參與」。

　　行動研究歷程進行評鑑與批判省思，可以協助實務工作者了解所規劃的行動研究是否已解決問題，若未獲得解決，必須重複上述循環，確保問題獲得改善。是以，本節就教育行動研究的評鑑、評鑑所實施的教育行動研究方案、評鑑可能的影響與重要性，以及評鑑的制度化等說明如次：

一／教育行動研究的評鑑

　　評鑑，是教育實務工作者在實際工作情境當中，進行教育實務革新的一個層面，此種評鑑包括由實務工作者自己本身所發動的變革（self-initiated change）之自我省思監控（self-reflective monitoring）歷程（Elliott, 1998）。就教育行動研究的評鑑而言，評鑑是一種繼續不斷的自我省思監控歷程，而且也是實踐並維持實務革新的必要條件（Altrichter, Posch, & Somekh, 1993）。在教育行動研究過程中，評鑑不只是在固定週期的短期間內進行，而且在規劃實施行動研究整體歷程中，評鑑也是教育行動研究的整體歷程不可或缺的一部分。特別是規劃、實施

與評鑑不一定具有固定的時間先後順序關係。例如實施不一定必須等待擬定周詳計畫之後才開始，換言之，可以一面實施、一面擬定並修改計畫。同樣地，評鑑也不一定必須等待實施結束之後才進行，事實上是可以一面規劃實施且同時進行評鑑，甚至，可以先進行初步評鑑，再進行規劃與實施，因為有時候當計畫正式進行實施之時，計畫當中早就已經過非正式的初步評鑑，並且記錄了初步的實施策略與評鑑之道。是以規劃、實施與評鑑不一定具有固定僵化的時間先後順序關係（Elliott, 1998: 181）。

　　結構功能主義觀點，往往傾向將研究與評鑑區分為兩個不同的獨立部門，但是，在教育行動研究的情境脈絡當中，研究與評鑑往往是二合為一的歷程，因為改進工作實務的指標，是一種評鑑行動事後的結果，而不是進行評鑑行動之前預先設定的固定指標。事實上，在教育行動研究過程當中，評鑑是進行轉化與革新的自我省思監控之行動（self-reflective monitoring of actions）。

　　評鑑可以蒐集證據，支持教育實務工作者判斷其特定情境下的教育行動之價值性與重要性。此種行動，必須根據其實際行動的情境，才能決定其價值性的多寡與重要性的高低。特別是進行行動研究的過程中，必須形成行動研究假設，而且必須根據實施過程所蒐集的證據資料，進行教育行動研究的研究假設之考驗與評鑑。在行動研究的情境脈絡當中，評鑑資料的蒐集，並不是根據事前預先界定的指標結構進行，教育行動研究的評鑑資料蒐集，是教育實務工作者進行行動研究的整體行動作為的一個面向，旨在發現並描述說明特定實際要素層面的品質。

　　教育行動研究的評鑑焦點，是以教育情境當中的互動為主，包括師生之間的互動與學生同儕之間的互動，而且也包括資料的取得與資料的分析。教育行動研究的評鑑目的，旨在改變學校教育的實務措施與行動，因此，監控教育行動研究革新的評鑑標準，應該取自教育專業文化當中的教育專業價值。而且，教育行動研究評鑑的結果，可以指出情境行動策略之教育專業實踐價值。

二／評鑑所實施的教育行動研究方案

　　教育行動研究具有自我評鑑的性質，在教育行動研究過程當中，教育

實務工作者必須不斷地進行檢驗、修正與改進，而且教育實務工作者必須同時扮演研究者、觀察者、訪問者、分析者等角色，集各種角色於一身，更要隨時省思自己的角色，不僅要做技術的省思，更要做實務批判的省思，才能不受到實務工作場地性質的侷限，而將教育行動研究置於整體的社會情境脈絡中加以詮釋理解與批判（夏林清與中華民國基層教師協會，1997：219）。

　　教育行動研究的過程，主要顯示尋找問題解答的啟蒙過程。教育行動研究的主要問題是：「我如何才能改進……？」，而且教育行動研究是依循環方式而不斷進行辯證的，每個循環萌生出下一個循環所要解決的問題。每個循環都有其一般常見的組合型態，諸如：「指出並確認所要研究的問題」、「構想解決問題之道」、「實施解決問題的方案」、「蒐集探究證據」、「評鑑解決問題的方案」、「修正實務工作」等。然而，實際的教育行動研究情況卻不見得是如此地千篇一律，因為教育行動研究方案有可能只採用一個循環，或由一個循環發展成為數個循環。教育行動研究經由每個循環的過程，教育實務工作者可以透過改善實務工作情境的進步報告形式，提出獲得改進實務工作的主張宣稱，並提出證據支持所提出的主張宣稱。這些進步報告可以構成教育實務工作者的「形成性評量」，亦即在教育行動研究過程當中，繼續不斷地進行評鑑，以檢核是否已逐步地回答自己事前所提出的研究問題。而且在每個循環結束時，教育行動研究者必須提供一個「總結性評量」的陳述，顯示是否已解答了預定的研究問題或解決自己所提出的問題。

　　是以，如果整個計畫包括數個循環，教育實務工作者必須在研究過程的適當時機，不斷地提出進度報告與形成性評量的陳述。如此第一個循環的總結評鑑，也可以成為整體教育行動研究過程的形成性評量或成為第二個循環的起點。因為整體而言，教育行動研究是繼續不斷轉化的連續體，而每個循環的分析旨在協助教育實務工作者更清楚地了解整個研究歷程，而評鑑正是協助教育實務工作者省思檢討教育行動研究的重要機制（Altrichter, Posch, & Somekh, 1993）。因此，下述有關教育行動研究的評鑑事項有其特別的重要性。

（一）評鑑教育行動研究方案之檢核項目

　　就評鑑教育行動研究方案之檢核項目而言，教育實務工作者應該特別注意下列事項，例如是否已經考慮過，從事此教育行動研究方案對您自己的學習具有任何意義嗎？是否已經考慮過您的學習將會如何影響他人？是否已經徵詢過您的研究參與者之意見？是否已經徵詢過您的組織機構當中其他人的意見？是否想過，如何以不同的方式來評鑑您的教育行動研究方案？未來如何以不同的方式來評鑑教育行動研究方案（McNiff, Lomax, & Whitehead, 1996: 67）？

（二）評鑑實施方案之小祕訣

　　評鑑時必須考慮下列兩種重要的行動學習，亦即，從過去的研究領域當中，學到了什麼？實施此一教育行動研究方案的過程當中，從自己身上學到了什麼？這些學習是有價值的嗎？別人如何從您的親身經驗當中獲得學習呢（Altrichter, Posch, & Somekh, 1993）？在撰寫教育行動研究報告時，必須具體明確且清楚地呈現這些重要的議題。

（三）評鑑實施方案之具體任務

　　就評鑑實施方案之具體任務而言，教育實務工作者應該特別注意下列事項：

　　1. 寫下您從事此教育行動研究方案的經驗，是如何協助您對實務工作獲得更多的理解？

　　2. 省思別人對您實施此一教育行動研究方案的反應，並且將之納入您的研究報告當中。

　　3. 清楚地知道從此一教育行動研究方案當中學到了什麼，包括主題內容領域和自己的學習。

　　4. 說明可以透過何種方式和別人分享您的行動學習，以便別人也能夠從您的經驗當中獲得學習（McNiff, Lomax, & Whitehead, 1996: 67）。

三／評鑑可能的影響與重要性

評鑑與回饋修正，是教育行動研究的重要歷程之一，經由評鑑與回饋修正，是探究教育實際與預期理想之間差距的工具（Altrichter, Posch, & Somekh, 1993）。教育實務工作者透過評鑑歷程，可經由這個逐步縮小差距的過程當中，漸漸地走入問題癥結核心，進而學會如何掌握解決問題關鍵之道。也許所要探究的問題並非原先想像的那般單純，也許這個問題只是另一個大問題的一個小小的漣漪，也許這只是一個兩害取其輕、找尋平衡點的兩難困境問題。因此，進行評鑑與批判省思，可以協助教育實務工作者本身理解所規劃行動之可能影響與效能（Winter, 1987）。是以如果教育實務工作者若未能透過教育行動研究的第一循環順利解決所面臨的問題，則必須進行第二循環的教育行動研究螺旋，修正原先擬定的初步教育行動研究方案，重複上述步驟，力求實際問題的解決。可見評鑑回饋省思是行動研究的必要成分之一，這是一個修正機制，也可以計畫下一個新的教育行動研究方向。

經過初步評鑑教育行動研究方案之後，可以進一步澄清所產生的新問題或欲改善的新工作情境條件，並進入下一個省思和行動研究的螺旋，亦即針對初步評鑑行動研究效果，提出評鑑報告。特別是可以根據初步教育行動研究的結果，對整個課程計畫做全面性的評鑑，提出整體的教育行動研究報告，理解原先問題獲得改善的情況，並且進一步澄清所產生的新問題情境，而進入下一個階段的教育行動螺旋（McKernan, 1996）。

通常在過去的許多行動研究實驗過程當中，評鑑是一項弱點，因為往往教育實務工作者使用的新方法與新內容經過測試使用之後，卻未能明確說明其實際結果是什麼（Elliott, 1998）？而且往往在許多過去的行動研究評鑑當中，主觀評估與客觀評鑑也混淆不清。通常在過去的行動研究當中，評估的範圍是比較有限，並未包括所進行實驗或行動的主要具體目標，或只以數量簡易測量這些實務工作領域的明顯可見革新，而且通常看不見的革新結果，往往是最容易受到忽略的評鑑對象，這是由於過去缺乏簡易可行的評鑑技術，以描述這些教育行動研究的結果。但是，往往有的教育實務工作者極易忽略客觀精確的評鑑，而且只用快樂、興趣或氣氛等抽象名詞來描述其教育行動研究個案的結果，甚至，許多教育實務工作者

開始進行研究之初，並未建立適當的評鑑規準，因此也無法透過適切的評鑑，闡明教育實務的改進發展歷程與結果。

　　例如評鑑的一個非常重要的部分，是同時去記錄學生反應的改變，並記錄所使用的歷程方法，或使用材料的改變。在進行教育行動研究實驗過程當中，此種歷程方法與內容必須接受嚴厲的考驗審查。但是，教育行動研究實驗是否成功，必須根據學生是否產生可欲的學習效果而加以衡量判斷其效能，因此，必須清楚地理解教育行動研究實驗歷程與學生改變之間的關係。對教育行動研究實驗歷程的不正當描述，將導致無法了解學生改變的原因，對結果的不正當評鑑，通常導致不當的態度，亦即，毫無理由偏好擁護某種方法或程序，卻罔顧學生學習的效果。

　　雖然不能忽略教師對學生發生改變的主觀判斷，教育實務工作者也應該設法取得客觀證據，諸如學生表現記錄、測驗結果資料，以及其他確實的資料，以便進行仔細比較分析。重要的是在進行教育行動研究實驗的過程中，開始進行研究與研究結束時，皆必須獲得上述的記錄與評鑑資料，因為取得繼續不斷的記錄是印證學生發展的必要證據（Taba & Noel, 1992: 73）。因此，教育實務工作者進行教育行動研究的評鑑時，應該特別留意下述的評鑑檢核項目、小祕訣與評鑑的具體任務。

（一）評鑑可能的影響力之檢核項目

　　就評鑑可能的影響力之檢核項目而言，教育實務工作者應該注意下列事項。特別是，是否已經指出並確定哪些**評鑑指標**「可以用來表示變革的歷程」？是否強調那些能夠具體地表達那些已經改進實務行動的重要關鍵事件？是否將這些能夠具體表達已經改進實務行動的重要關鍵事件從資料當中抽離出來，並且和具有批判力的同仁們一起分享這些事件與理念？而且教育實務工作者也必須細心顧及是否還有其他事情沒有考慮到嗎（McNiff, Lomax, & Whitehead, 1996: 64）？

（二）評鑑可能的影響力之小祕訣

　　就評鑑可能的影響力之小祕訣而言，教育實務工作者應該留意下列事項。特別是，這是您提出證據的階段。因此，要經常記住下述這些問

題：「您如何顯示那些發生改變的事情是隨著您而發生的？」、「您如何證明是您的影響力促使了情境發生改變？」、「誰能證明您所說的話呢？」、「您的重要關鍵證據是什麼呢？」、「您如何證明它是重要的關鍵證據？」教育行動研究者應該巧妙地運用「重點強調」的想像手法（Altrichter, Posch, & Somekh, 1993）。將構成改變的清晰證據之重要內容挑選出來，進行重點強調。特別是當一面進行教育行動研究計畫過程時，便應該一面將上述的顯著改變部分整理成為書面記錄，保存起來，作為強調的重點。

（三）評鑑可能的影響力之具體任務

就評鑑可能的影響力之具體任務而言，教育實務工作者應該注意下列事項：

1.決定何者才是證據，並且仔細思考如何加以呈現。從資料中萃取出那些可以作為清晰指標的部分，同時寫出實務工作情境當中最顯著的特質和最重要的關鍵事件（Altrichter, Posch, & Somekh, 1993）。

2.要特別注意訪談錄音轉譯謄寫的書面資料文件。這些書面文件可能是強而有力的證據，特別是，如果您要求參與者一起思考、省思與您一起研究的整個工作過程，或者邀請他們談一談是否他們也覺得情境已經得到改善，這些訪談內容將是十分重要的證據。而且不要忘記可以將完整的訪談對話錄音謄寫轉譯為書面稿件，列為您的研究報告後面的附錄。

3.開始整理編撰一份有系統的證據記錄，並且要建立一個「證據盒」，收錄任何各種不同而重要的研究資料，並且也要確定已經在證據上註明時間、日期和編碼，以便顯示該證據是屬於整個研究方案當中哪個階段的證據資料（McNiff, Lomax, & Whitehead, 1996: 64）。

四／評鑑的制度化

評鑑之各種不同的途徑，蘊含著個別教育工作者實務與社會組織體系之間關係的不同觀點（Elliott, 1998）。例如不管是經由學校行政主導的團體組織體系的系統省思檢討，或是經由個別教育實務工作者個人所進行的自我省思檢討，皆有可能對教育的實務問題與品質產生顯著的影響。學

校行政人員與外來的學者專家可能促進或阻撓「評鑑」之有效歷程之制度化。但是，可以經由跨越不同組織體系的個人間之網際網路，共同合作，根據所蒐集的相關證據資料，進行評鑑與回饋省思。因此，教育行動研究者進行教育行動研究的評鑑，必須特別考慮下列問題。

　　一方面，如果個別教育實務工作者缺乏機會與其專業同儕的相關重要人士進行專業討論與對話，則個別教育實務工作者無法光憑個人單獨孤立的努力，便能顯著地改進教學實務（夏林清與中華民國基層教師協會，1997）。但是，另一方面，如果嘗試經由科層體制式的控制途徑之教育變革，企圖透過由上而下的高壓方式改變學校教育體系與教師教學實務的作法，將會遭到抵制並且可能導致失敗（Altrichter, Posch, & Somekh, 1993; Elliott, 1998: 179）。因為科層體制通常是透過由上而下的權力，來決定評鑑的方向與方式。有權力的人訂立規則，就成了訂定規則的守門員，決策者有認可知識有效的獨立權力，這是一種控制的形式，但這種由上而下的高壓方式並不容易融入被控制的下層文化中（McNiff, 1995, 1996）。

　　總之，教育行動研究評鑑之各種不同的途徑，蘊含著個別教育實務工作者教學實務與學校社會組織體系之間關係的不同觀點。不管是由上而下地經由學校行政主導的組織體系的系統省思檢討，或是由下而上地經由個別教育實務工作者個人所進行的自我省思檢討，皆有可能對學校教育的實務問題與品質產生顯著的影響（Elliott, 1992）。特別是學校行政人員與外來的學者專家，皆可能促進或阻撓教育行動研究評鑑之有效歷程的制度化（Elliott, 1998: 179）。但是，可以經由跨越不同組織體系的個人間之網際網路，結合由上而下與由下而上的網路，協同合作，共同針對自己本身實務工作情境問題進行教育行動研究與評鑑，將可以進一步促成教育行動研究評鑑之制度化。

第二節 確定教育行動研究效度與再關注

　　教育行動研究的一個重要階段程序，乃是透過評鑑回饋與省思，以便進行修正與獲致結論（Elliott, 1992）。過去許多教育問題未能獲得適當的解決，便是因為許多研究人員一開始便有偏頗的假設立場，並且刻意選擇特定資料，加以證明支持其原有的立場（Elliott, 1979）。因此，教育行動研究者進行評鑑分析時，必須避免刻意安排預先指定的結果。教育行動研究者不應採取單一而固定僵化的偏見，因此在教育行動研究過程中，必須允許更多的討論空間，有必要確保並尊重不同的價值與觀點，以呈現未被注意到的論點（Altrichter, Posch, & Somekh, 1993），甚至，接納挑戰研究方案的既有共識。

　　教育行動研究者在評鑑與回饋階段，應該納入其他相關人員的評鑑觀點。如此，則將能增加不同的省思角度。特別是，如果所研究的問題是一個具有爭議的問題領域，則若能囊括涵蓋「較少投入」（less involved）的人士參與最後的評量衡鑑，則其結果可能將更讓人接受（Elliott, 1979）。因此，教育行動研究者必須注意教育行動研究效度的重要問題、確定教育行動研究的效度、評鑑教育行動研究效度的考核團體、證明「已改善問題」的宣稱具有效度，以及再關注與修正實務工作。

一／教育行動研究效度的重要問題

　　就教育行動研究效度的重要問題而言，下列的問題將有助於釐清行動研究的效度（蔡清田，1998d、1999a）：

（一）您在行動研究結束之後，提出了何種結論主張與結果宣稱？

1. 您的結論主張與結果宣稱是什麼？
2. 您認為是否解決了您所關注的問題？
3. 您認為是否改進您的實際工作？
4. 您認為是否改善您的實務工作情境等？
5. 您是否增進本身對教育專業的理解？請說出您的心得與收穫。

（二）您根據何種教育專業規準來判斷您的主張宣稱的有效性？

1.您在哪個層面獲得**教育專業發展**？
2.您有無**舉出證據**支持自己的論點？
3.您所舉出的**證據適當**嗎？
4.您所舉出的**證據充分**嗎？
5.您的**合作對象**是否**認同**您的行動研究成效？

（三）再關注（下個行動研究的準備與暖身）

　　通常從事教育行動研究的人員會事前設定期望與理想，但是真正進行研究之後很快就發現實際與理想的差異，必須涉及更進一步的磋商協調與修正。因此，可能必須改變原先的觀念或想法。實際上，教育行動研究也是從不斷行動與省思修正中逐步獲得預期的成果（McNiff, 1995）。從第一循環的行動研究實施，可能引發第二循環的教育行動研究，如此便形成繼續不斷的歷程（Elliott, 1979）。教育行動研究應該是開放的，不斷依據行動研究證據與結果，持續進行發展修正與重整，進而形成更進一步的再度關注問題的焦點（Winter, 1987）。因此，您應該根據評鑑的結果，判斷是否解決原先您所關注的問題。

　　您身為一位教育實務工作者應該確定您是否已經解決了您所關注的問題了嗎？如已解決，則可以關注另一個**相關衍生的**教育問題，作為下階段另一個行動研究計畫的起點。如**未能解決**原先問題，請您說明目前的**失敗情形與失敗的可能原因**，並請繼續努力，作為下階段行動研究繼續探究的問題，必須「修正」原先所關注問題的焦點，研擬更適切的方案，並再度採取行動與評鑑，有效解決問題。

二／確定教育行動研究的效度

　　就教育行動研究的效度而言，教育實務工作者進行教育行動研究的效度是什麼（Winter, 1987）？此問題的答案，或許也可以回答下列的問題：教育行動研究有何優點？教育行動研究方案的介入，導致何種改變？教育行動研究最後是否真正能造成所經驗問題的改變？學生的學習是否變得更好？教師的教學是否變得更有效能？特別是教育行動研究方案增

加了學生、教師與行政人員何種教育利益（Altrichter, Posch, & Somekh, 1993）？教育行動研究的問題解決方案之「處遇的方式內容」，可以類推應用到其他的問題情境嗎？教育行動研究的結果是否可以引導教育知識的建立，並建立課程教學通則的可能性嗎（McKernan 1991: 158）？

　　教育行動研究能給予教育專業知識合理的解釋，教育實務工作者可以直接提出宣稱已經在教育實務工作上促成進步與改善實務工作情境，並提出支持的證據加以說明，但是除非其他人同意您的宣稱主張與證據，否則您的研究仍不足採信。所以要準備將研究結果公開呈現在眾人面前，徵詢其贊同，或者若未獲贊同，則您可以問明其原因及建議以作為修正之參考依據，例如有無必要提出更多的證據，或舉出不同性質的證據以便加以補充說明（McNiff, 1995）。

　　例如教育行動研究者可以公開地說：「您們說得沒錯，但是請看看我的實際教學工作，我希望能證明學生們的進步，確實是因為與我在一起共同努力才發生的，我可以提出有利的文件證據來說明我如何察覺自身實際教學工作尚待改進之處、如何確定改變是必須的。此外，我也有錄影帶可說明學生們認為透過共同參與的過程確實可以獲致學習的進步，學生的進步情形可以從上學期與這學期所拍攝的課堂教學錄影帶中得到證據，而且老師與學生們也一致同意獲得此種進步的發展。」可見，教育行動研究是一種協同合作共同經驗的分享。

　　具體而言，教育行動研究者依據不同的規準，並且透過不同的形式，考驗教育行動研究的效度。

（一）判斷教育行動研究品質的標準

　　評鑑並判斷好品質的教育行動研究，難免引起爭議，因為所謂「好」的定義是依據特定的效度規準（Altrichter, Posch, & Somekh, 1993）。規準意指某件事被判斷的指標。因此，教育行動研究者應該考慮評鑑的效度可能因不同的評鑑規準，而產生不同的評鑑效度。特別是：

　　1. 由誰進行評鑑與判斷？
　　2. 評鑑者進行判斷所採用的規準是什麼？
　　3. 由誰決定誰有資格進行評鑑與判斷？

　　教育行動研究的評鑑者往往根據其偏好的價值觀，界定所謂「好」的定義，作為進行評鑑與判斷的規準。換言之，評鑑效度規準的設定是因人而異，因此家長、社會人士、行政人員或學術研究人員所設定的規準和學校教師設定的規準可能就不一樣。例如上述人員對工作經驗之價值判斷可能界定為幾種：(1) 根據教科書內容知識生產量的累積價值進行判斷；(2) 根據拓展實際生活技能的寬廣經驗，作為評鑑判斷依據；(3) 根據提供正統學校教育之外的另類變通經驗，作為評鑑判斷的依據（McNiff, Lomax, & Whitehead, 1996: 115）。

　　不同的人依據不同方式並根據不同的標準進行評鑑判斷。例如工廠經理往往根據就業市場情況所需的基本能力作為評鑑學生的標準，家長則以升學率作為評鑑判斷學校教育的標準，而學校教師則往往根據不同的生活教育經驗作為評鑑判斷學校教育的參考標準（Altrichter, Posch, & Somekh, 1993）。教育實務工作者往往根據我們所擁有的價值觀為依據，設定所要進行評鑑判斷的標準，這些評鑑判斷的標準通常也與所處的實務工作情境環境有著密切關聯。如果希望教育行動研究工作能成功，則上述評鑑判斷的標準認定便不容忽視。

（二）考驗教育行動研究效度的各種形式

　　考驗教育行動研究效度的各種形式，至少包括教育實務工作者自我認定的效度、教育實務工作者同儕認定的效度、上級行政主管認定的效度、學生所認定的效度與教育學術界認定的效度，茲分述如次：

1. 教育實務工作者自我認定的效度

　　身為一個有責任感的教育實務工作者，您可以展現並判斷對自己所進行的行動研究結果是否滿意？就此種由教育實務工作者自我認定的效度而言，是教育行動研究的最基本的效度之一。您是否能展現出您已經運用系統的探究方式，更有效率地根據專業價值從事實務工作？而且是否能對自己所進行的專業學習，提出合理而正當性的說明（McNiff, Lomax, & Whitehead, 1996: 108）？

2. 教育實務工作者同儕認定的效度

　　身為一個有責任感的教育實務工作者，您能不能說服工作同仁接受

您所宣稱的知識主張？就教育實務工作者同儕認定的效度而言，您的工作同仁們是否同意您的表現是一種具有責任感與優越感的教育專業行動？能否就自己的教育專業工作向您的工作同仁們提出清楚而明確的評鑑規準，並根據這些規準向您的工作同仁們，提出一套具體的證明呢（Altrichter, Posch, & Somekh, 1993）？

3. 上級行政主管認定的效度

身為一個有責任感的教育實務工作者，您能不能讓行政主管或權責單位認定您已經努力改進您的教育實務工作。而且就上級行政主管認定的效度而言，您努力改進教育實務的方式，也可以進一步被您的主管採用為整體組織發展計畫的一部分（Elliott, 1998）。

4. 學生所認定的效度

就學生所認定的效度而言，如果您是一位採取教育行動研究的學校教師，則與您一同進行研究的學生是否同意並支持您所進行與他們利益相關的教育行動研究？您是否參考學生所期望的方式來進行研究？學生的學習生活是否因您的教育行動研究介入而改善（McNiff, 1995）？這些也是教育行動研究的重要效度之一。

5. 教育學術界認定的效度

就教育學術社群而言，教育學者專家是否同意您所從事的教育行動研究有助於教育知識的重組與建構。您從事教育行動研究，必須提出並展現您的研究結果是否合乎教育學術社群所建立的評鑑形式（McNiff, Lomax, & Whitehead, 1996: 108）？對於希望透過教育行動研究，獲得學位的教育實務工作者而言，此種教育學術界認定的效度更有其重要價值。

三／評鑑教育行動研究效度的考核團體

教育實務工作者在進行教育行動研究過程中，有必要具體說明進行的教育行動方案結果是否**真正有效**？為了讓別人更確定您的教育行動研究成果，以及是否已改善您的問題，使您主張的知識宣稱更具說服力，通常是由教育行動研究的效度考核團體（validation group）來評鑑您所進行的行動研究成果（McNiff, Lomax, & Whitehead, 1996: 31）。教育行動研究的效度檢證小組可以包括由進行教育行動研究的學校教師同仁、校長、主

任、專家學者所組成。特別值得注意的是，教育行動研究效度檢證小組的
角色如何呢？他們是教育行動研究的評量者或促進者？教育行動研究效度
檢證小組在什麼時機進行行動研究的引導，對行動研究達成目標較為有
用？而何時又會干擾到教育實務工作者的計畫、觀察和省思的過程呢？為
適應不同的情況，似乎有不同的方法，然而可否找出一些通則呢？以下茲
就組成教育行動研究效度的考核團體、進行考核團體會議、教育行動研究
考核會議的任務與目的，以及教育行動研究效度考核團體會議記錄加以說
明。

（一）組成教育行動研究效度的考核團體

　　教育行動研究的效度考核團體，一般是由進行教育行動研究的同
事、校長、專家或學者所組成。教育行動研究效度考核團體的成員，也可
以包括指導教師、輔導教師、具批評能力的諍友與來自另一個團體的獨立
公正人士等。就教育行動研究的評鑑而言，通常包括聘請一組相關人員對
您所提出的教育行動研究報告內容進行效度考核的判斷。這些人員可能是
由上述的團體成員，以不同的方式組合而成。教育行動研究效度考核的團
體成員，需要以同理心面對所提出的研究內容，而且要能提出具批判力的
回饋建議。由於評鑑是一件高難度的挑戰，因此，教育行動研究的評鑑可
能產生兩難衝突，因為一方面既要保護研究人員的原有創意，另一方面又
要同時提出批評，引導教育行動研究者思考未來的進一步繼續發展。所以
沒有必要找具有敵對仇視或漠不關心您研究的人成為考核行動研究效度的
團體成員。進行教育行動研究的評鑑，最需要的是能組成一個具批判力的
觀察團體，避免不必要的誤解，而且您的研究本身也應該要具有經得起考
驗的特色優點。因此，有必要網羅一些您的教育行動研究團體成員以外，
但是具有批判力的觀察者，以便請其就批判眼光提供謹慎細心的建議回饋
（McNiff, Lomax, & Whitehead, 1996: 110）。

　　如果能在行動研究方案開始時，就能明確指出您希望網羅到哪些人成
為您的教育行動研究效度考核團體成員，並邀請其參與批判貢獻，則他們
將對您的研究有極大助益。但是，您應確定此一效度考核團體的規模有助
於您所要完成的教育行動研究。這個評鑑行動研究效度的考核團體成員應

不要超過 10 人，通常 3-5 人即可發揮其應有的功效（Altrichter, Posch, & Somekh, 1993）。而且在教育行動研究方案結束時，寄一份最後的總結報告書給行動研究效度考核團體成員，表示感謝其投入參與協助與支持。這對您來說是很容易做到的，而且您往後說不定可能還會需要他們的幫忙呢！

　　最理想的情況是在整個研究的過程中，有同一組效度考核團體，邀請其長期針對您的研究進行評鑑，就您的重要成就進行比較對照之後，評論您的進步成長與提出各種指正建議。因此，您可以先列出希望考核團體進行評鑑會議的日期表，間隔多久，依您的研究工作完成情況與考核團體成員的意願及時間而調整，但是最好至少每二個月應該開一次會進行進度檢討。如果評鑑行動研究的考核團體成員同屬一個服務機構，會議的召開比較容易安排，如果成員屬於不同機構，而且必須經過長遠才能前來開會，則必須作好事前的會議規劃與安排（McNiff, Lomax, & Whitehead, 1996: 110）。

（二）進行考核團體會議

　　教育行動研究效度考核團體成員在會議之前，應有機會得到教育行動研究者的短篇報告等相關資訊。教育行動研究效度考核團體成員所要扮演的角色，應該仔細審視證據，聆聽教育行動研究者的報告內容，提出問題質疑探究，最後評鑑探究證據夠不夠具說服力與效力，是否能支持教育行動研究者的論點。教育行動研究效度考核團體成員扮演具有同理心與批判力的角色，不是無條件的支持者（Altrichter, Posch, & Somekh, 1993）。因此，教育行動研究者不應該對效度考核團體有著不切實際的期望，不要一味設想效度考核團體會完全支持您的論點，因為他們將不會接受缺乏水準的研究，而且考核團體應該期望您能以足夠而堅強的證據支持所主張的知識宣稱。是以對教育行動研究效度考核團體所提出的批評，不應該消極的逃避或負面的抗拒，而應該積極面對其所提出的批評與建議，並適切地加以回應。因為他們的職責便是確保您是否能運用真實而明確的證據，提升您的行動研究效度（McNiff, Lomax, & Whitehead, 1996: 31）。

　　在進行教育行動研究效度考核團體會議之前，教育行動研究者一定要

徵得指導教師的同意。因為指導教師有責任，確定教育行動研究者所提出的主張論點有足夠的說服力，特別是判斷其是否具備學位論文的資格，可以作為學位論文的價值。教育行動研究效度考核會議的日期亦應先徵詢指導教師的意見，也應將日期、時間及地點加以公告。在開會前的一天或幾天，準備一份短篇報告給教育行動研究效度考核會議團體成員，以便使其了解研究的脈絡與目的，其內容大致包括最初研究計畫構想如下：

1. 教育行動研究者所關注的主要問題是什麼？
2. 為什麼關注此主題？
3. 作法如何？
4. 結果如何？
5. 應該列出教育行動研究者主要的論點主張，而且應在會議中提出有關支持研究主張的報告與有利證據。

（三）教育行動研究考核會議的任務與目的

評鑑教育行動研究考核效度的一項重要工作，便是評鑑整體報告與所需的證據，亦即進行總結性評量報告（Elliott, 1998）。當效度考核團體全體同意您所提出的知識主張是有效的宣稱時，亦即指出您進行的研究是可信可靠的，您所提出的知識主張宣稱，可以增進教育整體知識，也可以被採納接受（McKernan, 1996）。甚至，有時評鑑行動研究考核效度的程序，可以被安排為正式學術發展與專業進修計畫的一部分，配合碩士或博士學位考試，提供效度考核團體成員必要的指引，並且依據重要規準呈現行動研究的報告內容（McNiff, Lomax, & Whitehead, 1996: 110）。

評鑑教育行動研究的效度考核會議目的，是經由教育行動研究者向具有同理心與批判力的聽觀眾提出證據說明，並考驗其所提出的主張宣稱在教育專業領域所達成的變革歷程與結果。成功的會議結果應該可以增進教育行動研究者對研究的理解程度，協助其對研究方向有更清楚的觀念。

教育行動研究效度考核團體會議應至少進行一個小時。研究人員應仔細聆聽、記錄會議內容，現場錄音是不錯的方法。會議記錄也可以納入研究論文的附錄之一。然而，決定如何召開評鑑行動研究的會議是因人而異。您可以指派一個人為程序中立的主持人，也可以自己親自主持此項集

會，或邀請效度考核團體成員主持會議。召開會議旨在完成下述原則：(1) 提出進步成果報告與整體成果總結報告，說明**達成的成果**與**特別傑出的部分**；(2) 整理適當而具體的證據，以支持報告中所提出的知識主張與宣稱；(3) 針對自己所從事的行動研究進行批判分析，例如指出並比較那些證據與您所提出的知識宣稱主張有關，或針對實務工作的各種層面進行意見徵詢（McNiff, Lomax, & Whitehead, 1996: 110）。

（四）教育行動研究效度考核團體會議記錄

教育行動研究效度考核團體會議及其相關會議記錄，可以作為教育行動研究的評鑑過程之一部分。在教育行動研究效度考核團體會議結束時，教育行動研究效度考核團體會議的記錄也應完成，並由會議成員簽名。指導教師應確定研究人員也有一份備份，以便日後列入正式研究論文中。但是仍應注意下列事項：

1. 教育行動研究人員做進一步的研究工作之前，行動研究效度考核團體會議應清楚的告知研究人員，目前的研究成果如何，是否與原來的研究主題相符合，證據具不具有說服力。如果教育行動研究效度考核團體會議欲建議研究人員做改變，相關事項均應在會議提出。

2. 教育行動研究計畫中，證據不足的地方，如果經由研究人員的解說，可以讓證據不足的部分清楚的話，研究人員仍可繼續研究工作，但這些均應仔細記載於會議記錄之後。日後，如果研究方向改變與以前的情況不同，研究人員應取得指導教師的同意，一併將改變的情況登錄於會議記錄中。

3. 在研究內容中，證據不足的地方或者研究計畫的基本主張需要大幅修改時，研究的腳步應先暫緩，並且重新檢視計畫及重新使研究具有效力。

四、證明「已改善問題」的宣稱具有效度

傳統的研究品質好壞分別在於如果使用同樣的方法，是否能獲得相同的結果或類推到其他的情境？而且研究人員可以預測未來的結果，並透過操作、改變變項來控制結果。上述的這些傳統研究規準，不一定適用於

教育行動研究。行動研究的目的是要獲得理解而不在於預測，教育行動研究的目的在於解放而不在於控制，因此，教育行動研究並不強調知識的可複製性及可類推性。傳統的研究以他人為研究對象，但是教育行動研究以自己為研究對象，而不以他人為研究對象，為的是了解自己的教育實務工作並改善其實務工作所在的社會情境脈絡。教育行動研究者提供其個人親身經歷的真實故事，舉出增進自己的理解與改進實務工作的真實故事。教育行動研究者強調這些真實的專業發展故事之共同分享，不是要競爭，而是互相合作。這種集體分享的學習，可以建構集體的知識（collective knowledge）（McNiff, Lomax, & Whitehead, 1996: 106）。

　　傳統的研究，將知識的主體建構在可複製性與可遷移類推性的基礎之上。教育行動研究則將知識主體建構在個案研究的基礎當中。教育行動研究者將自己的故事告訴別人，別人再將原創者的故事重新加以詮釋，成為詮釋者自己的故事（Connelly & Clandinin, 1990）。教育行動研究經由個人故事的累積，展現了集體學習的文化（McNiff, Lomax, & Whitehead, 1996: 107）。如果每位教育行動研究者皆願意提出自己對知識的宣稱主張，並且勇於接受別人所提出的批判，以確定其主張的知識宣稱是合理適當的（Winter, 1987）。因此，儘管教育行動研究有時被批評為「在方法論上放棄個人責任」，但是，其實這種批評並不公平，因為教育行動研究所要求的是心智上與學術上的獨立（intellectual independence），重視誠實及責任感，因此，教育行動研究也認為知識的主張，可以經由最嚴苛的規準考核其效度（McNiff, Lomax, & Whitehead, 1996: 107）。是以，下述有關教育行動研究效度的考核項目有其重要價值。

（一）證明所提出的宣稱具有效度之檢核項目

　　就證明所提出的宣稱具有效度之檢核項目而言，教育實務工作者應該特別留意下述事項。特別是，是否已確定了您的教育行動研究「效度考核團體」的成員，並且擬妥和他們一起開會的時間表？是否已妥善整理資料，可以提出具體明確的證據，來支持「已改善了實務工作情境」的宣稱？是否已指出並確定了一些可能的規準，以便提出您的主張宣稱？是否考慮過其他的可能規準，以便於進行協商？是否還有其他事情沒考慮到嗎

（McNiff, Lomax, & Whitehead, 1996: 65）？

（二）證明所提出的宣稱具有效度之小祕訣

現在是您正在想辦法呈現證據，以顯示您已經改善了問題；同時，現在也是您徵詢別人同意或不同意您所提出的宣稱之重要時刻（Elliott, 1979）。您必須記住下列的問題：「您所宣稱已經達成的是什麼？」、「您認為您已經達成何種改善？」、「您如何證明此種改善具有價值性與重要性？」、「您希望利用何種規準來判斷您的實務工作情境是否獲得改善？」、「您能和別人共同協商出這些判斷的規準嗎？」

（三）證明所提出的宣稱具有效度之具體任務

就證明所提出的宣稱具有效度之具體任務而言，教育實務工作者應該特別留意下述事項：

1.將您的證據加以整理組織。特別是仔細核對資料，俾能指出並明確顯示您所達成的改善（McKernan, 1996）。

2.從重要的關鍵事件當中舉出具體的證據，並說明您能夠如何改善實務工作情境中的實際問題。

3.說明您所提出的宣稱具有重要性與價值性。

4.安排和行動研究「效度考核團體」成員進行會議討論。要寄給他們一份您的教育行動研究進度報告，並且要舉出您所蒐集的證據。而且在會議過程當中，應該要邀請「效度考核團體」成員提供批評意見與回饋建議（McNiff, Lomax, & Whitehead, 1996: 65）。

五 / 再關注與修正實務工作

評鑑教育行動研究，一方面旨在透過各種不同的效度確定您所宣稱已經完成的研究任務，另一方面您也在尋求回饋以了解自己的努力是否已經達成。如果效度考核團體不如此認為，則可藉此機會請其提供改進的參考建議（Elliott, 1998）。

您的第一回合的教育行動研究省思循環，到此告一段落。您已經經歷

整個行動研究循環，但是這個教育行動研究仍然沒有完全結束。您已經過第一回合的循環，目前正要邁向下一回合的教育行動研究循環（McNiff, 1995）。如果您的行動研究效度考核團體成員同意您已經達成您所提出的知識主張宣稱，您的研究成果已經過審慎嚴密的考核測試，而且您已經達成預定的目標，並且您的知識宣稱主張是有效的，您就更有資格、更有信心地進行下一個您所選擇的行動方向（McNiff, Lomax, & Whitehead, 1996: 111）。

　　教育行動研究要經過多少人認可才算有效？教育行動研究效度考核團體要建立自己的程序，經過一再地討論他們身為評鑑者的角色，並深入討論所進行的研究之歷程與結果。如果完全沒有人同意您所提出的知識主張宣稱呢？換言之，如果未能達成預期目標，就有必要修正所關注的問題與相關實務工作。那就要審慎省思檢討自己所提出的知識宣稱與主張，並且再重新提出證據與新的主張論點，因此您必須完全承擔行動研究之所有責任，勇敢地檢討錯誤與失敗所在，並且務實地繼續從事下一回合的教育行動研究螺旋（McKernan, 1996）。

（一）修正教育實務工作之檢核項目

　　就修正教育實務工作之檢核項目而言，教育實務工作者應該留意下述事項：

　　1.是否仔細省思過「效度考核團體」所提出的回饋意見與批評建議（McNiff, Lomax, & Whitehead, 1996: 66）？

　　2.是否考慮過，您所採取新的實務工作形式是否更合乎您的價值觀？

　　3.是否構想出新的方法途徑，並且可以和他人共同分享（Elliott, 1979）？

　　4.是否構想出新的方法途徑，對您的組織機構更有貢獻，並且將這些方法途徑和其他人一起分享（Elliott, 1998）？

　　5.是否已經指出並確認新的實務工作有哪些方面，仍是需要特別注意的？

　　6.是否還有其他事情沒考慮到？

（二）修正教育實務工作之小祕訣

目前您正邁入最後的整個教育行動研究方案的最後階段，而且即將公開呈現您的研究發現結果（McNiff, 1995）。因此，必須和教育行動研究的重要他人一起核對是否一切正確無誤？假如有必要，可以再次和他們交涉協商任何他們覺得不適切的部分（McNiff, Lomax, & Whitehead, 1996: 66）。

（三）修正教育實務工作之具體任務

評鑑回饋與省思教育行動研究及再關注的修正實務工作階段，最後便是要以書面具體寫出您改變實務工作的歷程方法，確實省思檢討「效度考核團體」對您的研究所提出的回應，並且設法將其納入到口頭報告和書面報告當中。特別值得注意的是在正式進行寫作之前，安排與行動研究的重要他人進行討論，邀請他們評論您的行動研究工作可能帶給這個組織機構何種衝擊與影響（McNiff, Lomax, & Whitehead, 1996: 66）。

如果您覺得目前進行的教育實務工作方式比您以前所使用的方式更好，您很可能持續沿用目前這種新的方式。不過，它仍然具有改善的空間；或許還有其他面向值得關注甚或需要繼續努力。您可以用具有說服力的方式證明您已改善了某個面向的教育實務工作，或者您已經促成了進步且達成令人滿意的結果；這些辛勤努力的研究成果對於您往後更進一步的研究，是一個相當大的激勵（McNiff, Lomax, & Whitehead, 1996: 69）。

總之，本章「評鑑回饋教育行動研究與省思」是教育行動研究歷程系統第三階段「行動『後』的研究」之重要步驟，不僅要依據先前規劃的行動研究方案內容來實施，更要在實施過程中不斷的蒐集並累積各種資料及進行討論分析與省思，並引導其進行務實的研究與合理性的評鑑。因此，如果事前能用心規劃行動方案與細心監控實施歷程，事後評鑑將能無愧於心（黃光雄、蔡清田，2017）。是以，教育行動研究必須透過第五個主要歷程步驟進行評鑑回饋與批判省思，協助教育實務工作者本身理解所實施的行動方案之影響與效能，如果實施該行動方案未能順利解決問題，則必須修正原行動方案並調整實施上述行動方案步驟，直到能有效解決教育

問題為止，這說明了教育實務工作者如何進行教育行動研究的評鑑回饋與省思，以及如何確定教育行動研究的效度，以利因應解決教育實務工作所遭遇的問題、或改善教育實務工作情境、或增進教育專業理解，以利呈現教育行動研究方案的歷程與結果，作者將在下一章指出如何呈現教育行動研究報告。

第十一章

呈現教育行動研究報告與省思

> 我思故我在，我寫故我在。

　　「Report 呈現教育行動研究報告與省思」是教育行動研究歷程系統三階段六步驟的第三階段「行動『後』的研究」的重要步驟，更是繼前章「評鑑回饋教育行動研究與省思」之後的教育行動研究**第六步驟**，研究成果的呈現發表與省思是教育行動研究者最好的研究歷程及成果的終身學習經驗回憶記錄。教育行動研究的呈現報告，幫助教育實務工作者分享彼此的學習經驗，累積教育實務工作的智慧結晶與延續教育文化的遺產，並且證明「我思故我在」與「我寫故我在」的存在價值，是以教育行動研究的呈現就是說所做的、做所說的、記錄所做的、改進所做的（蔡清田，2016）。

　　教育行動研究要從教育實務工作當中指出所面臨的實際問題，進行關注分析與確定所遭遇的問題領域，就如同登山健行者一般，必須「登高必自卑，行遠必自邇」，方能界定問題領域範圍，確定問題焦點；況且「凡事豫則立，不豫則廢」，教育行動研究者需規劃解決問題的行動方案，研擬教育行動研究的行動進路計畫方法與可能策略；而且俗話說：「三個臭皮匠，勝過一個諸葛亮」，爭取合作對象透過協同合作進行行動研究；執行教育實務與進行教育研究工作，是教育行動研究的一體之兩面，皆是「省思的實務工作者」的角色分內工作，不僅要依據先前規劃的行動研究方案內容來實施，更要在實施過程中不斷的蒐集並累積各種資料證據且進行討論分析與省思，透過評鑑回饋所蒐集的資料證據並考核行動研究方案成效與省思，以了解教育行動研究過程所遭遇的問題，與所遭遇的困難是否已經由行動研究方案的實施而加以解決，以改善教育實務工作情境或解決實際教育問題，才能「事前規劃用心，評鑑無愧於心」，一個成功的教育行動研究，要能獲得認定，認為教育行動研究已經改善了教育困境，或

是增進教育實務工作者因應教育實務工作改善工作情境、解決問題的專業素養，或樂於鼓勵教育實務工作者願意繼續進行教育行動研究的樂觀積極態度情意，或是增進教育實務工作者的教育專業理解而能有助於獲得「教育實務工作者即研究者」的教育專業地位，包括提高學校教育行政效率與學校管理效能，或是增進教師從事教學革新之專業素養，或能學習獲得教育專業發展之終身學習核心素養，而能達成**教育行動研究的目的與功能，並將教育行動研究歷程與成果進行呈現發表及省思**，展現教育行動研究者「我思故我在，我寫故我在」的研究成果與終身學習專業發展記錄。

　　特別是，透過教育行動研究，實踐事前規劃的教育行動計畫的理想願景，不僅要依據先前規劃的行動研究方案內容來實施，更要在實施過程中不斷的蒐集並累積各種資料且進行討論分析與省思，所謂「不積跬步，無以至千里；不積小流，無以成江海」！是以教育人員專業發展的業績不能靠奇蹟，只能靠不斷地累積，不僅能展現教師專業素養（McKernan, 1996），更展現了教師的「專業主義」與「專業化」的終身學習歷程，呼應《中華民國教師專業標準指引》提出我國教師專業標準，有關教育專業、學科教學、教學設計、教學實施、學習評量、班級經營、學生輔導、專業成長、專業責任及協作領導等面向標準內涵，或是呼應《中華民國教師專業素養指引——師資職前教育階段暨師資職前教育課程基準》五大素養的「了解教育發展的理念與實務」、「規劃適切的課程、教學及多元評量」、「建立正向學習環境並適性輔導」、「了解並尊重學習者的發展與學習需求」及「認同並實踐教師專業倫理」；或是能配合「終身學習的教師圖像」，不斷地充實新知，強化專業知能，有效勝任其教學工作，因而成為「終身學習者」，回應社會對培育「終身學習教師」的期待，持續精進熱忱與關懷，促進專業發展，提升專業知能，展開積極的專業行動，幫助學生有效學習，培養學生具備未來社會所需知識、能力與態度的「核心素養」，更進一步地呼應了「十二年國民基本教育」新課程綱要以「終身學習者」為一個核心的三面九項「核心素養」之教育改革。

　　是以教育行動研究結果在整理後，宜利用時機向教育行動研究同仁或是相關人員進行教育行動研究成果的呈現報告分享，除了尋求更多元的回饋外，也期望研究的成果能獲得更多的肯定，也可應用在其他類似的問題困境上（蔡清田，2020）。因此，教育行動研究報告宜強調研究者對

自我的故事之敘寫（McNiff & Whitehead, 2009: 30），涉及不同時間一系列事件之描述，因而在教育行動研究報告的呈現上，是比較偏敘事的（narrative）報告形式（Winter, 2002），而且教育行動研究報告的架構可以參考「緒論（包含研究目的與研究問題）、文獻探討、研究方法與設計、研究結果與討論分析、研究結論與建議、參考文獻與附錄」等這六項常見的報告名稱與論述的先後順序（蔡清田，2010）。而且，教育行動研究宜進一步提供關心教育革新的社會各界相關人士進行心智交流，並就其所提出的教育問題與所採用的問題解決途徑，進行討論對話與理性論辯（Elliott, 1998: 156）。同樣地，甄曉蘭（2001）也指出任何研究報告都應涵蓋這幾個項目，只不過行動研究者可以運用能彰顯自我的探究歷程之章節名稱與組織方式，以增進研究報告的可讀性及研究脈絡的清晰性與完整性。

　　教育行動研究者有義務向有利害關係的參與者報告其研究發現。行動研究之所以成為研究，必須是系統的、自我省思批判的探究，而且也必須是公開於眾人之前的（Stenhouse, 1981）。這是對所獲得的問題解答與研究假設，採取自我質疑立場的一種研究倫理（McKernan, 1991: 157）。如果一項教育行動研究可被視為是嚴謹的研究，那麼從事此教育行動研究的教育實務工作者必須呈現其研究報告（Ebbutt, 1983）。特別是如果教育實務工作者能夠清楚明確地呈現其教育行動研究報告，以一種富有創意的手法撰寫行動研究報告，並且對外發表甚至加以出版，將能協助更多的相關人士了解整個教育行動研究的過程與研究的結果（Lomax & Parker, 1995）。本章呈現教育行動研究報告的主要內容分為兩節，第一節是撰寫教育行動研究報告，第二節是公開教育行動研究報告。茲將其主要歷程表列如下（表 11-1）：

◆ 表 11-1　教育行動研究的主要歷程步驟六：Report 呈現教育行動研究報告與省思

教育行動研究報告之呈現	清楚而具體地呈現	成功的研究報告呈現規準
誰是教育行動研究報告的聽讀者？他們會用何種規準來判斷這份報告？您是否呈現教育行動研究報告的重要內容？您的教育行動研究報告內容是否精簡而且完整？依時間順序作成報告內容相當有用，但如能將情境活潑生動化也是重要的。對聽讀者而言，所呈現的教育行動研究報告內容形式與用語措詞是否適切？	具體地呈現所解決的問題，釐清呈現教育行動研究報告之目的。您是誰？您的身分是什麼？您研究什麼內容？就上述階段規準而言，您的教育行動研究報告是否具有高水準的內容？是否作成研究結論？並允許利用其他資料來源，就此結論進行批判對話？是否提供聽讀者足夠的資訊，以便引導其進一步追蹤考核資料與繼續探究？	清楚地了解聽讀者對象是誰？報告內容有清楚的參考架構，結構組織嚴謹。運用最低限度的專業術語。能以精簡而完整的方式呈現報告內容，清楚地描述研究的優點與限制。指出教育行動研究的啟示，並運用其他相關資料來源進行對照與批判評鑑。提供足夠資訊，以便聽讀者就其興趣與關注的議題繼續進行追蹤探究。

第一節　撰寫教育行動研究報告

　　進行教育行動研究的目的，一方面是為了解決教育實務問題，另一方面也是為了拓展教育知識（Elliott, 1998）。特別是進行教育行動研究的過程當中，可以開創新的知識領域。因為透過教育行動研究報告，呈現教育行動研究的主要成果，就像是提出對於教育知識的宣稱主張，公開地告訴聽讀者，您身為一位教育實務工作者已經做到了改進教育實務工作，改善教育實務工作情境。因此，教育行動研究的目的，一方面不只是為了改

善某一個特定教育實務工作情境；另一方面更由於您身為一位教育實務工作者經由親自與學者專家共同努力合作，和工作同仁進行磋商交涉，不僅可以增進自己對教育實務工作的理解，更可以向協同合作對象夥伴與其他相關人士進行溝通說明與澄清解釋「您進行教育行動研究的意義」，並且可以進而建構自己經由教育實務工作情境當中所獲得的教育知識，以及透過實際行動增進拓展個人與集體合作開拓的教育知識（McNiff, 1995）。

　　人類累積了大量沉寂的「潛在知識」（tacit knowledge）。「潛在知識」是一種強大的內在資源。例如在交談中，別人還沒開口之前，您可能就已經知道對方要說什麼內容。教育行動研究則可以將個人沉寂的「潛在知識」加以公開揭露，因為進行教育行動研究目的之一，不僅可以鼓勵教育實務工作者分享「潛在知識」，再進一步將知識清楚明白地加以表達，亦即先分享彼此的價值觀，再找到可以表達「潛在知識」之方法。就個人的層面而言，教育實務工作者必須先指出認定一個需要改善的實務工作情境，目的旨在釐清教育實務工作者對此一問題領域的理解，亦即，將您沉寂的「潛在知識」加以具體而直接地呈現出來。透過教育行動研究，可以有意識地增進您對自己沉寂的「潛在知識」之了解，對自己的行動提出合理的解釋說明，並且分享他人的集體智慧與價值。就此而言，教育行動研究報告可以顯示教育實務工作者的行動績效，也可說明這些行動背後的倫理基礎，更可說明如何將教育實務工作（practice）轉換為教育道德實踐行動（praxis）（McNiff, Lomax, & Whitehead, 1996: 106）。

　　例如任教於高雄市的黃琪鈞（2020），因應「十二年國民基本教育」新課綱的實施，希望進行「人際關係繪本教學的課程方案」設計，藉由課程的實施，用以引導一年級學童增進正向的人際互動關係成效，並且撰寫「繪本教學對國小一年級學童人際關係影響之行動研究」成為國立中正大學教育學研究所碩士學位論文，並且通過學位論文口試榮獲碩士學位。又如，任教於桃園市國小的高于涵（2020），因應「十二年國民基本教育」新課綱的實施，採行動研究法以繪本融入小一新生情緒教育課程之實施歷程成效，透過情境分析，發現學生缺乏「情緒覺察」、「情緒表達」、「情緒理解」及「情緒調適」等四方面的情緒能力，故有實施情緒教育之必要性，高老師配合《十二年國民基本教育課程綱要》以「自發、互動、共好」為核心理念，設計情緒教育課程方案，以自己任教班上 25 位國小

一年級新生為研究參與學生，進行行動研究，根據蒐集的資料，研擬出繪本融入情緒教育課程方案，並於課程實施後，評鑑課程方案的實施成效。最後高老師呈現行動研究的成果，撰寫「繪本融入小一新生情緒教育之行動研究」成為國立中正大學教育學研究所碩士學位論文，幫助實務工作者分享珍貴的紀錄，並提供其他教育工作者之實務參考。

　　由上可見，對於教育行動研究記錄的保存方式，或許口頭報告所引起的問題會比較單純，而書面報告的撰寫可能相當複雜並且曠時費日，但是書面報告的撰寫，不但可以幫助教育行動研究者進一步釐清研究主題與目的，也可留給關心教育的相關人員一個可供參考的研究文獻。此外，完整詳盡的書面報告和討論記錄，能夠滿足不同聽讀者求知的需求。因此，撰寫教育行動研究的報告，有其獨特意義與無法被取代的價值與功能。但是，教育行動研究者撰寫教育行動研究報告時，應該注意描述真實的教育行動研究、解釋教育行動研究、確認教育行動研究的聲明、呈現教育行動研究的要點、撰寫教育行動研究結果的個案報告等撰寫綱領要點。

一／描述真實的教育行動研究

　　教育行動研究的報告內容都是以事實的描述為根據，這些報告是以討論、或會議的轉譯、或者是問卷、或訪問的資料為基礎，可以用錄影帶或錄音帶作為記錄資料的工具。而且教育行動研究成果內容的描述，也可能是根據日誌、或是個人反應、或觀察為基礎的主觀報告，這些主觀的報告可能顯示出個別的教育行動研究者的獨特觀點。但是，許多教育行動研究者也會以其杜撰的人名與地點，呈現其所進行的教育行動研究實驗的真實過程與實際結果，以保障匿名的參與者。而且教育行動研究者在其研究成果報告中，也可能以研究者自行杜撰的人物故事，或改變故事背景，以隱藏參與者的真實身分，藉以保護教育行動研究的參與者。

二／解釋教育行動研究

　　在仔細地描述教育行動研究之後，另一項重要的工作就是解釋教育行動研究的工作（McNiff, Lomax & Whitehead, 1996: 20）。基於教育實際工作者本身就是教育行動研究者，教育行動研究相當重視研究者本身對實

際情況的掌握。因為教育行動研究者在教育實際工作中進行研究，對問題的了解程度應該比情境外的學者專家還高，所以由教育實務工作者所做出的評鑑回饋省思將對問題的解決有相當大的幫助。因此，「自我」角色一直在教育行動研究中占了舉足輕重的地位（Winter, 1987）。但是，教育行動研究也十分重視成員之間的團結合作度，若能收錄合作團體客觀的批評與意見，將更有助於行動研究所要完成的進步或改善。但是，要提供證據來證明教室中學生的學習品質確實有改善，並不是一件容易的事。雖然由教育實務工作者的教師所撰寫的報告中可看出學生的進步，儘管教育實務工作者的教師們本身非常肯定這個進步的事實；然而，要找出證據來證明這個事實比想像中還要困難。

解釋的工作必須包含理論與實務工作的敘述評論。從教育行動研究的觀點而言，理論是一種可以被否證而處於邁向成熟發展階段的「概念架構」，會隨著實務工作情境的條件不同而改變，因此，教育行動研究的效度，必須置於教育實務工作的生活世界脈絡情境中來加以考驗，根據證據來評鑑並修正行動的先前概念架構（Elliott, 1998）。換言之，教育行動研究的理論本身是開放的，不是封閉的觀念，所以理論和實踐的關係是在動態辯證的過程當中相互影響的（陳伯璋，1987：276）。

三／確認教育行動研究的聲明

確認教育行動研究的聲明的步驟，包括發表聲明、批判地根據證據來解釋這項聲明，以及虛心接納他人所做的批評（McNiff, Lomax, & Whitehead, 1996: 24）。教育行動研究報告的撰寫，必須明確地指出此項教育行動研究的主要聲明，考慮其分析的資料與方法，並且確定這些主要的聲明是獲得適當證據的支持。確認教育行動研究聲明的目的，是為了能夠充分檢驗證據的明確性，進而獲得修改建議（Elliott, 1998）。然而，確認教育行動研究聲明時，必須留意一些常見陷阱，例如忽略將陳述與解釋分開；疏忽將行動自教育行動研究中區分出來；混淆了數據與證據間的分別；只呈現原始的資料，而不是總結的資料；欠缺將重要會議過程內容記錄下來，或忽略將事件視為研究過程的一部分來加以描述。

四／呈現教育行動研究的要點

　　撰寫教育行動研究報告時，應該以特定的實際資料為基礎，呈現教育行動研究的事實，將可以幫助解釋教育行動研究的發展（蔡清田，2010）。但是，呈現整個教育行動研究過程，是一個具有相當高難度的挑戰工作（Lomax & Parker, 1995），因此，教育行動研究者必須利用科學的方法描述教育行動研究的歷程與結果，並且，選擇最重要且確實的途徑呈現教育行動研究的結果要點。例如個案研究便是一種公開教育行動研究報告的方式（Elliott, 1998）。理想上，個案研究報告必須根據分析的備忘錄作為撰寫報告的基礎，而且當教育行動研究者決定要結束一個教育行動研究的螺旋時，並且將研究焦點轉移到一個截然不同的問題或議題之時，應該要寫至少一篇完整的教育行動研究報告（Elliott, 1991: 88）。教育行動研究的個案研究報告重點，可以包含下述的內容：

（一）教育行動研究的最初「一般的觀念想法」，是如何隨著時間演變。

（二）教育實務工作者對工作情境問題的理解，是如何隨著時間而變化。

（三）教育行動研究者在改變對工作情境問題的理解之後，採取**何種行動步驟**來進行教育行動研究。

（四）所擬議的教育行動方案之實際實施的情形與影響範圍如何，教育行動研究者如何因應處理實施的相關問題。

（五）所擬議的行動方案之**預期與未預期的效果**如何，並且解釋其發生的原因。

（六）說明教育行動研究者所選擇有關蒐集訊息的技術，特別是有關：

　　1. 問題情境與其成因。

　　2. 教育行動研究者所採取的行動與效果。

　　3. 任何有關教育研究倫理的問題，特別是有關資料取得與流通應用的溝通協調問題，以及教育行動研究者如何解決這些研究倫理的問題。

（七）教育行動研究者和其他人員進行溝通協調的行動步驟當中，所涉及的任何問題，或者是行動研究過程當中有關時間、資源與合作的協調過程當中所產生的任何問題。

　　總之，教育行動研究者應該設法具體地呈現隨時間而變化的相關實務工作概念，說明研究者表達出對教育行動研究過程及進展的感想，包括實務與理想矛盾的省思、懇談與討論、事件的描述與故事經過、經驗的技巧、行動研究循環與螺旋（McNiff, Lomax & Whitehead, 1996: 20）。

五／撰寫教育行動研究結果的個案報告

　　就教育行動研究而言，「個案資料」是指由教育行動研究者所蒐集的錄音（影）帶、口語翻譯書面資料稿、日誌、筆記與照片等證據資料（蔡清田，2010）。「個案記錄」則是包括教育行動研究者從「個案資料」當中所選擇出來一系列的證據，並且經由與個案研究處理問題之相關性質加以組織（Stenhouse, 1975）。而「個案研究」則是教育行動研究者依據本身的實際經驗與證據所進行的分析報告，而且教育行動研究者必須交叉分析其所依據的「第一手資料來源」（primary sources）證據（Elliott, 1991: 88）。

　　教育行動研究協助教育實務工作者進行自我省思檢討與評估，可以達成教育專業發展的責任與目的。經由教育行動研究所產生的個案研究和個案記錄，可以提供一種實務基礎，協助教育行動研究者與相關的學校內部人員或者學校外部的學者專家進行有關建構教育實務之專業討論對話。例如就學校內部的個別教師層面而言，教師可以使用其本身的教育行動研究之班級教室個案研究報告，作為在學年科目領域部門會議與工作同仁討論其課堂班級教學實務的依據。又如，就學校內部層面而言，校長或教務主任可以要求學校內部進行行動研究的特定領域或年級之負責人員，請其報告學校所關心而且經由學校同仁所進行的教育行動研究，則教育行動研究的主要負責人，便可以根據某特定領域或年級之工作同仁所完成的「個案研究」或「個案記錄」的考察結果，加以彙整，並提出工作報告，以便和校長或教務主任進行討論與對話。特別是，就學校外部要求的層次而言，當上級政府要求學校做有關「學校教育問題」的報告，則校長便可能請求校內教育行動研究的負責人員來綜合完成此項報告。該學校的教育行動研究主要負責人員，可能必須比較校內各領域與年級彼此的「個案研究」和「個案記錄」，然後擷取「一般的共同議題」（general issue）。

然後各領域與年級的研究小組成員提出一份簡短的「一般的共同議題報告」（general account），並且協調由一位主要負責人員加以整理組織成為完整的學校教育行動研究報告（Elliott, 1991: 89）。下述各項的檢核項目，將能有助於教育實務工作者進行教育行動研究報告的撰寫（McNiff, Lomax, & Whitehead, 1996）。

（一）寫出教育行動研究報告之檢核項目

最好的思考或寫作時機，往往並不是教育實務工作者可以事前計畫的，它可能發生在任何地點，如上課前、下課後、甚至候車、深夜或凌晨等（蔡清田，2010）。而任何裝備也比不上一個教育行動研究者本身覺得舒服的地點，因為每個人的觀念不同，習慣也不同，所以一切寫作的條件要以自己覺得舒適為主（McNiff, 1995）。寫作，本身即是一個思考的工具，基本上有助於改進對教育實際問題的觀點與澄清解決問題的想法，避免思想混淆（McKernan, 1996）。因此，教育行動研究者應該注意：是否已經騰出預留的足夠時間以便撰寫研究報告？是否已經整理好寫作的流程時間表？在研究工作即將完成之際，是否安排好電腦打字或文書處理的事宜呢？是否已經安排好裝訂、複印等相關事宜呢？是否已經系統地整理文書夾、磁片、索引盒和資料檔案等，以便必要時可以迅速取得資料與證據（McNiff, Lomax, & Whitehead, 1996: 68）？

（二）寫出教育行動研究報告之小祕訣

就寫出教育行動研究報告之小祕訣而言，教育行動研究者，應該留意：不同的教育實務工作者可能各有不同的寫作方式與風格。有些行動研究者十分有規律地按照原訂計畫進行，每天要固定寫作幾個小時。有的行動研究者要依賴靈感，只有培養好心情時才有辦法從事寫作。因此，個別的教育行動研究者必須決定自己的寫作風格方式，不過千萬不要拖延寫作時間（McNiff, 1995）。因為寫作可能需要花一段很長的時間，所以千萬不要拖延到最後時間底線才匆匆忙忙地猛趕進度，導致容易造成疏落鬆動等寫作品質欠佳的情事。

如果寫作過程碰到困難，可以嘗試把自己的故事向好朋友述說，或者

可以透過使用錄音機對自己盡情訴說故事情節，並且將之錄音謄寫轉譯成書面文件（McKernan, 1996）。也可以和您的指導者一起討論，是否有其他不必寫作的發表方式，或許效度考核團體成員可能同意您使用錄音、錄影，而非書面的方式進行報告（McNiff, Lomax, & Whitehead, 1996: 68）？

（三）寫出教育研究報告之具體任務

　　就寫出教育研究報告之具體任務而言，下列事項值得教育行動研究者特別留意：教育行動研究者應該組織整理一份寫作工作計畫流程表，並且將它具體寫成書面文字，了解工作時間流程，而且嚴格掌控自己的寫作時間，不要輕易拖延（McNiff, 1995）。您身為一位教育行動研究者，必須用心整理您的寫作工作場所，盡可能讓它成為有利於寫作的工作情境，讓各種所需的資料、證據與工具皆隨時可以輕易取得（蔡清田，2010）。

　　教育行動研究者必須有所準備可能要多次修改研究報告的草稿。第一次草稿通常可能文句內容冗長，往後每次修改都讓它的焦點更為明確具體，直到寫成一份精鍊的研究報告文件為止（Altrichter, Posch, & Somekh, 1993）。而且撰寫行動研究報告時也應該想一想，誰是您的教育行動研究報告之主要聽讀者對象？如何能夠讓您的教育行動研究報告出版發行且更為廣大流傳（McNiff, Lomax, & Whitehead, 1996: 68）？這些都是教育行動研究者撰寫行動研究報告時，也應該同時注意的檢核項目。

第二節　公開教育行動研究報告

　　教育行動研究者撰寫教育行動研究報告之後，便應該考慮如何將教育行動研究結果加以公開，對外呈現。首先，作者申論公開教育行動研究報告結果的重要性，進而說明教育行動研究報告的公開方式，特別是向學術社群公開報告教育行動研究結果與向社會大眾公開報告教育行動研究結果（蔡清田，2010）。

一／公開教育行動研究報告結果的重要性

　　就教育行動研究結果的呈現與推廣而言，公開發表是非常重要的。教育行動研究之所以成為研究，必須是系統的、自我省思批判的探究，而且也必須是公開於眾人之前的（Stenhouse, 1981）。這是對所獲得的工作情境問題解答與研究假設，採取自我質疑立場的一種研究倫理（McKernan, 1991: 157）。將教育實務工作者的教育行動研究公開化，不僅只是將所發現的結果刊登在期刊上，更重要的是要讓其他人能夠分享您的成果，並且評斷教育實務工作者所發現的成果的公正性與精確性（McNiff, Lomax, & Whitehead, 1996: 26）。

　　但是如何呈現結果，將有賴於所期待希望的「事後效應」。除非是企圖讓別人使用原始資料以自行建構結論，否則，教育行動研究者最好盡可能地以簡單明瞭的方式呈現研究報告（Altrichter, Posch, & Somekh, 1993）。教育行動研究者應該仔細考慮如何呈現資料，而不應只是注意由誰進行呈現，而且也更應該同時慎重考慮其最有效的時間、態度與地點。例如如果是在週休二日之前一天的週五下午的緊密議程當中，安排簡略的呈現，恐怕很難引發熱烈的討論與關注（Elliott, 1979）。

二／教育行動研究報告的公開方式

　　在教育行動研究過程進行到某個階段，必須報告進度與結果時，儘量以具體明確易懂、較口語的方式說明，盡可能讓每位聽讀者都能了解您所要表達的意見（McNiff, Lomax, & Whitehead, 1996: 33）。既然教育行動研究是從行動參與者的角度，省察教育實務工作情境；因此，教育行動研究將透過教育實務工作者所使用的日常語言，來描述與解釋個案所發生的事情；亦即，利用日常生活語言以描述與解釋日常生活的人類教育實務行為與實際情境。由於上述的此種特性，教育行動研究內容的效度可以經由參與者的對話加以檢證。因此，如果教育行動研究報告內容充斥著太多抽象的學科知識，就應該不會是一份好的教育行動研究的成果（Elliott, 1992: 122）。而且教育行動研究報告，應該避免使用太多的專門術語或艱澀難懂的語彙，而且必須顧及口語和書面文字的語言完整性，不要存有先前偏見或意識型態，而一面倒向特定性別、種族、年齡、宗教等族群對

象，以致罔顧其他聽讀者的權益。

　　教育行動研究者，有義務向有利害關係的參與者報告其研究發現。教育行動研究者在說明教育行動研究效度之前，應該先與研究的聽讀者溝通，了解聽讀者的期望是什麼，並且設法先知道其判斷的形式與標準或規準是什麼，如果可以事先與聽讀者進行溝通，教育行動研究者就可以根據其形式標準而調整設定自己的標準，也就可以適度地依照自己考量決定的規準作為報告的參考形式。是以教育行動研究者也可以自行設定與研究有關的判斷模式，例如說明其教育行動研究計畫有何不同的特色？對研究問題的發展，能否提出特定的說明或能說明不同之處的意見？甚至提出建議，進行批判回應（Altrichter, Posch, & Somekh, 1993）。

　　教育行動研究當中最重要的是透過參與者扮演研究過程中主動角色，針對其所置身的教育實務工作情境，進行自我反省思考。既然教育行動研究是從參與實務工作者的觀點，看待教育實務工作問題，因此，教育行動研究可以透過教育實務工作者不受到束縛宰制的溝通對話（unconstrained dialogue），而檢視其效度（Elliott, 1992: 122）。因此，教育實務工作者與學者專家之間有關研究的詮釋與解釋的溝通對話，應該是教育行動研究報告內容的一個不可或缺的重要部分。

三／向學術社群公開報告教育行動研究結果

　　如果從事的研究，不打算公開發表，就可以隨心所欲的進行探究，否則就應該將應用系統方式進行探究的結果加以公開，這是研究工作的特色之一（McKernan, 1996）。若是要將教育行動研究結果工作進行公開發表，也不一定要採用向學術社群發表所依據的學術規準。如果想向學術社群進行發表，則需要提出知識主張的宣稱，並且經由具有批判力的團體進行效度認定才能產生效力。如果所進行的教育行動研究是可以授予學位的課程之一環（Elliott, 1998），則教育行動研究也必須合乎學術認可的規準，而且也要依學術社群所制定的取得學位之規則進行。在教育行動研究總結報告當中，必須讓教育行動研究的效度考核團體或學位考試委員會的委員們看到您在該領域內的研究是最新穎的研究，以增進其對教育行動研究結果的好印象（McNiff, Lomax, & Whitehead, 1996: 58）。或許部分人

會認為這種情況或許不公平，其可能遭遇的困難如下：

（一）如果教育行動研究是授予學位課程的一環，則授予學位之學術評
　　　鑑往往依據研究結果報告的品質，作為評鑑判斷的依據，而不是
　　　依據教育行動研究報告描述的實務工作品質進行評鑑判斷（Elliott,
　　　1998）。因此，必須遵守學術報告寫作的既定格式來撰寫，而且
　　　也要能同時顯示教育實務工作情境的改善，甚至，前者有可能比後
　　　者更為重要（蔡清田，2010）。

（二）授予學術學位之評鑑，通常根據學位考試委員事先設定的規準為評
　　　鑑依據，不是教育行動研究實務工作者所交涉磋商之後才制定的規
　　　準，因此評鑑判斷的結果也往往與教育行動研究實務工作者的想像
　　　不盡相同（McNiff, Lomax, & Whitehead, 1996: 116）。

（三）通常授予學位之學術評鑑者所擁有的價值觀，不同於教育行動
　　　研究實務工作者的價值觀，授予學術學位之評鑑者，可能以改善
　　　社會情境作為評鑑判斷研究價值的主要依據，而教育實務工作的
　　　行動研究者可能旨在呈現個人理解的改善，作為主要訴求的依據
　　　（Altrichter, Posch, & Somekh, 1993）。

（四）評鑑者可能根據不同的標準進行判斷。學位授予考試的評鑑者可
　　　能運用學術標準來判斷教育行動研究報告的優劣與否，而教育行動
　　　研究的實務工作者則可能依據人道標準，建立標準以了解其教育實
　　　務工作是否有助於人類情境的改進（McNiff, Lomax, & Whitehead,
　　　1996: 116）。

四／向社會大眾公開報告教育行動研究結果

　　　教育行動研究效度的最後認定團體，則是廣大的一般社會聽讀者
（McKernan, 1996）。是以如何讓教育實務工作者的教育行動研究報告
面對社會大眾的考驗？特別是如何出版？並針對特定聽讀者群需求加以出
版？將是持續值得繼續注意的。

　　　在人類互動的領域裡，皆有所謂溝通的輸出傳遞者與接受的聽讀
者。當代社會當中，從有線電視的轉播與各種新聞媒體的報導，大多數人
皆可與權力擁有者分享權力與選擇思考方式。有趣的是，由誰來決定誰

說？誰聽？然而，更值得教育實務工作者注意的是，一方面，要使教育實務工作者的努力被人接受是需要時間的，因為優良作品的創意想法，必須經過一段時間才會慢慢醞釀成熟，而且另一方面，教育行動研究結果好壞，就如同政治事件一般也牽涉到評鑑典範與判斷規準的變遷遞嬗，更牽涉到誰能主導流行並擁有一群追隨的仰慕崇拜者。但是值得注意的是教育理念的考驗，不是對個人進行價值判斷，而是了解教育理念是否能持久地接受考驗及其考驗的程度，以及教育行動研究結果如何促成人類的改善（Elliott, 1998）。因為個人可能會被遺忘，然而，好的教育理念會隨著教育實務的存在而不斷地延續發展，成為人類經驗所累積的智慧（McNiff, Lomax, & Whitehead, 1996: 109）。

　　總之，本章「呈現教育行動研究報告與省思」是教育行動研究歷程「行動『後』的研究」的重要步驟，更是教育行動研究**第六步驟**，研究成果的呈現發表與省思，不只是教育行動研究者最好的研究歷程與成果的終身學習經驗回憶記錄，教育行動研究的呈現報告，更可以證明「我思故我在」與「我寫故我在」的存在價值，說明了教育實務工作者如何呈現教育行動研究報告的重要性，指出教育實務工作者如何撰寫教育行動研究報告，以及如何公開教育行動研究報告的價值性。特別是如果教育實務工作者能夠清楚明確地呈現其教育行動研究報告，並且對外發表，甚至出版，將能進一步推廣教育行動研究的過程與研究成果，更可以幫助教育實務工作者分享彼此的學習經驗，累積教育實務工作的智慧結晶與延續教育文化的遺產，更展現了教師的「專業主義」與「專業化」的終身學習歷程，呼應我國社會對「終身學習的教師圖像」之期待的理想願景。

第 **參** 篇

教育行動研究的配套措施
與時代意義

第十二章

教育行動研究的配套措施與行動綱領

> 工欲善其事，必先利其器。

　　本章教育行動研究的配套措施與行動綱領，旨在說明教育實務工作者在教育實際情境當中，如能透過相關的配套措施（蔡清田，2020），獲得政府支持與行政支援，進行規劃解決問題的教育行動研究方案，不僅可以協助教育實務工作者實踐教育理想願景與教育目的（Elliott, 1998: 156），促成教育專業發展與學校教育革新（黃政傑，2001；陳伯璋，2001；甄曉蘭，2001；歐用生，2019），更能進而促成國家教育的全面革新與整體進步。然而，工欲善其事，必先利其器。因此，作者根據過去九年一貫課程改革與高中職課程改革，以及當前的十二年國民基本教育新課程綱要改革，提出「十二年國民基本教育課程改革」的教育行動研究歷程之行動綱領（guidelines for a process of action research），作為促成教育實務工作者達成其教育理想的行動指引，與促成教育革新的觸媒轉化器（黃光雄、蔡清田，2017）。本章的內容主要區分為第一節教育行動研究的配套措施與第二節教育行動研究的行動綱領，茲分述如次：

第一節　教育行動研究的配套措施

　　臺灣的教育行政當局每年皆鼓勵或補助教育研究之進行，然而，學校教育仍有許多層出不窮的實際問題，因此，中央政府的教育部、地方教育當局與學校本身，可以研擬具體辦法，進一步鼓勵教育實務工作者採取教育行動研究，針對教育實務進行研究，改進教育實際問題（黃政傑，2001；陳伯璋，2001）。

　　如同本書第一篇教育行動研究的理論與實踐，指出沒有行動的研

究，是空洞的理想；沒有研究的行動，是盲目的行動；沒有實務的理論，是空洞的理念；沒有理論的實務，是盲目的行動；行動研究結合行動與研究，縮短實務與理論的差距；可以透過博學、審問、慎思、明辨、篤行的行動研究態度，以及教育行動研究的歷程步驟，培養達成增進教育實務工作者因應解決教育實務工作情境問題的能力素養，或增進教育實務工作者的教育專業理解，或是協助獲得「教育實務工作者即研究者」的教育專業地位，因應解決改善十二年國教新課綱核心素養改革的問題與情境。

　　教育行動研究是教育實務工作者親自參與真實教育事件的運作過程，分析所遭遇的實際問題，提出教育行動革新方案，加以實施執行監控，系統地蒐集資料，仔細地評鑑考核教育革新方案的影響，特別是可以參考本書前面各章所論及的教育行動研究要從教育實務工作當中指出所面臨的實際問題，進行關注分析與確定所遭遇的問題領域，就如同「登高必自卑，行遠必自邇」，界定問題領域範圍，確定問題焦點；況且「凡事豫則立，不豫則廢」，規劃解決問題的行動方案的行動進路計畫；而「三個臭皮匠，勝過一個諸葛亮」，爭取透過協同合作進行行動研究；執行教育實務與進行教育研究工作是「省思的實務工作者」的角色分內工作，在實施過程中不斷的蒐集並累積各種資料證據並進行討論分析與省思，透過評鑑回饋所蒐集的資料證據，以了解所遭遇的困難是否已經由行動研究方案的實施而加以解決，以改善教育實務工作情境或解決實際教育問題，或是增進教育實務工作者的教育專業理解，而能有助於獲得「教育實務工作者即研究者」的教育專業地位，**並將教育行動**研究歷程與成果進行呈現發表與省思，展現教育行動研究者「我思故我在，我寫故我在」的研究成果與終身學習專業發展記錄，展現了教師的「專業化」終身學習歷程，更呼應我國社會對「終身學習的教師圖像」之期待的理想願景。

　　換言之，教育行動研究是教育實務工作者在教育實務行動過程中進行研究，在研究過程中採取實際革新行動，非常適合教育實務工作者使用，特別是如果由學校教師研究自己教室教學的情境，不僅能解決實際的教育問題，並能從教育行動研究經驗當中獲得教育專業發展，由下而上地全面進行教育革新，獲得整體的教育進步與發展。因此，政府有必要採取相關的配套措施，加強推動教育行動研究，改進教育實務工作，改善教育實務工作情境。

一 / 政府的應有角色

臺灣地區由於過去受到升學聯考、統一命題、統一分發與統一編輯教科書的傳統制度束縛影響，大多數的學校教師往往認為課程是政府所頒布課程標準的行政命令或依此規定編輯發行的教科書，或是民間出版社根據政府頒布課程標準規定而編輯且經政府審查通過的教科用書。此種觀點認為課程是政府官方規定的書面內容或教科書出版社編輯的物質產品，甚至認為教科書就是課程的全部，往往容易忽略了課程的計畫、目標與經驗等層面的意義（黃政傑，1991），而且往往認為教師的角色只在於將別人所研究發展的課程產品內容加以照本宣科，進行忠實的課程實施（歐用生，1996a）。不僅未能從情境的觀點界定課程（黃光雄，1996），忽略課程實驗在當代社會教育革新的重要地位（Elliott, 1998），更漠視課程涉及教育實務省思批判歷程的必要性（McKernan, 1996）。

在此種傳統的課程簡化定義與教師角色的狹隘界定之下，臺灣地區的中小學教師並未感受到政府的積極鼓勵參與課程研究發展，不易主動針對學校課程進行創意革新與彈性調整（黃政傑，1999）。由於課程研究發展的任務，往往被認為是政府及「學者專家」的專利與職權，因此，主動積極針對學校課程進行長期研究的中小學教師並不普遍，教師的角色也往往被認為是消極被動的，只要照本宣科便可進行忠實的課程實施，不需進行課程研究發展。因此，從教育專業的觀點來探討教師的課程專業工作和學校課程發展與專業文化的研究，僅處於萌芽的階段，而且由學校教師自己進行研究，更屬鳳毛麟角（歐用生，1996b）。

尤其是，臺灣自 1968 年迄今，歷經三波重要的國民教育改革，第一波「九年國民義務教育改革」；第二波是「國民中小學九年一貫課程改革」；「十二年國民基本教育」是第三波課程改革（黃光雄、蔡清田，2017），特別是教育部公布《十二年國民基本教育課程綱要總綱》（教育部，2014）與《十二年國民基本教育課程發展建議書》（國家教育研究院，2014a）、《十二年國民基本教育課程發展指引》（國家教育研究院，2014b），強調培養「終身學習者」統整知識、能力與態度的「核心素養」（蔡清田，2016），更延續擴展「九年國民義務教育」強調的學科知識與「國民中小學九年一貫課程改革」培養基本能力之成效，成為

「十二年國民基本教育」課程改革之「核心」（蔡清田，2011、2012、2014），重視教育行動研究以促進教育革新的永續經營發展（黃政傑，2001；陳伯璋，2001；甄曉蘭，2001）。

　　特別是我國國家教育研究院於 2008 年起陸續啟動中小學課程發展基礎性研究，為課程發展奠立研究基礎，並於 2013 年彙整研究成果，完成《十二年國民基本教育課程發展建議書》（國家教育研究院，2014a）與《十二年國民基本教育課程發展指引》（國家教育研究院，2014b）兩份文件，並經國家教育研究院「課程發展委員會」及教育部「十二年國民基本教育課程審議委員會」通過，作為研修《十二年國民基本教育課程綱要總綱》之重要參考依據（教育部，2014）。2014 年 8 月 1 日我國實施「十二年國民基本教育」，2014 年 11 月 28 日公布《十二年國民基本教育課程綱要總綱》，以「自發」、「互動」及「共好」為基本理念，以「成就每一個孩子——適性揚才、終身學習」為願景（教育部，2014；國家教育研究院，2014a、2014b），教育部「十二年國民基本教育課程審議委員會」於 2019 年 6 月 22 日下午完成歷經二年六個月又二十九天漫長曲折複雜的《十二年國民基本教育課程綱要》相關審議（方德隆，2020；葉興華，2020；陳又慈，2020；薛雅慈，2020），並於 2019 年 8 月 1 日新學年度正式實施「十二年國民基本教育」課程綱要，指引學校進行「核心素養」的學校本位課程發展，教師進行「核心素養」的課程與教學，引導學生學習生活所應具備的「核心素養」。特別重視「教育行動研究」，鼓勵學校結合「教育行動研究」計畫，期望透過教育實際問題探討，研究分析解決策略，其目標在透過教育行動研究發展實用的教學策略與示例，及時解決相關問題，以提升新課程效果，並提升教師「教育行動研究」之專業素養，因應十二年國教新課綱核心素養改革的需要。

　　過去行政院教育改革審議委員會，結合官方與民間力量，積極推動教育改革，提出《教育改革諮議總結報告書》（行政院教育改革審議委員會，1996）。教育部組成「國民中小學課程發展專案小組」，公布《國民教育階段九年一貫課程總綱綱要》（教育部，1998），全力推動國民教育九年一貫課程改革，進行國民中小學課程改革（林清江，1998），進行學校本位課程發展（陳伯璋，1999a），鼓勵教師進行教育行動研究（歐用生，1999c），進而促成教育專業發展（蔡清田，1999a）。國

內的此種教育改革趨勢，不僅合乎世界各國教育改革潮流，順乎歐美各
國的教育行動學者所主張的「課程發展就是教師的專業發展」教育理想
（McKernan, 1991），甚至呼應教育改革學者所指出的「沒有教師發展，
就沒有課程發展」教育理念與實踐（Elliott, 1991: 54）。由於教育行動研
究已成為教育實務工作者的教育專業發展、課程發展和教育改革的重要手
段之一（Elliott, 1992），因此，中央政府的教育部有必要加強扮演下列
的角色，推動教育改革：

（一）課程領導

　　於 2001 年實施的九年一貫課程改革，歷經前後任教育部長主導與推
動，秉持前行政院教育改革審議委員會與教育部推動教育改革之理想，經
由教育部聘請前行政院教育改革審議委員會委員、民意代表、工商企業代
表、婦女界、家長代表、民間教改團體、專家學者、行政人員、校長、主
任與教師代表等，共同組成「國民中小學課程發展專案小組」，一改過
去聘請不同工作小組分別修訂《國民小學課程標準》與《國民中學課程標
準》的作法，企圖透過人員統整，避免國民教育階段的課程內容缺乏連貫
與不當重複的積弊（林清江，1998），改進國民中小學課程的一貫性與
統整性（陳伯璋，1999a；歐用生，1999a；Beane, 1998），深具時代意
義（蔡清田，1999b、1999c）。
　　教育部國民教育司依據《教育基本法》第 13 條、《國民教育法》第
4 條、《教育部指定中等學校及小學進行教育實驗辦法》暨《國民教育階
段九年一貫課程總綱綱要》有關規定，訂定九年一貫課程實驗相關辦法，
於 1999 年 7 月 22 日正式對外公布《國民教育階段九年一貫課程試辦要
點》，於 1999 年 9 月開始試辦九年一貫課程改革。其後，2014 年 8 月 1
日我國實施「十二年國民基本教育」，2014 年 11 月 28 日公布《十二年
國民基本教育課程綱要總綱》，以「自發」、「互動」及「共好」為基本
理念，以「成就每一個孩子——適性揚才、終身學習」為願景（教育部，
2014；國家教育研究院，2014a、2014b），而一個核心的三面九項「核
心素養」，正是「十二年國民基本教育」新課程綱要的 DNA（蔡清田，
2014），教育部於 2019 年 8 月 1 日新學年度正式實施「十二年國民基本

教育」新課程綱要（蔡清田，2018），指引學校校長透過課程領導進行「核心素養」的學校本位課程發展（蔡清田，2019），教師進行核心素養的課程與教學（蔡清田，2020），引導學生學習現在及未來生活所應具備的「核心素養」。這彰顯學校教育扮演著重要角色，透過課程規劃與教學設計，可使師生對於「核心素養」有所理解，並體認到「核心素養」的重要性。

是以，政府可以領導並指引教育實務工作者具有教育價值的教育革新願景，激發教育實務工作者願意承諾進行教育變革的革新熱忱，將變革視為一種具有價值意義的課程實驗（Elliott, 1998）。例如政府可以利用具有彈性的課程綱要之最低規範，取代僵化制式的課程標準，鼓勵地方學校教師善用彈性空間，發展學校課程特色，引導教育變革的願景。透過此種開放的變革結構，政府的課程領導可以協助教育實務工作者根據其教育行動研究的結果，不斷繼續進行教育變革並付出專業貢獻，不斷地建構與更新教育變革之願景。

（二）贊助研究

除了扮演課程領導的角色之外，政府也有必要支持並贊助教育實務工作者進行教育行動研究，協助教育實務工作者針對政府所推動之教育改革理想願景與教育目的，透過教育行動研究，在教育實際情境當中加以實踐。例如一方面，就「十二年國民基本教育」以及九年一貫課程改革的課程實驗試辦實施原則而言，教育部在《十二年國民基本教育課程綱要》以及《國民教育階段九年一貫課程試辦要點》當中特別重視行動原則，為提升新課程試辦效果，並及時解決相關問題，鼓勵各參與試辦學校盡可能結合「教育行動研究」計畫，同步進行試辦與研究工作。另一方面，教育部更積極擬定「課程實施行動研究計畫」，其目標旨在透過行動研究，針對「十二年國民基本教育」課程改革及九年一貫課程相關概念，發展實用的教學策略與示例，進而落實並提升國中、小學教師「教育行動研究」之專業知能，期望透過實際問題探討，研析其解決策略，增進實施新課程的能力。

（三）協調回饋

　　教育部除了一方面需要協調建立課程綱要架構的發展、指引教育變革的理想與願景之外（蔡清田，2020），更需要積極協調學術研究與出版事業單位，獎助鼓勵教育實務工作者透過教育行動研究之證據與結果，不斷進行回饋與繼續研究發展（歐用生，1996b）。另一方面，教育實務工作者也要實際參與研究，才能提升教育行動研究能力。因此，一方面政府除了要積極協調，擴充教育實務工作者參與研究進修的管道，協助教育實務工作者能夠身歷其境；另一方面，教育實務工作也應該在實務工作情境中進行研究與行動，並親身體驗教育專業發展。特別是，教育實務工作者除了參與大學與師範學院研究所學位進修撰寫碩、博士論文之外，尚可考慮下列途徑：1.與大學教授、學者專家協同合作研究，促進彼此的教育專業發展；2.參與研究計畫或專案，磨練研究技巧；3.申請科技部、教育部的研究專案，進行小組或獨立研究；4.出版研究成果，申請「國民教育及學前教育署」之獎補助；5.參加各類學術研討會、座談會、學會等，發表論文或吸取經驗；6.充分運用學校或其他單位提供的發表園地，發表研究成果等。總之，政府應該積極協調學術研究單位擴充教育實務工作者的進修與發表園地，鼓勵實務工作者充分運用以上途徑。

二／教育行動專業組織與網路的建立

　　傳統的「教育實務工作者的在職訓練」，一如目前政府提供給學校教師的一樣，通常都是透過舉辦短期研習活動來施行。在研習活動中安排學者專家的演講，或是新的教學方法的介紹。然而，這類的研習往往流於形式，歸咎原因，一方面固然是因為大部分教師自己本身並沒有充分準備去接受學者專家的意見，但另一方面也是因為教師們急欲獲得的知識是關於自己在日常實務工作中所面臨的實際問題。教育實務工作者往往認為崇高的教育理念固然重要，但解決當下面臨的問題更是當務之急（蔡清田，1997e）。是以，如果進修研習的內容只有抽象的理論，將缺乏實用價值。因此，有必要將教育行動研究的觀念融入教育實務工作者的在職進修研習訓練課程當中，同時透過研習進修與外來學者專家的協助，裝備必要研究知能，協助教育實務工作者成為一位教育行動研究的研究者，協助其

透過日常觀察與發現，解決在實際工作情境所面臨的實際問題（蔡清田，1998d、1999c）。

　　教育行動研究，實際上提供教育實務工作者在職訓練一個有效的方式，它鼓勵教育實務工作者在平常時間的教育實務工作情境中對教育工作情境進行觀察與研究，藉以評鑑自己的教育實務工作成效，並作為日後改進的參考。而要特別注意的是，以教育行動研究作為教育實務工作者在職訓練，必須發展教育實務工作者有關教育行動研究的知識與技巧，並培養教育實務工作者自動自發去發覺自己工作實務的實際問題，以及對教育專業發展的渴望。

　　教育行動研究的實施，以小組合作方式為宜，藉由多數教育實務工作者的參與，可以群策群力，貢獻更多的意見與建議，比較容易邁向成功之路。當然，如果能獲得外來的研究諮詢協助與各種支援，則教育行動研究的成效應當更為可觀（黃政傑，1999：357）。因此，鼓勵教育實務工作者建立一個相互支援的系統與教育行動研究社區或教育行動研究社群，對推動教育行動研究是相當有幫助的，這個教育行動研究社區系統需要具有以下幾項配套措施：

（一）成立支援教育實務工作者進行教育行動研究的專業組織機構，如縣市教師研究中心或教師進修研習中心，或教育行動研究學會

　　這個教育行動研究社區系統不論是政府組織或是民間機構，最好是由學者專家、行政人員、校長、主任，以及教師等教育實務工作者與團體組織，甚至是關心教育的地方人士所共同組成，並且廣泛蒐集各類教育相關資源，以使教育實務工作者在從事教育行動研究的過程中，能夠透過此研究社區系統，協助教育實務工作者進行資料的蒐集與分析，並且在教育實務工作者遭遇困難時能有一個可以諮詢求助的管道。

（二）建立溝通網路提供教育實務工作者之間彼此交流的管道

　　如果從事教育行動研究的教育實務工作者能夠彼此互相交流，交換研

究心得，分享研究成果，並且形成相互支持的社群力量，那麼教育行動研究的過程將更為順利（McKernan, 1996）。所以建立的教育行動研究支援機構，必須要在學校與學校之間、地區與地區之間建立合作群體與研究社區的支援功能，以供教育實務工作者交換心得、互相討論及問題討論的交流途徑。

（三）發行教育行動研究刊物，蒐集並推廣教育實務工作者的研究成果

　　教育行動研究的成果，雖然主要是為了應用於問題產生的實際教育情境，但是教育行動研究的方法與內容，卻是相當值得其他教育實務工作者或是研究人員的參考與進一步推廣（Elliott, 1998）。如果教育實務工作者在研究完成解決問題之後，並沒有把研究的記錄保留下來，那麼便白白的浪費了許多珍貴的教育資源。所以這個教育行動研究社區的支援機構，要能夠出版教育實務工作者的研究成果，進一步地加以推廣，藉以提供相關教育人員的參考之用。

第二節　教育行動研究的行動綱領

　　臺灣地區的教育實務工作者已經逐漸認識行動研究，而且教育行動研究越來越受到重視，教育團體也已逐漸將行動研究視為在教育研究上，除了傳統理論為基礎的研究方法之外，一種實際有用的另類選擇的變通方案（McKernan, 1996）。教育行動研究不同於一般傳統教育研究上所注重的教育社會學、心理學、歷史起源與教育哲學等理論的探究（Winter, 1995）。教育行動研究，將教育視為一種整體的行動，對教育實務工作者而言，其本身可以說是自身教育經驗的最佳評鑑者。以往，教育理論與實際教育情境之間，往往存在著無法縮短的差距，而教育行動研究即是能消除這種差距的有效途徑，此種革新途徑，兼顧教育行動與教育研究，鼓勵教育實務工作者，從實際教育工作情境中進行建構與實踐，增進教育理論與教育實際的動態辨證關係（McNiff, 1995）。

　　從事教育行動研究，雖不一定需有精深的統計知識，深厚的電腦素養，或了解艱澀的研究術語，但是，至少要熟悉教育研究的基本技巧。師資培育機構可將教育研究法，特別是教育行動研究，列為教育實務工作者的在職進修課程與職前教育的重要課程；另一方面，教育實務工作者可以參閱教育研究基本書目，用心體會；或組成研究小組或讀書會與安排系列講座，一起檢討某篇研究報告，或請原作者來經驗分享等。當教育實務工作者熟悉了教育行動研究的基本概念或技巧之後，實施教育行動研究就比較容易了（歐用生，1996b：147）。由於教育行動研究是協同合作的，教育實務工作者除可獨立研究以外，最好組成小組，特別是學校教師可利用教師研究會共同研討，協同研究，共享心得經驗，促進發展（歐用生，1996b：148）。

　　另一方面，如果沒有發展出教育行動研究的行動綱領（action guideline），則教育實務工作者從事教育行動研究的熱忱，不易轉化為具體行動，卻可能容易流於轉變成為口號標語或虛無飄渺的陳腔濫調（Winter, 1995）。因此，行動綱領是教育實務工作者從事教育行動研究探究不可或缺的指引。行動綱領是進行教育行動研究的程序原理，應該是開放的，教育實務工作者可以不斷依據行動研究證據與結果，持續進行發展修正與重整，進而形成更進一步再度關注問題的焦點（Elliott, 1998）。因此，教育行動研究者應該了解教育行動研究的行動綱領，不斷促成教育革新。就教育行動研究的行動綱領而言，教育實務工作者不僅是教育行動研究者，必須增進教育實務工作者覺知問題的洞察力，而且必須將課程視為有待考驗的教育行動研究方案。茲分述如次：

一／教育實務工作者即教育行動研究者

　　由於教育實務工作者，特別是學校教師在教育專業團體中具有多種角色，其中最重要之一是從事研究，促成教育變革，以適應外在社會環境的需要（林清江，1996a）。因此，教育實務工作者可以是促成教育組織系統結構改變的行動主體，因為教育實務工作者可以透過省思意識，深思熟慮省思檢討本身的課程教學實際問題與實務措施作為。教育實務工作者可以透過教育行動研究，改變自己的教育實務措施作為，進而促使教育組織

系統結構的實際變革。特別是有關教育實務工作者的信念類型、價值觀念與意識型態的組織結構屬性改變，這些改變，會進一步影響教育的目標、選擇、組織與實施之變革。是以，教育實務工作者是促成改進學校教育組織結構的主要行動主體（Elliott, 1998: xiii）。

尤其學校教師是學校課程的實際運作者，對於課程的相關問題困難與成效，最為清楚（Elliott, 1998）。在這種情況下，身為教室實務工作者的教師，應該扮演課程研究者的角色，遇到問題與困難時，不是交給外來的學者專家，而是要透過教師自己在教室情境當中進行研究，尋求答案和解決之道（歐用生，1996a），此種現象在英美與澳洲相當盛行（Carr & Kemmis, 1986; Elliott, 1991; McKernan, 1991; McNiff, Lomax, & Whitehead, 1996; Stenhouse, 1975; Winter, 1995）。

就臺灣地區而言，中小學教師資質優異，特別是過去的師範專科與校院學生，都是第一志願入學就讀的優秀中學生，而且目前師資培育多元化之後，也有許多優秀的大學生與研究生投入教育工作行列，可見臺灣地區的學校教師資質優良，具有從事教育研究的潛力。例如就臺灣地區教師所進行的研究而言，在 1990 年至 1993 年之間至少有 277 位小學教師從事研究工作（張清秀，1994），其研究知能以自行進修和參與研究的經驗居多，而且解決問題是教師研究成果的主要應用途徑。可見，解決學校教師在教室情境當中所實際面臨的實際問題是當務之急（蔡清田，1997a）。

是以教育部於 2016 年公布《中華民國教師專業標準指引》提出我國教師專業標準，包含教育專業、學科教學、教學設計、教學實施、學習評量、班級經營、學生輔導、專業成長、專業責任及協作領導等十項標準內涵；教育部更於 2018 年公布《中華民國教師專業素養指引——師資職前教育階段暨師資職前教育課程基準》五大素養的「了解教育發展的理念與實務」、「規劃適切的課程、教學及多元評量」、「建立正向學習環境並適性輔導」、「了解並尊重學習者的發展與學習需求」及「認同並實踐教師專業倫理」；教育部緊接著在 2019 年 2 月 22 日公布「終身學習的教師圖像」，指出教師面對社會、經濟和科技的變革，必須不斷地充實新知，強化專業知能，才能有效勝任其教學工作，因而教師成為一位「終身學習者」，以回應社會對培育「終身學習教師」的期待，以教師圖像作為教師專業發展的藍圖，培養學生具備未來社會所需知識、能力與態度的

「核心素養」，更進一步地呼應了「十二年國民基本教育」新課程綱要以「終身學習者」為一個核心的三面九項「核心素養」之教育改革的新趨勢。

　　教育實務工作者置身於教育實際情境，最能了解學校教育實務工作的實際問題與困難所在之處，如果能再獲得適切的指導與協助，採取適當研究途徑，可以在學校教育實際工作情境當中，改進教育實務問題。因此，教育實務工作者不應只是被研究的對象，更是研究的參與者。教育實務工作者要有專業自覺和專業自信，肯定自己本身就是教育實務工作情境當中的研究者；換言之，「教育實務工作者即教育行動研究者」，可以透過教育行動研究，凸顯教育實務工作者的專業形象，消除一般人對教育實務工作者只從事行政或教學而不參與研究的消極角色印象。教育行動研究的革新理念，說明了教育實務工作者必須發展教育行動研究態度與自我批判的精神，靈敏地觀察自己的實務工作情境，探究自己的實務工作，扮演「省思的實務工作者」（reflective practitioner）（Schön, 1983），極適合教育實務工作者使用（歐用生，1996b：138）。例如近年來所謂「教師即研究者」的教育改革理念，就是「行動研究」的特色之一（吳明清，1991：84）。

　　教育行動研究，凸顯了教育實務工作者省思檢討能力之重要性，協助教育實務工作者從教育實務工作過程當中獲得學習，從實際教育事件當中學習。換言之，教育實務工作者透過教育情境當中的教育行動研究了解教育實務問題，並且基於教育行動研究的基礎，教育實務工作者得以發展並轉變其教育實務工作，改善教育實務工作情境，並進而發展其教育專業理解與教育專業技能（蔡清田，1997e：333）。因此，教育實務工作者可以是教育行動研究的主角，而且教育行動研究可以有效結合教育實務工作者的進修、研究與教學，有助於改進學校教育品質，更能協助教育實務工作者獲得教育專業發展（Burgess-Macey & Rose, 1997），建立「教育實務工作者即教育行動研究者」與「教師即研究者」的地位（Elliott, 1991; Stenhouse, 1975），進而採取以學校為本位的教師在職進修教育（Bridges, 1993: 51; McNiff, 1995: 136），提升學校教育品質（McKernan, 1991）。

　　教育實務工作者置身於學校教育文化脈絡情境當中，受到日常教育實務工作重擔的壓力，容易將教育問題視為理所當然，將所有問題均視為

順理成章之事，往往未能加以質疑批判，因此，教育行動研究，可以發展教育實務工作者的敏感性，使其敏於所見、所聽、所聞，並深入思考其意義。培養教育實務工作者覺知問題的洞察力之途徑，可以包括（歐用生，1996b：146）：

（一）由無變有，進而創新

　　例如必須先質疑大學高中聯考作為升學唯一管道的意義及價值，則聯考制度以外的升學管道與機制才能被考慮，升學管道才能暢通；但其他替代聯考的另類變通進路方案的實施情況可能如何，尚需深入探討；又如必須先質疑國民教育階段國家統一教科用書的意義及價值，統一編輯的教科書才能被廢除，學校教師才能進一步獲得參與課程發展的空間；但是，教師的課程設計能力如何、民間參與教科書編輯與各地選用教科書的實施現況又是如何，尚需深入探討。這些都是可以透過教育行動研究加以探究與改進。

（二）化熟悉為新奇

　　學校教育充滿了儀式、民俗或規則，如要求教師擔任交通導護、進行全校各班整潔秩序禮貌比賽、學生糾察隊、硬性規定午休、集體升降旗等，教育實務工作者可將這些熟悉的儀式，重新審視或賦予意義，這也是值得教育實務工作者透過教育行動研究加以探究。

（三）製造問題，而非接受問題

　　如將學校課程表當中各科的教學時數統一規定、教學進度統一安排、統一月考與統一試題、考試只強調標準答案，這些均可視為可以進一步探究的問題，值得教育實務工作者提出教育行動研究方案謀求改進。又如，教育實務工作者也可以將教科用書中濃厚的性別、種族、政治等意識型態視為有待探究的研究問題，進而提出教育行動研究方案謀求改進。

（四）從反面看問題

　　一般學校考試類型當中，選擇題與填充題，往往根據教科書內容，而有所謂的標準答案，雖有助學生記憶力的養成，卻極容易忽略學生的創意與另類思考空間。又如午休問題，一般均認為兒童上了一早上的課，午休甚至午睡一下，下午反而有精神；但有時不妨從反面看，午休是否一定午睡？讓學生依其興趣到圖書館、視聽教室、電腦教室等從事靜態活動有何不可？這也都是值得教育實務工作者進行教育行動研究加以探究的問題。

二／課程即教育行動研究方案

　　就教育行動研究的行動綱領而言，教育實務工作者不僅是教育行動研究者，必須增進教育實務工作者覺知問題的洞察力，而且必須將課程視為有待考驗的教育行動研究方案（educational action research programme）。特別是教育行動研究方案，係指教育實務工作者應該將學校教室視為教育行動研究的實驗室，教育實務工作者也要將課程視為一組有待在教室情境加以考驗的研究假設，並且要將課程視同教育行動研究理念的實踐媒介。

（一）學校教室即教育行動研究實驗室

　　一個完整的教育行動研究，需要教育實務工作者採取研究的立場與態度，加以公開的批判和實徵的實驗，以決定其適當性。因此，每一個學校教室都是教育行動研究試驗假設的實驗室，亦即，教育實務工作者應將學校教室視為實驗室（歐用生，1999a；蔡清田，1997d；Stenhouse, 1975），在學校教室情境中採取教育行動，進行研究，從中獲得一些暫時性的研究假設，作為改進課程和教學的依據，此乃教育行動研究的目的。特別是學校教師所進行的教室教學是「以研究為本位的教學」與「以教學為本位的研究」，也就是說學校教師的教室教學不僅要被研究，而且要由學校教師自己本身進行教室研究（蔡清田，1997a）。

　　可見，教育實務工作者所進行的學校教室教育實務工作是「以研究為本位的教育實務工作」（Rudduck & Hopkins, 1985），特別是「以研

究為本位的教學」與「以教學為本位的研究」，也就是說教育實務工作者
的教育實務不僅要被研究，而且要由教育實務工作者本身進行教育行動研
究，特別是學校教師的教室教學不僅要被研究，而且要由學校教師自己本
身進行教室研究（Stenhouse, 1975）。教師可以把教室當成「課程」的實
驗室，教學便是進行實驗研究，而教師與學生則是共同進行研究的學習夥
伴，「課程」就是教育行動研究的媒介，更是有待考驗的研究假設，教學
行動就是實驗的自變項，學習成果就是依變項，而學習影響則是師生共同
研究之對象。

（二）課程即一組有待考驗的研究假設

　　「課程」的意義，不只是代表一套教材輯或預先指定所要涵蓋的教
學內容大綱。「課程」並不是「教學」之前的物質產品，「教學」也不是
轉化「課程」內容以達成預期學生學習結果的技術過程。「課程」既不是
一種固定不變的食譜，也不是一套預先決定的教學技巧。「課程」是指一
種將教育理念與價值，轉化為教育歷程當中教室情境之教學實務，亦即，
「課程」是有關教學歷程的一種規範說明（蔡清田，1997e），引導教學
與學習之進行。換言之，「課程」與「教學」不是可以一刀兩斷的兩個不
相關之獨立部分，「課程」與「教學」是一體兩面。「課程」涉及教師的
教學方法、學生學習的思考模式與師生互動，是這些因素變項之間的動態
交互作用之說明（蔡清田，1997a）。課程理論則是一套有關知識、教學
與學習之間的關係組合型態，而且課程理論的實用性，也有待教育實務工
作者在學校教室的課程實驗室情境當中加以實地考驗，並且有待社會整
體就此項教育實驗之正當性與教育價值意義加以考核批判（Elliott, 1998:
38）。

　　課程不是一套教材或是授課的大綱和內容，而是有待教育實務工作者
在學校教室情境當中加以實地考驗的一組研究假設，教育實務工作者不可
無條件地盲目接受，而需加以批判性的考驗和檢討。「課程即研究假設」
的課程觀點主張，「課程」是一種教育媒介，教育實務工作者必須透過教
學將「課程」所蘊含的教育理念與知識本質付諸實際的教育行動。事實
上，教育實務工作者，可從研究的角度來處理「課程」所蘊含的教育理念

與知識本質，並將其視為可進一步探究的問題，是開放的、值得質疑的，不是理所當然的（蔡清田，1997a）。

「課程」是一種教學歷程的規劃說明書，「課程」可以是一種開放給教育實務工作者公開質疑與進行實驗的研究假設；換言之，「課程」所處理的教育知識是可以允許師生在學校教室實際情境當中加以主動建構的，「課程」也可以是允許師生彼此協調磋商的學習內容與方法，以適用於學校教室教學的動態歷程，如此的「課程」對師生才有教育意義（蔡清田，1997b：22）。

事實上，「課程」是教育實務工作者在學校教室情境當中進行教育行動研究的實驗程序規劃說明書，亦即，「課程」是一種有待教育實務工作者在學校教室情境當中加以實地考驗的研究假設，甚至是一種教育行動研究假設，而且置身於學校教室當中的教育實務工作者，則是進行學校教室教學的主要靈魂人物，以教育實務經驗考驗「課程」當中的教育理念，並根據學校教室研究結果修正或否證「課程」中的教育理念。換言之，「教育實務工作者即教育行動研究者」或「教師即研究者」，教育實務工作者可以根據學校教室的實際教學經驗，考驗「課程」當中所蘊含的教育理念之價值性與可行性（蔡清田，1997d）。一方面，教育實務工作者可以在學校教室教學過程中，將「課程」所孕育的教育理念轉化為教育實踐行動；另一方面，教育實務工作者則根據教育行動與教育實務經驗，修正課程所蘊含的教育理念，並進而透過學校教室情境當中的教育實務行動，發展建構適合學校班級的教室情境之課程意義。

（三）課程即教育專業工作者行動研究理念的實踐媒介

課程是一種鼓勵教育實務工作者從事教育行動研究的研究假設（Stenhouse, 1975），有待教育實務工作者在其學校教室教學實驗情境當中進行實地考驗，可以根據學校教室實驗室情境當中所蒐集到的證據資料，進一步修正的行動研究假設。課程更是教育實務工作者進行教育實驗的行動研究理念媒介。因此，「課程」並不只是有關教育目的、教學原理與學習內容的說明，「課程」更是一種協助教育實務工作者針對教育目的、教學原理、學習內容與實施策略等教育實踐行動，進行反省思考與討

論對話的「教育行動研究方案」（Elliott, 1998: 39）。

　　「課程」，並不一定是教育行政機關由上而下事前規範教育實務工作者照章執行的教育內容，或依樣畫葫蘆的學校教育內容規定或命令計畫；課程也可以是一種協助教育實務工作者進行教育實驗的行動架構。從教育專業立場觀之，「課程」即「教育行動研究方案」。從教育行動研究的觀點而言，課程是一種教育行動媒介，「課程」是一種在特定的時間與空間範圍之內的教育行動說明，教育實務工作者不應該一味地將「課程」視為一種由上而下的科層體制式行政命令或權威規定。事實上，「課程」也可以是一種有待考驗的教育行動研究假設，教育實務工作者必須透過教育行動，將「課程」所蘊含的教育理念與知識本質付諸實際教學行動，並將其視為可以進一步探究的研究假設（Stenhouse, 1975）。換言之，課程，不一定是理所當然地透過教育行政機關由上而下或由外而內地指定教育內容；課程也可以是教育實務的專業工作人員，特別是教師，透過由下而上的發展，或是由內而外所建構的教育行動內容，不僅具有思想啟蒙的作用，其本身的教育理想，更是可以轉化成為學校教育實務情境中的具體教育行動。

　　課程，是一種可以將教育理念與理想願景，轉化為具體教育行動的實踐媒介，課程也是一種鼓勵教育實務工作者從事教育行動研究的研究假設。因此，教育實務工作者可以透過課程，將其學校教育經營理念與理想願景，轉化為具體的教育行動，並將課程視為進行教育實驗的行動研究假設，有待教育實務工作者在學校教育實驗情境中進行實地考驗（Elliott, 1998），並根據學校教育實驗情境當中所蒐集到的證據資料，進一步修正，以達成教育革新的理念與理想願景（蔡清田，1999a）。換言之，課程是教育革新的主要內容與行動媒介，是提供教育實務工作者進行行動研究與達成教育改革理想的行動架構。因此，進行教育行動研究可以鼓勵教育實務工作者，根據教育行動實務，考驗教育理論與課程知識，建立教育實務工作者的專業判斷知能與專業信心（Stenhouse, 1983），進而同時結合由下而上的課程革新發展與由上而下的課程改革推動，合力促成教育革新與進步，達成教育革新目的，實踐教育改革的理想願景，實現了教師的「專業化」終身學習歷程，更呼應我國社會對「終身學習的教師圖像」之期待的理想願景。

第十三章

透過教育行動研究邁向成功實施十二年國民基本教育課程改革

> 日新之謂盛德，惟進取也故日新。
>
> 天行健，君子以自強不息；
>
> 透過教育行動研究可成功實施十二年國民基本教育課程改革，
>
> 呼應我國社會對「終身學習的教師圖像」之期待的理想願景。

　　「苟日新，日日新，又日新」，日新之謂盛德，惟進取也故日新；天行健，君子以自強不息，但是沒有行動的研究，是空洞的理想；沒有研究的行動，是盲目的行動；因此，透過教育行動研究，可以因應十二年國教新課綱改革的學校教育課程發展與教學創新問題，呼應我國「十二年國民基本教育」新課程綱要改革的理想願景，呼應「聯合國教育科學文化組織」、「經濟合作開發組織」、「歐洲聯盟」等國際組織強調「核心素養」的重要性，更有效呼應我國社會對「終身學習的教師圖像」之期待的理想願景。本章「透過教育行動研究邁向成功實施十二年國民基本教育課程改革」，主要包括第一節十二年國民基本教育課程改革與教育行動研究的時代意義；第二節是透過教育行動研究進行十二年國民基本教育的課程改革；第三節則是十二年國民基本教育學校課程改革教育行動研究主要程序步驟；第四節則為行動研究實踐「教育實務工作者即教育行動研究者」願景。

第一節　十二年國民基本教育課程改革與教育行動研究的時代意義

　　苟日新，日日新，又日新。天行健，君子以自強不息。十二年國教新課綱的 DNA，是一個核心三面九項核心素養；透過行動研究，可以因

應十二年國教新課綱改革的學校教育課程發展與教學創新問題。由於過去多年來的努力,臺灣在延長國民義務教育年限方面已有可觀的成就,但中小學課程革新速度及幅度均遠不及社會變遷的需求。尤其在解嚴之後,臺灣社會急遽邁向多元開放民主自由與國際化,中小學教育學校課程更顯現與社會脫節之現象。因此,教育部於 2014 年實施「十二年國民基本教育」,以呼應教育改革強調的課程革新,希望透過「十二年國民基本教育」課程改革,協助學生獲得因應現在與未來生活所需核心素養的經驗統整(教育部,2014),提升國民核心素養(蔡清田,2011、2012、2014)。臺灣自 1968 年迄今,歷經三波重要的國民教育改革,第一波「九年國民義務教育改革」,重視學科知識;第二波是「國民中小學九年一貫課程改革」強調基本能力;「十二年國民基本教育」是第三波課程改革(黃光雄、蔡清田,2017),特別是教育部公布《十二年國民基本教育課程綱要總綱》(教育部,2014)與《十二年國民基本教育課程發展建議書》(國家教育研究院,2014a)、《十二年國民基本教育課程發展指引》(國家教育研究院,2014b),強調培養「終身學習者」統整知識、能力與態度的「核心素養」。「核心素養」是指位於「核心」地位且最為關鍵重要而必要的「素養」(蔡清田,2018),更延續擴展「九年國民義務教育」強調的學科知識與「國民中小學九年一貫課程改革」培養基本能力之成效,成為「十二年國民基本教育」課程改革之「核心」(蔡清田,2011、2012、2014),如圖 13-1「學科知識、基本能力、核心素養的關係」所示(蔡清田,2019)。

值得注意的是,「核心素養」的概念是與時俱進,歷經不斷升級進化再概念化,由培養學科知識之「核心素養 1.0」(蔡清田,2011)、進化到重視基本能力的「核心素養 2.0」(蔡清田,2012),再進化到重視態度情意之「核心素養 3.0」(蔡清田,2014),並再升級為統整學科知識、基本能力、態度情意的「核心素養 4.0」,亦即如圖 13-2 核心素養的理論構念之意涵所示「核心素養 4.0」=(學科知識+基本能力)[態度情意](蔡清田,2020)。

在此同一時期,教育部於 2016 年公布「標準論」之《中華民國教師專業標準指引》提出我國教師專業標準,包含教育專業、學科教學、教學設計、教學實施、學習評量、班級經營、學生輔導、專業成長、專業責任

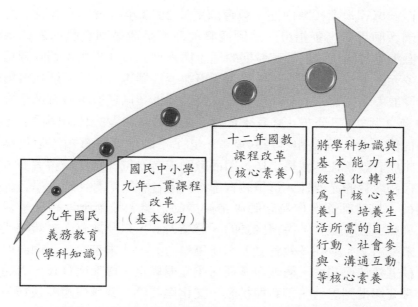

◆ 圖 13-1　學科知識、基本能力、核心素養的關係

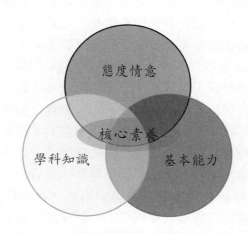

◆ 圖 13-2　核心素養的理論構念之意涵

及協作領導等十項標準內涵；教育部更於 2018 年公布「素養論」之《中華民國教師專業素養指引 —— 師資職前教育階段暨師資職前教育課程基準》五大素養的「了解教育發展的理念與實務」、「規劃適切的課程、教學及多元評量」、「建立正向學習環境並適性輔導」、「了解並尊重學習者的發展與學習需求」及「認同並實踐教師專業倫理」；教育部緊接著在 2019 年 2 月 22 日公布「終身學習論」之「終身學習的教師圖像」，指出教師面對社會、經濟和科技的變革，必須不斷地充實新知，強化專業知能，才能有效勝任其教學工作，因而教師成為一位「終身學習者」，實有其時代和教育的必要性。這是教育部為回應社會對培育「終身學習教師」的期待，以教師圖像作為教師專業發展的藍圖，教師應以終身學習為核心，具備「教育愛」，持續成長的「專業力」，以及擁有面對新時代挑戰的「未來力」；並在「教育愛」、「專業力」、「未來力」三個向度下，持續精進熱忱與關懷、倫理與責任、多元與尊重、專業與實踐、溝通與合作、探究與批判思考、創新與挑戰、文化與美感、跨域與國際視野等九項核心內涵，促進專業成長，提升專業知能，展開積極的專業行動，幫助學生有效學習，培養學生具備未來社會所需知識、能力與態度的「核心素養」，更進一步地呼應了「十二年國民基本教育」新課程綱要以「終身學習者」為一個核心的三面九項「核心素養」之教育改革，帶動了「十二年國民基本教育」新課程綱要改革的「教育行動研究」的新趨勢。

　　透過本書之前各章的說明，讀者應該可以了解「行動研究」的相關概念，而且有助於教育人員了解「十二年國民基本教育」新課程綱要與教育行動研究的重要關聯，本章則進一步說明教育行動研究可以協助教師升級轉型為十二年國教新課綱的「教師即研究者」，特別是透過「教育行動研究」可協助學校教育相關人員邁向成功實施「十二年國民基本教育」課程改革，並成為學生學習歷程的「助學者即生命貴人」與培育人才的教育專家。因此，學校教育的相關人員可以因應《中華民國教師專業標準指引》、《中華民國教師專業素養指引 —— 師資職前教育階段暨師資職前教育課程基準》、「終身學習的教師圖像」等，針對《十二年國民基本教育課程發展建議書》（國家教育研究院，2014a）、《十二年國民基本教育課程發展指引》（國家教育研究院，2014b）、《十二年國民基本教育課程綱要總綱》（教育部，2014），以及「十二年國民基本教育」各領域課

程綱要的核心素養、學校本位課程發展、領域學習課程、彈性學習課程、
跨領域課程、學習重點的學習內容與學習表現、議題融入、課程規劃、課
程統整設計、協同教學、學習評量、課程實施、課程評鑑等進行「行動研
究」，特別是進行有關核心素養的學校本位課程發展、課程發展類型及審
查機制、部定課程與校訂課程的內涵與課程發展、部定課程時數、教學活
動如何呼應核心素養、領域課程轉化與教學策略探討、彈性學習課程節數
規劃、彈性學習課程計畫及課程設計、跨領域課程的課程設計、跨領域課
程的排課原則與實施、如何透過「學習重點」引導各（跨）領域／科目教
科書編輯與審查、如何透過「學習重點」引導各（跨）領域／科目教學活
動設計與學習評量、議題融入教學的設計與實施、協同教學的課程實施、
協同教學與領域教學的配套關係、素養導向評量的方式與原則、領域課程
的評量、彈性課程的評量、跨領域課程的評量、標準本位評量的設計原則
與實施、學校的課程評鑑等行動研究。

一／十二年國民基本教育課程改革，重視學生核心素養與教師專業素養

　　2014 年「十二年國民基本教育」實施後，後期中等教育階段普通型
高中、技術型高中及綜合高中課程綱要皆納入國民基本教育課程政策的範
圍，故「十二年國民基本教育」課程綱要需要有完整研究發展機制。過
去臺灣各教育階段課程綱要或標準的修訂和審議，皆由教育部業務單位統
籌，配合「十二年國民基本教育」的推動，「十二年國民基本教育」課程
綱要的發展已由常設性的國家教育研究院主導新課綱研發，課程審議工作
則由教育部主政（方德隆，2020）。其中，國家教育研究院研發新課綱
的規劃機制主要由「十二年國民基本教育課程研究發展會」（簡稱課發
會）負責；課程審議則是教育部設「高級中等以下學校課程審議會」（簡
稱課審會）負責新課綱審議，課審會分為審議大會及分組審議會，教育部
「高級中等以下學校課程審議會」於 2019 年 6 月 22 日下午完成歷經二
年六個月又二十九天漫長曲折複雜的「十二年國民基本教育」各領域課程
綱要相關審議（黃政傑，2020；葉興華，2020；陳又慈，2020；薛雅慈，
2020），並於 2019 年 8 月 1 日新學年度正式實施「十二年國民基本教育」

新課程綱要,指引學校進行課程發展,引導學生學習現在及未來生活所需知識、能力及態度的「核心素養」(教育部,2014;國家教育研究院,2014a、2014b;洪詠善、范信賢,2015;林永豐,2019;張芬芬、謝金枝,2019;蔡清田,2020)。

　　「十二年國民基本教育」新課綱企圖透過學校教育培養學生習得因應社會生活所需的「核心素養」統整知識能力及態度(蔡清田,2020),包括四項重要的時代意義:首先,《十二年國民基本教育課程綱要》是升級版的《國民中小學九年一貫課程綱要》與進階版的《高中職課程綱要》,是將國民中小學「九年」一貫課程改革,升級為「十二年」國民基本教育課程改革;其次,《十二年國民基本教育課程綱要》(於 2019 年 8 月 1 日 108 新學年度正式實施,因此通稱為「108 新課綱」)的重要改革是將「基本能力」升級為「核心素養」;其三,十二年國民基本教育課程改革是將眾多繁雜瑣碎的「能力指標」升級轉型簡化成為「領域／科目核心素養」及其相互呼應的「領域／科目學習重點」(簡稱學習重點)(蔡清田,2018);其四,十二年國民基本教育課程改革將過去的學校本位課程發展,升級為「核心素養」導向的「學校本位課程發展」,也將過去的課程統整設計,升級成為「核心素養」導向的「課程統整設計」,更強調核心素養的「學習重點」之「學習內容」與「學習表現」。特別是《十二年國民基本教育課程綱要總綱》強調「核心素養」導向的課程、教學、學習及評量,從學校課程規劃與課程統整設計到教學實施及學習評量的方式,都是為了落實「核心素養」;因此,教育當局應鼓勵教師進行「核心素養」的學校本位課程發展,強調課程統整設計的專業素養,以學生需求及學校社區情境資源為起點,發展學校特色且培養學生「核心素養」。簡言之,《十二年國民基本教育課程綱要》,一方面強調一個以終身學習者為核心的三面九項「核心素養」;另一方面擴展並延續了十大基本能力的主要內涵,並加以升級成為垂直連貫的「教育階段核心素養」與可水平統整的「領域／科目核心素養」,詳如表 13-1 所示(蔡清田,2019)。

◆ 表 13-1　《十二年國民基本教育課程綱要》與《國民中小學九年一貫課程綱要》比較表

《十二年國民基本教育課程綱要》	《國民中小學九年一貫課程綱要》
「國家教育研究院」研擬，並由教育部「高級中等以下學校課程審議會」通過後，於 2014 年公布總綱。	國民中小學九年一貫課程發展專案小組研擬，並由教育部於 1998 年公布課程綱要總綱。
國民中小學連貫到高中職十二年課程改革。	國民中小學九年一貫課程改革。
自發、互動、共好之「自動好」三大基本理念，呼應「成就每一個孩子——適性揚才、終身學習」的願景。（以學習者為主體）	人本情懷、統整能力、民主素養、鄉土與國際意識、終身學習等五大基本理念。
十二年國教各教育階段共同的四大課程目標。	國中小九年一貫的十大課程目標。
以終身學習者為核心的「自動會」三面九項核心素養與各「教育階段核心素養」。（核心素養導向）	十大基本能力。（基本能力導向）
五個學習階段。（國小低、中、高年段、國中與高中職）	四個學習階段。（國小低、中、高年段與國中）
部定課程與校訂課程的課程架構。部定必修課程之安排，學校得依實際條件就授課年段、學期或週數進行彈性開設，以降低學生每學期修習科目數。高一及高二每學期部定必修科目之開設，以十二科以下為原則。	部定領域節數與彈性學習節數課程架構。
八大領域（「科技」從原來的「自然與生活科技領域」分出，並將「生活科技」與「資訊教育」加以統整成為一個新的「科技領域」。）	七大學習領域。

（續）

《十二年國民基本教育課程綱要》	《國民中小學九年一貫課程綱要》
領域內可分科教學（單領域可單科或多科）。 自然科學、社會、藝術、綜合活動、健體等領域均含數個科目，除實施領域教學外，經學校課程發展委員會通過後，亦得實施分科教學，同時可在不同年級彈性修習不同科目，不必每個科目在每學期都修習，以減少每學期修習的科目數量，但領域學習總節數應維持不得減少。跨領域統整課程最多占領域學習課程總節數五分之一，其學習節數得分開計入相關學習領域，並可進行協同教學。	領域內協同教學為原則。 （單領域不分科）
各領域／科目課綱明訂「領域／科目核心素養」。（領域／科目依特性彈性呼應九項核心素養）	各領域課程綱要明訂領域能力指標。 （各領域必須對應十大基本能力）
領域／科目「學習重點」含學習表現與學習內容。	基本學習內容。
實施要點重視「核心素養」學校本位課程發展與課程統整設計，結合學習表現與學習內容。	實施通則重視學校本位課程發展與課程統整設計。
各領域／科目課程綱要附錄含「學習重點」與領域／科目核心素養之呼應表。	各領域課程綱要附錄含基本學習內容。

　　詳細而言，「十二年國民基本教育」課程改革第一項特色是「以核心素養為導向的課程改革」，十二年國民基本教育課程改革的「核心素養」，係指透過新課程習得面對生活挑戰所應具備的知識、能力與態度，統整了過去「基本能力」、「核心能力」與「學科知識」。「十二年國民基本教育」課程改革的「核心素養」，是指一個人為適應現在生活及未來挑戰，所應具備的知識、能力與態度，承續過去的「學科知識」、「基本

能力」與「核心能力」，但涵蓋更寬廣和豐富的教育內涵。核心素養的表述可彰顯學習者的主體性，而非只是針對某個特定的領域／科目而已，不以「學科知識」作為學習的唯一範疇，而是關照學習者可透過「做中學」、「知行合一」與「學以致用」，強調其在動態發展的社會生活情境中能實踐力行的特質。

　　「十二年國民基本教育」課程改革之「核心素養」，乃是呼應「聯合國教育科學文化組織」、「經濟合作開發組織」及「歐洲聯盟」等國際組織對「核心素養」的界定，是指學生能在現代社會中扮演積極公民角色所需具備的核心素養，呼應了十二年國民基本教育的「自發」、「互動」、「共好」之「自動好」理念的全人圖像，可以引導全人發展，強調以人為本的「終身學習者」為核心，包括「自主行動」、「溝通互動」、「社會參與」等「自動會」三面向，以及「身心素質與自我精進」、「系統思考與解決問題」、「規劃執行與創新應變」、「符號運用與溝通表達」、「科技資訊與媒體素養」、「藝術涵養與美感素養」、「道德實踐與公民意識」、「人際關係與團隊合作」、「多元文化與國際理解」九項目（教育部，2014）。「自主行動」強調個人為學習的主體，學習者應能選擇適當的學習方式，進行系統思考以解決問題，並具備創造力與行動力。學習者在社會情境脈絡中，能自我管理，並採取適切行動，提升身心素質，裨益自我精進。「溝通互動」強調學習者應能廣泛運用各種工具，有效與他人及環境互動。這些工具包括物質工具和社會文化工具，前者如人造物（教具、學習工具、文具、玩具、載具等）、科技（含輔助科技）與資訊等，後者如語言（口語、手語）、文字及數學符號等。工具不是被動的媒介，而是人我與環境間正向互動的管道。此外，藝術也是重要的溝通工具，國民應具備藝術涵養與生活美感，並善用這些工具。「社會參與」強調學習者在彼此緊密連結的地球村中，需要學習處理社會的多元性，以參與行動與他人建立適切的合作模式和人際關係。每個人都需要以參與方式培養與他人或群體互動的素養，以提升人類整體生活品質。社會參與既是一種社會素養，也是一種公民意識。此即核心素養一個核心之三面九項的「三維論」與「九軸論」（蔡清田，2014），學生能在不同教育階段學習核心素養（蔡清田，2018），因應生活情境變遷而與時俱進成為終身學習者（蔡清田，2016），可彌補十大基本能力的涵蓋範疇不全、區隔

不清，以及缺漏重要生活議題（蔡清田、陳伯璋、陳延興、林永豐、盧美貴、李文富、方德隆、陳聖謨、楊俊鴻、高新建、李懿芳、范信賢，2013）。

「十二年國民基本教育」課程改革之各領域／科目課程綱要的研修，依據教育部審議通過的《十二年國民基本教育課程綱要總綱》，並參照《十二年國民基本教育課程發展指引》，考量領域／科目的理念與目標，結合或呼應核心素養具體內涵，以發展及訂定「各領域／科目核心素養」及「各領域／科目學習重點」，落實《十二年國民基本教育課程綱要總綱》的理念及內涵。目前各領域／科目的課程綱要均已公布，各領域／科目的課程綱要即是透過《十二年國民基本教育課程綱要總綱》的「核心素養」、「各教育階段核心素養」、「各領域／科目核心素養」及「各領域／科目學習重點」來研修，並轉化落實於教學的實施。《十二年國民基本教育課程綱要總綱》的「核心素養」能培育健全國民與終身學習者，可作為各領域／科目垂直連貫與水平統整課程設計的組織核心。核心素養的培養需秉持漸進、加廣加深、跨領域／科目等原則，可透過各教育階段的不同領域／科目之學習來達成。《十二年國民基本教育課程綱要總綱》的「核心素養」包括自主行動、溝通互動、社會參與之三大面向，以及身心素質與自我精進、系統思考與解決問題、規劃執行與創新應變、符號運用與溝通表達、科技資訊與媒體素養、藝術涵養與美感素養、道德實踐與公民意識、人際關係與團隊合作、多元文化與國際理解之九大項目。各「教育階段核心素養」係指國小、國中、高級中等學校教育所對應之教育階段的九項核心素養，各教育階段依學生個體身心發展狀況加以衍生，訂有不同的核心素養具體內涵。各「領域／科目核心素養」係指各教育階段核心素養考量各領域／科目的理念與目標，並結合或呼應核心素養具體內涵後，在各領域／科目內的具體展現。各領域／科目核心素養可考量其領域／科目的獨特性或高級中等學校教育階段學校類型的差異性而加以發展，可不必涵蓋核心素養或各教育階段核心素養的所有面向。

其中，《十二年國民基本教育課程綱要總綱》的「核心素養」是作為課程發展的主軸，裨益於各教育階段間的連貫，以及各領域／科目間的統整。而各領域／科目學習重點係由該領域／科目的理念與目標發展而來，但各領域／科目學習重點應與「各領域／科目核心素養」進行雙向檢核，

以了解兩者的對應情形。其次，「各領域／科目課程綱要」為落實《十二年國民基本教育課程綱要總綱》的理念及內涵，而從「實施要點」的課程發展、教材編選、教學實施、教學資源與學習評量等方面加以規定各領域／科目的課程、教學與評量之實施原則，可供教師教學時參閱。各校宜參考進行「核心素養」的學校本位課程發展與課程統整設計（蔡清田，2020）。

　　「十二年國民基本教育」課程改革的另一項特色強調「核心素養」的學校本位課程發展與課程統整設計，將過去的學校本位課程發展，升級成為「核心素養」導向的學校本位課程發展，並將過去的課程統整設計，升級成為「核心素養」導向的課程統整設計，更強調核心素養的課程統整設計，呼應以學習者為主體的課程改革。特別是《十二年國民基本教育課程綱要總綱》強調「核心素養」導向的課程、教學、學習及評量，從學校課程規劃與課程統整設計到教學實施及學習評量的方式，都是為了落實十二年國民基本教育的「核心素養」；因此，教育當局應鼓勵學校進行「核心素養」的學校本位課程發展與課程統整及教學方案設計，以學生需求及學校社區情境資源為起點，發展學校特色且培養學生「核心素養」；特別是《十二年國民基本教育課程綱要總綱》明確指出要透過學校課程發展委員會的組織與運作，持續精進「核心素養」的學校本位課程發展與課程統整設計，培養學生的「核心素養」，營造以學習者為中心的新學習風貌，永續經營「核心素養」的學校本位課程發展與課程統整及教學方案設計，有其劃時代課程改革的重要性。

　　就課程發展的原理而言，「十二年國民基本教育」課程改革，延續過去「國民中小學九年一貫課程改革」強調「課程綱要取代課程標準，學生學習中心取代學科本位中心，學校本位課程發展取代中央政府統一編輯」，重視教師進行「核心素養」的學校本位課程發展與課程統整及教學方案設計之專業角色，合乎世界各國教改潮流，結合國家政策本位的課程發展（national policy-based curriculum development）、教師教學本位的課程發展（teacher teaching-based curriculum development）、行動研究本位的課程發展（action research-based curriculum development）等進路（黃光雄、蔡清田，2017），強調「教師即研究者」的課程發展理念，說明教師不僅是國家層次課程改革的實施者，更是「核心素養」的學校本

位課程發展與課程統整及教學方案設計之教育專業者,這是臺灣課程改革的一個里程碑(蔡清田,2018)。

　　此次《十二年國民基本教育課程綱要》強調「核心素養」學校本位課程發展與課程統整設計,提供學校及教師更多彈性教學自主空間;降低各年級上課時數,減輕學生負擔;減輕對教科書的依賴;結合課程、教學與評量,改進中小學課程的連貫性與統整性。其改革的最主要特色是以培養生活所需的核心素養為課程設計核心,一方面統一國民教育階段學校教育目標,並且重視生活所需的核心素養與各「教育階段核心素養」的垂直連貫;另方面則依據核心素養,規劃各「領域/科目核心素養」以統整「學習重點」的「學習內容」與「學習表現」,並落實在生活情境之中;藉由「核心素養」的學校本位課程發展與課程統整及教學方案設計,縮短「理念建議的課程」、「正式規劃的課程」、「資源支持的課程」、「運作實施的課程」、「學習獲得的課程」、「評量考試的課程」之間的差距(蔡清田,2016),落實培養學生核心素養與充實學生學習經驗,符合情境論的學校本位課程發展與課程統整設計之理念(蔡清田,2019)。

二/教育實務工作者進行教育行動研究的時代意義與重要性

　　過去臺灣由於受到升學聯考、統一命題、統一分發與國立編譯館統一編輯教科書的制度影響,大多數教師往往認為課程是政府所頒布課程標準規定或政府編輯發行的教科書,或是民間出版社根據政府頒布課程標準之規定而編輯且經政府審查通過的教科用書。此種觀點認為課程是政府官方規定的書面內容或教科書商編輯的物質產品,甚至認為教科書就是課程的全部,容易忽略了課程的計畫、目標與經驗等層面的意義(黃政傑,1991;黃光雄、蔡清田,2017),而且往往認為教師只需扮演進行教學的實務工作者的角色,只需將別人所設計的課程產品內容加以照本宣科,進行忠實的課程實施(歐用生,1996b)。不僅未能從情境的觀點界定課程(黃光雄,1996),忽略了教師的積極主動的教育行動研究角色(黃政傑,2001;陳伯璋,2001;甄曉蘭,2001;歐用生,1999a;蔡清田,2006),更漠視課程可能涉及教育實務省思批判的歷程(McKernan,1996)。

　　在此種傳統的課程簡化定義與教師角色的狹隘界定之下，所謂的研究，通常是指受過「科學」理論方法訓練的「專家學者」的勢力範圍，而且在教育界當中，也一直有所謂的「研究者」與「被研究者」之間的區分（McKernan, 1991），是以中小學教師並未受到積極鼓勵參與研究，不易主動針對學校課程進行革新。由於課程研究發展的任務被認為是政府及「學者專家」的職權，主動積極針對課程進行長期研究的中小學教師並不普遍。因此從專業觀點來探討教師的課程專業工作和教師專業文化而言，僅處於萌芽階段，而且由教育實務工作者的教師自己進行研究，更屬鳳毛麟角（歐用生，1996b：125），不利於教師專業發展。

　　教育領域的行動研究（action research）將傳統分立的「行動」與「研究」兩者加以結合，主張教育實務工作者應該進行研究，以改進本身的教育實務工作（陳伯璋，1988a；陳惠邦，1998）。教育行動研究旨在引導教育實務工作變革，企圖解決教育實際問題，最後並增進教育實務工作者本身的理解（McNiff, Lomax, & Whitehead, 1996）。教育行動研究強調在教育行動當中進行研究，在教育研究當中採取教育改革行動，極適合教育實務工作者的教師使用（歐用生，1996b）。因此，近年來已有許許多多的國內教育實務工作者積極進行教育行動研究（林鋒錡，2010；林吟徽，2009；洪英，2002；張美慧，2004；張玲華，2010；許予薰，2004；陳宜楓，2010；陳樹叢，2003；雲大維，2006；劉安祝，2008；劉保祿，2007；劉明琇，2007；劉麗吟，2009；楊孟勳，2010；蔡芳柔，2010；蔡麗華，2004；蔡慧琦，2004；鍾嘉芬，2010；簡玉婷，2018；馬雅娟，2019；張馨祺，2019；鄭永泰，2019；蘇家慧，2019；鄭永泰，2019；黃珊珊，2019；高于涵，2020；黃琪鈞，2020；鄧宛廷，2020；蔡玉珊，2020）。

　　教師是課程的實際運作者，更是落實新課程的關鍵人物（歐用生、楊慧文，1999），對於課程的相關問題困難與成效，最為清楚。教師身為教育實務工作者，特別是學校教室層次的教育實際工作者，應該扮演課程研究者的角色（Elliott, 1998），遇到教育問題與困難時，不是交給外來的教育學者專家，而是應該在實際教育情境當中進行研究，尋求答案和解決之道（歐用生，1996b）。所謂「教師即研究者」的教育改革理念，就是教育行動研究的特色之一（吳明清，1991；蔡清田，2000；

2020），此種教育改革現象在英美與澳洲相當盛行（Adlam, 1997; Atweh, Kemmis, & Weeks, 1998; Blasco, 2019; Carr & Kemmis, 1986; Connelly & Clandinin, 1990; Elliott, 1998; Kemmis & McTaggart, 1982; McKernan, 2008; McNiff, Lomax, & Whitehead, 1996; Olson & Ramirez, 2020）。

第二節 透過教育行動研究進行十二年國民基本教育的課程改革

　　教育部宜鼓勵教育實務工作者，特別是學校教師，針對「十二年國民基本教育」課程改革的核心素養、領域／科目、學習階段、課程統整、協同教學、學習重點、多元評量方法等內容，進行教育行動研究。其目標旨在鼓勵教育實務工作者，特別是學校教師，能應用「行動研究」，進行教材教法的研究與改進，一方面針對「十二年國民基本教育」課程改革相關概念，發展實用的教學策略與示例，藉由參與研究的過程，增進教育實務工作者對「十二年國民基本教育」課程改革的認知，擴展宣導的效果，落實並提升教育行動研究之專業知能；另一方面並藉由發現問題，以及早因應與改進之參考。因此，透過教育行動研究，可以協助教育實務工作者落實「十二年國民基本教育」課程改革（教育部，2014）。特別是教師可針對「十二年國民基本教育」新課程綱要的核心素養進行行動研究，如進行特定教育階段核心素養的行動研究、特定學校的核心素養學校本位課程發展行動研究，就「部定課程」或「校訂課程」的行動研究，針對特定領域課程發展的行動研究、跨領域課程設計的行動研究、特定項目核心素養或特定年級學生教學的備課、觀課、議課等進行教育行動研究，茲就此進一步說明如次：

一／透過教育行動研究，進行「部定課程」與「校訂課程」的學校本位課程發展之整體課程方案發展

　　「學校本位課程」（school-based curriculum）係指由學校本身對於學生的學習內容或活動所進行的設計、實施和評鑑之課程（吳清山、林天

祐，2003），學校本位課程可以是學校特色課程、新興議題課程，也可以是適性化課程、銜接課程等，其發展類型是取決於學校所評估的學生需求而來，可分成系統創新型、深化躍升型、協力突破型、重點發展型及探索發展型等（黃政傑、洪詠善，2016）。有關於學校本位課程規劃與架構，目前在國家教育研究院「協力同行認識新課綱」網站，提供了「邁向十二年國教新課綱：學習與學校本位課程發展」影片。同時，網站上列有研究合作學校，內容涵蓋學校簡介、課程願景、發展現況與課程架構等，介紹學校核心素養導向的案例，說明學生學習與學校本位課程發展。新竹市「龍山國小」以創思三R培養學生成為實作者、創作者和思考者；新北市「桃子腳國中小」以創客課程培養團隊合作和解決問題的能力；花蓮縣「富北國中」藉多元教學方式帶領學生適性學習；臺南市「保東國小」結合當地特色發展鳳梨主題的學校本位課程，於生活中落實所學，可供進行核心素養的學校本位課程發展參考運用（國家教育研究院，2015）。但是值得特別注意的是「十二年國民基本教育」的「學校本位課程」不只是國民中小學九年一貫課程的「學校特色課程」，而是包含「部定課程」及「校訂課程」的學校整體課程（教育部，2014）。「部定課程」（領域學習課程）係指由國家統一規劃，以養成學生的基本學力，並奠定適性發展基礎的課程，部定領域課程實施時間及對象可彈性組合，彈性調節每節分鐘數與年級、班級之組合，領域學習節數在符合規範下可調整實施跨領域統整課程，部分領域授課時段或學習階段可適性調整，若干領域依需要得採分科教學，各校依需要可使用自編自選教材；而「校訂課程」（彈性學習課程）則指由學校安排，以形塑學校教育理想願景及強化學生適性發展的課程，尤其是「校訂課程」（彈性學習課程）的「跨領域統整性主題／專題／議題探究課程」，可以跨領域／科目或結合各項議題，發展「統整性主題／專題／議題探究課程」，強化知能整合與生活運用能力。此類「跨領域統整性主題／專題／議題探究課程」可於「校訂課程」時間實施，亦可於統整領域實施時間進行教學活動，而且更強調培養學生「核心素養」之學習內容與學習表現，呼應以學習者為主體的課程改革。是以宜注意應從學校整體論點來進行學校本位的「課程發展」，結合「部定課程」和「校訂課程」進行整合思考，成為學校本位課程發展所不能或缺的兩個部分（教育部，2014），特別是從學校整體的校本課程角度加以整

體規劃，促使「部定課程」和「校訂課程」之間得以相互輝映，而能彰顯學校本位課程發展的連貫性與整體性，合力培養學生之「核心素養」，以促進「個人發展」與「社會發展」，協助個人獲得成功生活並建立功能健全的社會。

　　「核心素養」的「學校本位課程發展」可以循序漸進進行，透過如圖 13-3「核心素養的學校本位課程發展模式」（core competence school-based curriculum development model），包括「核心素養的課程研究」（research）、「核心素養的課程規劃」（planning）、「核心素養的課程設計」（design）、「核心素養的課程實施」（implementation）、「核心素養的課程評鑑」（evaluation）、「核心素養的課程經營」（management）等研究（research）、規劃（planning）、設計（design）、實施（implementation）、評鑑（evaluation）、經營（management）的核心素養學校本位課程發展理論建構模式，簡稱核心素養的 RPDIEM 內環模式，相對應於「情境分析」（situation analysis）、「願景建構」（vision construction）、「方案設計」（program design）、「執行實施」（implement conduct）、「評鑑回饋」（evaluation feedback）、「配套措施」（corresponding measures）等情境（situation）、願景（vision）、方案（program）、實施（implementation）、評鑑（evaluation）、配套（corresponding）的核心素養學校本位課程發展實踐行動模式，簡稱核心素養的 SVPIEC 外環模式（蔡清田，2019）；值得注意的是，核心素養的學校本位課程發展，並非僵化步驟，學校可根據不同的情境條件與需要加以彈性應用，發展核心素養的學校本位課程發展永續經營之理論建構與實踐行動（蔡清田，2020）。

　　特別是「十二年國民基本教育」強調「核心素養」導向的課程、教學、學習及評量，從課程規劃設計到教師教學實施及學習評量的方式，都是為了落實十二年國民基本教育的「核心素養」。因此，教育當局應鼓勵學校教師進行「核心素養」的學校本位課程發展，以學生需求及學校社區情境資源為起點，發展學校特色且培養學生「核心素養」，學校教育人員可透過學校層級學校本位課程之發展，於建構學校願景及學生圖像、研訂校本課程發展之課程目標、發展各年級課程模組等歷程，均可結合一

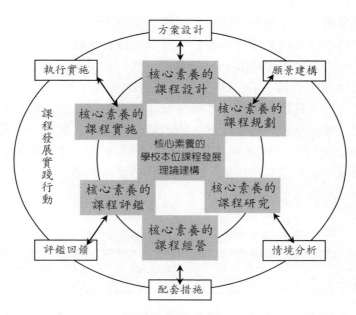

方案設計

執行實施　　　　　　　　　　　　　　顧景建構

核心素養的
課程設計

課　　　核心素養的　　　　核心素養的
程　　　課程實施　　　　　課程規劃
發
展　　　　　核心素養的
實　　　　　學校本位課程發展
踐　　　　　理論建構
行
動　　　核心素養的　　　　核心素養的
　　　　課程評鑑　　　　　課程研究

核心素養的
課程經營

評鑑回饋　　　　　　　　　　　　　　情境分析

配套措施

◆ 圖 13-3　核心素養的學校本位課程發展模式

個核心的三面九項核心素養進行校本課程發展。《十二年國民基本教育課程綱要總綱》明確指出要透過學校課程發展委員會的組織與運作，持續精進「學校本位課程發展」（教育部，2014：31）。據此「學校本位課程發展」，是十二年國民基本教育課程改革的重要核心概念，而且「核心素養」導向的「學校本位課程發展」是以學校為發展主體，強調由下而上的課程決定形式，經由選用、調整或自行創新課程與教材，回應學生的個別差異和學習需求，整合學校及社區特色與資源以學生為中心的課程計畫，培養學生的「核心素養」，營造以學習者為中心的新學習風貌，永續經營「學校本位課程發展」。未來的學校是核心素養的學校，尤其是學校課程計畫是學生學習的地圖、課程公共對話與溝通的重要文件，以持續精進「學校本位課程發展」。

　　學校應成立「課程發展委員會」，進行「部定課程」與「校訂課程」的學校本位課程發展之整體課程方案發展，並且學校應將整年度課程方案呈報主管機關備查。為了因應新課程綱要，除了「部定課程」之外，國中

小學階段另規劃「彈性學習課程」，學校可辦理全校性、全年級或班群活動，落實學校本位及特色課程；高級中等學校教育階段則分別規劃「校訂必修課程」、「彈性學習時間」、「專題、實作及探索課程」及更多的選修空間，提供學校發展特色、學生自主學習的機會（教育部，2014）。國民中小學九年一貫課程改革的「彈性學習節數」與十二年國民基本教育課程改革的「彈性學習課程」，兩者的精神是相同的，亦即希望藉由課程的彈性提升學生的學習興趣與適性發展。不同的是，從「節數」到「課程」，「課程」意即要有所規劃，依學生的特性、興趣與學校的願景進行系統的思考與設計（周淑卿等，2018）。

◆ 表 13-2　「十二年國民基本教育」各教育階段課程類型

課程類型　　　　　　　　　　　教育階段	部定課程	校訂課程
國民小學	領域學習課程	彈性學習課程
國民中學		
高級中等學校　普通型高級中等學校	一般科目　專業科目　實習科目	校訂必修課程　選修課程　團體活動時間　彈性學習時間
高級中等學校　技術型高級中等學校		
高級中等學校　綜合型高級中等學校		
高級中等學校　單科型高級中等學校		

　　《十二年國民基本教育課程綱要總綱》指出，課程發展要能因應不同教育階段之教育目標與學生身心發展之特色，提供彈性多元的學習課程，以促成學生適性發展，以學生為主體，彰顯學習主體的重要性，一方面強調「部定課程」與「校訂課程」的「彈性學習課程」與「彈性學習節數」的實施，重視領域／科目的重要性，並增加學生自主學習的時間與空間，如表 13-2「十二年國民基本教育」各教育階段課程類型所示（教育部，2014：8）；另一方面核心素養主要應用於國民小學、國民中學及高級中等學校的一般領域／科目，至於技術型、綜合型、單科型高級中等學校則依其專業特性及群科特性進行發展，核心素養可整合或彈性納入。《十二年國民基本教育課程綱要總綱》與各領綱皆重視各領域／科目與核心素養

學科知識、能力、情意之統整的重要性，以核心素養作為領域課程設計的核心，可避免有所偏失的現象，可強調知識、能力與態度統整的理念，可以引導領域／科目內容的發展，各教育階段領域／科目課程內涵，宜具體統整並融入核心素養。

依據《十二年國民基本教育課程綱要總綱》有關學校開設彈性學習課程之規定：「彈性學習課程由學校自行規劃辦理全校性、全年級或班群學習活動，提升學生學習興趣並鼓勵適性發展，落實學校本位及特色課程⋯⋯」。因此，學校宜妥適規劃結合教育相關各項政策宣導活動之方式進行彈性學習課程（教育部，2014）。特別是「課程發展委員會」可以透過行動研究，進行：(1) 審查全校各年級的課程計畫，以確保教育品質。(2) 考量學校條件、社區特性、家長期望、學生需要等因素，結合全體教師和社區資源，發展學校本位課程，並審慎規劃全校總體課程方案和班級教學方案。(3) 訂定學年課程實施計畫，其內容包括「目標、每週教學進度、教材、教學活動設計、評量、教學資源」等課程實施相關項目。

學校課程發展委員會可以透過行動研究，進行：(1) 分析情境；(2) 擬定目標；(3) 設計課程方案；(4) 詮釋和實施；(5) 檢查、評估、回饋及重新建構等要項（Skilbeck, 1984），將學校課程發展置於社會文化架構當中，藉由提供學生了解社會文化價值的機會，改良及轉變學生經驗（黃光雄、蔡清田，2017）。此種課程行動研究途徑，針對學校所處的社會文化情境變遷加以分析，進行學校課程發展，其基本假定是以個別學校及其教師作為課程發展的焦點，乃是促進學校真正改變的最有效方法（黃光雄，1996）。學校可獲得較多自主權，進行課程發展，而學校能否發展課程特色，也隱然成為評鑑教育改革成果的效標（吳明清，1999）。

因此，透過教育行動研究，可以鼓勵教育實務工作者發展學校課程特色。教育實務工作者，特別是學校教師，不應該將「課程」視為一種由上而下的科層體制式行政命令或規定。「課程」不是一套預先決定的教學技巧，而是一種在特定的時間與空間範圍之內的教學行動說明與行動媒介，以引導教師教學與學生學習之進行（蔡清田，1997d）。從教育專業立場觀之，「課程」並不只是有關教育目的、教學原理與學習內容的說明，更是一種協助教育實務工作者針對教育目的、教學原理、學習內容與實施策略的教育實踐行動，進行反省思考與討論對話的「行動研究方

案」（action research programme）（Elliott, 1998）。換言之，課程是一種鼓勵教育實務工作者從事教育實踐的行動方案或研究假設（Stenhouse, 1975），提供教育實務工作者進行教育行動研究的參考架構，鼓勵教育實務工作者，特別是學校教師，扮演行動研究者（陳伯璋，1999c），根據教育行動實務，考驗教育理論與教育構想，建立教育實務工作者的教育專業判斷知能與教育專業地位（Stenhouse, 1983: 160）。例如雲林縣土庫鎮埤腳國小，便用心規劃了一到六年及垂直連貫的校訂課程「埤腳稻・幸福米」，如圖 13-4 所示。

二／透過教育行動研究，進行各領域／科目與跨領域課程層面的課程設計

　　十二年國民基本教育課程改革將賦予教育實務工作者發展課程的專業空間，特別是「部定課程」與「校訂課程」的學校本位課程發展，鼓勵學校教師發展學校課程方案和班級教學計畫，因此，學校教師不再只是教學者，也是「課程設計者」，更是「教師即研究者」。《十二年國民基本教育課程綱要》一方面保留傳統課程綱要優點，另一方面又注入核心素養的新生命力，可循序漸進逐步進行課程改革，而且各領域／科目課程綱要規劃訂定時，已參酌適切的學習節數發展「領域／科目核心素養」與「領域／科目學習重點」。各領域／科目考量本身的理念與目標，結合各「教育階段核心素養」，發展及訂定符合學習節數的「領域／科目核心素養」及「學習重點」，各領域／科目課程綱要可保留部分原有課程目標，並創新增訂各「領域／科目課程目標」，確立與核心素養關係最為密切的課程目標，並發展「領域／科目核心素養」，彰顯該領域／科目的特色，而且「部定課程」特別重視各學科（領域／科目）「學習重點」及其呼應的「領域／科目核心素養」以統整學科領域／科目「學習內容」與「學習表現」（蔡清田，2018）。

　　「領域／科目核心素養」，可說是「領域／科目課程目標」之下的具體內涵，但比「領域／科目課程目標」更為具體，就「領域／科目核心素養」的課程設計原則而言，第一個原則是各領域／科目應能掌握各教育階段核心素養，可依其「領域／科目理念與目標」的領域／科目特性，轉

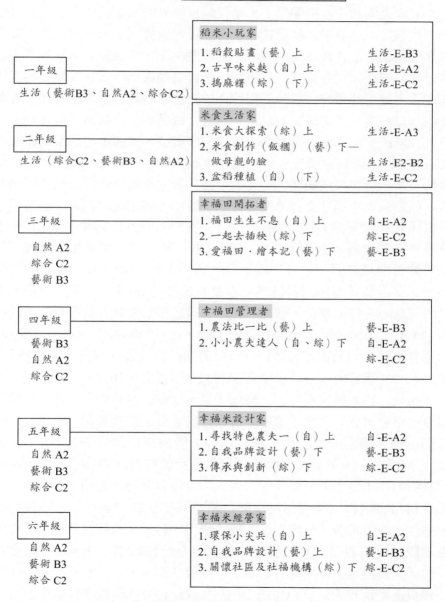

埤腳稻・幸福米

稻米小玩家
一年級
生活（藝術B3、自然A2、綜合C2）
1. 稻穀貼畫（藝）上　　　生活-E-B3
2. 古早味米麩（自）上　　生活-E-A2
3. 搗麻糬（綜）（下）　　生活-E-C2

米食生活家
二年級
生活（綜合C2、藝術B3、自然A2）
1. 米食大探索（綜）上　　生活-E-A3
2. 米食創作（飯糰）（藝）下—
　　做母親的臉　　　　　生活-E2-B2
3. 盆稻種植（自）（下）　生活-E-C2

幸福田開拓者
三年級
自然 A2
綜合 C2
藝術 B3
1. 福田生生不息（自）上　自-E-A2
2. 一起去插秧（綜）下　　綜-E-C2
3. 愛福田・繪本記（藝）下　藝-E-B3

幸福田管理者
四年級
藝術 B3
自然 A2
綜合 C2
1. 農法比一比（藝）上　　藝-E-B3
2. 小小農夫達人（自、綜）下　自-E-A2
　　　　　　　　　　　　綜-E-C2

幸福米設計家
五年級
自然 A2
藝術 B3
綜合 C2
1. 尋找特色農夫一（自）上　自-E-A2
2. 自我品牌設計（藝）下　藝-E-B3
3. 傳承與創新（綜）下　　綜-E-C2

幸福米經營家
六年級
自然 A2
藝術 B3
綜合 C2
1. 環保小尖兵（自）上　　自-E-A2
2. 自我品牌設計（藝）上　藝-E-B3
3. 關懷社區及社福機構（綜）下　綜-E-C2

◆ 圖 13-4　雲林縣土庫鎮埤腳國小「埤腳稻・幸福米」校訂課程

化為「領域／科目核心素養」具體內涵，並加以編碼。第二個原則是各領域／科目應注意各教育階段縱向連貫之「垂直關係」，並彰顯「領域／科目」之間與之內的「水平關係」，重視課程發展的水平統整與垂直連貫之設計。換言之，「領域／科目核心素養」係指依據《十二年國民基本教育課程綱要總綱》之各教育階段核心素養具體內涵，結合領域／科目基本理念與課程目標後，在各領域所展現核心素養具體內涵，各「領域／科目核心素養」可考慮其領域／科目的獨特性或高級中等教育階段學校類型的差異性而加以發展。「領域／科目核心素養」編碼，依序就是「分領域」、「分教育階段」、「核心素養的項目」三個編號。以國中階段數學領域核心素養「數 -J-B1 具備處理代數與幾何中數學關係的能力，並用以描述情境中的現象。能在經驗範圍內，以數學語言表述平面與空間的基本關係和性質。能以基本的統計量與機率，描述生活中不確定性的程度。」為例，第 1 碼「數」代表「學科（領域／科目）別」：是指此領域／科目核心素養是屬於數學領域；第 2 碼「J」代表「教育階段別」：是指此領域／科目核心素養是屬於國中教育階段；第 3 碼「B1」代表「核心素養九大項目別」：是指此「領域／科目核心素養」是屬於 B1「符號運用與溝通表達」的「核心素養」項目。據此「領域／科目核心素養」的課程改革功能具有 (1) 定位領域／科目之課程設計主軸；(2) 引導領域／科目之課程設計的連貫與統整；(3) 彰顯各領域／科目的學科特性重要功能；(4) 統整「學習重點」的「學習內容」與「學習表現」（蔡清田，2018）。

　　　「領域／科目學習重點」（簡稱「學習重點」）屬於各領域／科目課程綱要的重要內涵，它比「領域／科目核心素養」更為具體，特別是「學習重點」的「學習表現」與「學習內容」雙向細目表的 PC 雙因子二維（2D）架構方式，可提供各領域／科目進行教材設計的彈性，在不同版本教材中的「學習表現」與「學習內容」可以有不同呼應關係。各領域／科目教科用書編輯人員或學校教師可依不同學生的需求或學習階段的差異，彈性地編織組合「學習表現」與「學習內容」，有利於將學習重點轉化為實際教材與教學活動，且提供學生更為適性的學習機會。「學習重點」的「學習內容」與「學習表現」可呼應「領域／科目核心素養」，則是一種更高階而精巧的「PCC 三因子」三維（3D）螺旋課程統整設計，彰顯了十二年國教課程改革是一種「以核心素養為導向的課程改革」。

　　詳言之，「學習重點」課程設計的重要步驟有二：一是先考量「學習表現」與「學習內容」，這是一種 2D 課程設計雙向分析表，二是再斟酌「學習表現」及「學習內容」與「領域／科目核心素養」等三要素的呼應關係，可進一步設計領域／科目的核心素養的學習目標（蔡清田，2020）。「學習重點」的課程統整要素，包括三要素，一是「領域／科目核心素養」，二是該領域／科目「學習內容」，三是該領域／科目「學習表現」。換言之，就領域／科目「學習重點」的課程統整設計模式而言，乃是「領域／科目核心素養」、「學習內容」與「學習表現」等三要素之間緊密連結之課程統整設計關係模式，這是一種精巧的核心素養轉化之三維（3D）螺旋課程統整設計模式。每一階段中的領域／科目可以先依據領域／科目的理念目標檢核九項核心素養，看看領域／科目的「學習表現」與「學習內容」與哪幾項核心素養有關？再依照領域／科目的特性加以呼應所選擇的核心素養，以達成課程連貫與統整。「學習重點」宜根據「領域／科目核心素養」，統整某領域／科目特色的認知（知識）、技能（能力）、情意（態度）之「學習內容」與「學習表現」，成為如圖13-5 領域／科目學習重點的課程統整設計模式所示（蔡清田，2018）。

　　「學習表現」與「學習內容」都是「學習重點」內的領域／科目課程設計概念。但是「領域／科目學習重點」是上位的概念，「學習表現」與「學習內容」是下位的概念，分屬不同層次。「學習重點」的「學習表現」與「學習內容」包含「歷程」與「內容」兩個面向，符合對認知概念的

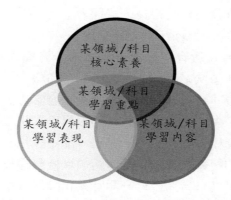

◆ 圖 13-5　領域／科目學習重點的課程統整設計模式

分類，提供教師具體設計的課程元素，也可以兼顧課程設計中的「目標模式」與「歷程模式」，前者比較適合對課程「學習內容」的強調，後者則重視學生在學習歷程的「學習表現」，「學習表現」與「學習內容」兩者宜應與該領域／科目的核心素養相呼應，可進一步設計領域／科目的核心素養的學習目標（蔡清田，2020）。每一階段中的領域／科目可以先依據領域／科目的理念目標檢核九項核心素養，看看領域／科目的「學習表現」與「學習內容」和哪幾項核心素養有關？再依照領域／科目的學科特性加以呼應所選擇的核心素養。據此「領域／科目核心素養」的課程改革功能具有定位領域／科目之課程設計主軸，引導領域／科目之課程設計的連貫與統整，彰顯各領域／科目的學科特性重要功能，統整「學習重點」的「學習內容」與「學習表現」。

過去的課程標準強調「學科知識」的獲得，國民中小學九年一貫課程強調培養學生帶得走的「基本能力」，而十二年國民基本教育課程改革則進一步強調培養學生能應用在生活情境所需的「核心素養」，較過去的「學科知識」、「基本能力」、「核心能力」涵蓋更寬廣和豐富的教育內涵，更注重學習歷程及方法策略（蔡清田，2014），強調培養終身學習者，彰顯學習者的主體性，不以學科知識作為學習的唯一範疇，不以傳統有限的「基本能力」窄化教學內容或以「核心能力」束縛學習內容，而是以「基本能力」與「核心能力」為基礎，加以擴展轉型升級為核心素養（蔡清田，2011），關照學習者可將「學科知識」與「基本能力」整合運用於生活情境（黃光雄、蔡清田，2017），並由個體生活擴展到社會生活，強調在生活情境中實踐力行的特質，培養學生因應現在及未來生活挑戰所應具備的「核心素養」（蔡清田，2016）。

《十二年國民基本教育課程綱要總綱》一方面重視「領域／科目核心素養」，亦即各「領域／科目」內部的學科知識、能力、情意的統整學習，另一方面也重視「跨領域／科目」的「核心素養」之培養，兩方面相輔相成且同等重要。尤其是在符合教育部教學正常化之相關規定及領域學習節數之原則下，學校得彈性調整或重組「部定課程」之領域學習節數，實施各種學習型式的跨領域統整課程。跨領域統整課程最多占領域學習課程總節數五分之一，其學習節數得分開計入相關學習領域，並可進行協同教學。教師若於領域學習或彈性學習課程進行跨領域／科目之協同教學，

提交課程計畫經學校課程發展委員會通過後，其協同教學節數可採計為教師授課節數，相關規定由各該主管機關訂定之（教育部，2014）。

《十二年國民基本教育課程綱要總綱》之一個核心的三面九項「核心素養」是同時強調「領域／科目核心素養」與「跨領域／科目」（transversal or cross domain/subject）的「核心素養」（蔡清田，2016）。國民所需的「核心素養」，是國民因應現在及未來社會生活情境所需具備的「知識」、「能力」與「態度」之統整，可透過各「領域／科目課程目標」與「領域／科目核心素養」引導各「領域／科目學習重點」的課程發展（蔡清田、陳伯璋、陳延興、林永豐、盧美貴、李文富、方德隆、陳聖謨、楊俊鴻、高新建、李懿芳、范信賢，2013），並透過「學習內容」與「學習表現」，展現各「領域／科目學習重點」課程設計（蔡清田，2018），引導學生學到更為寬廣且能因應社會生活情境所需的「核心素養」。是以，教師可以透過領域科目或跨領域的課程設計行動研究，教師在設計各領域／科目或跨領域教案時，均可依據課程目標結合適當的核心素養及學習重點進行課程發展設計行動研究。

特別是，為了因應新課程綱要，除了「部定課程」之外，「校訂課程」由學校安排，以形塑學校教育願景及強化學生適性發展：(1) 在國民小學及國民中學為「彈性學習課程」，包含「跨領域統整性主題／專題／議題探究課程」、「社團活動與技藝課程」、「特殊需求領域課程」，以及「其他類課程」的本土語文／新住民語文、服務學習、戶外教育、班際或校際交流、自治活動、班級輔導、學生自主學習、領域補救教學等其他類課程；(2) 在高級中等學校則為「校訂必修課程」、「選修課程」、「團體活動時間」（包括班級活動、社團活動、學生自治活動、學生服務學習活動、週會或講座等）及「彈性學習時間」〔包含學生自主學習、選手培訓、充實（增廣）／補強性課程及學校特色活動〕。國中小學階段「彈性學習課程」，學校可辦理全校性、全年級或班群活動，落實學校本位及特色課程；高級中等學校教育階段則分別規劃「校訂必修課程」、「彈性學習時間」、「專題、實作及探索課程」及更多的選修空間，提供學校發展特色、學生自主學習的機會（教育部，2014）。可由學校教師成立「課程小組」，進行「部定課程」的領域／科目課程設計行動研究，更進行「校訂課程」的統整課程設計行動研究，加強核心素養的培養。

更值得注意的是如表 13-3《十二年國民基本教育課程綱要總綱》「校訂課程」彈性學習課程節數規劃，在國中小教育階段包含：(1)「跨領域統整性主題／專題／議題探究課程」；(2)「社團活動與技藝課程」；(3)「特殊需求領域課程」；(4) 以及本土語文／新住民語文、服務學習、戶外教育、班際或校際交流、自治活動、班級輔導、學生自主學習、領域補救教學等「**其他類課程**」等四類課程來引導學校規劃，特別鼓勵「跨領域」探究及自主學習，促進適性學習的發展，活化領域學習；在高中階段「校訂課程」新增校訂必修及彈性學習，校訂必修讓學校能進行特色課程發展，彈性學習（自主學習、選手培訓、充實／補強性教學等）讓學生有更多自主學習機會（教育部，2014：8）。

◆ 表 13-3 《十二年國民基本教育課程綱要總綱》「校訂課程」彈性學習課程節數規劃

領域 ＼ 學習階段		第一學習階段	第二學習階段	第三學習階段	第四學習階段
彈性學習課程	統整性主題／專題／議題探究課程	2-4 節	3-6 節	4-7 節	3-6 節
	社團活動與技藝課程				
	特殊需求領域課程				
	其他類課程				

教育實務工作者，特別是學校教師，可以透過教育行動研究，在課程目標的引導下，注重課程邏輯順序與學生身心發展歷程、核心素養、領域／科目與學生生活經驗統整、社區需求與學校情境等特性，就概念、通則、技能與價值等課程組織要素，妥善安排課程教材組織，協助學生獲得認知、情意、技能的統整發展（Posner & Rudnitsky, 1997）。甚至，透過教育行動研究，依據學習領域特性與學生身心發展階段，設計適性教育之課程，發展適應學生能力差異的分級教材教法，設計另類變通的學習機會與活動經驗，進行加深加廣或補救教學，落實因材施教理想（林清江、蔡清田，1999）。

三／透過教育行動研究，進行教室層次的課程設計

　　教師最接近實際教學情境，不但了解學生發展，更站在教育前線，實際觀察體驗學生發展過程與需要，是課程設計的理想人選。如果課程是教師發展或設計出來的，教師對於該課程自然容易心領神會。因此，教師不但可以透過教育行動研究，進行學校課程發展，同時也可設計教室層次的班級教學課程方案，如選擇課程內容要素、設計學習材料、規劃學習活動、組織學習經驗、評鑑學習經驗，以因應其教室情境的特殊需要（Walker, 1990）。

　　特別是十二年國民基本教育課程改革，不僅強調以學生作為學習的主體及師生互動參與，同時重視知識能力與態度情意的「領域／科目核心素養」，透過「領域／科目學習重點」的課程設計，統整學科知識的「學習內容」與核心能力的「學習表現」，兼顧能力導向學習與知識導向學習，並且配合學生認知結構發展，因應學生由國民小學、國民中學、高中職的認知技能情意之階段發展過程；而且延續「跨領域／科目」課程統整的特色，教師教學應調整過去偏重學科知識的教學型態，活化教學現場與學習評量，除了引導學生學習學科知識之外，也要強調轉化實踐行動的知能，培養學生因應生活所需的「跨領域／科目」的核心素養。

　　特別是《十二年國民基本教育課程綱要總綱》，一方面強調校訂課程和公開觀課，讓教師專業社群經營成為學校行政與課程發展的重心，共同備課和觀課也將營造全新的學校團隊氛圍，翻轉傳統的教師教學（洪詠善、范信賢，2015）；另一方面《十二年國民基本教育課程綱要總綱》重視「核心素養」，強調以學生作為學習的主體及師生互動參與，而非傳統的教師講授主導教學。尤其是以核心素養為核心的十二年國民基本教育課程改革，同時重視知識能力與態度情意的教學與學習，透過「領域／科目學習重點」的課程設計，統整學習內容與學習表現，並配合學生認知結構發展，因應學生由國民小學、國民中學、高中職的教育階段發展過程。過去《國民中小學九年一貫課程綱要》重視基本能力，強調能力指標以學生需習得的能力展現為主，而《十二年國民基本教育課程綱要》重視核心素養，強調「領域／科目學習重點」統整「學習表現」與「學習內容」兩個向度，組成「學習重點」能較完整呈現學習歷程、方法及內容，並作為

教材設計之參考，引導教師的教學與學習學習。

　　簡而言之，「領域／科目學習重點」指的就是領域／科目的「學習內容」與學生的「學習表現」，這些是教師的教學重點，也是學生的學習重點，也是提供各領域／科目進行課程發展的教材設計、教科書審查及學習評量的重要依據。特別是「學習內容」是該領域／科目「核心」的知識、能力、態度等有價值的「內容」，能呼應核心素養的重要、關鍵、必要之特質（蔡清田，2018），並引導學生透過「學習內容」而展現「學習表現」以達成目標，但毋須像傳統教材大綱一樣列出所有教材或內容，以避免教材太多或不當重複或脫節遺漏之缺失。學習內容需能涵蓋該領域／科目之重要事實、概念、原理原則、技能、態度與後設認知等知識。學習內容是該領域／科目重要的、基礎的內容，學校、地方政府或出版社得依其專業需求與特性，將學習內容做適當的轉化，以發展適當的教材。此種學習重點的架構方式，提供各領域／科目進行教材設計時的彈性，學習表現與學習內容可以有不同的對應關係。學校教師可依不同學生的需求或學習階段的差異，彈性地組合領域／科目的「學習表現」與「學習內容」，這有利於將課程綱要內涵轉化為實際教材，且提供學生更為適性的學習機會（國家教育研究院，2014a）。

　　教師進行「十二年國民基本教育」的「核心素養」教案設計，一定要先學會解析「核心素養」和撰寫特定年級「學習目標」。教師不能任意撰寫「十二年國民基本教育」的「核心素養」「學習目標」。教師撰寫特定領域／科目的「學習目標」，最好依據「領域／科目核心素養」，結合「學習重點」之「學習表現」與「學習內容」，將「領域／科目核心素養」具體化為特定年級「學習目標」。例如國小國語文領域／科目核心素養的「國-E-B1 理解與運用本國語言、文字、肢體等各種訊息，在日常生活中學習體察他人的感受，並給予適當的回應，以達成溝通及互動的目標」，可再具體轉化成為該國語文領域／科目核心素養的國小六年級第一條學習目標「國-E6-B1-1 能配合語言情境，欣賞不同語言情境中詞句與語態在溝通和表達上的效果」或國小六年級第二條學習目標「國-E6-B1-2 能學習敘述、描寫、說明、議論、抒情等表述方式，練習寫作」。

　　上述「核心素養」的「學習目標」的編碼方式，就是將國小國語文領域／科目核心素養「國-E-B1」的第二碼教育階段再補加上年級編碼，並

加上第四碼為流水號成為「國-E6-B1-1」或「國-E6-B1-2」，以便進行該
國語文領域／科目核心素養的後續教案設計及教學實施與學習評量；「學
習目標」的撰寫方式可依據呼應「國-E-B1」國小國語文領域／科目核心
素養的**學習目標與學習重點**，透過「學習目標」的設計，呼應「領域／
科目核心素養」與學科（領域／科目）「學習重點」之「學習表現」與「學
習內容」，同時強調該學科（領域／科目）的認知（知識）、技能（能力）
及情意（態度）之「學習表現」與「學習內容」，如表 13-4 呼應國-E-B1
核心素養（「國-E-B1 理解與運用本國語言、文字、肢體等各種訊息，在
日常生活中學習體察他人的感受，並給予適當的回應，以達成溝通及互動
的目標」）的學習目標與學習重點的三維（3D）細目表，運用「學習表
現」的動詞用法及「學習內容」的內容概念，以撰寫特定年級的具體「學
習目標」（如「國-E6-B1-1 能配合語言情境，欣賞不同語言情境中詞句
與語態在溝通和表達上的效果」或「**國-E6-B1-2 能學習敘述、描寫、說
明、議論、抒情等表述方式，練習寫作**」），以利進行後續有效教學設計
（蔡清田，2020）。

◆ 表 13-4　呼應「國-E-B1」國小國語文領域／科目核心素養學習目標與學習重
點的三維（3D）細目表示例

呼應國小國語文的「國-E-B1 領綱核心素養的各單元學習重點與學習目標			
單元名稱	學習重點		學習目標
單元一	學習內容	Ac-Ⅲ-4 各類文句表達的情感與意義。	國-E6-B1-1 能配合語言情境，欣賞不同語言情境中詞句與語態在溝通和表達上的效果。（Ac-Ⅲ-4、2-Ⅲ-3）
	學習表現	2-Ⅲ-3 靈活運用詞句和說話技巧，豐富表達內容。	
單元二	學習內容	Bd-Ⅲ-1 以事實、理論爲論據，達到說服、建構、批判等目的。	國-E6-B1-2 能學習敘述、描寫、說明、議論、抒情等表述方式，練習寫作。（Bd-Ⅲ-1、6-Ⅲ-5）
	學習表現	6-Ⅲ-5 書寫說明事理、議論的作品。	

教師甚至可以參考撰寫學習目標的雙向分析表（蔡清田，2020），運用表 13-5 呼應國 -E-B1 核心素養學習目標與學習重點（內容／表現）的三維（3D）細目表，亦即運用呼應國 -E-B1 核心素養（「國-E-B1 理解與運用本國語言、文字、肢體等各種訊息，在日常生活中學習體察他人的感受，並給予適當的回應，以達成溝通及互動的目標」）的學習目標與學習重點的雙向細目表，一方面運用「學習表現」（2-Ⅲ-3）的動詞用法及「學習內容」（Ac-Ⅲ-4）的內容概念，另一方面進而撰寫特定年級的具體「學習目標」（如「國-E6-B1-1 能配合語言情境，欣賞不同語言情境中詞句與語態在溝通和表達上的效果」），以利進行後續的有效教學設計（蔡清田，2020）。

◆ 表 13-5　呼應國 -E-B1 核心素養學習目標與學習重點的三維（3D）細目表

學習表現／學習目標／學習內容	2-Ⅲ-3 靈活運用詞句和說話技巧，豐富表達內容。	6-Ⅲ-5 書寫說明事理、議論的作品。
Ac-Ⅲ-4 各類文句表達的情感與意義。	國-E6-B1-1 能配合語言情境，欣賞「不同語言」情境中「詞句」與語態在溝通和表達上的效果。（Ac-Ⅲ-4、2-Ⅲ-3）	
Bd-Ⅲ-1 以事實、理論為論據，達到說服、建構、批判等目的。		國-E6-B1-2 能學習「敘述、描寫、說明、議論」、抒情等「表述方式」，練習寫作。（Bd-Ⅲ-1、6-Ⅲ-5）

例如以表 13-6 雲林縣林內鄉林宜蓁老師設計九芎國小五年級「農業小達人」彈性學習課程「第五節戀戀蝶豆花」教學設計簡案為例，說明可以透過圖 13-6「核心素養的 OSCP 教案設計模式」（蔡清田，2020），進行教室層次課程設計的教學行動研究。

這種「核心素養的學習目標、情境、內容、表現教案設計模式」（簡

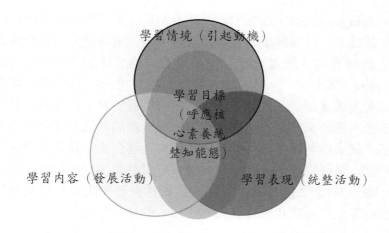

學習情境（引起動機）

學習目標
（呼應核
心素養統
整知能態）

學習內容（發展活動）　　學習表現（統整活動）

◆ 圖 13-6　核心素養的 OSCP 教案設計模式

稱為「核心素養的 OSCP 教案設計模式」或 OSCP 教案設計模式）之四步驟，包括：（一）核心素養的「教學目標」宜包含知識、能力、態度、價值等面向的統整，需再具體轉化成為學生的「學習目標」（learning objectives，簡稱 O），並呼應「核心素養」及「學習重點」的「學習內容」及「學習表現」；（二）可透過「學習情境」（learning situation，簡稱 S）分析設計導向「學習目標」的學習情境，如導入適當的時事、人物、圖片、照片、影片等相關情節以布置有利於學習的情境，引發學習動機；（三）核心素養的「教學設計」，可透過選擇組織「學習重點」的「學習內容」（learning content，簡稱 C），以發展學習方法及活動策略引導「學習表現」；（四）透過「統整活動」，活用實踐「學習表現」（learning performance，簡稱 P），進行學習評量，以了解核心素養「學習目標」的達成程度。

　　首先林宜蓁老師將藝術 B3 的「核心素養」，具體轉化為學生「學習目標」（learning objectives，簡稱 O）：「藝-E5-B3-2 能透過蝶豆花飲品創意發想的設計在課堂實作，並藉由蝶豆花茶的色彩變化來豐富美感經驗」，進而透過「學習情境」（learning situation，簡稱 S）分析設計布置導向「學習目標」的合宜學習情境，引發學習動機；其次核心素養的「教學設計」的「發展活動」，可透過選擇組織「學習重點」的「學習內

容」（learning content，簡稱 C）：「視A-Ⅲ-2 生活物品、藝術作品與流行文化的特質」，以發展學習方法及活動策略；最後透過「統整活動」，引導學生活用實踐「學習重點」以展現適當的「學習表現」（learning performance，簡稱 P）：「1-Ⅲ-6 能學習設計思考，進行創意發想和實作」，並藉用鑑賞眼光「視」喝觀察各組所調製的蝶豆花飲料色彩層次及其擺盤美觀，進行第一輪投票評選票選出哪一組的飲料最漂亮，其次再用嘴巴口感「試」喝各組所調製的蝶豆花飲料，進行第二輪投票評選票選出哪一組的飲料最好喝等多元評量方式進行學習評量，以了解核心素養「學習目標：藝-E5-B3-2 能透過蝶豆花飲品創意發想的設計在課堂實作，並藉由蝶豆花茶的色彩變化來豐富美感經驗」的達成程度。

◆ 表 13-6　雲林縣林內鄉林宜蓁老師設計九芎國小五年級「農業小達人」主題多學科領域國語文／藝術彈性學習課程「第五節戀戀蝶豆花」教學設計簡案

主題名稱	農業小達人之戀戀蝶豆花	設計者	林宜蓁
課程類別	■統整性探究課程 □社團活動與技藝課程 □特殊需求領域課程 □其他	實施年級	五甲
		教學節次	第五節
		教學節數	共 5 節
		教材來源	自編
總綱核心素養	□E-A1 具備良好的生活習慣，促進身心健全發展，並認識個人特質，發展生命潛能。 □E-A2 具備探索問題的思考能力，並透過體驗與實踐處理日常生活問題。 □E-A3 具備擬定計畫與實作的能力，並以創新思考方式，因應日常生活情境。 □E-B1 具備「聽、說、讀、寫、作」的基本語文素養，並具有生活所需的基礎數理、肢體及藝術等符號知能，能以同理心應用在生活與人際溝通。 □E-B2 具備科技與資訊應用的基本素養，並理解各類媒體內容的意義與影響。		

（續）

總綱核心素養	■ E-B3 具備藝術創作與欣賞的基本素養，促進多元感官的發展，培養生活環境中的美感體驗。 □ E-C1 具備個人生活道德的知識與是非判斷的能力，理解並遵守社會道德規範，培養公民意識，關懷生態環境。 □ E-C2 具備理解他人感受，樂於與人互動，並與團隊成員合作之素養。 □ E-C3 具備理解與關心本土與國際事務的素養，並認識與包容文化的多元性。
學習目標	藝-E5-B3-2 能透過蝶豆花飲品創意發想的設計在課堂實作，並藉由蝶豆花茶的色彩變化來豐富美感經驗。
學習表現	1-Ⅲ-6 能學習設計思考，進行創意發想和實作。
學習內容	視A-Ⅲ-2 生活物品、藝術作品與流行文化的特質。
融入議題具體內涵	□性別平等教育　□人權教育　■環境教育　□海洋教育　□品德教育　□多元文化教育　□法治教育　□科技教育　□資訊教育　□能源教育　□性侵害防治　□防災教育　□閱讀素養　□生命教育　□家庭教育　□生涯規劃教育　□原住民教育　□戶外教育　□國際教育　□家暴防治　□安全教育

第五節教學活動內容及實施方式	時間	評量方式
一、引起動機 （學習目標藝-E5-B3-2 能透過蝶豆花飲品創意發想的設計在課堂實作，並藉由蝶豆花茶的色彩變化來豐富美感經驗。） 1. 植物的身體有根、莖、葉、花和果實等各部位，而植物最鮮豔、最吸引人的部分是哪裡？ 2. 花的用途有哪些？（送人、觀賞、壓花、食用、香水……） 3. 展示花的各類產品並簡單介紹其作法：花茶、盆栽、壓花卡片、乾燥花、精油、香水……。 4. 如何透過蝶豆花的特性調製漸層飲料？ 5. 學生依據小組製作的海報調製蝶豆花飲品。	5分鐘	專注聆聽

（續）

第五節教學活動內容及實施方式	時間	評量方式
二、發展活動 （學習內容視 A- Ⅲ -2 生活物品、藝術作品與流行文化的特質） 1. 星空夢幻飲品大會師 　各組開始調製蝶豆花飲品 2. 各組將調製好的蝶豆花飲品進行擺盤裝飾。 3. 各組介紹蝶豆花飲品的特色。 4.「視」喝各組的飲料，進行第一輪投票評選，請同學仔細票選哪一組的飲料最漂亮。 5.「試」喝各組的飲料，進行第二輪投票評選，同學試喝各組所調製的蝶豆花飲料，並請同學票選哪一組的飲料最好喝。	28 分鐘	小組能分工合作實作 小組發表
三、統整活動 （學習表現 1- Ⅲ -6 能學習設計思考，進行創意發想和實作） 1. 分享自製星空夢幻飲的心得感想。 2. 老師總結 　從製作調飲的過程和成果中，了解蝶豆花本身的藍色花青素，以及在酸鹼度不同狀態下的變色效果，也懂得利用身邊的花花草草，製作花的各類產品。 3. 幸福食光 　盡情享用自己調配的夢幻蝶豆花飲品。 第五節結束	7 分鐘	能舉手發表

　　十二年國教課改強調以核心素養為依據的學習評量，應依據「領域／科目學習重點」為依據的學習評量；換言之，學習評量應依據「核心素養」的「學習重點」，考量學生生活背景與日常經驗，妥善運用在地資源，發展真實有效的學習評量工具。以「核心素養」為主軸的學習評量，需兼顧整體性和連續性，以了解學生在相對於「核心素養」的「領域／科目學習重點」之學習進展，並有效進行追蹤，長期評估學生在「領域／科

目學習重點」的「學習內容」與「學習表現」之成長與進步。特別是「學習表現」是指該領域／科目關鍵而重要的「核心」認知、技能、情意等有價值的「表現」，能呈現該領域／科目有關「非內容」（non-content）面向的學習特質，引導學生學習達成認知、技能、情意之學習表現而達成學習目標，且能呼應領域／科目核心素養的重要、關鍵、必要之特質（蔡清田，2014），毋須像傳統課程綱要一樣列出所有能力指標或學習指標，以避免指標過多數量龐大或流於繁瑣而難以掌握或不當重複或脫節遺漏之缺失。學習表現是強調以學習者為中心的概念，學習表現重視認知、情意與技能之學習展現，代表該領域／科目的非「內容」向度，應能具體展現或呼應該領域／科目核心素養。認知向度包括記憶、理解、應用、分析、評鑑、創造等層次；情意向度包括接受、反應、評價、價值組織、價值性格化等層次；技能向度包括感知、準備狀態、引導反應（或模仿）、機械化、複雜的外在反應、調整、獨創等層次。在教學方案（教案）上若要強調核心素養，建議教師在教學方案中加上「呼應核心素養之說明」的項目，以說明該教案中的哪個學習目標、哪些教學活動、哪些學習活動設計是用以促進哪幾項核心素養之養成。較精簡的教學方案，可在課程設計理念中加上一段有關如何呼應核心素養項目的說明，或在教學方案中勾選或標示本教案希望達到哪幾項核心素養項目；若希望能有較詳盡的說明，則可逐項列舉每一項核心素養項目是如何對應哪些學習目標、學習內容教學活動、學習表現的統整活動（何雅芬，2020；林永豐，2018；蔡清田，2020）。

　　十二年國民基本教育課程改革，說明了教師可以扮演課程設計者（Elliott, 1992），更說明了「沒有教師專業發展，就沒有課程發展」（Stenhouse, 1975），亦即，有必要透過教師在職進修，鼓勵教師採取教育行動研究，作為課程實施的配套措施，因應學校文化、教室情境、師生不同特質而加以靈活彈性運用；鼓勵教師透過行動研究，針對課程目標、核心素養、領域科目、教材大綱、教學指引、教師手冊、教科用書及學習活動，進行規劃、省思檢討與再規劃實施，以創新教學內容與方法，裨益師生互動及提升教學成效。

第三節 十二年國民基本教育學校課程改革教育行動研究主要程序步驟

　　就十二年國民基本教育課程改革的實施原則而言，教育部特別重視開放原則、多元原則與行動原則（蔡清田，2017）。為擴大參與以提升效果，新課程之試辦的前導學校採開放原則，由縣市政府教育局遴薦、學校主動申請及教育部指定學校之方式辦理，讓有意願參與十二年國教新課綱改革以發展核心素養的學校本位課程之學校，結合學校環境及社區資源之有利條件，提供其參與新課程改革與教學創新的機會。為獲得具體而多元的新課程推動模式、策略及預期成果，新課程改革與教學創新之試辦採多元原則，由參與試辦學校研提試辦項目、實施方式、策略方向及預期成效，在學校彈性規劃設計下，展現新課程試辦的多元風貌。為提升新課程試辦效果，並及時解決相關問題，各參與學校宜結合「行動研究」計畫，同步進行課程改革試辦與研究工作，透過實際問題探討，研析其解決策略，增進實施新課程的素養。

　　如同本書第一篇「教育行動研究的理論與實踐」及第二篇「教育行動研究的歷程與程序」，指出沒有行動的研究，是空洞的理想；沒有研究的行動，是盲目的行動；沒有實務的理論，是空洞的理念；沒有理論的實務，是盲目的行動；行動研究結合行動與研究，縮短實務與理論的差距；可以透過博學、審問、慎思、明辨、篤行的行動研究態度，以及教育行動研究的歷程步驟，培養達成增進教育實務工作者因應解決教育實務工作情境問題的能力素養，或增進教育實務工作者的教育專業理解，或是協助獲得「教育實務工作者即研究者」的教育專業地位，因應解決改善十二年國教新課綱核心素養改革的問題與情境。特別是透過教育行動研究，推動教育改革，需要經過系統規劃與慎思熟慮構想的精心設計，並不是任意隨興的，這種邏輯是一種持續不斷的行動與研究之互動循環（蔡清田，2000），重視理論與實務之間的對話與回饋（Schön, 1983, 1986），合乎歷程模式的程序原理（Peters, 1966; Stenhouse, 1975; Elliott, 1998）。教育行動研究提供解決實務問題的行動方案，具有井然有序的程序架構，可

以參考本書前面各章所論及的教育行動研究要從教育實務工作當中指出所面臨的實際問題，進行關注分析與確定所遭遇的問題領域，就如同「登高必自卑，行遠必自邇」，界定問題領域範圍，確定問題焦點；況且「凡事豫則立，不豫則廢」，規劃解決問題的行動方案的行動進路計畫；而「三個臭皮匠，勝過一個諸葛亮」，爭取透過協同合作進行行動研究；執行教育實務與進行教育研究工作是「省思的實務工作者」的角色分內工作，在實施過程中不斷的蒐集並累積各種資料證據並進行討論分析與省思，透過評鑑回饋所蒐集的資料證據，以了解所遭遇的困難是否已經由行動研究方案的實施而加以解決，以改善教育實務工作情境或解決實際教育問題，或是增進教育實務工作者的教育專業理解而能有助於獲得「教育實務工作者即研究者」的教育專業地位，並將教育行動研究歷程與成果進行呈現發表與省思，展現教育行動研究者「我思故我在，我寫故我在」的研究成果與專業發展記錄，呼應我國社會對「終身學習的教師圖像」之期待的理想願景。

　　由上可見，教育行動研究的歷程與程序是一種不斷行動反省思考的教育理論與實務，更是一個繼續不斷行動省思的循環，每個循環均可能包含：了解和分析一個需加以改善的實務工作情境或需解決的困難問題；有系統地研擬教育行動方案策略以改善實務工作情境或解決困難問題；執行教育行動方案策略並衡量其實際成效；進一步澄清所產生的新問題或新工作情境，並隨之進入下一個行動省思循環。可見，教育行動研究是一種系統化的探究歷程。綜合各家觀點，歸納教育行動研究的過程，包括「行動『前』的研究」、「行動『中』的研究」、「行動『後』的研究」之關注問題領域焦點、規劃行動方案、尋求合作夥伴、實施行動方案、進行評鑑回饋省思等繼續循環不已的開展過程（蔡清田，2001），這種開展過程可以進一步地加以明確化與系統化為三階段六步驟：第一階段「**行動『前』的研究**」：（一）Problem 提出教育行動研究問題與省思；（二）Project 規劃教育行動研究方案與省思；第二階段「**行動『中』的研究**」：（三）Collaboration 協同合作教育行動研究與省思；（四）Implementation 實施監控教育行動研究與省思；與第三階段「**行動『後』的研究**」：（五）Evaluation 評鑑回饋與省思；（六）Report 呈現教育行動研究報告與省思之「問題方案合作實施評鑑報告」，簡稱 **PPCIER** 教育行動研究循環歷程

模式，可以協助學校教育實務工作者以獲得生命經驗之省思回顧而更深入的探索其學校教育實務行動與相關理論之可能內涵，進而解決其所遭遇的十二年國教新課程綱要改革的課程與教學問題或改善其實務工作情境或獲得專業發展。

例如高于涵（2020）擔任國小一年級教師，因應十二年國教新課程綱要改革，運用繪本實施情緒教育課程方案，以解決教學實務情境中所發生的困境；該研究採用蔡清田（2013）對教育行動研究歷程的理論，將本研究流程規劃為行動前的研究、行動中的研究及行動後的研究。行動前的研究：陳述所關注的問題、規劃可能解決上述問題的行動方案；行動中的研究：尋求可能的合作夥伴、採取行動實施方案；行動後的研究：課程方案評鑑與回饋、發表與呈現行動研究證據。高老師據此採行的行動研究步驟如下：（一）**陳述所關注的問題**與省思，該研究問題起源於任教的優秀國小（化名）一年甲班的學生，由於是小一新生，對於國小的新環境適應上所產生的各種情緒問題，例如全天課程與家人的分離焦慮；過度依賴家長或是大人；在學校發生問題不敢求助；遇到不如意的事就用大哭或責怪他人的方式處理。經研究者分析後，針對研究對象無法適當的處理情緒的行為，研擬可能解決問題的行動方案。（二）**規劃可能解決上述問題的行動方案**與省思，行動研究方案的規劃，可釐清行動程序的順序，確保能夠在期限內完成行動，並不斷的行動、討論及省思；透過情境分析，歸納整理教學上面臨的實際問題後，蒐集探討相關文獻外，依據兒童情緒發展、情緒智力相關理論及十二年國教新課綱中，以「核心素養」作為課程發展之相關指標為基礎，設計出八個情緒主題繪本課程。透過情緒主題繪本進行故事講述與討論，故事內容連結孩子的生活經驗，孩子得以自我省思與實踐，最後由研究者進行統整，設計一系列八個情緒主題教學內容的繪本融入小一新生「情緒教育」課程之行動方案。（三）**尋求可能的合作夥伴**與省思，行動研究者應尋找協同合作的夥伴，可向指導教授、學校同事、家長尋求協助和請教意見，請他們用不同的角度來討論行動方案的可行性。高老師尋求同學年一年級導師李老師（化名）合作，其擔任低年級導師也有五年以上的教學經驗；另外一位陳老師（化名）是研究者任教班級的科任老師，對研究參與的學生有一定的了解，教學經驗豐富，對於學生總是耐心教導。兩位老師常給予研究者行動方案上的建議，由於教學年

段相同觀課較容易，能夠互相討論課程及孩子的狀況，陳老師在科任課時也能協助觀察孩子的表現，因此研究之主要合作夥伴為李老師及陳老師。（四）**採取行動實施方案**與省思，行動研究採取具體的實際行動，實施解決問題之行動研究，並蒐集相關資料，仔細觀察與探究，讓研究者可監控自身的行動，確保研究的進行。該研究接受教授建議及與合作夥伴討論後，不斷進行修正與省思，開始實施行動方案，共計八週，課程分為八個情緒主題活動，每個主題活動進行一週的時間，該週皆進行繪本相關活動。課程活動於每週二生活課進行，於課程實施前一週，先請研究參與學生及家長填寫情緒前測問卷，並於最後一堂課程實施一週後，再請研究參與學生及家長填寫情緒教育後測問卷。該行動方案之課程活動實施者即為研究者，每次教學過程皆以錄影方式做紀錄，作為課後研究者自我省思及與合作夥伴觀察與回饋之依據。除課堂上的觀察記錄外，亦於平日課後時間觀察蒐集資料，來了解學生情緒行為表現不同面向的進步情形，進行本行動方案之過程，是種不斷蒐集資料、討論、省思並修正的歷程。（五）**課程方案評鑑回饋**與省思，行動研究歷程進行評鑑與批判省思，協助實務工作者了解所規劃的行動研究是否已解決問題，若未獲得解決，必須重複上述循環，確保問題獲得改善。該研究之評鑑方式，是依據觀察、訪談、回饋單、前後測問卷、教學省思等資料之處理來進行評鑑。研究者蒐集學生、家長、夥伴老師的回饋及觀察紀錄等資料進行整理與分析，能協助研究者評鑑本研究方案之實施成效，亦可作為研究結果之佐證資料。（六）**發表與呈現行動研究證據**與省思，最後呈現行動研究的成果，幫助實務工作者分享珍貴的紀錄，並提供其他教育工作者之實務參考。

又如，在臺中市擔任高中英文教師的蔡玉珊（2020），因應十二年國民基本教育課程改革，便透過行動研究以「好好高中」二年 A 班學生為合作研究夥伴，運用合作學習於高中英文閱讀理解教學之行動研究，採用蔡清田（2013）對教育行動研究歷程的理論，將本研究流程規劃為行動前的研究、行動中的研究及行動後的研究。（一）**陳述所關注的問題**與省思，蔡玉珊老師在高中教授英文多年，陪伴學生參加大學入學英文學科考試，期望協助學生取得良好表現，以利之後的申請入學或指定分發，進入心目中理想的校系就讀。而在大學入學英文學科考試上，首重英文閱讀理解能力，尤其是閱讀測驗的比重，就占了選擇題比分約一半，因此，良

好的英文閱讀理解能力對研究者任教的高中學生而言非常重要。當然，在教學上，也自是蔡老師長期以來專注培養學生英文能力上的重點。因此，針對學校、學生與研究者本身進行 SWOTA 分析，找出學生在學習情境上的優勢與資源，希望提升學生英文閱讀理解力。（二）**進行相關理論文獻探討規劃行動方案**與省思，界定研究問題後，即著手相關理論之文獻探討，包含對英語文領域課綱的探究，探討何謂閱讀理解，閱讀理解的歷程；合作學習的定義、要素與模式探討；以及合作學習在英文閱讀教學上的研究，從文獻資料的蒐集與分析中，尋找合作學習方案提升高中生英文閱讀理解效用的教學法。（三）**尋求教育行動研究合作夥伴**與省思，行動研究是一種合作模式的研究，為減少摸索與嘗試錯誤的時間，請教專家學者與尋找教育行動合作夥伴是必要的。該行動研究主要為運用合作學習於高中英文閱讀理解教學之行動研究，因此，尋找的協同教師包含同校英文科的盧老師與林老師兩人，一起觀課與議課，並在行動研究的過程中，提供精闢的見解與具體的建議，以修正教學方向；共備社群計畫主持人「中中高中」的英文科李老師，協助教學目標、教學設計、教學流程等建議與想法，同時提供研究者所需的協助、經驗、資料與資源，並陪伴共備；另外，更邀請國立中正大學蔡清田教授以專家學者的角度，為此行動研究提供最專業與洞察的批評及建議。（四）**實施課程發展之行動方案**與省思，行動研究方案的規劃，需釐清實施行動之先後順序，確保行動方案可在時間內完成。規劃具彈性的行動研究計畫方案或解決問題的議程，便是可用來持續進行行動與反省思考的途徑方法及策略。因此，規劃行動方案必須思考到行動研究時間與流程順序，避免雜亂無章。方案規劃有預定的日程，也考驗教師設計課程的能力。蔡老師與共備教師、協同教師討論與請益，確認所規劃的教學計畫與進度，接著則一起討論共備課程，準備教學使用的教材、簡報、問題、任務規劃、角色擔當、作業設計、前測與後測、省思札記與訪談大綱等。本行動研究規劃主要培養學生英文閱讀理解能力，以便將來於大學入學考試英文考科上游刃有餘，大學入學考試閱讀測驗的主題分類主要有科普類（食物、健康、醫療、植物、動物、科學、科技、自然、環境等）、社會人文類（文學、藝術、歷史、文化、習俗等）、生活議題類（家庭、人際關係、工作、職業等）、流行議題類（時尚、生活美學、商業、金錢等）、休閒娛樂類（旅遊、運輸、運動等）、

教育類（教育、心理等），因此，在此次行動研究中搜尋的文章，除要真實（authentic）之外，還包含上述等各種多樣議題內容，讓學生有機會接觸不同類別的文章。每週學生將於課堂中閱讀到不同題材的文章，並依指示完成任務，主要是以後設認知訓練為主，除了閱讀文章細節之外，還要學習閱讀出文章主旨、從上下文意中判斷字義、推論等。一學期共 18 週，每週安排一節課，每節課為 50 分鐘。行動研究從 2019 年 9 月 2 日開學週開始實施至 2020 年 1 月 10 日期末考前一週結束，中間扣除月考，共實施 16 週。行動研究的實施，重視持續不斷的監控學生學習情況，因此，在此次行動研究實施過程中，必須開始蒐集各種可能資料證據，以證明採取具體的問題解決行動。本行動研究在實施過程中亦多方蒐集資料，上課觀察要能在第一時間紀錄或以照相、錄影等方式蒐集資料。（五）**評鑑回饋**與省思，該行動研究的學習成效是以學生的英文閱讀理解力是否因合作學習方案的實施而獲得提升，行動研究實施過程中分別會有前測與後測來測驗學生閱讀理解力，也會輔以學生訪談，協同教師的課程回饋來佐證。研究者也會根據課堂上學生任務呈現狀態，以及作業表現等多方角度與面向來檢視學生學習，持續蒐集與監控，依照實際教學情況來調整課程方案。（六）**呈現行動研究結果**與省思，該行動研究實施結束後，便將實施行動研究的背景、目的、方案設計與實施歷程有條理呈現，過程不斷行動反省思考判斷，並根據所蒐集的資料加以分析與評鑑，提出結論與建議後，參照論文寫作的通關密碼呈現行動研究證據（蔡清田，2010），最後將結果寫成學位論文，並在通過公開論文口試發表與答辯之後，榮獲碩士學位。

　　除了上述教育行動研究成功過程之外，茲就本書各章教育行動研究實例，特別是歸納第六章到第十一章，為綜合歸納整理有關十二年國民基本教育新課程綱要的相關改革的教育行動研究程序，進一步闡述說明如次：

一／教育行動研究歷程的步驟一：Problem 提出教育行動研究問題與省思

　　教育行動研究歷程的步驟一是提出教育行動研究問題與省思，在進行十二年國民基本教育課程改革的教育行動研究之初，教育實務工作者應該

確定所要研究的課程問題領域與焦點，並分條陳述說明其目的。因此，下列問題有助於釐清行動研究的重點，指出所遭遇的**困難**與所產生的**問題**。

（一）說明課程問題**情境背景**，說明所關注問題的性質與背景，如學校所在地區特色、學校性質、年級、班級屬性、科目、學生性別等情境背景因素。

（二）說明課程問題的**領域**，如課務行政、教材教法、資源媒體、學習活動等。

（三）說明課程問題的**焦點**，例如想要提升國小三年級學生學習英語會話的動機與表達能力。

（四）說明**為什麼**關心此課程問題，以及此課程問題的重要性。

（五）說明您對於上述課程問題，能作些什麼？說明預期達成的目標。

二／教育行動研究歷程的步驟二：Project 規劃教育行動研究方案與省思

十二年國民基本教育課程改革的教育行動研究之第二個主要歷程步驟是規劃教育行動研究方案與省思，特別是進行課程行動方案規劃，擬定發展計畫，以因應所遭遇的課程難題（difficulties），研擬可能解決問題的課程行動方案，並提出可能解決問題的假設策略，亦即研究假設。換言之，確定所要研究的課程問題領域焦點之後，則有必要進行課程改革的教育行動研究方案的規劃（Elliott, 1992），避免零散混亂與破碎殘缺不全的行動與省思。亦即需要：

（一）說明所構思的**可能解決課程問題**之**遠程課程行動計畫**。

（二）說明所構思的**可能解決課程問題**之**中程課程行動策略**。

（三）說明所構思的**可能解決課程問題**之**近程課程行動步驟**。

（四）指出可以透過什麼方法蒐集到何種可能的資料證據。

三／教育行動研究歷程的步驟三：Collaboration 協同合作教育行動研究與省思

教育行動研究歷程的第三個步驟是協同合作教育行動研究與省思，如

果希望進行課程改革的教育行動研究，便需決定選擇適當顧問人選，以便進行諮詢請益，減少自己嘗試錯誤的時間，更可以透過具有批判能力的諍友（critical friend）提供課程改革建議與教育行動的諮詢。

特別是當要決定所使用的方法時，有必要徵詢參與課程改革者的意見，避免蒐集太多無用的資料，因此，應該透過徵詢決定運用合適的方法策略，蒐集有用資料。同時考慮參與課程改革者是否有能力執行？參與課程改革者是否喜歡此種方法策略？此種方法策略是否能提供必要資訊？為了爭取合作，有必要向學生、家長、學校同仁或指導教授徵詢意見或尋求合作，並請其從批判觀點討論所提出的課程改革行動方案之可行性，共同研擬**可行的**方案。因此，下列的問題，可以協助課程改革的行動研究之進行：

（一）說明**合作的主要對象**是誰，合作對象在課程改革的教育行動研究過程中扮演何種**角色**，對所要進行的課程改革行動研究有何影響與貢獻？

（二）合作對象認為**可行的**解決課程問題之**遠程行動計畫**。

（三）合作對象認為**可行的**解決課程問題之**中程行動策略**。

（四）合作對象認為**可行的**解決課程問題之**近程行動步驟**。

（五）合作對象認為可以透過**什麼方法**蒐集到何種**資料證據**。

四／教育行動研究歷程的步驟四：Implementation 實施監控教育行動研究與省思

教育行動研究歷程的第四個步驟實施監控教育行動研究與省思，與課程改革之行動研究合作對象建立必要的共識之後，便可進一步實施行動方案。而且在實施過程中，必須蒐集各種可能的資料證據，證明已經開始努力採取解決課程問題的具體行動（McNiff, Lomax, & Whitehead, 1996: 31）。教育實務工作者若能妥善運用問題情境當中所獲得的資料，將能增進對課程問題情境的理解，並作為已經改進課程實務工作的證據。下列的問題將有助於實施課程改革行動方案與蒐集有利的相關證據：

（一）指出所蒐集的**資料證據是什麼**，例如教學活動照片、作業作品、檔案文件、訪談記錄、觀察記錄、學生輔導記錄、學生考卷、學生活

動照片、自我省思雜記、日記、工作現場筆記練習手稿等。

（二）**舉例**說明這些證據的**內容是什麼**，例如學生發問的次數增加、學生回答問題的正確比例增加、學生更熱烈參與上課討論的內容、學習考試成績的進步、師生互動頻率的增加等。

（三）指出**如何**進行資料證據的蒐集，例如觀察、訪談、評量等。

（四）說明利用何種工具進行資料證據蒐集，如觀察表、訪談架構、評量表。

（五）這些證據可以證明**達成何種目的或解決何種實際問題**。

五／教育行動研究歷程的步驟五：Evaluation 評鑑回饋教育行動研究與省思

課程改革的教育行動研究之第五個主要歷程步驟是進行評鑑回饋與省思，協助教育實務工作者本身理解所規劃的行動方案之影響與效能，以獲致結論（Elliott, 1992）。就教育行動研究的效度而言，課程改革的行動研究之效度是什麼（McKernan, 1996）？課程改革的行動研究之導入，將導致何種課程改變？是否達成可欲的課程改變？學生學習是否變得更好？教師教學是否變得更有效能？課程改革行動方案之方法策略與步驟，可以類推應用到其他問題情境嗎？如果未能順利解決課程問題，則必須以新循環，重複上述步驟，力求問題的解決。因此，有必要說明課程改革行動方案的**評鑑與回饋**？特別是：

（一）課程改革行動研究結束之後，提出了何種**結論主張與結果宣稱**？是否**解決**了所關注的課程問題？是否**改進課程實際工作**？是否**改善課程實務工作情境**？是否增進**本身對教育專業的理解**，有何**心得與收穫**。

（二）根據何種**教育專業規準**來判斷結論主張的有效性。教育實務工作者在哪個層面獲得**教育專業發展**？有無**舉出證據**支持的論點？所舉出的**證據適當嗎**？所舉出的**證據充分嗎**？**合作對象是否認同課程改革的教育行動研究成效**？

（三）再關注與下個課程改革行動研究的準備和暖身，根據評鑑的結果，判斷是否解決原先所關注的問題。如已解決，則可以關注另一個課

程問題，作為下一個課程改革行動研究計畫的起點。如未能解決原先的課程問題，應說明目前的失敗情形與失敗的可能原因，並繼續努力，作為下階段課程改革行動研究繼續探究的問題，「修正」原先所關注問題的焦點，研擬更適切的課程改革行動研究方案，並再度採取課程改革行動，解決課程問題。

六／教育行動研究歷程的步驟六：Report 呈現教育行動研究報告與省思

　　教育行動研究歷程的第六個主要步驟是呈現教育行動研究報告（report）與省思，課程改革的教育行動研究結果之發表，是非常重要的，而且既然課程改革的行動研究，能被稱為研究，應該是經得起公眾的審查批判。如果參與課程改革的教育行動研究者，能透過適當管道，將其研究的結果向相關人員說明，將有助於類似課程改革問題的解決。

　　課程改革的教育行動研究報告，通常述說一個故事，應該盡可能地以簡單明瞭的方式呈現報告內容，因此，個案研究與簡短的報告，可能是課程改革的教育行動研究之適當溝通媒介（McKernan, 1996），不宜使用太多抽象理論概念，撰寫課程改革的教育行動研究報告。課程改革的教育行動研究者，必須習慣於批判自我的省思陳述，而且必須善於口頭報告陳述，在發表與呈現結果的過程中，進行反省地陳述。課程改革的教育行動研究，應該是奠基於參與課程改革者在實際課程問題情境當中的討論與對話，因此所使用的語言，應該採用教育實務工作者日常工作現場活動的尋常語言與討論對話，來描述與詮釋課程改革的教育行動研究歷程與結果（Elliott, 1998）。此種課程改革的教育行動研究結果也適合加以公開推廣，甚至上網廣為宣導（黃光雄、蔡清田，2017）。

第四節 行動研究實踐「教育實務工作者即教育行動研究者」願景

教育實務作者，特別是學校教師，面臨十二年國民基本教育課程改革的學校教育實際情境，最能了解學校教育工作的實際課程問題與困難之處，如能獲得適當指導與協助，採取課程改革的教育行動研究，進行學校層面課程發展、設計各學習領域課程與教室層次的課程，並結合學校為本位的教師在職進修，將有助於提升學生學習品質（McNiff, 1995），且協助教育實務工作者獲得教育專業發展，建立「教育實務工作者即教育行動研究者」，特別是「教師即研究者」的地位（教育部，2014；國家教育研究院，2014a；國家教育研究院，2014b；黃光雄、蔡清田，2017；蔡清田，2020；Elliott, 1998; McKernan, 1996; Stenhouse, 1975）。

就「十二年國民基本教育」的課程改革實施建議而言，《十二年國民基本教育課程綱要》已於 2019 年 8 月 1 日正式實施，但是其推動過程遭遇不少問題，例如中小學學校課程計畫往往為少數校內課程領導者決定，便送交學校課程發展委員會形式通過，未能確實透過校內人員進行專業對話，或急於呈報教育主管局處交差應付了事，或借用修改微調他校課程計畫而便宜行事，不僅沒有課程理論的支持，也缺乏課程評鑑的回饋修正省思等，而有部分學校課程計畫書「寫一套、教一套」，把彈性學習時間強制分配給升學考試科目的教師上考科課程趕進度的傳聞，甚至爆出有某臺北知名私校課程計畫疑抄公立學校，連授課老師名字都沒改而有抄襲或引用不當之嫌（聯合報，2020 年 7 月 21 日），造成這種現象的原因為何？值得進一步深入探討，是以究竟學校如何進行新課程綱要「核心素養」的「學校本位課程發展」（林永豐，2019）？如何規劃設計實施「部定課程」及「校訂課程」（林信志、李文富、許凱威，2019；林永豐，2020）？學校如何進行新課程綱要「核心素養」的「課程統整設計」（周淑卿、吳璧純、林永豐、張景媛、陳美如，2018）？如何進行「核心素養」的課程規劃與教學設計（顏寶月、鄭雅丰、林秀勤，2019；蔡清田，2020）？如何設計「核心素養」的「學習目標」，以及如何引發學生「學習動機」？如

何選擇組織新課綱「學習重點」的「學習內容」以進行教學設計？如何透過新課綱「學習重點」的「學習內容」教學，以引導學生的「學習表現」？如何透過課程實施要求校長、主任及教師公開課的備課、觀課、議課以落實「核心素養」（張芬芬，2019），這些都是我國實施「十二年國民基本教育」課程改革之重要問題與未來挑戰（張芬芬、謝金枝，2019；蔡清田，2020）。尤其是，過去的臺灣中小學甚少長期從事自主行動、溝通互動、社會參與等「核心素養」的學校本位課程發展，這不僅牽涉到十二年國教下的教師角色轉變（陳美如、鄭鈞鴻，2019），這也是十二年國教課程改革實施過程需要特別留意教師的準備度與意見反應之處（王令宜、吳清山，2019；白亦方，2019），方能邁向成功的課程實施（黃政傑，1991；林永豐，2020）。

　　是以有必要藉由「核心素養」的「學校本位課程發展」與「課程統整設計」，縮短「理念建議的課程」、「正式規劃的課程」、「資源支持的課程」、「運作實施的課程」、「學習獲得的課程」、「評量考試的課程」之間的差距，培養學生核心素養與充實學生學習經驗，符合從情境觀點界定的「學校本位課程發展」與「課程統整設計」之永續經營。我國政府與學校教育主管單位可以透過「教育行動研究」，指引學校進行「核心素養」學校本位課程發展，教師進行「核心素養」的課程統整設計，鼓勵學校結合「教育行動研究」計畫，期望透過教育實際問題探討，研究分析解決策略，其目標在透過教育行動研究發展實用的教學策略與示例，及時解決相關問題，以提升新課程效果，並提升教師「教育行動研究」之專業素養，因應十二年國教新課綱核心素養改革的需要。這或許可由教育部選定優良的師資培育大學與各地方政府共同成立「核心素養的學校本位課程發展推廣中心」，以課程專業輔導並協助學校進行「核心素養的學校本位課程發展」與「核心素養的課程統整設計」，但是學校是否確實進行「核心素養的學校本位課程發展」與「核心素養的課程統整設計」之實踐，則可另組課程評鑑團隊，進行「核心素養的課程評鑑」，探究其「核心素養」的「學校本位課程發展」及「課程統整設計」實施過程與課程教學成效，以落實「十二年國民基本教育」課程改革之永續經營發展。

　　值得注意的是，十二年國教課程改革的教育行動研究之主要目的，是協助教育實務工作者從實際的課程改革情境當中進行學習，教育行動研

究可以協助教育實務工作者提出解決教育問題的研究假設與教育行動策略，但是，教育實務工作者，應該具有開闊胸襟與恢弘氣度，避免以僵化的理論宰制教育行動研究。教育行動研究應該是開放的，不斷依據教育行動研究證據與結果，持續進行發展修正，進而形成進一步的再度關注問題焦點（蔡清田，2019）。教育行動研究是屬於一種紮根理論（grounded theory）（Strauss & Corbin, 1990），不是以中型或巨型理論作為教育研究的開端，教育行動，可能發生在教育理論成形之前，因此，教育實務工作者，可能在進行實際教育行動之後，才開始逐漸建構形成中的教育理論，其所建構的教育理論，可能是植基於教育實務工作的理想之實踐。而且，教育行動研究有一種繼續原則（principle of continuity），亦即，教育行動研究者不斷地從「行動前的研究」、「行動中的研究」、「行動後的研究」的行動經驗中進行互動反省思考與研究（蔡清田，2016），從第一個教育行動循環情境，連結到下一個隨之而來的第二個教育行動循環的連續情境，其教育行動經驗能從過去加以延續下來，結合目前的經驗行動，並將經驗導向未來的繼續發展。因此，教育行動研究的歷程，可以被建構成一種不斷的循環螺旋，促成教育經驗的繼續性、順序性與統整性（蔡清田，2018），有效促進教育人員的專業發展（蔡清田，2019）。

　　進行十二年國教新課程綱要改革教育行動研究的教育實務工作者，有其築夢構想的教育改革理想願景與理念，但是，教育實務工作者透過教育行動研究，採取具體行動方案進行逐夢之後，可能就發現教育實際現況與理想願景之間的差異，因此，必定涉及更進一步的磋商協調與修正，甚至，可能必須改變原先的理想願景與理念。因此，進行教育行動研究的教育實務工作者，必須要能從教育行動實際情境當中進行省思，並在行動後進行批判省思，繼續不斷地進行自我省思思考與集體省思思考，以修正其理想願景與教育行動，逐步縮短教育理論與教育實際之間的差距，逐漸實踐教育改革理想願景與教育行動方案（McKernan, 2008; McNiff, 1995; Newman, 1999; O'Hanlon, 1996; Olson & Ramirez, 2020）。是以教育實務工作者透過教育行動研究，一方面，可以理解十二年國民基本教育課程改革的實際課程問題情境，進行學校課程發展、設計各學習領域課程與教室層次的課程，因應「十二年國民基本教育」課程改革的教育挑戰；另一方面，也可以經由不同探究途徑策略與步驟，增進教育專業素養，促成教

育專業發展，甚至增進因應挫折失敗的處理能力，從挫折失敗中記取教訓，獲得教育發展與進步經驗，奠定「教育實務工作者即研究者」的教育專業地位（蔡清田，2020），積極回應《中華民國教師專業標準指引》提出我國教師專業標準、《中華民國教師專業素養指引——師資職前教育階段暨師資職前教育課程基準》五大素養、我國師資培育與教師專業發展「終身學習的教師圖像」，幫助學生有效學習，培養學生具備未來社會所需知識、能力與態度的「核心素養」，展現了教師的「專業主義」與「專業化」的終身學習歷程，呼應我國社會對「終身學習的教師圖像」之期待的理想願景，更有效呼應「聯合國教育科學文化組織」、「經濟合作開發組織」、「歐洲聯盟」等國際組織強調「核心素養」，以及我國「十二年國民基本教育」新課程綱要改革的理想願景。

參考文獻

一、中文部分

方德隆（2020）。臺灣課程審議制度運作之評析，臺灣教育評論月刊，**9**（1），46-56。

王令宜、吳清山（2019）。教師的聲音：十二年國教新課程教師的準備度與意見反應，載於張芬芬、謝金枝（2019）主編。十二年國教的課程實施與問題因應（頁31-58）。臺北市：五南。

王文科（1989）。課程論。臺北市：五南。

王文科（1995）。教育研究法（第四版）。臺北市：五南。

王文科（1997）。學校需要另一種補充的課程：發展學校本位課程。本文發表於「中日課程改革國際學術研討會」。1997年3月22-23日。南投日月潭中信飯店。

王文科（1998）。課程與教學。臺北市：五南。

王文科（2011）。教育研究法（14版2刷）。臺北市：五南。

王如哲（1998）。教育行政學。臺北市：五南。

王如哲（1999）。教育行政研究的展望。國立中正大學教育學研究所主編。教育學研究方法（pp. 99-123）。高雄市：麗文。

王秀槐（1983）。行動研究法簡介。臺灣教育，394期，13-19。

白亦方（2019）。尋覓課程實施過程中的教師聲音，載於張芬芬、謝金枝（2019）主編。十二年國教的課程實施與問題因應（頁59-78）。臺北市：五南。

呂松林（2003）。國中鄉土藝術課程發展行動研究。國立中正大學教育學研究所碩士論文，未出版。

行政院教育改革審議委員會（1996）。教育改革總諮議報告書。臺北市：行政院教育改革審議委員會。

江麗莉、詹文娟、鐘梅菁（1999）。三個臭皮匠的努力：反省策略在師院教師改進教學的應用。教育部指導。1999行動研究國際學術研討會論文集（pp. 106-125）。國立臺東師院主辦。1999年5月19日至23日。

吳清山、林天祐（2003）。教育小辭書。臺北市：五南。

吳明清（1991）。教育研究──基本概念與方法分析。臺北市：五南。

吳明清（1999）。國民教育的發展方向與重點措施。本文發表於國立中正大學

八十七學年度地方教育輔導「國民教育革新與展望」研討會。教育部指導。國立中正大學教育學程中心主辦。1999 年 3 月 22 日。嘉義縣：民雄。

吳毓智（2006）。課程發展行動研究中的協同合作。國立中正大學教育學研究所碩士論文，未出版。

李茂興（譯）（1996）、Michael Argyle 著。合作：社會活動的礎石。臺北市：巨流。

李旭民（2006）。教務組長課程領導之行動研究。國立中正大學教育學研究所碩士論文，未出版。

李信男（2016）。應用讀經課程進行國小六年級學生品德教育之行動研究。嘉義縣：國立中正大學教育學院教學專業發展數位學習碩士在職專班論文。

李祖壽（1974）。怎樣實施行動研究法。教育與文化月刊，417 期（1974 年 7 月 31 日），17-22。教育部教育與文化社出版。

何雅芬主編（2020）。總綱種子講師實地宣講問題解析 Q&A（第 1-7 精華統整輯）。臺北市：國立臺灣師範大學。

周明弘（2018）。Mosston 互惠式教學與行動學習提升排球學習成效之行動研究。嘉義縣：國立中正大學教育學研究所碩士論文。

高敬文（1996）。質化研究方法論。臺北市：師大書苑。

林永豐（2018）。素養導向教學設計的要領。載於周淑卿、吳璧純、林永豐、張景媛、陳美如（編），素養導向教學活動設計參考手冊（頁 1-4）。臺北市：教育部國民及學前教育署。

林永豐（2019）主編。邁向素養導向的課程教學改革。臺北市：五南。

林永豐（2020）。誰來解釋課綱的疑義？臺灣教育評論月刊，**9**（1），20-25。

林信志、李文富、許凱威（2019）。十二年國教國家課程轉化優質學校發展檢核重點與學校自我評鑑方案之研究，載於張芬芬、謝金枝（2019）主編。十二年國教 **108** 課綱實施與問題因應。

林素卿（1999）。行動研究與教育實習。教育實習輔導季刊，**5**（1），25-30。

林珮璇（2012）。課程行動研究。臺北市：洪葉文化。

林清江（1996a）。教育社會學。臺北市：五南。

林清江（1996b）。教師在教育改革過程中所扮演的角色。載於國民教育學術演講集（pp. 271-280）。嘉義：國立嘉義師範學院國民教育研究所。

林清江（1998）。國民教育九年一貫課程規劃專案報告。立法院教育委員會第三屆第六會期。臺北市：教育部。

林清江、蔡清田（1997）。國民中小學課程發展共同原則之研究。嘉義縣：中正大學教育學程中心。教育部國民教育司委託專案。

林清江、蔡清田（1999）。國民教育階段學校課程發展之共同原則。師大校友，**295**，4-10。

林明地（1999）。學校行政管理研究的現況與趨勢。國立中正大學教育學研究所主編。教育學研究方法（pp. 125-151）。高雄市：麗文。

林淑馨（2010）。質性研究：理論與實務。臺北市：巨流。

林吟徽（2009）。國小四年級環境教育課程設計之行動研究。國立中正大學教育學研究所碩士論文，未出版。

林鋒錡（2010）。概念構圖融入六年級作文教學之行動研究。國立中正大學教育學院教學專業發展數位學習碩士在職專班論文，未出版。

高于涵（2020）。繪本融入小一新生情緒教育之行動研究。國立中正大學教育學院教學專業發展數位學習碩士在職專班論文，未出版。

周淑卿、陳美如、李怡穎、林永豐、吳璧純、張景媛、范信賢（主編）（2018）。「異同綻放我們的校訂課程」。臺北市：教育部國民及學前教育署。

洪英（2002）。鄉土教學學校本位課程發展之行動研究。國立中正大學教育學研究所碩士論文，未出版。

洪裕宏、胡志偉、顧忠華、陳伯璋、高湧泉、彭小妍（2008）。界定與選擇國民核心素養：概念參考架構與理論基礎研究。行政院國家科學委員會專題研究計畫成果報告（NSC 95-2511-S-010-001）。臺北市：國立陽明大學。

洪詠善、范信賢（主編）（2015）。同行：走進十二年國民基本教育課程綱要總綱。新北市：國家教育研究院。

洪浩宸（2011）。一位生教組長處理偶發衝突事件之行動研究。國立中正大學教育學研究所碩士論文，未出版。

鄭永泰（2019）。新手教師班級經營之行動研究：以初任小學五年級導師為例。國立中正大學教育學院教學專業發展數位學習碩士在職專班論文，未出版。

教育部（1998）。國民教育階段九年一貫課程總綱綱要。臺北市：作者。

教育部（1999）。國民教育九年一貫課程配合工作計畫。臺北市：作者。

教育部（2000）。國民中小學九年一貫課程暫行綱要。臺北市：作者。

教育部（2003）。國民中小學九年一貫課程綱要。臺北市：作者。

教育部（2008）。國民中小學九年一貫課程綱要。臺北市：作者。

教育部（2014）。十二年國民基本教育課程綱要總綱。臺北市：作者。

國家教育研究院（2014a）。十二年國民基本教育課程發展建議書。臺北市：作者。

國家教育研究院（2014b）。十二年國民基本教育課程發展指引。臺北市：作者。

國家教育研究院（2015）。邁向十二年國教新課綱學生學習與學校本位課程發展國小與國中篇【網路平臺影片】。

聯合報（2020 年 7 月 21 日）。離譜！名私校課程計畫疑抄公校授課師名字都沒改。

葉興華（2020）。從十二年國教課綱審議歷時論審議之運作，臺灣教育評論月刊，**9**（1），40-45。

馬雅娟（2019）。教師運用多媒體弟子規教材降低學生告狀情形之行動研究。國立中正大學教育學院教學專業發展數位學習碩士在職專班論文，未出版。

謝東明（2010）。促進教師專業成長之行動研究——以初任小校教導主任為例。國立中正大學教育學研究所碩士論文，未出版。

夏林清、中華民國基層教師協會（1997）。行動研究方法導論：教師動手作研究。臺北市：遠流。

張世平、胡夢鯨（1988）。行動研究。載於賈馥茗與楊深坑主編：教育研究法的探討與應用（pp. 103-139）。臺北市：師大書苑。

張世平（1991）。行動研究法。載於黃光雄與簡茂發主編：教育研究法（pp. 341-72）。臺北市：師大書苑。

張清秀（1994）。國小教師從事研究活動之現況分析。國立臺灣師範大學教育研究所碩士論文。未出版。

張馨祺（2019）。幼兒園在地化課程之行動研究。國立中正大學教育學院教學專業發展數位學習碩士在職專班論文，未出版。

黃光雄（1981）。課程的界說與模式，國教世紀，**16**（7-8），3-11。

黃光雄（1996）。課程與教學。臺北市：師大書苑。

黃光雄、蔡清田（1999）。課程設計：理論與實際。臺北市：五南。

黃光雄、蔡清田（2002）。課程研究與課程發展理念的實踐。中正教育研究，**1**（1），1-20。

黃光雄、蔡清田（2017）。課程發展與設計新論。臺北市：五南。

黃炳煌（1982）。課程理論之基礎。臺北市：文景。

黃政傑（1987）。課程評鑑。臺北市：師大書苑。

黃政傑（1988）。教育理想的追求。臺北市：心理出版社。

黃政傑（1991）。課程設計。臺北市：東華。

黃政傑（1997）。課程改革的理念與實踐。臺北市：漢文書店。

黃政傑（1999）。課程改革。臺北市：漢文。

黃政傑（2001）。課程行動研究的問題與展望。中華民國課程與教學學會主編。行動研究與課程教學革新（pp. 223-239）。臺北市：揚智。

黃政傑（2020）。評課綱研修審議的政治性，臺灣教育評論月刊，**9**（1），1-7。

黃政傑、洪詠善（2016）。學生學習與學校本位課程【簡報】。2016邁向十二年國教新課綱研討會。取自 https://www.naer.edu.tw/ezfiles/0/1000/img/89/22446732.pdf

黃娟娟（2003）。幼兒多元智能課程發展之行動研究。國立中正大學教育學研究所碩士論文，未出版。

黃珊珊（2019）。繪本融入幼兒新課綱情緒領域課程之行動研究。國立中正大學教育學院教學專業發展數位學習碩士在職專班論文，未出版。

黃琪鈞（2020）。國小一年級人際關係繪本教學之行動研究。國立中正大學教育學研究所碩士論文，未出版。

鍾嘉芬（2010）。永續校園的建置對國小中年級學童節能減碳概念建立的影響之行動研究。國立中正大學教育學院教學專業發展數位學習碩士在職專班論文，未出版。

張美慧（2004）。國小四年級國語文課程統整之行動研究。國立中正大學教育學研究所碩士論文，未出版。

張玲華（2010）。利用繪本進行生命教育課程發展之行動研究。國立中正大學教育學院教學專業發展數位學習碩士在職專班論文，未出版。

許予薰（2004）。生命教育課程發展之行動研究。國立中正大學教育學研究所碩士論文，未出版。

鄧宛廷（2020）。運用繪本實施國小二年級生命教育課程之行動研究。國立中正大學教育學院教學專業發展數位學習碩士在職專班論文，未出版。

陳又慈（2020）。課程審議制度轉變的背景與規範之比較，臺灣教育評論月刊，**9**（1），26-31。

陳永昇（2010）。總務主任校園規劃之行動研究。國立中正大學教育學研究所碩士論文，未出版。

陳宜楓（2010）。國小三年級實施讀報教育之行動研究。國立中正大學教育學院教學專業發展數位學習碩士在職專班論文，未出版。

陳向明（2004）。教師如何作質的研究。臺北市：洪葉文化。

陳郁雯（2018）。動機模式融入國一地理教學之行動研究。國立中正大學教育學院教學專業發展數位學習碩士在職專班論文，未出版。

陳品含（2020）。新手導師班級經營之行動研究──以一位國小代理教師為例。國立中正大學教育學研究所碩士論文，未出版。

陳美玉（1997）。實踐導向的師資培育之研究。教育研究資訊，**5**（5），1-14。

陳美玉（1998）。教師專業教學法的省思與突破。高雄市：麗文。

陳美如（1995）。躍登教師行動研究的舞臺：課程行動研究初探。國民教育，**35**（11、112），21-28。

陳伯璋（1982）。中等教育。高雄市：復文。

陳伯璋（1985）。潛在課程研究。臺北市：五南。

陳伯璋（1987a）。課程研究與教育革新。臺北市：師大書苑。

陳伯璋（1987b）。潛在課程研究。臺北市：五南。

陳伯璋（1988a）。教育研究方法的新取向：質的研究方法。臺北市：南宏。

陳伯璋（1988b）。行動研究法。莊懷義、謝文全、吳清基、陳伯璋，教育問題研究（pp. 187-196）。臺北市：國立空中大學。

陳伯璋（1999a）。九年一貫新課程綱要修訂的背景及內涵。教育研究資訊，**7**（1），1-13。

陳伯璋（1999b）。九年一貫課程的理論及理念分析。本文發表於中華民國教材研究發展學會與國立臺北師範學院主辦，九年一貫課程系列研討會，1998 年 3 月 10 日。臺北市。

陳伯璋（1999c）。從近年來課程改革談教師角色的定位。本文發表於國立中正大學八十七學年度地方教育輔導「國民教育革新與展望」研討會。教育部指導。國立中正大學教育學程中心主辦。1999 年 3 月 22 日。嘉義縣：民雄。

陳伯璋（2001）。學校本位課程發展與行動研究。中華民國課程與教學學會主編，行動研究與課程教學革新（pp. 33-48）。臺北市：揚智。

陳伯璋、張新仁、蔡清田、潘慧玲（2007）。全方位的國民核心素養之教育研究。行政院國家科學委員會專題研究計畫成果報告（NSC 95-2511-S-003-001）。臺南市：首府大學。

陳伯璋、周麗玉、游家政（1998）。國民教育階段課程綱要草案：研訂構想。

作者：未出版。

陳惠邦（1998）。教育行動研究。臺北市：師大書苑。

陳惠邦（1999）。教育情境中的行動研究：理論與實踐經驗。國立中正大學教育學研究所主編，教育學研究方法（pp. 57-75）。高雄市：麗文。

陳梅生（1979）。教育研究法。臺北市：臺灣省國民學校教師研習會。

陳玠汝（2016）。國中社會領域地理科實施學習共同體之行動研究。嘉義縣：國立中正大學教育學院教學專業發展數位學習碩士在職專班論文。

陳樹叢（2003）。國民中學校長課程領導之行動研究。國立中正大學教育學研究所碩士論文，未出版。

陳又慈（2020）。課程審議制度轉變的背景與規範之比較，臺灣教育評論月刊，**9**（1），26-31。

陳美如、鄭鈞鴻（2019）。十二年國教下的教師角色轉變：從核心素養視角出發，載於張芬芬、謝金枝（2019）主編。十二年國教的課程實施與問題因應（頁79-100）。臺北市：五南。

陳建興（2016）。私立幼兒園進行食安課程作爲行銷策略的行動研究。國立中正大學教育學研究所碩士論文，未出版。

郭進隆（譯）（1994），Peter M. Senge 著。第五項修練：學習型組織的藝術與實務。臺北市：天下遠見。

張芬芬（2019）。素養是師生共構融會貫通的活知識：108課綱知識論，載於張芬芬、謝金枝（2019）主編。十二年國教的課程實施與問題因應（頁1-8）。臺北市：五南。

張芬芬、謝金枝（2019）主編。十二年國教的課程實施與問題因應。臺北市：五南。

彭小妍、王璦玲、戴景賢（2008）。人文素養研究。行政院國家科學委員會專題研究計畫成果報告（NSC 95-2511-S-001-001）。臺北市：中央研究院。

莊詩芸（2016）。以現實治療取向團體提升國中學生生涯自我效能之行動研究。嘉義縣：國立中正大學教育學院教學專業發展數位學習碩士在職專班論文。

雲大維（2006）。教導主任鄉土自編教材課程發展行動研究。國立中正大學教育學研究所碩士論文，未出版。

薛雅慈（2020）。學生參與課程審議的理念溯源：民主教育中的「學生權利」視角，臺灣教育評論月刊，**9**（1），32-39。

劉安祝（2008）。國小五年級教師生命教育課程發展之行動研究。國立中正大學教育學院教學專業發展數位學習碩士在職專班論文，未出版。

劉保祿（2007）。嘉義市教育局推動外籍配偶識字班之行動研究。國立中正大學教育學研究所碩士論文，未出版。

劉明琇（2007）。國小級任班級讀書會課程發展之行動研究。國立中正大學教育學研究所碩士論文，未出版。

劉麗吟（2009）。南部一所中型小學教務主任課程領導行動研究。國立中正大學教育學研究所碩士論文，未出版。

簡玉婷（2018）。資訊融入高一國文教學之行動研究。國立中正大學教育學院教學專業發展數位學習碩士在職專班論文，未出版。

簡桂秋（2018）。高職畜保科學生學習家禽孵化課程教學之行動研究。國立中正大學教育學院教學專業發展數位學習碩士在職專班論文，未出版。

楊孟勳（2010）。國民中學品德教育之行動研究。國立中正大學教育學院教學專業發展數位學習碩士在職專班論文，未出版。

楊紹旦（1981a）。行動研究法及其實例。國教輔導，**20**（4），5-7。

楊紹旦（1981b）。行動研究法及其實例（續上期）。國教輔導，**20**（5），17。

廖鳳池（1990）。「行動研究法」簡介。諮商與輔導月刊，第 60 期，5-9。

歐用生（1984）。課程研究方法論。高雄市：復文。

歐用生（1990）。我國國民小學社會科潛在課程分析。臺灣師範大學教育研究所博士論文。未出版。

歐用生（1996a）。課程與教學革新。臺北市：師大書苑。

歐用生（1996b）。教師專業成長。臺北市：師大書苑。

歐用生（1999a）。行動研究與學校教育革新。教育部指導。1999 行動研究國際學術研討會論文集（pp. 1-16）。國立臺東師院主辦。1999 年 5 月 19 日至 23 日。

歐用生（1999b）。新世紀的學校。臺北市：臺灣書店。

歐用生（1999c）。從「課程統整」的概念評九年一貫課程。教育研究資訊，**7**（1），22-32。

歐用生（2002）。披著羊皮的狼？九年一貫課程改革的深度思考。載於中華民國課程與教學學會主編。創世紀教育工程：九年一貫課程再造。臺北市：揚智。

歐用生（2019）。課程語錄。臺北市：五南。

歐用生、楊慧文（1999）。國民教育課程綱要的內涵與特色。本文發表於教育

部八十八學年度國中校長九年一貫課程研討會，1998 年 8 月 24 日。豐原：教育部臺灣省中等學校教師研習會。

甄曉蘭（1995）。合作行動研究：進行教育研究的另一種方式。國立嘉義師範學院學報，**9**，297-318。

甄曉蘭（2001）。行動研究成果的評估與呈現。載於中華民國課程與教學學會（主編），行動研究與課程教學革新（頁 199-221）。臺北市：揚智文化。

楊俊鴻（2018）。素養導向課程與教學：理論與實踐。臺北市：高等教育。

顏寶月、鄭雅丰、林秀勤（2019）。邁向民主對話之旅：彈性學習課程的發展和挑戰，載於張芬芬、謝金枝（2019）主編。十二年國教的課程實施與問題因應（頁 101-120）。臺北市：五南。

蔡玉珊（2020）。運用合作學習於高中英文閱讀理解教學之行動研究。國立中正大學教育學院教學專業發展數位學習碩士在職專班論文，未出版。

蔡芳柔（2010）。雲林縣小型學校一年級弱勢學童語文領域國語文補救教材實施之行動研究。國立中正大學教育學院教學專業發展數位學習碩士在職專班論文，未出版。

蔡清田（1992）。泰勒的課程理論發展之研究。國立臺灣師範大學教育研究所碩士論文。未出版。

蔡清田（1995）。教育歷程中之教師專業自律：「教師即研究者」對課程發展與教師專業成長之蘊義。本文發表於教育改革：理論與實際國際學術研討會。臺北市：國立臺灣師範大學。1995 年 3 月 14-16 日。

蔡清田（1997a）。由「以教師教學為依據的課程發展」論「教師即研究者」對課程發展與教師專業成長的教育啟示，公教資訊，**1**（1），32-41。

蔡清田（1997b）。由「課程即研究假設」論教師專業成長，教學輔導，**3**，17-26。國立中山大學、中正大學、成功大學、屏東技術學院、高雄師範大學南區地方教育輔導委員會編印。

蔡清田（1997c）。教育改革的革新觀點與策略，載於高雄市政府公教人力發展中心主編教育學術叢書 2，教育改革（pp. 139-165）。高雄市：高雄市政府公教人力發展中心。

蔡清田（1997d）。課程改革之另類思考：從「教師即研究者」論歷程模式之課程設計。載於歐用生主編。新世紀的教育發展（pp. 89-108）。臺北市：師大書苑。

蔡清田（1997e）。以行動研究為依據的教師在職進修與專業成長。載於中華民國

師範教育學會主編。教育專業與師資培育（1997 年刊）（pp. 129-154）。臺北市：師大書苑。

蔡清田（1998a）。行動研究理論與「教師即研究者」取向的課程發展。教育部指導。行動研究與偏遠地區教育問題診斷學術研討會論文集（pp. 141-161）。國立臺東師院主辦。1998 年 4 月 24 日至 25 日。

蔡清田（1998b）。從行動研究論教學實習課程與教師專業成長。載於中華民國師範教育學會主編。教師專業成長：理想與實際（1998 年刊）（pp. 177-202）。臺北市：師大書苑。

蔡清田（1998c）。「教師即研究者」的教育改革理念對新世紀師資培育「實習課程」之啟示。八十七學年度師範學院教育學術研討會。教育部指導。臺北市立師範學院。1998 年 11 月 26 至 28 日。

蔡清田（1998d）。教師如何透過行動研究成為研究者：「教師即研究者」的理想與實踐。教育科技與研究：教學專業研討會暨工作坊。教育部指導。國立中正大學教育學程中心主辦。嘉義縣民雄。1998 年 12 月 29 日至 30 日。

蔡清田（1998e）。大學教育學程的學校本位課程發展。載於中華民國課程與教學學會 1998 年刊：學校本位課程與教學創新（pp. 161-186）。臺北市：揚智。

蔡清田（1998f）。綜合大學教育學程課程發展之行動研究。國科會專案研究報告。NSC-87-2413-H-194-024。

蔡清田（1999a）。行動研究取向的教育實習典範理念與實踐。本文發表於教育實習的典範與實踐學術研討會。教育部指導。國立臺灣師範大學主辦。1999 年 4 月 30 日。臺北市。

蔡清田（1999b）。九年一貫課程改革之行動探究。臺灣教育，**581**，9-21。

蔡清田（1999c）。九年一貫國民教育課程改革與教師專業發展之探究。載於中華民國課程與教學學會主編九年一貫課程之展望（1999 年刊）（pp. 145-170）。臺北市：揚智。

蔡清田（1999d）。課程研究現況分析與趨勢展望。國立中正大學教育學研究所主編。教育學研究方法（pp. 153-172）。高雄市：麗文。

蔡清田（2000）。教育行動研究。臺北市：五南。

蔡清田（2001）。課程改革實驗。臺北市：五南。

蔡清田（2002）。學校整體課程經營。臺北市：五南。

蔡清田（2003）。課程政策決定。臺北市：五南。

蔡清田（2004a）。課程發展行動研究。臺北市：五南。

蔡清田（2004b）。課程統整與行動研究。臺北市：五南。

蔡清田等譯（2004）。課程行動研究。高雄市：麗文。

蔡清田（2005）。課程領導與學校本位課程發展。臺北市：五南。

蔡清田（2006）。課程創新。臺北市：五南。

蔡清田（2007）。學校本位課程發展的新猷與教務課程領導。臺北市：五南。

蔡清田（2008）。課程學。臺北市：五南。

蔡清田（2009）。「八年研究」課程實驗及其重要啟示，教育研究月刊，**179**
（3），94-105。

蔡清田（2010）。論文寫作的通關密碼。臺北市：高教。

蔡清田（2011）。素養：課程改革的 DNA。臺北市：高教。

蔡清田（2012）課程發展與設計的核心 DNA：核心素養。臺北市：五南。

蔡清田（2013）。教育行動研究新論。臺北市：五南。

蔡清田（2014）。國民核心素養：十二年國民基本教育課程改革 DNA。臺北
市：高等教育。

蔡清田（2016）。50 則非知不可的課程學概念。臺北市：五南。

蔡清田（2017）。課程實驗：課綱爭議的出路。臺北市：五南。

蔡清田（2018）。核心素養的課程發展。臺北市：五南。

蔡清田（2019）。核心素養的學校本位課程發展。臺北市：五南。

蔡清田（2020）。核心素養的課程與教學。臺北市：五南。

蔡清田、陳延興、李奉儒、洪志成、鄭勝耀、曾玉村、林永豐（2009）。中小學
課程相關之課程、教學、認知發展等學理基礎與理論趨向研究。國家教
育研究院委託研究報告。嘉義縣：國立中正大學課程研究所。

蔡清田、陳延興、吳明烈、盧美貴、陳聖謨、方德隆、林永豐（2011）。K-12 中
小學一貫課程綱要核心素養與各領域連貫體系研究。國家教育研究院委
託研究報告。嘉義縣：國立中正大學課程研究所。

蔡清田、洪若烈、陳延興、盧美貴、陳聖謨、方德隆、林永豐、李懿芳（2012）。
K-12 各教育階段核心素養與各領域課程統整研究。國家教育研究院委託
研究報告。嘉義縣：國立中正大學課程研究所。

蔡清田、陳伯璋、陳延興、林永豐、盧美貴、李文富、方德隆、陳聖謨、楊俊鴻、
高新建、李懿芳、范信賢（2013）。十二年國民基本教育課程發展指引草
案擬議研究。國家教育研究院委託研究報告。嘉義縣：國立中正大學課程研
究所。

蔡麗華（2004）。課程規劃的行動研究：以生命學園爲例。國立中正大學教育學研究所碩士論文，未出版。

蔡慧琦（2004）。國小三年級人權教育課程設計行動研究。國立中正大學教育學研究所碩士論文，未出版。

蔡擎淦（2003）。社會領域課程統整之行動研究。國立中正大學教育學研究所碩士論文，未出版。

顧忠華、吳密察、黃東益（2008）。我國國民歷史、文化及社會核心素養之研究。行政院國家科學委員會專題研究計畫成果報告（NSC 95-2511-S-004-001）。臺北市：國立政治大學。

盧美貴（1987）。「行動研究」的倫理信條。現代教育，**1**（5），137-138。

饒見維（1996）。教師專業發展：理論與實務。臺北市：五南。

鄭永泰（2019）。新手教師班級經營之行動研究：以初任小學五年級導師爲例。國立中正大學教育學院教學專業發展數位學習碩士在職專班論文，未出版。

蘇家慧（2019）。運用幼兒運動遊戲主題課程提升幼兒體適能之行動研究。國立中正大學教育學院教學專業發展數位學習碩士在職專班論文，未出版。

二、英文部分

Adlam, R. (1997). Action research as a process of illumination: coming to a new awareness in the practice of management education. *Educational Action Research, 5*(2), 211-229.

Altrichter, H., Posch, P., Somekh, B. (1993). *Teachers investigate their work*. London: Routledge.

Apple, M. (1993). *Official knowledge: Democratic education in a conservative age*. London: Routledge.

Apple, M. (1996). *Cultural politics and education*. New York: Teachers College, Columbia University.

Archer, M. S. (2007). *Making our Way through the World: Human Reflexivity and Social Mobility*. Cambridge: Cambridge University Press.

Argyris, C. (1989). *Reasoning, learning and action: Individual and organizational*. London: Jossey-Bass Publisher.

Argyris, C. & Schön, D. (1974). *Theory in practice: Increasing professional effectiveness*.

San Francisco: Jossey-Bass Publisher.

Argyris, C. & Schön, D. (1978). *Organizational learning: A theory of action perspective* . San Francisco: Jossey-Bass Publisher.

Argyris, C., Putnam, R., & Smith, D. M. (1990). *Action science: Concepts, methods, and skills for research and intervention*. Oxford: Jossey-Bass Publisher.

Ashmore, M. (1989). *The Reflexive Thesis: Wrighting Sociology of Scientific Knowledge.* University of Chicago Press.

Atweh, B., Kemmis, S., & Weeks, P. (1998)(Eds.). *Action research in practice*. London: Routledge.

Bartlett, S. & Suber, P. (1987)(eds). *Self-Reference: Reflections on Reflexivity.* London: Springer.

Bassey, M. (1986). Does action research require sophisticated methods? in Hustler, D., Cassidy, A., & Cuff, E. (Eds.) *Action research in classrooms and schools.* (pp. 18-24). London: Allen & Unwin.

Bassey, M. (1995). *Creating education through research*. Newark: Kirklington Press.

Beane, J. A. (1998). *Curriculum integration: Designing the core of democratic education.* New York: Teachers College Press.

Blasco, D. (2019). A Self-study of Using Educational Technology to Improve English Teaching Practice. Unpublished PhD Thesis. National Chung-Cheng University.

Bourdieu, P. & Wacquant, L. J. D. (1992). *An Invitation to Reflexive Sociology.* Chicago: University of Chicago Press.

Bridges, D. (1993). School-based teacher education. In Bridges, D. & Kerry, T. (Eds.) *Developing teachers professionally: Reflections for initial and In-service trainers.* (pp. 51-66). London: Routledge.

Burgess, R. (1985) (ed.). *Issues in educational research.* London: Falmer.

Burgess-Macey, C. & Rose, J. (1997). Breaking through the barriers: Professional development, action research and the early years. *Educational Action Research, 5*(1) , 137-146.

CARE (1994). *Coming to terms with research: An introduction to the language for research degree student.* Norwich: Centre for Applied Research in Education (CARE), School of Education, University of East Anglia, UK.

Carr, W. (1995). *For education: Towards critical educational inquiry.* Buckingham: Open

University Press.

Carr, W. & Kemmis, S. (1986). *Becoming critical: Education, knowledge and action research*. London: Falmer.

Cohen, L. & Manion , L. (1980). *Research methods in education*. London: Croom Helm.

Colby, R. L. (2017). *Competency-Based Education: A New Architecture for K-12 schooling*. Cambridge, MA: Harvard Education Press...

Connelly, F. M. & Clandinin, D. J. (1988). *Teachers as curriculum planners: Narratives of experience*. N.Y.: Teachers College Press.

Connelly, M. & Clandinin, J. (1990). Stories of experience and narrative enquiry. *Educational Researcher, 19*(5), 2-14.

Corey, S. (1953). *Action research to improve school practices*. Columbia: New York Teachers, College.

Deakin University (1992). *The action research reader*. (3rd edition). Geelong, Vic.: Deakin University Press.

Denzin, N. (1978). *Sociological Methods: A Sourcebook*. NY: McGraw Hill.

Dewey, J. (1910). *How we think*. Boston: Health Company.

Dewey, J. (1960). *The quest for certainty*. New York: Capricorn.

Eames, K. (1991). Dialogues and dialectics: Action research and the dialectical form of classroom-based educational knowledge. In Edwards, G. & Rideout, P. (Eds.) *Extending the horizons of action research*. (pp. 35-51) Norwich: CARN Publication 10C.

Ebbutt, D. (1983). Educational action research: Some general concerns and specific quibbles. Mimeo (Cambridge Institute of Education). Also reprinted in Burgess, R. (1985) (ed.). *Issues in educational research*. London: Falmer.

Eggleston, J. (1979). School-based curriculum development in England and Wales. In OECD *School-based curriculum development*. (pp. 75-105) Paris: OECD.

Elliott, J. (1979). Implementing school based action-research: Some hypotheses. *Cambridge Journal of Education, 9*(1), 55-71.

Elliott, J. (1991). *Action research for educational change*. Milton Keynes: Open University Press.

Elliott, J. (1992). What is action-research in schools. In Deakin University. *The action research reader*. (pp. 121-122). Geelong, Victoria: Deakin University Press.

Elliott, J. (1997). Quality assurance, the educational standards debate, and the commodification of educational research. *The Curriculum Journal, 8*(1), 63-83.

Elliott, J. (1998). *The curriculum experiment: Meeting the challenge of social change.* Buckingham: Open University Press.

Elliott, J. & Adelman, C. (1973). Reflecting where the action is: The design of the Ford Teaching Project. *Education for Teaching, 92*, 8-20.

European Commission (2005). *On key competencies for lifelong learning.* Proposal for a recommendation of the European parliament and of the council. Brussels: Author.

European Communities (2007). The *Key Competencies for Lifelong Learning-A European Framework.* Luxembourg: Office for Official Publications of the European Communities.

European Union. (2005). Panorama of the European Union: united in diversity. Retrieved December 20, 2006 from http://europa.eu/abc/ panorama/index_en.htm

Flanders, N. A. (1970). *Analyzing Teaching Behavior.* Reading, Mass.: Addison-Wesley Pub. Co.

Fraenkel, Jack R. & Wallen, Norman E. (2003). *How to Design and Evaluate Research in Education.* London: Routledge.

Giddens, A. (1984). *The constitution of society.* Cambridge: Polity Press.

Goetz, J. P. & LeCompte, M. D. (1984). Ethnography and qualitative design in educational research. New York: Academic Press.

Griffiths, M. (1990). Action research: Grass roots practice or management tool? In Lomax, P. (ed.) Managing staff development in schools: An action research. (pp. 37-51). Clevedon: Multilingual Matters.

Grundy, S. (1987). *Curriculum: Product or praxis?* London: Falmer.

Grundy, S. & Kemmis, S. (1992). Educational action research in Australia: The state of the art. In Deakin University *The action research reader.* (pp. 321-326). Geelong, Victoria: Deakin University Press.

Habermas, J. (1984). *The theory of communicative action.* London: Heinemann.

Hopkins, D. (1985). *A teacher's guide to classroom research.* Milton Keynes: Open University Press.

Hustler, D., Cassidy, A., & Cuff, E. (1986) (Eds.). *Action research in classrooms and schools.* London: Allen & Unwin.

Jackson, P. W. (1968). *Life in classrooms.* New York, Holt, Rinehart and Winston.

Johnson, R. B. & Christensen L. B. (2020). *Educational Research: Quantitative, Qualitative, and Mixed Approaches*. London: SAGE.

Kemmis, S. & McTaggart, R. (1982)(Eds.). *The action research planner*. (2nd edition). Geelong, Victoria: Deakin University Press.

Kemmis, S. (1992). Action research in retrospect and prospect. In Deakin University *The action research reader*. (pp. 27-39). Geelong, Victoria: Deakin University Press.

Kincheloe, J. L. (1991). *Teachers as researchers: Qualitative Inquiry as a path to empowerment*. London: Falmer.

Lewin, K. (1946). Action research and minority problems. *Journal of Social Issues, 19*(6), 34-46.

Lewin, K. (1948). *Resolving social conflicts*. New York: Harper and Brothers.

Lewin, K. (1952). Group decision and social change. In Deakin University *The action research reader*. (pp. 47-56). Geelong, Victoria: Deakin University Press.

Lippitt, R. & Radke, M. (1946). New trends in the investigation of prejudice. *Annals of the American Academy of Political and Social Science, 244*, 167-176.

Lomax, P. (1990)(ed.). Managing staff development in schools: An action research (pp. 37-51). Clevedon: Multilingual Matters.

Lomax, P. & Paker, Z. (1995)(ed.). Accounting for ourselves: the problem of presenting action research. *Cambridge Journal of education, 25*, 301-314.

Manalo, E. (2020). *Deeper Learning, Dialogic Learning, and Critical Thinking: Research-based Strategies for the Classroom*. London: Routledge.

Marsh, C. (1992). *Key concepts for understanding curriculum*. London: Falmer.

McKernan, J. (1991). Principles of procedure for curriculum action research. *Curriculum. 12*(3), 156-164.

McKernan, J. (1996). *Curriculum action research: A handbook of methods and resources for the reflective practitioner*. London: Kogan Paul.

McKernan, J. (2008). *Curriculum and imagination: Process theory, pedagogy and action research*. London: Routledge.

McNiff, J. (1993). *Teaching as learning: An action research approach*. London: Routledge.

McNiff, J. (1995). *Action research: Principles and practice*. London: Routledge.

McNiff, J., Lomax, P., & Whitehead , J. (1996). *You and your action research project*. London: Routledge.

Miles, M. B. & Huberman, A. M. (1994). *Qualitative data analysis: An expanded sourcebook*. California: Sage.

Mills, C. W. (1959). *The Sociological Imagination*. Oxford: Oxford University Press.

Mills, G. E. (2000). *Action research: A guide for the teacher researcher*. Upper Saddle River, NY: Merrill.

National Research Council (2011). *Assessing 21st century skills: Summary of a workshop*. Washington, DC: The National Academies Press.

National Research Council (2012). *Education for life and work: Developing transferable knowledge and skills in the 21st Century*. Committee on Defining Deeper Learning and 21st Century Skills.

Newman, S. (1999). Constructing and critiquing reflective practice. *Educational Action Research, 7*(1), 145-162.

Nixon, J. (1985). *A teacher's guide to action research: Evaluation, enquiry and development in the classroom*. London: Grant McIntyre.

Noffke, S. E. (1989). The social context of action research: A comparative and historical analyze. ERIC ED 308756.

Noffke, S. E. & Stevenson, R. B. (1995)(Eds.). *Educational action research: Becoming practically critically*. N.Y.: Columbia University Teachers College.

Olson, M. H. & Ramirez, J. J. (2020). *An Introduction to Theories of Learning*. London: Routledge.

Organisation for Economic Co-operation and Development (OECD)(2005). *The Definition and Selection of Key Competencies: Executive Summary*. Paris: Author. Retrieved June 12, 2013, From http://www.deseco.admin.ch/bfs/deseco/en/index/02.parsys.43469.downloadList.2296.DownloadFile.tmp/2005.dskcexecutivesummary.en.pdf

Organisation for Economic Co-operation and Development (OECD) (2018). *The Future of Education and Skills 2030:* OECD Learning Framework 2030. Paris: Author.

O'Hanlon, C. (1996). *Professional development through action research in educational settings*. London: Falmer.

Oja, S. N. & Smulyan, L. (1989). *Collaborative action research: A developmental approach*. London: Falmer.

Partnership for 21st Century Skills (2019). Framework for 21st Century Learning Definitions. Retrieved from http://www.battelleforkids.org/networks/p21/frameworks-resources.

Peters, R. S. (1966). *Ethics and Education*. London: George Allen and Unwin.

Peters, R. S. (1967). What is an Educational Process ? In Peters, R. S. (ed.). *The Concept of Education*. (pp. 1-23). London: Routledge & Kegan Paul Ltd.

Posner, G. J. & Rudnitsky, A. N. (1997). *Course design: A guide to curriculum development for teachers* (5th ed). New York: Longman.

Rudduck, J. & Hopkins, D. (Eds.) (1985). *Research as a basis for teaching: Readings from the work of Lawrence Stenhouse*. London: Heinemann.

Rychen, D. S. & Salganik, L. H. (Eds.) (2003). *Key competencies for a successful life and a well-functioning society*. Göttingen, Germany: Hogrefe & Huber Publishers.

Schön, D. A. (1983). *The reflective practitioner: How professionals think in action*. New York: Basic Books.

Schön, D. A. (1987). *Educating the reflective practitioner*. London: Jossey-Bass.

Schön, D. A. (1991). *The reflective turn*. N.Y.: Teacher's College, Columbia University.

Schwab, J. (1971). The Practical: A Language for Curriculum. In Levit, M. (ed.). *Curriculum* (pp. 307-330). Chicago: University of Illinois Press.

Short, E. (1991a) (ed.). *Forms of curriculum inquiry*. Albany: SUNY Press.

Short, E. (1991b). A perspective on understanding the nature of curriculum inquiry. *Curriculum and Teaching, 6*(2), 1-14.

Short, E. (1991c). Inquiry methods in curriculum studies: An overview. *Curriculum Perspectives, 11*(2), 15-26.

Shumsky, A. (1959). Learning about learning from action research. In Association for Supervision and Curriculum development (ed.). *Research for Curriculum Improvement*. (pp.183-192). Washington: ASCD.

Skilbeck, M. (1984). *School-based curriculum development*. London: Harper & Row.

Somwkh, B. (1989). The role of action research in collaborative enquiry and school improvement. In Somwkh, B., Powney, J., & Burge, C. (Eds.) *Collaborative enquiry and school improvement*. (pp. 3-11). Norwich: University of East Anglia, Centre for Applied Research in Education CARN Bulletin 9A. Spring 1989. The Coordinator's opening address presented at the CARN conference March 25-27, 1988.

Stenhouse, L. (1975). *An introduction to curriculum research and development*. London:

Heinemann.

Stenhouse, L. (1980) (ed.). *Curriculum Research and Development in Action*. London: Heinemann.

Stenhouse, L. (1981). What counts as research? *British Journal of Educational Studies, 29*(2), 109-110.

Stenhouse, L. (1983). *Authority, Education and Emancipation*. London: Heinemann Educational Books.

Stenhouse, L. (1985). Action research and the teacher's responsibility. In Rudduck, J. & Hopkins, D. (Eds.) (1985). *Research as a basis for teaching: Readings from the work of Lawrence Stenhouse*. (pp. 56-9). London: Heinemann.

Strauss, A. & Corbin, J. (1990). *Basics of qualitative research: Grounded theory procedures and techniques*. London: SAGE.

Stringer, E. T. (1999). *Action research*. Thousand Oaks, CA: Sage.

Stringer, E. T. (2004). *Action research in Education*. New Jersey: Pearson.

Taba, H. & Noel, E. (1992). Steps in the action research process. In Deakin University *The action research reader*. (pp. 67-73). Geelong, Victoria: Deakin University Press.

Tripp, D. (1993). *Critical incidents in teaching: Developing professional judgement*. London: Routledge.

Tyler, R. W. (1966). Resources, model, and theory in the improvement of research in science education. In Richardson, J. S. & Howe, R. W. *The role of centers for science education in the production, demonstration, and research*. (pp. 31-40). Ohio: Ohio State University. ED 013 220.

Tyler, R. W. (1976)(ed.). *Prospects for research and development in education*. Berkeley, Calif.: McCutchan.

Tyler, R. W. (1984). Curriculum development and research. In Hosford, Philip L. (ed.) *Using what we know about teaching*. (pp. 29-41). ASCD, ED 240088.

United Nations Educational, Scientific and Cultural Organization (UNESCO) Institute for Education. (2003). *Nurturing the Treasure: Vision and Strategy 2002-2007*. Hamburg, Germany: Author.

United Nations Educational, Scientific and Cultural Organization (UNESCO)(2005). *The plurality of literacy and its implications for policies and programmes: UNECSO Education Sector position paper*. Retrieved February 22, 2011 from http://unesdoc.

unesco.org/ images/0013/001362/136246e.pdf

Walker, D. F. (1990). *Fundamentals of curriculum*. N.Y.: Harcourt Brace Jovanovich.

Walker, R. (1985). *Doing research: A handbook for teachers*. London: Methuen.

Winter, R. (1987). *Action research and the nature of scoial inquiry: Professional innova-tion and educational work*. Aldershot, England: Avebury (Gower publishing).

Winter, R. (1995). *Learning from experience: Principles and practice in action-research*. London: Falmer.

Woolgar, S. (1988). *Knowledge and Reflexivity: New Frontiers in the Sociology of Knowl-edge*. London: Sage.

Young, M. F. D. (1998). *The curriculum of the future: From the 'new sociology of educa-tion' to a critical theory of learning*. London: Falmer.

Zuber-Skerritt, O. (1996). *New directions in action research*. London: Falmer.

索 引

中文部分

108 新課程綱要　65

108 新課綱　3, 6, 8, 56, 374

21 世紀技能　6

21 世紀素養　6

21 世紀學習框架　6

2D 課程設計雙向分析表　391

4C 核心素養　6

6E 教學方法　270

B3 藝術涵養與美感素養　102

Collaboration 合作　16

Collaboration 協同合作教育行動研究與省思　16, 25, 73, 127, 131, 163, 247, 405, 410

C 協同合作教育行動研究　16

Evaluation 評鑑　16

Evaluation 評鑑回饋教育行動研究與省思　16, 73, 127, 132, 307, 308, 412

Evaluation 評鑑回饋與省思　25, 163, 405

E 評鑑回饋教育行動研究　16

Implementation 實施　16

Implementation 實施監控教育行動研究與省思　16, 25, 73, 127, 132, 163, 267, 268, 405, 411

I 實施監控教育行動研究　16

K-12 一貫課程綱要各教育階段核心素養與各領域課程統整研究　51

K-12 中小學一貫課程綱要核心素養與各領域連貫體系研究　44, 49, 51, 54

K-12 各教育階段核心素養與各領域課程統整研究　45, 54

OSCP 教案設計模式　98, 399

PCC 三因子　390

PPCIER 教育行動研究「簡單模式」　17

PPCIER 教育行動研究循環歷程模式　405

PPCIER 教育行動研究簡單模式　16

Problem 問題　16

Problem 提出教育行動研究問題與省思　16, 25, 73, 127, 130, 163, 169, 405, 409

Project 方案　16

Project 規劃教育行動研究方案與省思　16, 25, 73, 127, 130, 163, 207, 405, 410

P 規劃教育行動研究方案　16

P 提出教育行動研究問題　16

Report 呈現教育行動研究報告與
　　省思　16, 25, 73, 127, 133,
　　163, 333, 405, 413
Report 報告　16
RPDIEM 內環模式　384
R 呈現教育行動研究報告　16
SVPIEC 外環模式　384

一劃
一個核心　9, 10, 11, 13, 38, 56,
　　62, 67, 334, 369, 372, 377,
　　384, 393
一般的計畫　278
一般的觀念想法　185, 278, 340

二劃
九年國民義務教育改革　4, 353,
　　370
九軸論　11, 44, 377
九項　8, 11, 13, 38, 51, 56, 62, 67,
　　334, 369, 372, 377, 385, 393
了解並尊重學習者的發展與學習需
　　求　7, 67, 114, 334, 361, 372
了解教育發展的理念與實務　7,
　　67, 114, 334, 361, 372
二十一世紀技能、教育和競爭力報
　　告　6
人文課程方案　71, 79
人際關係與團隊合作　8, 10, 11,
　　44, 50, 56, 377, 378
人類學　55

八年研究　44, 45, 55, 63
十二年國民基本教育　3, 4, 6, 8,
　　12, 14, 16, 17, 19, 38, 39, 45,
　　47, 55, 62, 63, 67, 79, 89, 92,
　　93, 94, 97, 113, 114, 269, 309,
　　334, 337, 353, 355, 362, 369,
　　370, 372, 373, 374, 376, 377,
　　378, 382, 396, 414, 416, 417
十二年國民基本教育課程改革
　　55, 351, 388, 403, 404, 409,
　　413
十二年國民基本教育課程研究發展
　　會　38, 373
十二年國民基本教育課程發展
　　52
十二年國民基本教育課程發展建議
　　書　4, 8, 38, 63, 79, 87, 353,
　　354, 370
十二年國民基本教育課程發展指引
　　4, 8, 12, 38, 52, 54, 55, 56,
　　63, 79, 87, 353, 354, 370, 378
十二年國民基本教育課程發展指引
　　草案擬議研究　54
十二年國民基本教育課程綱要
　　6, 44, 52, 62, 141, 209, 252,
　　310, 337, 354, 356, 374, 375,
　　380, 395
十二年國民基本教育課程綱要（語
　　文領域──英語文）　172
十二年國民基本教育課程綱要總綱
　　4, 6, 8, 10, 11, 12, 13, 14,

38, 52, 54, 55, 62, 63, 79, 88,
113, 353, 354, 370, 378, 385,
386, 390, 392, 393, 394, 395

十二年國民基本教育課程審議委員
會　354

十二年國教　3, 16, 65, 113, 125,
352, 369, 370, 402, 404

十二年國教新課綱　3, 38

十二年國教新課綱與教育行動研究
16

十二年國教課程改革　415

十二年基本教育課程發展指引草案
擬議研究　45, 52

三劃

三角交叉檢證　149, 150, 155, 301

三角交叉檢證法　298

三面　8, 10, 11, 13, 38, 56, 62, 67,
334, 369, 372, 377, 385, 393

三階段六步驟　16

三維（3D）螺旋課程統整設計
390

三維（3D）螺旋課程統整設計模
式　391

三維論　11, 43, 377

工具理性　73

工業 4.0　4, 12, 114

四劃

中小學九年一貫課程綱要　54

中小學課程相關之課程、教學、認

知發展等學理基礎與理論趨
向研究　44, 48, 54

中正大學　134

中庸　113

中華民國教師專業素養指引——
師資職前教育階段暨師資職
前教育課程基準　7, 67, 114,
334, 361, 372, 416

中華民國教師專業標準指引　7,
67, 101, 102, 114, 334, 361,
370, 416

互動　6, 8, 10, 38, 55, 113, 141,
209, 337, 354, 355, 377

互動分析表　281

互動式日誌　300

互動過程分析　284

互動關係模式　16, 63, 74, 75, 125

內部人員　259

分析的備忘錄　296

分析者的三角交叉檢證　300

分析情境　13

反思　24

反省及思考　24

反省的實務工作者　80

反省思考　24, 25

反省理性　73

心理學　48, 51, 55

文件分析　296

方法的三角交叉檢證　300

方德隆　11, 12, 15, 39, 40, 44, 45,
47, 51, 52, 62, 354, 373, 378,

393

水平統整　55, 56

王文科　15, 18, 25, 28, 29, 68, 69,
　　82, 87, 127

王令宜　14, 15, 415

王如哲　83

王秀槐　15, 68

王道還　46

王瓊玲　46

以研究爲本位的教育實務工作
　　364

以研究爲本位的教學　364

以教學爲本位的研究　365

五劃

功能健全的社會　43

包熙　79

半結構的　286

卡爾　66, 68, 77, 79

可推論性　15

可複製性　29

可遷移性　29

史點豪思　66, 68, 69, 71, 79, 109,
　　116, 117, 118

四角交叉檢證　301, 302

外部人員　259

幼兒教育　47

幼兒教保活動　93

幼兒園教保活動課程暫行大綱
　　54

必要的素養　40

未來力　114, 372

正式規劃的課程　415

甘美思　22, 66, 68, 72, 77, 79

生活情境　8, 56

生活當中的矛盾體　187

白亦方　14, 15, 415

皮亞傑　294

目標模式　392

六劃

全人　7, 42

全方位的核心素養之教育研究
　　46, 47, 54

全國教育協會　6

共好　6, 8, 10, 39, 55, 113, 141,
　　209, 337, 354, 355, 377

再概念化　4

合作　34, 131

合作研究　118

多元文化與國際理解　8, 10, 11,
　　50, 56, 377, 378

多元功能　48

多元面向　48

多元場域　48

多項的素養　4

成功的個人生活　55

有訊息情報資料作爲依據的明智行
　　動　23

有專業承諾的行動　22

有意圖的行動　22

江麗莉　247

自主行動　8, 10, 44, 49, 56, 310, 377, 378

自我反省探究　69

自我的反身性　16, 18

自我省思監控之行動　311

自動好　10, 377

自動會　8, 56, 377

自然主義的　74

自發　6, 8, 10, 38, 55, 113, 141, 209, 337, 354, 355, 377

艾略特　22, 66, 68, 71, 79, 109, 155, 237, 260

行政院教育改革審議委員會　354

行動　18, 20, 25, 31, 65, 66, 145, 185

行動「中」的研究　16, 25, 127, 141, 142, 162, 163, 245, 247, 265, 267, 304, 405

行動「前」的研究　16, 25, 127, 141, 162, 163, 169, 205, 207, 245, 405

行動「後」的研究　16, 25, 127, 141, 144, 162, 163, 307, 330, 333, 347, 405

行動中的省思　25

行動中的研究　25, 416

行動方案　20

行動前的省思　25

行動前的研究　25, 416

行動後的省思　25

行動後的研究　25, 416

行動研究　8, 12, 13, 14, 15, 18, 19, 20, 24, 26, 27, 29, 30, 31, 33, 34, 35, 36, 45, 62, 63, 66, 67, 68, 70, 71, 75, 76, 79, 80, 81, 87, 88, 89, 94, 95, 105, 106, 107, 111, 113, 116, 120, 125, 126, 127, 129, 171, 187, 192, 193, 204, 222, 227, 242, 248, 254, 257, 270, 273, 310, 338, 369, 372, 381, 382, 387, 393, 404

行動研究方法論　149

行動研究方案　387

行動研究本位的課程發展　379

行動研究法　309

行動研究的新方向　67

行動研究者　149, 388

行動研究計畫　224

行動研究效度　258

行動研究效度考核團體　324

行動研究假設　271

行動科學　22

行動理論　22

行動實踐智慧　42

行動綱領　151, 360

七劃

何雅芬　403

助學者　63

吳明烈　39, 40, 44, 47, 51

吳明清　15, 18, 25, 68, 111, 146,

362, 381, 387

吳密察　46

吳清山　14, 15, 382, 415

吳毓智　247, 249, 251

吳璧純　15, 414

呈現教育行動研究報告與省思　74, 129, 347

呈現報告　74

困難　195

困難的問題　14

宋美　79

形而上的　74

批判取向的行動研究　72

批判的行動研究者　158

批判的諍友　247, 260, 262

批判社會科學　106

批判思維　6

批判溝通對話　78

批判解放形式　70

批判解放形式的行動研究　65, 70, 72, 73

批判諍友　259

技術能力　4, 114

李文富　12, 14, 40, 44, 45, 47, 52, 62, 378, 393, 414

李旭民　87

李奉儒　44, 48

李怡穎　15

李信男　162, 164

李茂興　249

李祖壽　25, 26, 68

李溫　66, 67, 68, 76, 237

李懿芳　12, 40, 41, 44, 45, 47, 51, 52, 62, 378, 393

杜威　236

沒有教師專業發展，就沒有課程發展　403

沒有教師發展，就沒有課程發展　355

系統思考解決問題　17

系統思考與解決問題　8, 9, 11, 44, 50, 56, 377, 378

身心素質與自我精進　8, 9, 11, 50, 56, 377

八劃

事前偵察　241

事前偵察階段　240

其他類課程　393, 394

初等教育　47

協同　34

協同合作　263

協同合作教育行動研究與省思　74, 129, 247, 265, 267

協同行動研究網路　79

協同教學　8

協定　256

周明弘　91

周淑卿　15, 386, 414

官方知識　88

幸福感　7, 43

彼此平等的協同合作研究　34

忠實的課程實施　353

承諾　156

明智行動　22

東英格蘭大學　71, 79, 237, 299

林天祐　382

林永豐　11, 12, 14, 15, 39, 40, 44,
　　45, 47, 48, 51, 52, 62, 374,
　　378, 393, 403, 414, 415

林吟徽　15, 19, 381

林秀勤　414

林信志　14, 414

林珮璇　15

林素卿　15, 127

林淑馨　161, 163

林清江　360

林鋒錡　15, 19, 381

法藍德斯互動觀察分析表　256

法蘭克福學派　72

知行合一　377

知識　4, 7, 11, 40, 42, 44, 55, 62,
　　114, 116, 117

社會參與　8, 10, 44, 49, 56, 310,
　　377, 378

社會學　48, 56

社團活動與技藝課程　393, 394

近側發展區　276

長期培育　48

非內容　403

非參與觀察者　280

非結構的　286

九劃

侷限的專業主義　117

前期中等教育　47

哈伯瑪斯　76

垂直連貫　55, 56

建立正向學習環境並適性輔導　7,
　　67, 114, 334, 361, 372

後期中等教育　47

柯立爾　66, 67, 68

洪志成　44, 48

洪若烈　40, 44, 45, 51

洪英　15, 19, 381

洪浩宸　84

洪詠善　10, 11, 14, 44, 55, 62,
　　374, 383

洪裕宏　40, 44, 46

界定與分析問題　223

界定與選擇核心素養　54

界定與選擇國民核心素養：概念參
　　考架構與理論基礎研究　45,
　　46

省思　17, 18, 19, 24, 74, 208, 336

省思的實務工作者　110, 126,
　　267, 352, 362

研究　18, 20, 22, 25, 31, 33, 65,
　　66, 145

研究日誌　272

研究的類型　19

研究倫理　300, 335, 344

研究假設　15, 267, 367, 388

研擬方案　74

科技取向的行動研究　71

科技資訊與媒體素養　8, 9, 11,
　　50, 56, 377, 378

科雷　66, 67, 68

科學技術形式　70

科學技術形式的行動研究　65, 70,
　　71

胡志偉　40, 44, 46

胡夢鯨　68, 127

范信賢　10, 11, 12, 14, 15, 41, 44,
　　45, 47, 52, 55, 62, 374, 378,
　　393

迪今大學　72

重要的素養　40

十劃

個人日誌　276

個人主義　72

個案　302, 303

個案研究　75, 340

個案研究報告　278

個案記錄　341

個案資料　341

倫理信條　151

哲學　48, 55

夏林清與中華民國基層教師協會
　　19, 26, 30, 36, 37, 67, 82, 95,
　　104, 107, 120, 127, 146, 149,
　　158, 186, 188, 222, 245, 254,
　　264, 270, 297, 298, 312, 317

家庭聯絡簿　277

展現人類的整體價值並建構文明的
　　能力　45

效度考核團體　322

效度檢證小組　255, 256

校訂必修課程　386, 393

校訂課程　13, 62, 63, 98, 383,
　　385, 388, 393, 394, 414

核心　370

核心素養　3, 4, 5, 6, 7, 8, 9, 11,
　　12, 13, 14, 16, 17, 38, 39, 40,
　　42, 44, 45, 46, 47, 48, 51, 52,
　　55, 56, 62, 65, 67, 79, 98,
　　113, 114, 115, 125, 138, 141,
　　209, 269, 310, 334, 352, 353,
　　362, 369, 370, 373, 374, 376,
　　377, 378, 384, 393, 395, 396,
　　402, 404, 414, 417

「核心素養」的「課程統整設計」
　　414

「核心素養」的「學校本位課程發
　　展」　384, 415

「核心素養」的課程與教學　354

「核心素養」的學校本位課程發展
　　354, 356, 380

「核心素養」導向的「課程統整設
　　計」　374

核心素養 1.0　4, 370

核心素養 2.0　4, 370

核心素養 3.0　4, 370

核心素養 4.0　4, 5, 370

核心素養的 OSCP 教案設計模式

398

核心素養的理據　43, 44

核心素養的滾動圓輪意象　8, 9

核心素養的課程統整設計　415

核心素養的課程評鑑　415

核心素養的課程與教學　7, 12, 79, 98, 102, 114, 356

核心素養的學校本位課程發展　373, 415

核心素養的學校本位課程發展模式　384

核心素養課程改革　3, 55

核心素養課程設計　97

核心素養學校本位課程發展　62, 88, 97

核心素養學校本位課程發展行動研究　382

核心能力　11, 46, 54, 376, 377

特殊需求領域課程　393, 394

真實性　29

素養　46, 115, 370

素養1.0　4, 114

素養2.0　4, 114

素養3.0　4, 114

素養4.0　4, 114

素養4.0＝（知識＋能力）^{態度}　114

素養的界定與選擇　5, 42

素養的總稱　4

素養論　7, 372

翁秉仁　46

能力　7, 11, 40, 42, 44, 55, 62, 116, 117

能力指標　12, 374, 395

能在社會異質團體運作　45, 46

能自主行動　45, 47

能使用工具溝通互動　45, 46

荀子・勸學　307

馬克斯主義者　77

馬雅娟　15, 19, 381

馬塔萵　22

高于涵　15, 19, 92, 137, 139, 141, 209, 252, 253, 269, 309, 337, 381, 406

高中職課程綱要　374

高級中等以下學校課程審議會　6, 38, 373

高級中等學校教育　56

高級中學課程綱要　54

高級職業學校課程綱要　54

高湧泉　40, 44, 46

高階複雜　48

高敬文　161, 163

高新建　12, 40, 44, 45, 47, 52, 62, 378, 393

高壓強迫研究　34

十一劃

假想練習的影子追蹤研究　297

問卷　289

問題分析　169

問題確認　169

國民小學教育　56

國民小學課程標準　355

國民中小學九年一貫課程改革　4,
　　353, 370, 379

國民中小學九年一貫課程綱要
　　374, 375, 395

國民中小學課程發展專案小組
　　354, 355

國民中學教育　56

國民中學課程標準　355

國民核心素養　45, 46, 52

國民教育法　355

國民教育階段九年一貫課程試辦要
　　點　14

國民教育階段九年一貫課程總綱綱
　　要　354, 355

國立中正大學　136, 338

國家政策本位的課程發展　379

國家研究委員會　6

國家教育研究院　8, 10, 11, 14,
　　38, 39, 52, 54, 55, 62, 113,
　　353, 354, 370, 374, 383, 396,
　　414

國語文　97, 98

國際學生評量計畫　42

執行實施　74

基本能力　4, 11, 46, 54, 353, 370,
　　374, 376, 392, 395

基礎研究　19, 28, 30, 33, 35, 80,
　　100

寇恩　69

專業力　114, 372

專業化　334, 347, 352, 367, 417

專業化歷程　267, 307, 308

專業主義　267, 308, 334, 347,
　　417

專業承諾的行動　23

專業素養　101, 115

專題、實作及探索課程　386, 393

張世平　31, 68, 127

張芬芬　15, 44, 374, 414

張玲華　15, 19, 381

張美慧　15, 19, 381

張景媛　15, 414

張雅惠　97

張新仁　39, 44, 46

張馨祺　15, 19, 381

情境分析　104, 190, 209

敘事的　335

教材輯　365

教育目的　366

教育行動　123

教育行動研究　3, 8, 15, 16, 38,
　　44, 63, 65, 66, 79, 81, 97,
　　100, 101, 102, 103, 104, 105,
　　106, 107, 108, 110, 113, 115,
　　119, 120, 122, 125, 126, 127,
　　129, 130, 132, 133, 148, 150,
　　151, 154, 156, 157, 159, 160,
　　161, 162, 185, 186, 187, 188,
　　189, 190, 191, 192, 193, 194,
　　197, 201, 202, 204, 207, 208,

218, 219, 221, 222, 226, 227,
228, 229, 230, 231, 232, 233,
234, 235, 236, 238, 239, 240,
241, 242, 247, 248, 254, 255,
256, 257, 258, 260, 262, 263,
264, 265, 267, 268, 272, 277,
285, 298, 304, 305, 307, 308,
309, 311, 313, 314, 317, 318,
319, 323, 326, 329, 330, 333,
334, 338, 339, 341, 345, 346,
351, 352, 354, 357, 358, 360,
362, 364, 369, 372, 395, 404,
409, 412, 413, 415, 416

教育行動研究方案　314, 364, 367

教育行動研究的功能　97

教育行動研究的目的　97, 103,
159, 336

教育行動研究的效度　319

教育行動研究的特徵　26

教育行動研究的問題確認　170

教育行動研究的第一循環　314

教育行動研究的報告　338

教育行動研究的歷程與程序　16

教育行動研究者　158, 202, 225,
279, 280, 285, 300, 316, 320,
327, 335, 338, 341, 344, 345

教育行動研究計畫　218, 219,
221, 223, 326, 345

教育行動研究效度　318, 321, 327

教育行動研究效度考核團體　324,
325, 326

教育行動研究報告　334, 335,
336, 339, 343, 413

教育行動研究循環歷程模式　16

教育行動研究策略　226

教育行動研究模式　125

教育行動研究歷程　131, 132,
133, 170, 351, 409, 413

教育行動研究螺旋　329

教育行動螺旋　314

教育改革諮議總結報告書　354

教育基本法　355

教育專業地位　101

教育專業行動　322

教育專業規準　319

教育專業發展　351

教育部　6, 8, 11, 13, 14, 39, 44,
54, 55, 56, 62, 113, 353, 354,
361, 370, 374, 382, 386, 393,
414

教育部技術及職業教育司　39

教育階段核心素養　11, 49, 51,
52, 56, 62, 374, 378, 380,
382, 388

教育愛　114, 372

教育實務人員即研究者　19

教育實務工作　228, 247, 330

教育實務工作者　101, 189, 191,
196, 197, 198, 199, 204, 223,
224, 273, 279, 286, 295, 298,
313, 315, 322, 334, 351, 352,
360, 362, 367, 416

教育實務工作者即研究者　104,
　　105, 113, 352, 404, 416

教育實務工作者即教育行動研究者
　　362, 369, 414

教育實務研究者　19

教育實際工作　339

教育實際工作者　201

教育應用研究中心　71, 79, 237

教室行動研究　287

教室研究　69

教師即研究者　13, 15, 16, 19, 63,
　　71, 72, 111, 125, 145, 260,
　　261, 299, 302, 303, 304, 362,
　　372, 379, 381, 388, 414

教師是教室當中的自由行動主體
　　78

教師即研究者　19

教師研究者模式　69

教師專業素養　308, 334

教師專業標準　101, 416

教師教學本位的課程發展　379

教師終身學習圖像　114

教學目標　399

教學原理　366

教學設計　98

曼尼恩　69

現場速寫評述　292

理念建議的課程　415

理性共識　78

理論　20

理論研究　27

符號運用與溝通表達　8, 9, 11,
　　44, 50, 56, 377, 378

第一手資料來源　341

第一個教育行動循環　416

第一順位的行動研究　260

第一順位的行動研究者　259, 260

第七章規劃教育行動研究方案與省
　　思　18

第九章實施監控教育行動研究與省
　　思　18, 222

第二個教育行動循環　416

第二章教育行動研究的理論與實務
　　16

第二循環的教育行動研究螺旋
　　314

第二順位的行動研究　260

第二順位的行動研究者　259, 260

第八章協同合作教育行動研究與省
　　思　18

第十一章呈現教育行動研究報告與
　　省思　18

第十章評鑑回饋教育行動研究與省
　　思　18

第五章教育行動研究的主要歷程與
　　程序原理　16, 26

第六章提出教育行動研究問題與省
　　思　18

紮根理論　159, 415

終身學習　63, 114

終身學習的教師圖像　3, 7, 63,
　　67, 101, 114, 166, 334, 347,

352, 361, 369, 372, 405, 416, 417

終身學習者　4, 7, 8, 51, 56, 166, 334, 353, 362, 370, 372, 377

終身學習教師　166, 361

終身學習論　7, 372

統整性　62

統整活動　98

莊詩芸　161, 164, 165

規約的　148

規劃執行與創新應變　8, 9, 11, 44, 50, 56, 377, 378

規劃教育行動研究方案與省思　129, 245, 247

規劃適切的課程、教學及多元評量　7, 67, 114, 334, 361, 372

訪談　285

設計課程方案　13

許予薰　15, 19, 381

許凱威　14, 414

逐漸調整焦距的過程　205

連貫性　62

部定課程　13, 62, 63, 383, 385, 388, 392, 393, 414

郭建志　46

郭進隆　249

陳又慈　39, 354, 373

陳永昇　84

陳竹亭　46

陳伯璋　12, 15, 18, 20, 25, 28, 31, 39, 40, 45, 46, 47, 52, 62, 68,

73, 76, 80, 95, 127, 145, 147, 162, 238, 249, 339, 351, 354, 355, 378, 380, 381, 393

陳宜楓　15, 19, 381

陳延興　12, 39, 40, 44, 45, 47, 48, 51, 52, 62, 378, 393

陳玠汝　161, 163, 164, 165

陳品含　15, 91, 141

陳建興　83

陳美如　15, 68, 414, 415

陳郁雯　90

陳修元　46

陳梅生　68

陳惠邦　15, 18, 25, 68, 73, 74, 95, 127, 249, 297, 381

陳聖謨　12, 39, 40, 44, 45, 47, 51, 52, 62, 378, 393

陳樹叢　15, 19, 381

麥克南　66

麻省理工學院　71

十二劃

傑克森　285

創新創造　6

單面向　17

單項的素養　4

尋求合作　74

彭小妍　40, 44, 46

循環歷程模式　16, 74, 125, 127, 128, 134

提出問題　74

提出教育行動研究問題與省思
　　74, 129, 205
普通高級中學英文課程綱要　172
曾玉村　44, 48
焦點　202
發展活動　98
程序原理　125, 126
程景琳　46
策略性行動　22
結構的　286
診斷問題　76
評量考試的課程　415
評鑑反應　76
評鑑回饋　74
評鑑回饋教育行動研究與省思
　　129, 330, 333
開放的集體溝通對話　78
階段發展任務　51
集體的知識　30, 327
雲大維　15, 19, 381
黃光雄　4, 13, 14, 15, 19, 20, 25,
　　55, 62, 66, 88, 95, 115, 117,
　　125, 190, 245, 248, 267, 307,
　　330, 351, 353, 370, 379, 380,
　　387, 413, 414
黃東益　46
黃政傑　15, 18, 20, 21, 25, 26,
　　35, 36, 68, 80, 81, 82, 83, 95,
　　105, 109, 120, 121, 125, 126,
　　127, 155, 158, 162, 170, 238,
　　245, 247, 351, 353, 354, 358,

　　373, 380, 383, 415
黃珊珊　15, 19, 94, 381
黃琪鈞　15, 19, 92, 208, 250, 252,
　　269, 309, 381
黃榮棋　46

十三劃

意締牢結　66
愛德蒙　71
慎思熟慮構想　24
新世紀技能夥伴聯盟　6
楊孟勳　15, 19, 270, 277, 381
楊俊鴻　7, 11, 12, 40, 43, 44, 45,
　　47, 52, 62, 378, 393
楊紹旦　68
楊慧文　381
溝通互動　6, 8, 10, 44, 49, 56,
　　310, 377, 378
照片證據　291
經濟合作開發組織　5, 7, 8, 10,
　　39, 40, 42, 46, 65, 113, 369,
　　377, 417
經濟學　48, 55
落地生根的理論　159
葉興華　39, 354, 373
葛蘭迪　66, 68, 79
解放取向的行動研究　73
詮釋和實施　13
詹文娟　247
資料來源的三角交叉檢證　300
資源支持的課程　415

跨領域　13

跨領域／科目　62, 393, 395

跨領域統整性主題／專題／議題探究課程　383, 393, 394

跨領域課程　8, 63, 80, 373

跨領域課程設計　62, 382

運作實施的課程　415

道德實踐與公民意識　8, 9, 11, 44, 50, 56, 377, 378

十四劃

團隊合作　6

團體活動時間　393

實地研究　68

實地實驗　270

實施監控教育行動研究與省思　129, 268, 304

實務工作　337

實務工作者所進行的行動研究　24

實務取向的行動研究　71

實務省思　24

實務道德形式　70

實務道德形式的行動研究　65, 70, 71, 72

實踐行動　337

實踐省思　74

對行動中的省思之省思　25

對行動的省思　25

對話日誌　275

對實務行動中的省思之省思研究　25

對實務行動的省思研究　25

廖鳳池　68

態度　4, 7, 11, 40, 42, 44, 55, 62, 114, 116, 117

滾動的圓輪意象　56

滾動飛輪　9

滾動圓輪　9

甄曉蘭　15, 25, 34, 68, 70, 95, 127, 247, 248, 249, 253, 254, 259, 263, 335, 351, 354, 380

福特教學方案　71, 79

綜合高級中學課程綱要　54

臺北教育大學　137

臺維史塔特研究所　71

臺灣師範大學　134

蒐集　304

認同並實踐教師專業倫理　7, 67, 114, 334, 361, 372

銜接性　62

領域／科目　56

領域／科目「學習重點」　62

領域／科目的核心素養　39

領域／科目核心素養　11, 12, 51, 56, 62, 374, 378, 380, 388, 391, 392, 393, 395

領域／科目課程目標　51, 62, 388

領域／科目課程綱要　39, 52, 378, 379, 388

領域／科目學習重點　11, 12, 51, 56, 374, 378, 388, 390, 393,

395, 402

領域課程綱要　38, 63

領域學習課程　8, 63, 373

十五劃

價值研究　27

劉安祝　15, 19, 381

劉明琇　15, 19, 381

劉保祿　15, 19, 381

劉麗吟　15, 19, 86, 381

彈性學習時間　386, 393

彈性學習節數　386

彈性學習課程　8, 13, 63, 80, 97,
　98, 373, 383, 386, 393, 394

德懷術　50, 51

撰寫教育行動研究報告　340

標準論　7, 370

模式　20

歐用生　15, 18, 25, 31, 33, 68, 69,
　70, 80, 81, 87, 95, 101, 102,
　111, 115, 119, 127, 145, 241,
　249, 259, 279, 351, 353, 354,
　355, 357, 360, 362, 363, 364,
　380, 381

歐克　69

歐洲聯盟　5, 8, 10, 39, 40, 42, 65,
　113, 369, 377, 417

歐萃特　79

潘慧玲　39, 44, 46

潛在知識　337

潛在課程　285

蔡玉珊　15, 19, 89, 134, 171, 381,
　407

蔡芳柔　15, 19, 381

蔡清田　3, 4, 5, 6, 7, 9, 10, 11, 12,
　13, 14, 15, 18, 19, 20, 24, 25,
　30, 33, 34, 35, 37, 39, 40, 41,
　42, 43, 44, 45, 46, 47, 48, 51,
　52, 55, 56, 62, 66, 68, 79, 80,
　87, 88, 89, 95, 102, 104, 111,
　113, 114, 115, 116, 117, 118,
　125, 126, 127, 134, 137, 141,
　163, 164, 165, 170, 172, 185,
　190, 208, 219, 243, 245, 248,
　249, 260, 267, 307, 308, 309,
　318, 330, 333, 334, 335, 340,
　342, 343, 346, 351, 353, 354,
　356, 357, 358, 362, 364, 365,
　366, 367, 370, 374, 377, 378,
　379, 380, 381, 384, 387, 393,
　396, 398, 403, 404, 405, 406,
　407, 413, 414, 416

蔡慧琦　15, 19, 381

蔡麗華　15, 19, 381

課發會　38

課程目標　13, 52, 55

課程行動研究　88, 108, 109, 110,
　244

課程改革　4, 14, 19, 39, 52, 63,
　92, 370, 376, 377, 411, 413,
　416

課程改革的關鍵DNA　48, 52, 55,

56

課程研究　87, 108

課程研究發展　353

課程理論　108

課程統整　52, 380

課程統整設計　8, 12, 13, 14, 52, 63, 80, 415

課程規劃　8, 12, 14, 80, 109

課程設計　65

課程設計者　388, 403

課程連貫　47

課程發展　370

課程發展行動研究者　66

課程發展委員會　354, 385, 387

課程發展歷程模式　72

課程實施行動研究計畫　356

課程實驗　356

課程綱要　3, 4, 6, 8, 12, 52, 62, 67, 114, 334, 362, 369, 417

課程綱要取代課程標準　379

課程領導　355, 356

課審會　38

諍友　411

鄧宛廷　15, 19, 93, 209, 381

鄭永泰　15, 19, 91, 381

鄭勝耀　44, 48

鄭鈞鴻　415

鄭雅丰　414

十六劃

學以致用　377

學思達　81

學科知識　4, 11, 353, 370, 376, 377, 392

學科領域／科目　52

學校本位課程　12, 13, 382, 415

學校本位課程發展　3, 6, 8, 12, 13, 14, 52, 63, 79, 80, 114, 373, 374, 385, 388, 414, 415

學校特色課程　383

學校課程發展委員會　13

學習內容　8, 12, 14, 56, 62, 63, 80, 98, 366, 373, 374, 380, 388, 390, 391, 393, 395, 399, 403, 414

學習目標　12, 98, 396, 398, 399, 414

學習表現　8, 12, 14, 56, 62, 63, 80, 98, 373, 374, 380, 388, 390, 391, 393, 395, 399, 403

學習重點　8, 12, 13, 39, 51, 52, 55, 56, 62, 63, 80, 98, 373, 374, 380, 388, 390, 391, 400, 402, 414

學習動機　414

學習情境　98, 399

學習評量　402

學習獲得的課程　415

歷程模式　125, 126, 129, 392, 404

盧美貴　12, 39, 40, 44, 45, 47, 51, 52, 62, 151, 378, 393

選修課程　393
選擇方案　76
錄音帶／錄影帶記錄　294

十七劃

優質生活　6, 7, 44
優質社會　7, 12, 44
應用研究　19, 80
戴景賢　46
擬定目標　13
檢查、評估、回饋　13
績效責任　29
聯合國教育科學文化組織　5, 8,
　　10, 39, 40, 42, 65, 113, 369,
　　377, 417
薛雅慈　39, 354, 373
謝東明　85
謝金枝　15, 44, 374, 414
邁向 2030 年教育與技能的未來
　　7, 42
鍾嘉芬　15, 19, 381

十八劃

擴展的專業主義　117
簡玉婷　15, 19, 89, 381
簡桂秋　90
簡單模式　74, 125
雙向分析表　398
雙面向　17
顏寶月　414

十九劃

羅門士　261
藝術　97, 98
藝術涵養與美感素養　8, 9, 11,
　　44, 50, 56, 377, 378
關鍵的素養　40
關鍵能力　46
關鍵資訊提供者　285
繼續原則　416
蘇家慧　15, 19, 93, 381
議題融入　8, 63

二十劃

鐘梅菁　247
闡明　75

二十一劃

顧忠華　40, 44, 46

二十二劃

權力的容器　77

二十五劃

觀察　281
觀察的實地筆記　294

英文部分

21st century competencies　6
21st century skills　6

21st Century Skills, Education, and
Competitiveness 6

A

ability 4
accountability 29
action 18, 20
action guideline 360
action research 8, 14, 18, 19, 381
action research programme 388
action research-based curriculum
development 379
action science 22
Adelman 72
Adlam 30, 382
Altrichter 19, 79, 100, 114, 115,
120, 127, 145, 149, 151, 152,
154, 186, 187, 188, 190, 191,
194, 195, 201, 204, 220, 221,
226, 227, 230, 231, 245, 248,
263, 264, 270, 274, 280, 285,
297, 298, 309, 310, 312, 314,
316, 317, 318, 320, 322, 324,
343, 344, 345, 346
applied research 19
Archer 17, 72, 73, 76
ARCS 90
Argyris 17, 22, 24, 34, 72, 73,
76, 83
Ashmore 17, 73
ASK 4

attitude 4, 114
Atweh 17, 18, 19, 24, 72, 73, 76,
81, 382
authenticity 29

B

Bartlett 17, 73
basic research 19
Bassey 26, 27
Beane 355
Blasco 15, 382
Bourdieu 17, 73
Bridges 82, 362
Bridget 222
Bridget Somekh 79
Burgess-Macey 82, 362
capacity 4

C

CARE 260
Carr 15, 17, 19, 22, 24, 31, 66,
70, 72, 73, 76, 77, 79, 101,
106, 116, 125, 148, 158, 361,
382
capacity 4
case-study report 278
Cassidy 17, 24, 69, 81, 149
Centre for Applied Research in
Education 71, 79, 237
character 4
Christensen 20

Clandinin 15, 125, 327, 382

classroom research 69

Clem Adelman 71

code of ethics 151

Cohen 17, 24, 69, 101, 102, 241

Colby 5

collaboration 6, 34, 131

Collaborative Action Research Network 79

collaborative research 118

collective knowledge 30, 327

commitment 156

committed action 22

communication 6

competence 4

competencies 4

competency 4

Connelly 15, 125, 327, 382

cooperation 34

Corbin 159, 166, 415

core competence 4, 46

core competence school-based curriculum development model 384

Corey 17, 24, 71

creativity 6

critical discourse 78

critical friend 247, 411

critical social science 106

critical thinking 6

critical-emancipatory form of action research 65, 70

Cuff 17, 24, 69, 81, 149

D

Deakin University 72

Definition and Selection of Competencies: Theoretical and Conceptual Foundations，簡稱 DeSeCo 5

deliberation 24

Denzin 298

dialogue journal 275

difficulties 410

difficulty 14, 195

DNA 3, 4

E

E 51

Eames 203, 219, 259

Ebbutt 335

EC 39

Educational Action Research 79

educational action research programme 364

educational practitioner as researcher 19

educational practitioner researcher 19

Elliott 15, 17, 19, 22, 24, 31, 33, 71, 72, 73, 74, 76, 77, 78, 79, 82, 88, 104, 125, 127, 130,

131, 145, 147, 148, 149, 151,
152, 156, 161, 186, 190, 197,
218, 219, 220, 221, 222, 227,
230, 231, 234, 235, 236, 237,
240, 247, 257, 260, 262, 272,
278, 280, 288, 292, 293, 295,
296, 297, 298, 299, 301, 308,
310, 314, 316, 317, 318, 319,
322, 325, 328, 329, 336, 339,
340, 341, 342, 346, 347, 351,
353, 355, 356, 359, 361, 362,
365, 367, 381, 382, 388, 403,
404, 410, 412, 413, 414
EU　7
European Union，簡稱 EU　5
extended professionalism　117

F

field experiment　270
field study　68
Flanders Interaction Analysis Chart
　　257
flywheel　9
focus　202
focussing　205
Ford Teaching Project　71, 79, 299
formalistic　74
Fraenkel　15, 70, 71
Framework for 21st Century
　　Learning　6
Frankfurt School　72

G

generalizability　15
Giddens　33, 77, 78
Goetz　285
Griffiths　23
grounded theory　159, 415
Grundy　79
guidelines　151

H

Habermas　76, 77
Herbert Altrichter　79
Hopkins　17, 24, 149, 151, 307,
　　364
Hustler　17, 24, 69, 81, 149
hypotheses　15

I

identifying and clarifying the
　　general idea　185
illuminated　75
individualist　72
informed action　22
insider　259
intentional action　22
interaction-process analysis　284
interactive diary　300

J

J　51
J. Collier　66

J. Elliott   66, 68

J. McKernan   66

Jackson   285

John Collier   67, 68

John Dewey   236

John Elliott   22, 71, 79, 109, 237, 260

Johnson   20

K

Kemmis   15, 17, 18, 19, 22, 24, 31, 66, 70, 72, 73, 76, 77, 79, 81, 101, 106, 116, 126, 148, 158, 185, 190, 222, 237, 361, 382

key competencies   4, 46

key informant   285

Kincheloe   17, 23, 24, 67, 104

knowledge   4, 114

Kurt Lewin   66, 67, 68, 76, 237

L

L. Stenhouse   66, 68

Lawrence Stenhouse   69, 71, 79, 109

learning content   98

learning content，簡稱 C   399

learning objectives   98

learning objectives，簡稱 O   399

learning performance   98

learning performance，簡稱 P

399

learning situation   98

learning situation，簡稱 S   399

LeCompte   285

Lewin   17, 24, 31, 36, 127

Lippitt   71

literacy   4

living contradictions   187

Lomax   17, 19, 21, 23, 30, 38, 115, 127, 145, 149, 171, 187, 188, 189, 192, 193, 203, 204, 223, 224, 225, 226, 227, 228, 229, 230, 237, 241, 255, 256, 257, 258, 259, 261, 264, 265, 272, 273, 274, 277, 279, 280, 283, 284, 287, 292, 295, 301, 313, 315, 316, 321, 322, 323, 324, 326, 327, 328, 329, 330, 335, 337, 338, 339, 340, 341, 342, 343, 344, 345, 346, 347, 361, 381, 382, 411

M

Manalo   6

Manion   17, 24, 69

Marion   101, 102, 241

Marsh   24

Marxist   77

Massachusetts Institute of Technology   71

McKernan   15, 17, 24, 71, 80,

81, 82, 87, 88, 109, 125, 126,
127, 145, 146, 147, 148, 149,
150, 151, 153, 154, 157, 159,
162, 163, 166, 221, 241, 242,
249, 267, 276, 281, 291, 293,
294, 298, 299, 302, 304, 307,
308, 314, 320, 325, 328, 329,
334, 335, 342, 343, 344, 345,
353, 355, 359, 361, 380, 382,
412, 413, 414, 416
McNiff　17, 19, 21, 23, 24, 30,
31, 70, 81, 82, 115, 125, 127,
145, 149, 150, 156, 171, 187,
188, 189, 192, 193, 203, 204,
223, 224, 225, 226, 227, 228,
229, 230, 237, 241, 255, 256,
257, 258, 259, 261, 264, 265,
272, 273, 274, 277, 279, 280,
283, 284, 287, 292, 295, 301,
313, 315, 316, 317, 319, 320,
321, 322, 323, 324, 326, 327,
328, 329, 330, 335, 337, 338,
339, 341, 342, 343, 344, 345,
346, 347, 359, 361, 362, 381,
382, 411, 414, 416
McTaggart　15, 22, 126, 185, 190,
222, 382
Michael Argyl　249
Mills　18, 19

N

narrative　335
National Education Association　6
national policy-based curriculum
development　379
National Research Council, NRC
6
naturalistic　74
Newman　17, 24, 25, 416
Nixon　149
Noel　191, 200, 204, 234, 242,
271
Noffke　19, 71, 81
non-content　403
non-participant observer　280

O

O'Hanlon　17, 19, 23, 100, 159,
160, 416
observational field notes，簡稱 ON
294
OECD　7, 39, 43
Oja　34, 104, 105, 148, 243, 248
Olson　15, 382, 416
open collaborative discourse　78
Organisation for Economic Co-
operation and Development，
簡稱 OECD　5
Ortrun Zuber-Skerritt　67
outsider　259

P

P. Lomax　261

Parker　335, 340

Partnership for 21st century skills，簡稱 P21　6

personal journal　276

Peter M. Senge　249

Peter Posch　79

Peters　72, 125, 404

Piaget　294

PLAM　221

Posch　19, 79, 100, 115, 120, 127, 145, 149, 151, 152, 154, 186, 187, 188, 190, 191, 194, 195, 201, 204, 220, 221, 226, 227, 230, 231, 245, 248, 263, 264, 270, 274, 280, 285, 297, 298, 309, 310, 312, 314, 316, 317, 318, 320, 322, 324, 343, 344, 345, 346

Posner　394

power container　77

PPCIER　16, 26, 74, 125, 127, 128, 129, 134

practical reflection　74

practical-moral form of action research　65, 70

practice　337

practitioner action-research　24

praxis　337

prescriptive　148

primary sources　341

principle of continuity　416

problem analysis　169

problem identification　169

process model of curriculum development　72

professionalism　267

professionalization　267, 307

proficiency　4

Program for International Student Assessment，簡稱 PISA　42

protocol　256

Putnam　17, 22, 24, 72, 73, 76

Q

quadrangulation technique　301

R

Radke　71

Ramirez　15, 382, 416

rational consensus　78

reconceptualization　4

reflection　17, 24, 74

reflection on reflection-in-action　25

reflection-on-action　25

reflective practitioner　80, 362

reflective rationality　73

replicability　29

research　18, 20

research diary　272

research on   34

research with   34

responsibility   4

restricted professionalism   117

Rob Walker   69

Robin McTaggart   22

Rose   82, 362

Rudduck   364

Rudnitsky   394

Rychen   5, 46

S

S. Grundy   66, 68

S. Kemmis   66, 68

Salganik   5, 46

Schön   22, 24, 34, 72, 73, 80, 83,
    110, 127, 145, 148, 157, 362,
    404

school-based curriculum   382

Schwab   24, 76

scientific-technical form of action
    research   65, 70

self-initiated change   310

self-reflective enquiry   69

self-reflective monitoring   310

self-reflective monitoring of
    actions   311

self-reflexivity   16

semi-structured   286

Shirley Grundy   79

Short   87, 109

Shumsky   146, 156

Skilbeck   13, 387

skill   4, 114

Smith   17, 22, 24, 72, 73, 76

Smulyan   34, 104, 105, 148, 243,
    248

Somekh   19, 79, 81, 100, 110,
    115, 120, 127, 145, 149, 151,
    152, 154, 186, 187, 188, 190,
    191, 194, 195, 202, 204, 220,
    221, 226, 227, 230, 231, 245,
    248, 263, 264, 270, 274, 280,
    285, 297, 298, 309, 310, 312,
    314, 316, 317, 318, 320, 322,
    324, 343, 344, 345, 346

Stenhouse   15, 17, 20, 24, 72, 79,
    82, 110, 116, 117, 119, 125,
    127, 131, 257, 260, 267, 304,
    335, 341, 344, 361, 362, 364,
    365, 367, 388, 403, 404, 414

Stephen Kemmis   22, 72, 79

Stephen M. Corey   66, 67, 68

Stevenson   19, 81

strategic action   22

Strauss   159, 166, 415

Stringer   18, 19

structured   286

Suber   17, 73

SWOTA   85, 92, 135, 171, 172,
    270, 408

T

Taba   71, 191, 200, 204, 234, 242, 271

tacit knowledge   337

Tavistock Institute   71

teacher as a free agent in the classroom   78

teacher as researcher   19, 71

teacher researcher   19

teacher teaching-based curriculum development   379

teacher-researcher model   69

technical rationality   73

the first order action research   260

the first order action researcher   259

The Humanities Curriculum Project   71, 79

the secondary order action research   260

the secondary order action researcher   259

theories of action   22

transferability   29

transversal or cross domain/subject   393

triangulation   149, 155

Tyler   19, 20, 110

U

UNESCO   7, 39

United Nations Educational, Scientific and Cultural Organization，簡稱 UNESCO   5

University of East Anglia   71, 79, 237, 299

unstructured   286

V

validation group   255, 322

value   4

W

W. Carr   66

W. F. Carr   68

Wacquant   17, 73

Walker   17, 24

Wallen   15, 70, 71

Weeks   17, 18, 19, 24, 72, 73, 76, 81, 382

well-being   7, 43

wheel   9

Whitehead   17, 19, 21, 23, 30, 115, 127, 145, 149, 171, 187, 188, 189, 192, 193, 203, 204, 223, 224, 225, 226, 227, 228, 229, 230, 237, 241, 255, 256, 257, 258, 259, 261, 264, 265, 272, 273, 274, 277, 279, 280, 283, 284, 287, 292, 295, 301, 313, 315, 316, 321, 322, 323,

324, 326, 327, 328, 329, 330,
335, 337, 338, 339, 341, 342,
343, 344, 345, 346, 347, 361,
381, 382, 411
whole person　7, 42
Wilfred F. Carr　79
Winter　17, 19, 20, 24, 31, 36, 75,
76, 125, 127, 149, 156, 157,
273, 279, 281, 286, 292, 295,
297, 298, 314, 319, 327, 335,
339, 359
Woolgar　17

Y
Young　88

Z
zone of proximal development
276

國家圖書館出版品預行編目資料

十二年國教新課綱與教育行動研究／蔡清田
著. -- 初版. -- 臺北市：五南圖書出版股
份有限公司, 2021.01
ISBN 978-986-522-349-6（平裝）

1.教學研究　2.國民教育　3.課程綱要
4.文集

520.3107　　　　　　　　　109018068

1I3N

十二年國教新課綱與教育行動研究

作　　　者 ─ 蔡清田（372.1）

發 行 人 ─ 楊榮川

總 經 理 ─ 楊士清

總 編 輯 ─ 楊秀麗

副總編輯 ─ 黃文瓊

責任編輯 ─ 陳俐君、李敏華

封面設計 ─ 王麗娟

出 版 者 ─ 五南圖書出版股份有限公司

地　　　址：106台北市大安區和平東路二段339號4樓

電　　　話：(02)2705-5066　　傳　　真：(02)2706-6100

網　　　址：https://www.wunan.com.tw

電子郵件：wunan@wunan.com.tw

劃撥帳號：01068953

戶　　　名：五南圖書出版股份有限公司

法律顧問　林勝安律師事務所　林勝安律師

出版日期　2021年1月初版一刷

定　　　價　新臺幣580元

經典永恆・名著常在

五十週年的獻禮——經典名著文庫

五南，五十年了，半個世紀，人生旅程的一大半，走過來了。
思索著，邁向百年的未來歷程，能為知識界、文化學術界作些什麼？
在速食文化的生態下，有什麼值得讓人雋永品味的？

歷代經典・當今名著，經過時間的洗禮，千錘百鍊，流傳至今，光芒耀人；
不僅使我們能領悟前人的智慧，同時也增深加廣我們思考的深度與視野。
我們決心投入巨資，有計畫的系統梳選，成立「經典名著文庫」，
希望收入古今中外思想性的、充滿睿智與獨見的經典、名著。
這是一項理想性的、永續性的巨大出版工程。
不在意讀者的眾寡，只考慮它的學術價值，力求完整展現先哲思想的軌跡；
為知識界開啟一片智慧之窗，營造一座百花綻放的世界文明公園，
任君遨遊、取菁吸蜜、嘉惠學子！